다산 정약용의 상서고훈 1

지은이 다산(茶山) 정약용(丁若鏞)

1762년(영조 38년) 경기도 광주(廣州) 마현리(馬峴里)에서 태어나 1836년(헌종 2년) 같은 곳에서 세상을 떠났다. 본관은 나주(羅州), 아명은 귀농(歸農), 자는 미용(美庸)이다. 호는 다산(茶山), 사암(俟菴) 등이고, 당호는 여유당(與猶堂), 시호는 문도(文度)이다. 1789년 식년문과(式年文科) 갑과(甲科)에 급제하여 벼슬에 오른 이후 정조의 총애 속에 개혁 정치에 적극 참여했으나, 1801년(순조 1년) 신유사옥(辛酉邪獄)으로 경상도 장기를 거쳐 전라도 강진에서 18년 동안 유배 생활을 하였다. 이 기간은 정치적으로는 고통의 세월이었지만, 학문적으로는 실학을 집대성한 시간이 되었다. 유배 기간에 육경사서(六經四書)에 대한 연구와 일표이서(一表二書)의 경세서 등 500여 권에 달하는 방대한 저술을 남겼다. 유배에서 풀려난 뒤에는 1812년 회갑 때 지은 「자찬묘지명(自撰墓誌銘)」에서 자신이 지은 저술의 요지를 간명히 정리해 두었으며, 유배지에서 지은 『상서지원록』과 『상서고훈수략』을 통합 발전시켜 1835년 돌아가기 1년 전에 『상서고훈』을 완성하였다.

옮긴이 재단법인 실시학사 경학연구회

김문식 단국대학교 사학과 교수
김성재 한국고전번역원 번역위원
문석윤 경희대학교 철학과 교수
송지원 음악인문연구소 소장
이봉규 인하대학교 철학과 교수
장동우 연세대학교 국학연구원 연구교수
함영대 성균관대학교 동아시아학술원 연구교수

감수

김언종 고려대학교 명예교수

교열

김성재 한국고전번역원 번역위원
전성건 안동대학교 동양철학과 교수

다산 정약용의 상서고훈 1

정약용 지음
실시학사 경학연구회 옮김
김언종 감수
재단법인 실시학사 편

실시학사
실학번역총서 14

학자원

實學飜譯叢書를 펴내며

실시학사(實是學舍)에서 실학연구총서(實學研究叢書)를 발간하여 학계에 공헌하면서 뒤이어 실학번역총서(實學飜譯叢書)를 내기로 방침을 세운 것은 벌써 2년 전의 일이다. 실시학사가 재단법인으로 발전하면서 그 재정적 바탕 위에 여러 가지 사업을 수행하는 가운데 실학(實學)에 관한 우리나라 고전들을 골라, 한문으로 된 것을 우리글로 옮겨서 대중화 작업을 시도하기로 한 것이다.

여기, 이 기회에 나는 다시 몇 마디 말씀을 추가할 것이 있다. 이 실학번역총서를 낸다는 말을 전해 듣고 모하(慕何) 이헌조(李憲祖) 형이 앞서 거액을 낸 것 외에 다시 적지 않은 돈을 재단에 출연해 주었다. 나는 그의 학문에 대한 열정에 오직 감동을 느꼈을 뿐, 할 말을 잊었다. 오늘날 우리나라에서 사회문화에 대한 허심탄회(虛心坦懷)로 아낌없이 투자해 줄 인사가 계속해서 나와 준다면 우리 학계가 얼마나 다행할까 하는 생각을 금(禁)할 수 없었다.

실(實)은 실시학사가 법인으로 되기 전부터, 나는 성균관대학교에서 정년퇴임한 뒤에 진작 서울 강남에서 학사(學舍)의 문을 열고 젊은 제자들과 함께 고전을 강독하면서 동시에 번역에 착수하였고, 그 뒤 근교 고양(高陽)으로 옮겨온 뒤에도 그대로 계속하여 적지 않은 책들을 간행하였다.

예를 들면 경학연구회(經學硏究會)에서 다산 정약용(茶山 丁若鏞)의 『정체전중변(正體傳重辯)』, 『다산과 문산(文山)의 인성논쟁』, 『다산과 석천(石泉)의 경학논쟁』, 『다산과 대산(臺山)·연천(淵泉)의 경학논쟁』, 『다산의 경학세계(經學世界)』, 『시경강의(詩經講義)』 5책 등을 번역 출판하였고, 고전문학연구회(古典文學硏究會)가 영재 유득공(泠齋 柳得恭)의 『이십일도회고시(二十一都懷古詩)』와 『열하기행시주(熱河紀行詩註)』 각 1책, 낙하생 이학규(洛下生 李學逵)의 『영남악부(嶺南樂府)』 1책, 그리고 『조희룡전집(趙熙龍全集)』 5책, 『이옥전집(李鈺全集)』 5책, 『산강 변영만(山康 卞榮晩)전집』 3책, 유재건(劉在建)의 『이향견문록(里鄕見聞錄)』 1책 등을 모두 번역 출판하였다. 이 열거한 전집들 중에는 종래 산실(散失) 분장(分藏)된 것이 적지 않아서 그것을 수집하고 재편집하는 데 많은 노력을 기울였다. 이 과정에서 제자들은 어려운 생활 속에서도 세월 따라 능력이 성장해 왔고 나는 그것을 보면서 유열(愉悅)을 느껴, 스스로 연로신쇠(年老身衰)해 가는 것도 잊고 있었다.

그런데 이제 번역 사업이 본격화되면서 많은 역자(譯者)가 한꺼번에 나오게 되고 나는 직접 일일이 참여할 수 없게 되고 보니 한편 불안한 점이 없지도 않다. 나는 지난날 한때 민족문화추진회(民族文化推進會, 韓國古典飜譯院의 前身)의 회장직을 맡아, 많은 직원들, 즉 전문으로 번역을 담당한 분들이 내놓은 원고들을 하나하나 점검할 수도 없어 그대로 출판에 부쳐 방대한 책자를 내게 되었다. 물론 역자들은 모두 한문 소양이 상당하고 또 성실하게 우리글로 옮겨 온 분들이지만 당시 책임자였던 나로서는 그 자리에서 물러난 지 오래된 지금에 와서도 마음 한구석에 빚이 되어 있는 것이 사실이다. 그런데 지금 또 실시학사에서 전건(前愆)을 되풀이하게 되는 것이 아닐까 걱정이 앞서기 때문이다.

그러나 이미 화살은 날았다. 이제 오직 정확하게 표적(標的)에 맞아주기를 바랄 뿐이다.

2013년 초하(初夏)

李佑成

『다산 정약용의 상서고훈 1』 차례

『상서고훈』 서례

『다산 정약용의 상서고훈』 전5권 총목차

『다산 정약용의 상서고훈 1』

『다산 정약용의 상서고훈 2』

『다산 정약용의 상서고훈 3』

『다산 정약용의 상서고훈 4』

『다산 정약용의 상서고훈 5』

일러두기

1. 『다산 정약용의 상서고훈』은 2020년부터 전5권으로 나누어 번역·출간될 예정이다.

2. 번역 대본: 다산학술문화재단에서 간행한 『定本 尙書古訓』(定本 與猶堂全書 권11·권12. 이하 '정본'으로 약칭)을 사용하였다.

3. 원문 교감: 정본의 교감을 따르되, 오류나 누락이 있다고 판단되는 때에는 추가 교감을 하였다. 추가한 내용은 앞에 [案]이란 표시를 붙여 구분하였고, 정본의 교감 내용에 오류가 있다고 판단되는 때에도 그대로 두고 [案] 뒤에 그 내용을 附記하였다. 정본에서는 원문의 오류가 확실한 경우 원문을 수정하고 교감기에서 그 내용을 밝혔으나, 추가 교감에서는 원문을 그대로 두고 교감기에서 해당 사실을 밝혔다.

4. 원문 표점: 정본의 표점을 그대로 따르되 문맥에 따라 일부 수정하였다.

5. 문단 구성과 번역 원칙

   『상서고훈』은 『상서』 經文을 제시하고 그 아래에 아무런 표시 없이 해당 경문에 대한 古訓을 제시한 다음 '考異－考證－考訂－考辨'의 순서로 구성되어 있다. 본서에서는 이를 다음과 같이 처리하였다.

   1) 문단: 정본을 그대로 따라 원문의 문단을 구분하고 문단별로 원문

아래에 번역문을 두었다. 정본에서 별행 처리된 부분은 번역문에 들여쓰기 없이 앞 문단과의 간격을 넓게 하여 표시하고, 원문이 하나의 문단인데 번역문에서 별행한 경우에는 앞 문단과의 간격을 그대로 유지하되 첫 줄을 들여 써서 구분하였다.

2) 경문 : 열람의 편의를 위하여 경문 앞에 편과 장을 나타내는 번호를 부여하였다. 번역은 다산의 案說을 따르되, 다산이 특별한 견해를 밝히지 않은 경우에는 채침의 주석을 따랐다. 다산이 채침의 주석이 대체로 좋다고 하였기 때문이다.

3) 古訓 : 각 고훈의 앞에는 그에 해당하는 경문의 구절을 [ ] 부호를 써서 표제를 추가하였다. 일부 고훈에는 다산 자신이 小註로 경문의 해당 구절을 표시한 경우가 있는데(원문에 【 】로 표시), 이 경우는 번역문에도 【 】 부호를 그대로 사용하여 구분하였다. [ ]나 【 】가 시작되는 부분에서 문단을 나누었다.

4) 考異 : 역대의 여러 전적에 나타난 『상서』의 異形態를 소개한 항목으로, 글자의 異同을 보이는 것 외에 별다른 정보를 담지 않는 경우가 대부분이다. 따라서 고이 부분은 번역문 없이 한자를 그대로 노출하였다. 글자의 異同에 대해서는 고이 항목 외에 경문의 끝 부분에 소주로 제시하는 경우도 있는데, 이때도 마찬가지이다. 단 드물게 경문과 내용이 다른 자료를 제시한 경우가 있는데, 이때는 원문 다음 [ ] 안에 번역문을 병기하였다.

5) 考證 · 考訂 · 考辨 : 考證은 여러 전적에 나타난 상서 관련 내용, 혹은 상서의 구절을 인용한 자료를 소개하는 것이고, 考訂은 역대의 훈고 중에 따로 논의할 내용이 있을 경우 해당 훈고를 제시하고 그것을 다산의 관점으로 評한 내용이며, 考辨은 상서 경문 중에서 爭點을 추출하여 다산의 주장을 편 내용이다. 이 세 항목에 대해서는 평이하게 번역하되, 考證에서는 간혹 글자의 이형태를 소개하는 내용이 있다. 이는 考異에 소개되는 것과는 다른 자료에서 추출된 내용인 경우가 많은데 이때는 번역문 다음 [ ] 안에 원문을 병기하였다.

6. 인명과 서명 표기

1) 인명 : 역대 경학가들의 경우 본명을 밝혀 적는 것을 원칙으로 하되, 이름만큼 자주 쓰이는 시호, 자, 호 등은 원문대로 표기하고 본명을 간주로 밝혔다. 이들 경학가에 대해서는 본문 중에 따로 소개하지 않고 생몰년과 활동 시기 및 간략한 학술 내용과 저술을 부록으로 제시하였다.

2) 서명 : 완칭으로 적는다. 원문에 편명만 있는 경우에도 서명을 밝혀 적는다. 교감의 근거나 각주에 인용하는 책들은 모두 文淵閣의 전자판 四庫全書에 실린 본을 사용하였다. 그 외의 간행본을 사용한 경우에는 출판사와 출판 연도를 밝혔다. 출판사와 출판 연도를 밝히지 않은 책의 출전은 모두 사고전서임을 밝혀 둔다.

3) 『상서』의 傳本 : 원문에는 '梅本' '鄭本' '卜氏本' '姚方興本' 같은 형태로 제시되어 있다. 이는 모두 '매색본' '정현본'과 같이 '인명+본'으로 통일하여 표기하였다. 이 또한 본문 중에 따로 주석하지 않고 일괄 정리하여 부록으로 첨부하였다.

7. 문장 부호 : 원문의 문장 부호는 정본의 것을 그대로 따르고, 번역문에서는 쉼표, 마침표 등의 일반 문장 부호 외에 다음과 같은 부호를 사용하였다.

1) 겹낫표(『 』), 홑낫표(「 」) : 서명에는 겹낫표, 편명에는 홑낫표를 쓴다.
2) 소괄호(( )) : 음이 같은 한자를 병기할 때 쓴다.
3) 대괄호([ ]) : 음이 다른 한자를 병기할 때, 번역문에 한자로 구나 절을 병기할 때, 考異 부분에 번역문을 병기할 때, 간주를 넣을 때, 古訓 중 표제를 추가할 때 쓴다.
4) 홑화살괄호(〈 〉) : 원문에는 없는 내용을 번역문에서 보충할 때 쓴다.
5) 어미괄호(【 】) : 원문의 소주, 즉 다산의 원주에 사용한 부호이다. 번역문에서도 같은 위치에 그대로 쓴다.

해제

『상서고훈(尙書古訓)』 해제

김언종 | 고려대 명예교수

1. 『상서』란?

춘추시대 노(魯)나라 궁중(宮中)에는 주(周)나라와 노나라 역대 사관(史官)들이 적어 놓은 정치와 역사에 관한 기록물들이 다량 수장되어 있었다. 주나라 건국 시 주공(周公)의 공로를 인정하여 천자의 예악을 허여(許與) 받았을 뿐 아니라 그 명맥을 잘 이어 오랫동안 문화강국의 위상을 가지고 있었기 때문이다. 이 기록물이 청대(淸代) 이후로 쓰인 용어인 당안(檔案), 즉 공문서였는데, 공자(孔子)가 그 가치를 중시하여 책으로 엮고 제자들을 가르치는 교재로 삼았다. 그 원형은 이제 알 수 없지만 이는 '시(詩)'와 함께 공문(孔門)의 가장 중요한 교재였음이 틀림없고 그 일부가 현전하는 『상서』 속에 남아 있다.[1] 흔히 유학을 대

1 20세기의 탁월한 경학(經學) 학자 굴만리(屈萬里)는 현전 『금문상서』 29편 가운데서도, 「대고(大誥)」「강고(康誥)」「주고(酒誥)」「재재(梓材)」「소고(召誥)」「낙고(洛誥)」「다사(多士)」「무일(無逸)」「군석(君奭)」「다방(多方)」

표하는 삼경(三經)이라 하여 시(詩)·서(書)·역(易)을 일컬으나, '역'은 공문의 교재에 들어 있지 않았다. 공자 당시에 오늘날 우리가 볼 수 있는 『주역』이 있었는지도 의문이거니와 있었다고 하더라도 공자는 이 책을 점서(占書)로 보았기 때문에 중요시하지도 교재로 삼지도 않았음이 사실이다. 복성(復聖) 증자(曾子)가 지었다는 『대학(大學)』,[2] 술성(述聖) 공급(孔伋)이 지은 『중용(中庸)』, 아성(亞聖) 맹가(孟軻)의 『맹자(孟子)』에 '시(詩)' '서(書)'는 여러 번 거론되나 『주역』은 한 번도 언급되지 않은 것 또한 한 증좌(證佐)가 될 것이다. 그러나 공자의 후학들이, 갈수록 많은 사람들이 관심을 가지는 『주역』의 활용 가치를 중시하여 상수(象數)와 혼재되어 있는 의리(義理) 부분을 부연한 이른바 십익(十翼)을 지어 유학사상의 선양에 이용하고부터 『주역』이 유가 경전의 일부로 포함되고 널리 인식되었다. 진시황 때 이사(李斯)의 건의로 시행된 분서(焚書)에서 『주역』이 제외된 사실이 이를 웅변한다. '시'가 문학이자 인생론적 특색이 강하다면,[3] '서'는 모두가 역사이자 정치론(政治論)이다. 인생론도 중요하지만 인간 사회에서 정치보다 더 긴요한 것이 무엇이겠는가? 그리하여 중국 고대 정치가들의 언행을 담은 이 책 '서(書)'에 만고불변의 가치가 있다는 의미를 가진 '경(經)' 자가 붙어 '서경(書經)'이 된 것은 한대(漢代)의 일이다. 그 이후부터 이 책은 수기(修己)와 치인(治人)에 관심 있는 사람이라면 누구나 읽고 기

「입정(立政)」「고명(顧命)」「강왕지고(康王之誥)」 13편만이 서주(西周) 시대의 기록이라고 본다. 공문(孔門)의 교재도 이 범위 내에 있었을 것이다.

2 『대학』은 증자(曾子)가 지은 것이 아니라 진한(秦漢) 시기의 어느 유학자가 지은 것임은 이제 상식이 되었다.

3 주자(朱子)에 의하면 시의 본연의 모습을 왜곡해서라도 정치색을 강조하기 위한 결과물이 '시서(詩序)'이다.

억해야 하는 필독서가 되었다. 전국시대를 거쳐 진대(秦代)에 이르기까지 '서(書)' 혹은 '상서(尙書)'라는 이름으로 불리며[4] 편목이 늘어 백여 편이[5] 되었던 것으로 보이는데, 진시황의 분서(焚書)와 항우(項羽)의 분서를 거듭 겪은 이후, 한대 초엽에 이르러 유학을 숭상하며 유가 서적을 수구(搜求)하는 과정에서 복잡한 상황이 전개되기 시작하였다. 그 결과 『상서(尙書)』에는 3종류가 있게 되었다. 첫째가 서한(西漢) 초기에 국립대학인 학관(學官)에 세워졌던 『금문상서(今文尙書)』이다. 둘째가 역시 서한 때의 지방정권의 하나인 노(魯)나라의 공왕(恭王)이 궁실(宮室)을 늘리기 위해 이웃한 공자 구택(舊宅)의 벽을 허물다가 발견한 『고문상서(古文尙書)』인데, 이는 진시황의 분서 때 공자의 후손들이 벽 속에 숨겨놓았던 것이다. 셋째가 동진(東晉) 때 현재의 강서성 남창(南昌)인 예장(豫章)에서 내사(內史)라는 벼슬을 하던 매색(梅賾)이란 지방 관리가 그 내력을 분명히 밝히지 않고 나라에 바친 이른바 『위고문상서(僞古文尙書)』이다.

여기서 말하는 금문(今文)은 진(秦) 제국 때 만들어지고 한대(漢代)에 들어 한동안 통행 문자가 된 예서(隸書)로 기록된 『상서』를 말하고, 고문(古文)은 전국시대 초(楚)나라에서 통행하던 초문자(楚文字)로 기

4 『尙書』라는 명칭은 秦의 博士였던 伏勝[伏生]이 처음 사용한 것이라고 한다. 馬融은 尙을 上古之書로 해석하였는데 통설이 되었다. 혹자가 孔安國의 이름을 빌려서 쓴 「尙書序」의 "以其上古之書, 謂之尙書."를 믿고 따르는 사람들이 있으나 위조임이 밝혀졌다.

5 이 100편 『상서』가 지어진 배경을 간명히 설명한 「書序」가 孔壁에서 나왔는데, 공자 시대에 지어진 것이 아니라 전국시대 말엽에 어느 유학자가 지은 것이라고 한다. 이 책은 망실되었다. 孔穎達의 『尙書正義』의 각 편 앞머리를 장식하는 現傳하는 「書序」는 후세에 『僞古文尙書』를 지은 사람의 僞作임이 밝혀졌다.

록된 『상서』를 말한다. 전국시대 공자의 후손들이 읽던 『상서』가 어떻게 초문자로 쓰였을까? 그것은 노나라가 기원전 256년에 이미 초나라에 복속(服屬)되었기 때문이다. 겨우 29편이 남아 있던 『금문상서』에 비해 『고문상서』는 16편이 더 많은 45편이었다고 한다. 초문자로 기록된 이 『고문상서』가 발견되었을 때, 『금문상서』는 이미 국립대학인 국학(國學)의 교과목이 되어 교수와 학생이 정부의 극진한 우대를 받고 있는, 즉 기득권을 가진 상황이었다. 아쉽게도 기득권에 집착한 금문가들은 『고문상서』를 받아들이지 않고 위서(僞書)라고 지목하며 배척하였다. 다른 사정도 있지만 이것이 가장 큰 이유가 되어 『고문상서』는 주목받지 못하였고 그 진실성까지 의심받으면서 국가의 서고(書庫)에서 썩는 처지가 되었다가, 4세기 초에 흉노(匈奴)가 서진(西晉)을 침공하여 멸망시킨 이른바 영가지란(永嘉之亂) 때 불에 타 세상에서 사라지고 말았다. 그 뒤 매색이 망실되었던 『고문상서』라고 하면서 당시에도 읽히고 있던 『금문상서』보다 더 많은 분량의 『상서』를, 과거 한 무제(漢武帝) 때 공자의 10대손 공안국(孔安國)이 바쳤던 『고문상서』라고 하면서 나라에 바친다. 이것은 그가 위조한 것인지, 아니면 그보다 앞 시대의 위(魏) 왕숙(王肅)이 위조한 것인지, 그것도 아니면 다른 누군가 위조한 것인지에 관한 답은 없지만 대부분의 학자들은 매색이 위조한 것으로 본다. 그러나 이것이 영가지란 때 불타 없어져버렸다는 『고문상서』가 아니라, 그 이름을 빌려 누군가가 의도적으로 조작한 위서(僞書)라는 점에는 이론(異論)이 없다.

그러나 위서임이 드러난 것은 청나라 초에 이르러서이고, 천여 년 가까운 오랜 세월 동안 진짜 대접을 받았다. 진짜 대접을 받은 결정적 계기는 당(唐)나라 초에 공영달(孔穎達) 등이 『오경정의(五經正義)』를 편찬하여 반포하고 과거시험의 교과서로 삼을 때 기존의 『금문상서』 33편(원래 29편이나 글의 분류에 따라 늘어났다)과 매색이 바친 『위고문상서』 25편을 합한 58편을 정본(定本)으로 삼았기 때문이다. 이때부터 『위고문상서』는 위작자가 바라던 대로 진짜로 둔갑하여 천여 년 간이나 경전(經典) 대우를 받았다.

이 58편의 편명과 순서는 다음과 같다. 선진시대(先秦時代)의 『상서』로 밝혀진 이른바 『금문상서』의 편명 뒤에는 ★표를 더하고 순서를 표시하였다.

01. 「요전(堯典)」★1
02. 「순전(舜典)」[6]
03. 「대우모(大禹謨)」
04. 「고요모(皐陶謨)」★2
05. 「익직(益稷)」[7]
06. 「우공(禹貢)」★3
07. 「감서(甘誓)」★4
08. 「오자지가(五子之歌)」

6 「순전」은 선진시대에 유행했던 이른바 진짜 「상서」의 한 편이었으나 뒤에 망실되었다. 『금문상서』 29편을 제외한 이른바 『위고문상서』는 모두 東晉의 梅賾이 원래 있었던 『상서』의 篇名을 이용하여 위조한 것이다. 매색은 「요전」의 "帝曰欽哉"와 "愼徽五典" 사이에 "曰若稽古帝舜. 曰重華協于帝. 濬哲文明, 溫恭允塞, 玄德升聞, 乃命以位." 28자를 첨가하고 이와 그 아래 부분을 떼어 편명만 있던 「순전」에 충당하였다.

7 이 「익직」은 『금문상서』 「고요모」의 후반부인데 위조자가 이 부분을 떼어 傳來의 편목 「익직」의 經文이라고 억지를 부린 것이다. 그러니까 「익직」이라는 편목에 들어 있는 경문은 진짜인 것이다.

09. 「윤정(胤征)」
10. 「탕서(湯誓)」★5
11. 「중훼지고(仲虺之誥)」
12. 「탕고(湯誥)」
13. 「이훈(伊訓)」
14. 「태갑(太甲) 상(上)」
15. 「태갑(太甲) 중(中)」
16. 「태갑(太甲) 하(下)」
17. 「함유일덕(咸有一德)」
18. 「반경(盤庚) 상(上)」★6
19. 「반경(盤庚) 중(中)」★
20. 「반경(盤庚) 하(下)」★
21. 「열명(說命) 상(上)」
22. 「열명(說命) 중(中)」
23. 「열명(說命) 하(下)」
24. 「고종융일(高宗肜日)」★7
25. 「서백감려(西伯戡黎)」★8
26. 「미자(微子)」★9
27. 「태서(泰誓) 상(上)」
28. 「태서(泰誓) 중(中)」
29. 「태서(泰誓) 하(下)」
30. 「목서(牧誓)」★10
31. 「무성(武成)」
32. 「홍범(洪範)」★11

33. 「여오(旅獒)」

34. 「금등(金縢)」★12

35. 「대고(大誥)」★13

36. 「미자지명(微子之命)」

37. 「강고(康誥)」★14

38. 「주고(酒誥)」★15

39. 「재재(梓材)」★16

40. 「소고(召誥)」★17

41. 「낙고(洛誥)」★18

42. 「다사(多士)」★19

43. 「무일(無逸)」★20

44. 「군석(君奭)」★21

45. 「채중지명(蔡仲之命)」

46. 「다방(多方)」★22

47. 「입정(立政)」★23

48. 「주관(周官)」

49. 「군진(君陳)」

50. 「고명(顧命)」★24

51. 「강왕지고(康王之誥)」[8]

52. 「필명(畢命)」

53. 「군아(君牙)」

8 위조자가 「고명」의 "王出在應門之內"부터 끝까지를 분리하여 편명만 남아 있던 「康王之誥」로 만들었다. 그러므로 이 「강왕지고」에 실린 經文은 선진 시대 『상서』의 일부분인 것이다.

54. 「경명(冏命)」

55. 「여형(呂形)」★26

56. 「문후지명(文侯之命)」★27

57. 「비서(費誓)」★25[9]

58 「진서(秦書)」28

송대(宋代)부터 명대(明代)에 이르기까지 이에 관해 의심한 눈 밝은 사람들이 있었다. 송의 오역(吳棫)·주희(朱熹), 명의 매작(梅鷟) 등이 그들이었다. 그러나 이 회의론자들의 생각이 번안(飜案)할 정도에 이르지는 못하였다. 번안이 된 것은 더 오랜 세월이 흐른 뒤 청나라 초에 이르러 염약거[閻若璩 : 1636～1705]가 『상서고문소증(尙書古文疏證)』을, 혜동[惠棟 : 1697～1758]이 『고문상서고(古文尙書考)』를 완성하고부터였다. 그제야 오랜 어목혼주(魚目混珠)의 진상(眞相)이 완전히 드러난 것이다. 염약거와 동시대의 모기령[毛奇齡 : 1632～1716]이 『고문상서원사(古文尙書冤詞)』를 지어 뒤집기를 시도해 보았지만 이는 웃음거리에 지나지 않은 어리석은 짓이 되고 말았다.

조선에서의 상황은 어떠했던가? 염약거의 『상서고문소증』이 중국 학술계의 주류가 된 것이 17세기 말이었음에도 불구하고 이에 대한 이해가 거의 없다시피 하였다. 조선의 경우, 주희의 제자인 채침(蔡沈)이 스승의 부탁을 받아 완성한 『서집전(書集傳)』을 오로지 범본(範本)으로 받들 뿐이었다. 『서집전』은 『오경정의』 58편 체제를 그대로 따른

9 「비서」는 공영달 본에는 57번으로 編綴되어 있으나 『금문상서』 29편 가운데서는 「고명」과 「여형」 사이에 25번으로 배치되어 있다.

것이었다. 각 편이 '금문'에 속하는지 '고문'에 속하는지 '금고문' 모두에 있는지를 참고로 밝혀 놓았을 뿐 진위(眞僞)에 관해서는 언급이 없다. 채침도 스승 주희(朱熹)의 여서(餘緖)를 이어 『고문상서』를 의심하기는 했지만 확신이 가지 않았기 때문이다. 뿐만 아니라 진위(眞僞)에 관한 본격적 논의도 없었다.

조선 학계의 경우, 개국 초부터 『상서』를 중시하여 국가의 정책 결정에 있어 기장 중요한 참고서로 삼아 왔으므로, 진위에 문제가 있다면 큰 관심사가 되어야 당연할 것이지만 염약거 등의 이러한 저술이 있음을 알고 있었는지도 의심스러울 정도로 침묵이었다. 희대의 박학(博學)인 성호(星湖) 이익(李瀷)조차도 이에 대한 논의가 한마디도 없었다. 그러나 성호의 만년 제자 녹암(鹿菴) 권철신[權哲身 : 1736～1801]은 의고(疑古)와 회의(懷疑) 정신이 뛰어난 학자였다. "선생이 『상서』를 논하면서 매색의 25편은 가짜라고 하였다.[其論尙書, 以梅氏二十五篇爲贗書]" 이는 권철신의 제자 정약용의 말이다. 다산 경학의 뼈대를 이루고 있는 몇 가지 핵심이 그 뿌리를 권철신의 학설에 두고 있음은 다산이 스스로 밝혀두었다.[10] 다산 상서학의 뿌리도 여기에 있었다. 녹

10 所著有『詩稱』二卷, 『大學說』一卷, 餘皆散軼無存. 然以余所聞, 其論『大學』, 以爲'格物'者格物有本末之物, '致知'者致知所先後之知, 又以孝弟慈爲明德, 而舊本不必有錯簡. 其論『中庸』, 以所不聞所不睹爲天載之無聲無臭. 其論四端, 以端爲首如趙岐之說, 而仁義禮智爲行事之成名. 其論喪禮, 以兄弟爲同族之通稱, 以立後爲死人之後, 以帶下尺爲衣裾之長, 以燕尾爲本無之物, 其受弔, 唯主人拜賓, 衆主人不拜賓, 以玆速謗不少. 其論「國風」, 以「鄭」·「衛」爲刺淫之詩. 其論『尙書』, 以梅氏二十五篇爲贗書. 凡此諸說, 雖與朱子所論不無異同, 生平愛慕朱子, 誦其文, 述其義, 津津浧浧, 不知眉毛之跳動. 嘗曰 : "眞心慕朱子者, 莫我若也." 昔在庚戌冬, 鏞入對于熙政堂, 與閣臣金熹等講『大學』, 公覽其講說, 亟加獎詡,

암의 이 한마디가 다산 상서학을 싹트게 한 씨앗이 되어 뒷날 마침내 울창한 숲을 이루게 된 것이다.

2. 다산 상서학의 궤적

73세의 노년에 이르러 『상서고훈』으로 완결되는 다산 상서학의 궤적(軌跡)을 간단히 살펴보자.

다산은 22세 2월에 세자 책봉을 경축하기 위한 증광감시(增廣監試)에서 경의(經義) 초시(初試)에 합격하고 4월 회시(會試)에서 생원으로 합격하여 성균관에 진출하였으므로 이런 시험 준비 기간에 『상서』를 숙독하였을 것이다. 30세에 규장각 초계문신(抄啓文臣)이었을 때 『상서』에 관한 정조(正祖)의 조문(條問)에 답하며 심화 학습을 할 기회가 생겼으나 부친상을 당하고 수제(守制)를 해야 했기 때문에 기회를 놓치고 말았다. 다산은 오랫동안 이를 애석하게 생각하였다. 그러나 그때의 편린(片鱗)이 다음과 같이 남아 있다. 정조가 "『상서』의 금문 고문의 진짜 가짜가 증거가 없다.[尙書之今文・古文, 眞贋無徵]"라고 하면서 답을 구하였을 때, 다산은 다음과 같이 대답한다.[11]

喜不自勝. 今南中所著, 於『詩』發矇誦之義, 於『書』引「儒林傳」・「藝文志」, 以證古文有二, 於『禮』得大義數十, 於『樂』知吹律之詐, 於『易』得往來升降之義, 於『春秋』得『周禮』遺文, 於四書得仁恕一貫之正旨. 若使公在而鏞還, 公之愉, 豈有旣哉! 『여유당전서』「鹿菴權哲身墓誌銘」. 다산은 『여유당전서』「上弇園書」 속에 녹암의 학설을 의도적으로 수록해 두었다. "弇園論『大學』書曰" 이하의 글이 이것이다.

11 다산이 29세이던 1790년에 정조의 親試에 답한 「十三經策」에 보인다.

> 신은 『상서』의 고문과 금문에 대한 설이 매우 번거로워 다 진술할 여가가 없다고 생각합니다. 그러나 「중훼지고(仲虺之誥)」의 "겸약공매(兼弱攻昧)"는 도리어 『춘추좌씨전』의 구절[12]을 표절한 것이고, 「대우모(大禹謨)」의 "석자재자(釋茲在茲)"는 신일(信壹)[13]과 매우 다르니, 부스럼과 사마귀를 감출 수 없고 깨어지고 부서진 흔적이 있습니다. 그러므로 주자가 "나는 일찍이 공안국의 『고문상서』가 가짜가 아닌가 의심하였다."라고 하였는데 신은 감히 이의를 가지지 않습니다.[14]

이는 29세의 다산이 이미 주자의 의심과 권철신의 확언에 영향을 받아 『고문상서』가 위서임을 확신하고 있음을 증거하는 자료라고 하겠다. 이것이 73세에 이루어지는 『상서고훈』으로 완결되기 이전의 초기 상서학의 3부작인 『매씨서평(梅氏書平)』, 『상서고훈[尙書古訓 : 고훈수략(古訓蒐略)]』, 『상서지원록(尙書知遠錄)』을 저술하는 원동력이 된 것이다.

1803년은 다산이 강진에서 귀양살이를 한 지 2년이 되는 해였다. 이때 다산은 『상서』를 읽고 시 「독상서오수(讀尙書五首)」[15]를 남겼다. 이

---

12 『춘추좌씨전』 선공 12년 隨武子의 말. "見可而進, 知難而退, 軍之善政也. 兼弱攻昧, 武之善經也."

13 "魯多盜. 季孫謂臧武仲曰 : "子盍詰盜?" 武仲曰 : "在上位者, 洒濯其心, 壹以待人. 若上之所爲, 民亦爲之, 又可禁乎? 「夏書」曰云云. 將謂由己壹也, 信由己壹而後, 功可念也." 『梅氏書平』

14 『尙書』之古文 · 今文, 臣以爲其說甚繁, 不暇悉陳. 然「仲虺誥」之'兼弱攻昧', 反竊『左傳』之句, 「大禹謨」之'釋玆在玆', 殊異'信壹'之義, 瘡疣不掩, 破碎有跡. 故朱子曰 : "某嘗疑, 孔安國『書』是假書." 臣不敢異議也.

15 1. 后稷實無罪, 落地爲棄人. 殆哉活民手, 幾乎成灰塵! 明神苟不顧, 禽畜乃能仁.
2. 丹侯雖不肖, 稷 · 契乃懿親. 如何薦天寵, 遠及側陋人? 儼然臣稷 · 契, 因之大得民. 不疑亦不恥, 心志何其淳?

때의 『상서』 읽기를 통해 요임금 때 농무(農務)를 담당하는 관리인 후직(后稷)이 된 기(棄)의 삶이 세상에 끼친 공로에 관해 느낀 바와, 단주(丹朱)가 비록 불초(不肖)이긴 하나 심지(心地)가 선량한 인물이었음에 대한 감상, 기(夔)가 예에 통달한 사람이었는데 악관(樂官)에 그치게 한 데 대한 감상, 희도(姬度) 즉 채숙(蔡叔)이 형 관숙(管叔)을 도와서 반란을 일으켰을 때의 심사(心思)에 대한 감상, 은말(殷末)의 어진 인물로 알려진 상용(商容)이 알고 보면 간사한 인간이란 일견 '황당한' 생각 등을 드러낸 것이다. 이 몇 가지 감상은 역대 인물들의 평가와는 궤도를 크게 달리하는 것이므로 우리는 이를 다산의 과감한 회의(懷疑) 정신의 구체적 표현으로 볼 수밖에 없다. 이야말로 큰 학자에게 필요한 대담회의(大膽懷疑)요 대담가설(大膽假說)이 아니겠는가? 이때 다산은 『주역』에 대한 관심이 더 커서 본격 연구를 시작하였으며 그 결과가 『주역사전(周易四箋)』이다. 당연히 『상서』에 관한 연구는 뒤로 미루어진다.

1808년 다산은 강진의 은사(隱士) 윤단(尹慱)의 다산초암(茶山草庵)에서 거주하기 시작하면서 『상서』에 관한 저술을 시작하는데, 그 첫 작업이 1810년에 완성된 『매씨서평(梅氏書平)』이다. 동진의 매색이 조정에 올린 이른바 『고문상서』 25편과 『상서공씨전(尙書孔氏傳)』이 위

3. 端木疑夔窮, 夫子謂夔偏. 伯夷實讓夔, 其心謂夔賢. 同列必知德, 一藝豈所專? 嗟哉達禮士, 獨以伶官傳!
4. 姬度力量小, 且未識天命. 普天皆懷殷, 自揣終莫定. 綿綿有郜祀, 不忍於吾竟. 寧割二兄恩, 以彰西伯聖. 此意終晻昧, 萬古何由暝?
5. 商容一奸人, 迺以義士旌. 羽籥馮馬徒, 狙詐非義兵. 史家有直筆, 寧逃首亂刑? 陳勝實同調, 圖南可齊名.

서(僞書)임을 고증한 책이다. 매색의 『고문상서』에 관해 청나라에서는 염약거의 비판과 모기령의 옹호가 교직되며 일대 풍파를 일으켜 학계의 주목을 끌었지만, 조선에서는 다산의 이 저술이 매색의 『고문상서』가 위작임을 조목조목 고증한 최초의 책이 되었다. 이 책의 저술 과정에 관해서는 이봉규 교수의 글에 상세하므로 생략하거니와 이 책의 가치에 대한 이 교수의 다음과 같은 정벽(晶癖)한 견해는 주목할 만하다.

> "한국사상사에서 볼 때, 『매씨서평』은 성리학의 이론 체계를 당연시하고 그것의 정합적 이해와 실천에 힘썼던 기존의 학풍에서 벗어나 역사적 사실에 입각하여 정확한 진상을 파악하고 이로부터 자신에게 주어진 전통을 다시 해명하려는 이른바 실사구시의 실학정신이 낳은 한 이정표이다."[16]

이어서 다산은 『금문상서』 29편에 대한 훈고 수집 작업에 착수한다. 그 결과물이 『상서고훈(尙書古訓)』이다. 73세 때 상서학을 완결하면서 사용한 서명인 『상서고훈(尙書古訓)』과 이름이 같았으므로 『고훈수략(古訓蒐略)』 혹은 『상서고훈수략(尙書古訓蒐略)』으로 바꾸어 부르기도 한 것으로 보인다. 이 책은 다산이 제자 이정(李晴)을 시켜 복생(伏生)·마융(馬融)·정현(鄭玄)·구양고(歐陽高)·하후승(夏侯勝)·하후건(夏侯建)·왕황(王璜)·도운(塗惲)·반고(班固)·유흠(劉歆) 등 한대의 상서학자와 『춘추좌씨전』과 제자백가(諸子百家)에 보이는 『상서』에 관한 여러 설(說)을 모아 편집한 것으로, 안설(案說)이 없는 자료집[亦無案說][17]이라고 하였다. 그러나 흑산도에 유배 중이던 형 정약전

16 『한국경학자료집성 64. 서경 16』 17쪽 참조.

17 "『尙書古訓』六卷, 乃伏生以下, 馬·鄭已上, 歐陽·夏侯·王塗·班·劉諸說,

(丁若銓)에게 쓴 편지에 보이는 위 구절의 내용과 달리, 『사암경집(俟菴經集)』에 묶여 규장각에 소장되어 있는 6권의 필사본[18]에는 자신의 안설인 '용안(鏞案)' 53조가 있다. 아마 이정의 고훈 수집 작업이 끝난 후 약간의 '안설'을 가해 다시 정리한 것으로 보인다. 73세 때 완성되는 『상서고훈』은 분량도 몇 배에 이르고 안설도 6배가 넘는 345조나 된다.

이 『상서고훈』을 바탕으로 매색의 위서를 답습한 공영달 등의 『상서정의(尙書正義)』와 채침의 『서집전』의 문제점을 지적하고 자신의 견해와 주장을 펴서 1811년에 완성한 책이 『상서지원록』[19]이다. 놀랍게도 다산은 출간된 지 백여 년도 넘은 염약거의 획시대적 거작 『상서고문소증』을 보지 못했고, 거듭 놀라운 것은 염약거와 거의 같은 결론에 이르렀다는 사실이다. 귀양에서 풀려나 고향에 돌아온 뒤, 다산은 홍석주(洪奭周)와 홍현주(洪顯周) 형제의 호의로 염약거의 『상서고문소증』을 볼 수 있게 되었고, '폐문조거(閉門造車) 출이합철(出而合轍)'의 놀라움을 느낀 동시에 정보의 부족으로 헛수고를 했음에 실망하고 오랜 공을 들인 이 책을 폐기 처분하려는 생각까지 하게 된다. 그러나 얼마의 시간이 흐른 후 염씨의 책에도 미진한 곳이 적지 않음을 느끼게 된다. 그래서 다시 붓을 들어 적거(謫居) 시기의 '상서 3부작'을 바탕으로 생의 마지막을 장식하는 저작 『상서고훈』을 완성하게 되는 것

及『左傳』以下, 漢・魏以上, 諸子百家之『書』說也. 此則晴也所輯, 亦無案說." 이는 당시 흑산도에 유배 중이던 仲氏 丁若銓에게 보낸 편지의 일부분이다.

18 규장각 도서번호 7016.

19 『禮記・經解』의 "溫柔敦厚, 詩敎也. 疏通知遠, 書敎也 ……"가 '知遠'의 출전이다.

이다. 『상서고훈』에는 다산이 「상서고훈·지원록합편서설(尙書古訓知遠錄合編序說)」에서 밝힌 것처럼 "부사패언(浮辭誖言)"을 삭제한 것 이외에는 『상서지원록』의 내용이 대부분 수록되었음을 알 수 있다. 그러나 구성의 치밀함, 고증의 광박함 및 분량에 있어서 『상서지원록』과 큰 차이가 있다. 이야말로 다산이 염약거의 책에서 얼마나 강한 자극을 받았는가를 알 수 있게 해주는 대목이 아닐 수 없다. 다산은 이러한 사정에 대해 다음과 같이 술회하였다.

> 내가 강진 적소에 있으면서 『상서』에 관한 저술을 하면서 모기령이 지은 『고문상서원사』의 그릇되고 허망함을 변석한 『상서평』 9권을 지어 오로지 매색의 『고문상서』가 거짓임을 공격하였다. 이미 20년 전의 일이다. 근간에 청나라 유학자 송감(宋鑑)이 지은 『상서고증(尙書攷證)』[20]을 읽어보니 나의 논지와 똑같았다. 마음속으로 '중국 밖의 구석진 곳에서 가진 고루한 견해가 중화의 큰 학자의 견해와 서로 의논도 없었는데 똑 같구나.'라고 생각하였다. 송감의 책에는 염약거의 『상서고문소증』에 나오는 설을 여러 번 인용하였는데, 그 논의가 명백하고 마음에 들었다. 그러나 송씨의 책이 염씨의 책보다 뒤에 나온 것이니 염씨의 설보다 당연히 더 잘 갖추어진 것이려니 하였다. 도광(道光) 7년 정해년(1827년) 겨울, 마침 해거도위(海居都尉) 홍현주가 한강 가의 우리 집으로 찾아와서 나의 『매씨상서평』을 보고 싶다고 하기에 끝내 감출 수는 없어서 돌아간 뒤에 보내주었다. 회고해보니 강진 귀양살이 때 참고 서적이 거의 없었고 가진 것이라고는 『사기』·『한서』·『후한서』·『진서(晉書)』·『수서(隋書)』 등에 실린 전(傳)과 지(志) 수십 권이 있을 뿐이었다. 이는 맨손으로 칼을 든 적과 맞선 것이나 다름이

20 『尙書考辨』으로 알려져 있다. 이 책은 嘉慶 5년, 1800년에 간행되었다. 다산은 1818년에 해배되어 고향에 돌아온 후에 이 책을 본 것이다.

없어 생각해 낸 것마다 가소로운 것이었다. 다만 방향이 틀리지 않았고 바름을 따른다는 생각으로 자신을 북돋우었으므로 모기령처럼 거짓에 투항하여 자기를 망치는 데 이르진 않았을 뿐이다. 홍현주가 형 홍석주의 명으로 염약거의 『상서고문소증』 한 질을 나에게 보내오면서 "이 책에 쓸 만한 말이 많습니다. 그런데 보내주신 책에 인용되지 않은 것으로 보아 아마도 못 보신 것 같습니다. 지금 보내드리오니 참고하시기 바랍니다."라고 하였다. 아마 그의 뜻은 나의 책에 볼 만한 부분이 있음을 가상히 여기지만 고루함이 불쌍하므로 나의 좋은 생각을 확충하게 하려는 데 있었을 것이다. 삼가 그 책을 살펴보니 128조목 8권인데 매색의 위조에 대해 정밀하고 엄격히 비판하였다. 인증이 광범하고 표현에 빠트린 것이 없어 숨길 수 있는 것이 없었으니 다 완벽한 것이라 해도 과언이 아니었다. 송감이 이미 이 책을 보았으면서 무엇 때문에 고증을 일삼았을까? 아마도 번거로움을 삭제하고 간명히 하려고 했던 게 아닌가 싶다. 내 책은 없애버려도 좋겠다.[21]

"내 책은 없애버려도 좋겠다."라는 비장한 한 마디에서 다산의 실망감과 학자로서의 양심을 읽을 수 있다. 그러나 그것은 일시적인 생각

21 余在耽津謫中, 治『尙書』, 取毛氏【奇齡】『古文冤詞』, 辨其謬妄, 著『尙書平』九卷, 專攻梅賾之僞, 今已二十年矣. 近見淸儒宋鑒所著『尙書攷證』, 所論若合符契. 竊自幸海外僻陋之見, 得與中華大方之家不謀而同. 乃宋氏書中, 屢引閻氏若璩『古文疏證』中言, 議多明晳可悅. 然謂宋書後出, 意當益備. 丁亥冬,【道光七年】 適海居都尉過余于洌上, 索余『尙書平』, 不敢終閟, 旣歸而寄示之. 顧其時, 謫中絶無書籍, 所持唯『史記』·『漢書』·『後漢書』·『晉書』·『隋書』等傳·志數十卷而已, 空拳冒刃, 動輒可笑. 唯其所秉本是, 師直爲壯, 不至爲蕭山倒戈之鋒所摧陷而已. 都尉以其兄判書公命, 寄示閻氏『疏證』一函, 云: "此書辭多可採, 而來卷中不被錄入, 似未及游覽. 今玆津納, 以供妙擇." 蓋其意, 嘉其一得, 矜其孤陋, 令得以擴充善端也. 謹閱其書, 凡一百二十八條共八卷. 其於梅氏僞案, 爬櫛精嚴, 引據浩博, 辭無遺蘊, 物無遁情, 可謂大備. 不知宋氏旣見此書, 何故又事乎考證也. 意欲刪煩以就要耳. 余書今廢之, 可矣.

이었고 염약거의 책에도 미진한 점이 있었다. 송감의 책에 대한 생각은 대산(臺山) 김매순(金邁淳)에게 보낸 편지 「답김덕수(答金德叟)」에도 드러나 있다.[22]

노년기의 다산에게 남은 과제의 하나가 자신의 상서학을 완결하는 것이었다. 그것은 『매씨서평』을 지어 매색이 바친 『고문상서』가 위서임을 확실히 고증하였으니, 자료집 성격이 강한 『상서고훈(고훈수략)』을 활용하여 강진에서 지은 『상서지원록』의 미비점을 보충하여 복생이 전한 『금문상서』 29편에 대해 정확한 해석을 하는 일이었다. 이 소원을 이룬 때가 1834년 봄, 서세하기 2년 전이었다. 다산은 그 과정을 다음과 같이 기록하였다.

> “옛날 다산에 있을 때 나는 『상서』를 읽고 매색의 위서 사건을 다룬 책을 썼는데 이가 『매씨서평』으로 모두 9권이다. 이어서 거슬러 올라가 복생(伏生)의 벽 속에서 나온 진본(眞本) 28편[23]을 찾고 구양씨·하후씨·마융·정현의 설을 수집하여 『고훈수략』이라고 하였다. 이어서

22 “淸儒宋鑒, 乾隆間人, 著『尙書考辨』六卷, 刻於嘉慶五年. 所論與鄙說, 若合符契. 特規模不同, 辭氣縝密, 不如荒外之人麤險不脫洒者, 可愧可愧. 所採諸家之說, 益廣閻若璩·朱彝尊之論, 尤詳著可考. 但段落不明, 蒙士難知, 爲可欠耳. 年前有人, 暫示之, 還索之, 至今爲恨耳.” 김매순은 다산의 『매씨서평』을 읽고 다음과 같은 극찬하는 편지를 보내왔다. “燭微洞幽, 則飛衛之見蝨也. 理紛剝堅, 則庖丁之解牛也. 毒手磔奸, 則商君 渭水之臨也. 血忱衛正, 則卞和 荊山之泣也. 一以爲孔壁撥亂之元勳, 一以爲朱門禦侮之勁臣. 儒林大業, 莫之與京, 不謂寥寥千載之下, 蓁蓁九夷之中, 乃有此絶等奇事也?” “『尙書平』, 潛心屢日, 才了一冊, 精識確論, 著著驚人, 可謂天地間有數文字, 始覺天之差遣此老, 意不偶然也.”

23 복생의 『금문상서』는 29편이나 일부 판본은 「강왕지고」를 「고명」에 포함시키고 28편이라 부르기도 했다. 다산은 『상서고훈』에서 32편으로 나누었다.

매색과 채침의 설을 고훈에 비추어 고핵(考核)·평정(評定)하고 가끔 나의 견해를 덧붙여서 『상서지원록』이라고 하였다. 다만 이 세 종류의 책은 모두 적소(謫所)에서 지은 것인데 참고 서적이 적어 빠트린 것이 매우 많았다. 게다가 새로운 것을 하나 얻으면 의기양양하여 변론함에 있어 그 어투가 흉포 오만한데다 공손하지 못했으니, 지금부터 24년 전의 일이다. 펼쳐 볼 때마다 두렵고 께름칙하여 스스로 아파하고 언행에 일관성이 없음을 슬퍼하였다. 내가 지은 4서 6경에 관한 저작에 그렇지 않은 것이 없는데 그 중에서도 『상서』에 관한 설이 가장 심했다. 지금 『매씨서평』에서 경조부박한 말을 제거하고 『상서지원록』의 기록을 조목조목 분류하여 『상서고훈』과 합해 한 책으로 만들었다. 경박하고 어그러진 말을 제거하였는데 아주 심하지 않은 것은 가끔 그대로 두어 후세의 사람들이 내가 이런 사람임을 알게 하려고 한다. 두 책을 합한 것이지만 이름을 그대로 『상서고훈』이라고 한 것은 새로운 주장을 더하였으나 여전히 고훈(古訓)을 위주로 하였기 때문이다. 올해 나는 일흔세 살이다. 정력이 쇠약해져서 분발할 수도 없으니 죽을 날이 머지않았다. 이 일을 완전히 마칠 수 있을지 자신이 없다. 뒷사람들이 내가 이런 뜻이 있어 이 일을 시작하였으나 마치지 못했음을 알 것인가? 도광 갑오년 봄에 열상산방에서 쓰다.[24]

---

24 昔在茶山, 余讀『尙書』, 執梅賾僞案, 有所論著, 曰『梅氏書平』, 凡九卷. 繼而反求乎壁中眞本二十八篇, 蒐輯歐陽·夏侯·馬·鄭之說者, 曰『古訓蒐略』. 繼而執梅·蔡二家之說, 校比乎古訓, 間附以己見者, 曰『知遠錄』. 顧此三部, 皆於謫中編纂, 書籍旣少, 遺漏甚多. 且新得一臠之味, 沾沾自喜, 所辨訟, 其辭氣多暴慢不恭, 如今二十有四年矣. 每一披閱, 怵焉內疚, 恤焉自傷, 悼言行之無素也. 所著六經·四書之說, 無不然者, 其尤甚者, 『書』說也. 今取梅『書』之平, 刪去佻薄之詞, 乃取『知遠』之錄, 條條擠裂, 附入于『古訓』之編, 合爲一部. 而其浮辭誖言, 槪行鋤拔, 其或未甚, 間亦存之, 俾後人知余之爲如是人而已. 書雖兩合, 仍名之曰『尙書古訓』, 蓋新說雖附, 猶以古訓爲主也. 今年七十有三歲矣. 精力衰耗, 無以自奮, 死亡無日, 其克訖業, 未敢自信, 後之人尙知余有是志, 起是工而未卒也.【道光甲午春, 在洌上山房】

최후의 힘을 모은 대작을 완성한 후에 쓴 글에서 "뒷사람들이 내가 이런 뜻이 있어 이 일을 시작하였으나 마치지 못했음을 알 것인가?"라고 한 것은 무엇 때문인가? 이 말은 이 책의 완성에 최선을 다하긴 했지만 목숨이 다할 때까지 만족하지 않고 끝까지 정확한 뜻을 알아내기에 노력하겠다는 겸허한 생각을 표현한 말이라고 하겠다. 이 작업을 마친 후 미진함을 느낀 다산은 다시 그 개수(改修)와 완성에 사력(死力)을 다하여 현전하는 『상서고훈』 21권 7책을 완성하고 나서 그 소회를 다음과 같이 폈다.

> 이 『상서고훈』 스물한 권은 내가 모으고 엮고 또 내 손으로 베낀 것이다. 2월 2일에 시작하여 6월 10일에 마쳤으니 128일이 걸렸다. 처음에는 할 수 있으리라 생각도 못했지만 하늘의 도움으로 지금 죽기 전에 다 끝냈으니 참으로 다행이다. 내 나이 일흔셋, 이레 후 유월 열엿새는 내 생일이다. 다행히 이런 상황에 이르렀으니 마땅히 이 일곱 책으로 생일을 자축하련다. 순조 34년 6월 상순에 열수노인 씀.【도광갑오】[25]

이에 이르러 다산은 『상서』에 대해 유감이 없게 되었다. 최선을 다한 것이다. 이른바 대공고성(大功告成)이다. 다산은 일찍이 회갑을 맞이하여 자신의 삶을 정리한 「자찬묘지명(自撰墓誌銘)」을 썼는데, 거기에서 자신의 상서학에 관한 심득(心得)을 다음과 같이 정리해둔 바 있다. 저술의 붓을 놓기 20여 년 전의 기록이므로 그 후 당연히 부분적

25 右『尙書古訓』二十一卷, 余所輯, 余所編, 又余之手鈔者也. 起工于二月二日, 告竣于六月十日, 其間一百二十八日. 始不自意, 賴天之佑, 今幸卒業于未死, 幸矣哉. 余齡七十三, 後七日, 六月既望, 余弧辰也. 幸而至是, 當以是七冊自壽之. 當宁三十四年六月上澣, 洌水老人書.【道光甲午】

수정이 있었을 것으로 보인다.

> “『서(書)』는 이렇게 다루었다. 이를테면 매색의 『상서』 25편은 위작(僞作)이다. 『사기』·『전한서』·『후한서』 및 『진서(晉書)』·『수서(隋書)』의 「유림전(儒林傳)」과 「경적지(經籍志)」를 상고해보니 그것이 위작임이 현저하여 배척하지 않을 수 없다. 이를테면, 선기옥형(璇璣玉衡)이란 하늘을 형상한 의기(儀器)가 아니고, 「우공(禹貢)」에 세 번 보이는 ‘지적(厎績)’은 9년 동안 세 번 고적(考績)한 것이고, 「홍범(洪範)」의 구주(九疇)는 정전(井田)의 형태이므로 2와 8이 서로 응하고 4와 6이 서로 이어받는다.”[26]

이 가운데 앞부분에서 매색의 『고문상서』가 위작임을 확언한 것은 『매씨서평』에 관한 학술적 결론일 뿐 아니라 다산 상서학의 정수(精髓) 가운데 하나이나 앞에서 이미 여러 번 언급하였으니 말을 줄인다. 뒷부분은 『상서고훈』에서 펼친 대표적 주장 세 가지인데 그 경개(梗概)를 살펴볼 필요가 있다.

첫째, “선기옥형(璇璣玉衡)이란 하늘을 형상한 의기(儀器)가 아니다.”

라고 한 주장을 살펴보자. 다산은 선기옥형이 혼천의(渾天儀)라는 정현(鄭玄)의 설이 나온 이래 그 누구도 의심해본 적이 없는 이 설을 부정하고, 선기는 척도(尺度)이고 옥형은 권평(權坪)[27]이라고 주장하였

26 其爲『書』則曰 : “梅賾二十五篇, 僞也. 考『史記』·兩『漢書』及『晉』·『隋書·儒林』·「經籍」之志, 而其僞顯然, 不可以不黜也.” 曰 : “璿璣·玉衡, 非象天之儀器. 「禹貢」之三底績, 爲九載三考. 「洪範」九疇, 爲井田之形, 故二八相應, 四六相承也.”

다. 바로 길이를 재는 자가 '선기'이고, 무게를 다는 저울이 '옥형'이라는 것이다. 고대의 성인들이 가장 중시한 것이 천문이라기보다는 백성들 삶의 평안을 위한 도량형이라는 주장인 것이다. 『상서』에 관한 천여 년에 걸친 모든 주석 가운데 유일무이한 주장인데, 다산의 논증을 자세히 살펴보면 터무니없는 말이 아님을 알 수 있다. 다산은 시대적 한계 때문에 끝내 알지 못하고 눈을 감았지만 「요전」이 지어진 시기가 "공자몰후(孔子歿後) 맹자지전(孟子之前)"[28]의 전국시대였음을 알고 보면 더욱 다산의 이 파천황(破天荒)의 주장은 천고독안(千古獨眼)으로 「요전」을 지은 사람의 본뜻을 밝혀낸 것이라 말할 수 있다. 전국시대에 있어 가장 긴요한 일은 천하통일이지만 제도의 통일에 속하는 도량형의 통일도 그에 못지않은 긴요한 과제였던 것이다.[29]

둘째, "「우공」에 3번 보이는 '지적(厎績)'은 9년 동안 세 번 고적(考績)한 것이고"

라고 한 부분을 보자. 「우공」에 '지적(厎績)'이 세 번 보인다. '담회지적(覃懷厎績)'·'원습지적(原隰厎績)'·'화이지적(和夷厎績)'이 그것이다. 『위공전(僞孔傳)』은 이 '지적'을 '치공(致功)' 즉 '준공(竣工)' '완공(完工)'의 의미로 보았다. 그 내용은 우(禹)가 치수(治水)하는 과정 중에 담회, 원습, 회이 같은 곳에서도 치수에 공을 이루었다는 것이다.

27 "竊謂璿璣者尺度也, 玉衡者權坪也." 『상서고훈』

28 이는 굴만리의 말이다. 그는 『상서석의』에서 10가지의 정벽한 고증을 제시하였다. 굴만리 『상서석의』 중국문화대학출판부 1980.

29 『논어』 「요왈」에 "謹權量, 審法度."가 보인 이래로 예괴악붕(禮壞樂崩)의 시대인 전국시대에 이르러서 도량형의 통일은 시대적 과제였다.

채침의 『서집전』뿐 아니라 모든 학자들이 이를 의심 없이 따랐고, 최근의 굴만리(屈萬里)의 『상서석의(尙書釋義)』에 이르기까지 아무도 이의가 없었다. 그리하여 이 해석은 오늘에 이르기까지 요지부동의 설로 굳어 있다. 그러나 다산만은 이에 의문을 제기한다. 다산은 이 '지적'을 고적이라고 보았다. 「요전」에서 요가 순에게 한 말 가운데 "내언지가적삼재(乃言底可績三載)"가 있다. 다산은 요가 순을 불러 그 능력을 시험한 지 3년 만에 순이 자기가 한 말을 완수했음을 인정하고 제위(帝位)에 오르기를 권하는 장면이라고 하였다. 이것이 널리 알려진 '삼재고적(三載考績)'이다. 이 말의 영향력은 참으로 커서 후세의 위정자들이 관리의 임기를 3년으로 하고 그 공적의 유무를 검사하는 보편적 제도로 삼았다. 다산도 물론 이 해석을 따르고 후세의 제도 또한 훌륭한 것이라 생각하였다. 그러나 역대의 모든 학자들은 「우공」의 '지적'과 「요전」의 '내언지가적삼재'를 연결하지 않았다. 서로 다른 의미로 본 것이다. 대부분의 학자들은 '지적'을 일정 지역에서의 치수의 성공을 의미하는 것으로만 보았으나, 다산은 우가 치수를 하면서 3년 만에 한 번씩 '고적' 즉 '근무 성적 보고 및 평가회'를 치른 것으로 보았다. 「요전」의 '내언지가적삼재'와 「우공」의 '지적'을 연관시킨 것이다. 다산에 의하면 이는 모두 '삼재고적'이며, 그 평가의 주체는 요임금을 비롯한 대신들이고, 평가를 받는 사람은 우(禹)라고 본 것이다. 그래서 다음과 같이 거듭해서 말했다.

> "'담회지적'은 3년 만에 고적한 것이고, '회이지적'은 6년째에 두 번째 고적한 것이며, '원습지적'은 9년째에 고적한 것이다."[30]

30 "覃懷厎績, 三年一考也. 和夷厎績, 六年再考也. 原隰厎績, 九年三考也."

"'지적(底績)'은 고적(考績)이다. 치수가 여기에 이르렀을 때 1차 고적을 한 것이다. '담회지적'·'화이지적'【양주(梁州)에 보인다.】·'원습지적'【옹주(雍州)에 보인다.】은 9년 동안 세 차례 고적을 한 것으로, 그 글이 분명하다."[31]

「우공」에 의하면 기주에서 '담회지적'이라고 했고, 양주(梁州)에서 '회이지적'이라고 했고, 옹주에서 '원습지적'이라고 했다. '지적'이란 말은 치수의 과정이 이에 이르러 첫 고적을 했다는 말이다. 무릇 세 번 고적을 하고 구주(九州)가 평안히 다스려졌다. 그 문장이 역연하다.[32]

라고 한 것이다. 이 주장이 고증적 차원의 것인지 아니면 다산이 원하던 제도와 연결시키기 위한 의도적인 것인지 등에 대한 연구와 평가는 차후 전문 연구자의 몫이 되겠다.

셋째, "「홍범(洪範)」의 구주(九疇)는 정전(井田)의 형태이므로 2와 8이 서로 응하고 4와 6이 서로 이어받는다."

라고 한 주장을 살펴보자. 「홍범」에 "천내석우홍범구주(天乃錫禹洪範九疇)" 즉 '천제(天帝)가 이에 우에게 홍범구주를 주었다.'라는 말이 있다. '홍범'은 '대법(大法)'과 같은 말이다. '구주'의 '주(疇)'를 『위공전』은 '류(類)'라 풀이하여, 하늘이 신령스런 거북이의 등에 무늬를 새겨 낙수(洛水)에 나타나게 하였다고 하였고, 후세의 학자들은 그것이 복

31 "底績者, 考績也. 謂治水至此, 一考績也. '覃懷底績'·'和夷底績',【見梁州】'原隰底績',【見雍州】'九載三考', 其文歷然."

32 "據「禹貢」'冀州曰覃懷底績', '梁州曰 和夷底績', '雍州曰原隰底績', 其曰底績者, 謂治水至此地, 一考其績也. 凡三次底績, 九州治平, 其文歷然."

희씨(伏羲氏)가 용마(龍馬)의 등에 그려 황하(黃河)에 떠오르게 했다는 하도(河圖)와 짝을 이루는 낙서(洛書)라고 하여 신비화하였다. 청나라 초기에 호위[胡渭 : 1633~1714]가 『역도명변(易圖明辨)』과 『우공추지(禹貢錐指)』를 지어 하도낙서(河圖洛書)에 관해 천제니 복희씨니 하는 것이 후세인들의 허구임을 변파(辨破)하기 전에는 이를 천경지의(天經地義)로 여겨 왔고 이를 연역하여 4·9·2를 윗줄로, 3·5·7을 중간 줄로, 8·1·6을 아랫줄로 그린 구궁수(九宮數)를 만들어내기도 했던 것이다. 다산은 이 '주(疇)'를 글자의 본뜻대로 '밭두둑'으로 보았다. 그리고 1·2·3을 윗줄로, 4·5·6을 중간 줄로, 7·8·9를 아랫줄로 그린 도식을 만들면 2와 8이 수직으로, 4와 6이 수평으로 배치되니, 이를 선으로 그으면 십(十) 자 형태가 된다. 이것이 바로 밭 전(田) 자의 가운데 부분이 되는 것이니 정전이 아니면 무엇이겠는가, 하는 것이 다산의 주장인 것이다. 다산이 토지제도에 관한 오랜 고민 끝에 정전제(井田制)를 국가의 기본적 법제라고 확신하고 그 옹호자가 된 것은 이와 깊은 연관이 있다.

이외에도 『상서』의 진면목에 관한 다산의 주옥같은 수백 조목에 이르는 크고 작은 독특한 견해가 『상서고훈』에 고스란히 담겨 있는데, 이를 확인하는 가장 쉽고 간단한 방법은 그 가운데서 345조에 이르는 "鏞案"(번역본에서는 "용안") 두 글자를 찾아 그 내용을 살펴보면 된다.

다산은 73세의 고령에 마침내 『상서고훈(고훈수략)』과 『상서지원록』을 합하여 산절할 것은 산절하고 보충할 것은 보충하여 『상서고훈』을 완성하였다. 그리고 직접 정사(淨寫)하여 간직해두고, 스스로 지은 호

(號) 사암(俟菴)처럼 뒷날 이 책의 가치를 알아줄 사람을 기다리게 된다. 그러나 날로 썩고 문드러진 조선은 다산이 1836년에 향년 75세로 서세한 후 74년 만인 1910년에 망하고 말았고, 더 이상 유가의 경전이 영향력을 가진 사회가 아닌, 아무도 예상하지 못한 시대가 도래하고 말았다. 조선시대에 국한해서 말해도 국사 처리에 가장 큰 영향을 끼쳤던 『상서』 역시 폐지 뭉치가 되어 역사의 뒤안길로 밀리고 말았다.

3. 결어

그러나 『상서』의 가치와 현재적 의미에 관한 학술적 연구와 논의는 끊임없이 계속되었다. 이 시대에 있어서도 온고(溫古)에 그치는 것이 아니라 온고를 통한 지신(知新)에 유용한 부분이 적지 않기 때문이다. 선신시대의 『상서』 가운데서 후세에 진존한 『금문상서』 29편을 연구함에 있어 반드시 주목해야 할 이 분야의 대표적 학자와 저서로 이미 언급한 염약거·혜동 이후로, 손성연[孫星衍 : 1753～1818]의 『상서금고문주소(尙書今古文注疏)』, 피석서[皮錫瑞 : 1850～1908]의 『금문상서고증(今文尙書考證)』, 고힐강[顧頡剛 : 1893～1980]·류기우[劉起釪 : 1917～2012]의 『상서교석역론(尙書校釋譯論)』, 굴만리[屈萬里 : 1907～1979]의 『상서석의(尙書釋義)』를 들 수 있다. 이 가운데 손성연의 『상서금고문주소』는 『금문상서』 29편을 논의의 대상으로 한정하여 염약거와 혜동의 업적을 수용하고 더욱 발전시켜 청대 상서학의 최고봉에 이른 책이다. 이 책과 『상서고훈』의 비교 연구는 다산 상서학의 수준과 성과를 가늠하기에 가장 알맞은 작업이라고 하겠다. 그러므로 이에 관한 연구가 다산 상서학에 대한 본격적 연구의 첫 과제가 되어야 할 것이다.[33]

끝으로, 이 지난한 작업의 결과물을 출간하면 과연 몇 사람이나 읽을까 하는 속 아픈 고민에 공감하면서도 한번도 흔들리지 않고 기획을 하고 경비를 지원한 재단법인 실시학사에 대해 미안함과 고마움을 표하지 않을 수 없다. 이 점은 곡고화과(曲高和寡)로 자위하고자 한다. 이야말로 학술의 본령(本領)이 아니겠는가? 주지하다시피 실시학사는 벽사(碧史) 이우성(李佑成) 선생에 의해 1990년에 발족한 학술 단체였다. 그 후 2010년에 전(前) LG전자 모하(慕何) 이헌조(李憲祖) 회장이 거액의 사재(私財)를 출연(出捐)하면서 재단법인으로 발전하였다. 재단법인 실시학사의 경학연구회는 벽사 선생과의 수년에 걸친 강독을 통해 이미 다산 선생의 『역주 시경강의』 5책 등 개인으로서는 감히 시도하기조차 어려운 방대한 저작물을 번역 출판해서 학계에 기여해왔다. 벽사 선생의 별세 이전부터 우리 경학연구회 회원들은 상호간의 논의를 통해서 우리 학계에서 아무나 할 수 없는, 그러나 누군가는 꼭 해야 할 다산의 『상서고훈』을 번역 출판하기로 하면서 2016년부터 강독을 시작했고, 이제 그 첫 결과물로 『다산 정약용의 상서고훈』 1, 2권을 동시에 상재하게 된 것이다. 경학연구회 회원들의 『상서고훈』 강독은 지금도 지속되고 있으며, 앞으로 수년 동안의 작업 끝에 3, 4, 5권이 속속 출간될 것이다.

이제 벽사, 모하 두 분은 가셨지만 조선후기 실학(實學)에 대한 두 분의 관심과 애정은 후학들에 의해 오래오래 계승될 것이다. 오늘 이 책의 발간도 그 일환임을 밝혀두고 싶다.

33 이 글은 논문이 아닌, 『상서고훈』에 대한 간단한 소개에 지나지 않은 글이므로 참고서목의 제시를 생략한다.

해제

「상서고훈서례(尙書古訓序例)」 해제

김문식 | 단국대 사학과 교수

정약용의 「상서고훈서례」는 『상서고훈』의 권수(卷首)에 해당하는 부분으로, 「고훈수략서설(古訓蒐略序說)」, 「상서지원록서설(尙書知遠錄序說)」, 「상서고훈・지원록합편서설(尙書古訓知遠錄合編序說)」, 「상서고훈범례(尙書古訓凡例)」, 「상서서(尙書序)」로 구성되어 있다.

이 중에서 「고훈수략서설」, 「상서지원록서설」, 「상서고훈・지원록합편서설」은 정약용이 『상서』를 연구하는 과정에서 편찬한 연구서의 서문에 해당하고, 「상서고훈범례」는 『상서고훈』의 범례를 정리한 것이며, 「상서서」는 『상서』 100편의 「서」를 분석한 것이다.

1. 「고훈수략서설」, 「상서지원록서설」, 「상서고훈・지원록합편서설」

정약용은 1789년에 규장각 초계문신에 선발되면서 정조로부터 다양한 학문적 수련을 받았다. 정약용이 1790년에 작성한 「십삼경책(十三

經策)」과 1792년의 『상서』 강의는 그가 『상서』를 본격적으로 연구하는 계기가 되었다. 그는 규장각에서 활동하는 동안 모기령의 『고문상서원사(古文尙書寃詞)』를 보면서 이 책의 연구 방법과 인용 자료를 참고하였다.

정약용은 유배기에 『상서』를 본격적으로 연구하기 시작하였다. 그의 『상서』 연구는 크게 두 단계로 구분할 수가 있다.

첫 번째 단계는 강진에 유배되어 있던 1810~1811년에 이뤄졌다. 이때 정약용은 『상서』 연구의 3부작이라 할 수 있는 『매씨서평(梅氏書平)』(9권), 『고훈수략(古訓蒐略)』(『상서고훈』)(6권), 『상서지원록(尙書知遠錄)』(7권)을 편찬했다. 『매씨서평』은 매색이 올린 『고문상서(古文尙書)』 58편 가운데 25편이 매색의 위서(僞書)임을 논증한 것이다. 정약용은 『매씨서평』에서 모기령의 『고문상서원사』(8권)를 꼼꼼하게 검토하면서 논리적으로 비판했다. 그리고 『고훈수략』과 『상서지원록』은 『금문상서(今文尙書)』 28편을 대상으로 했다. 그는 『고훈수략』에서 한대(漢代) 학자인 구양씨(歐陽氏), 하후씨(夏侯氏), 마융, 정현의 주석을 집중적으로 정리했고, 『상서지원록』에서는 『고훈수략』에서 정리한 한대 학자들의 주석을 매색이나 채침의 설과 비교하면서 정약용 자신의 견해를 덧붙였다. 「고훈수략서설」과 「상서지원록서설」은 『고훈수략』과 『상서지원록』의 서문이다.

두 번째 단계는 1818년 유배지에서 풀려나 고향으로 돌아온 이후에 시작되었다. 정약용은 고향에서 인근의 학자들과 교유하며 홍석주(洪奭周)의 『상서보전(尙書補傳)』, 염약거의 『상서고문소증(尙書古文疏證)』을 소개받았고, 1827년에 『염씨상서고문소증초(閻氏尙書古文疏證鈔)』(4권)와 『독상서보전(讀尙書補傳)』(1권)을 작성했다. 『염씨고문상서소증초』는 『상서고문소증』을 비판적으로 검토한 것이고, 『독상서보전』은 『상서보전』의 독후감으로 작성한 글이다.

이때 정약용은 유배지에서 진행한 『상서』 연구에 많은 문제점이 있음을 발견하였다. 그는 이를 전면적으로 수정하는 작업에 들어갔고, 1834년에 『상서고훈』(21권)과 『매씨서평』(10권)을 편찬했다. 『상서고훈』은 유배지에서 완성한 『상서지원록』의 내용을 해체하여 『고훈수략』의 해당 내용에 일일이 끼워 넣는 작업이었고, 『매씨서평』은 유배기에 이뤄진 『매씨서평』을 수정한 것이었다. 「상서고훈지원록합편서설」은 1834년에 『고훈수략』과 『상서지원록』을 합하여 만든 『상서고훈』의 서문이다.

2. 「상서고훈범례」

「상서고훈범례」는 1834년에 『상서고훈』을 편찬할 때 작성한 범례로 총 8개 조이다.

정약용은 『상서』 100편의 서문은 본래 공자가 지었지만 후대에 전해지는 것은 매색이 변조한 것으로 보았다. 또한 정현은 100편의 서문을 나누어 각 편의 머리에 두었으나, 이 역시 본래의 모습은 아닌 것으로 보았다. 정약용은 정현이 각 편의 머리에 둔 서문을 모아서 「상서서(尙書序)」를 작성하였다.

정약용은 『상서』의 서문과 경문은 매색본을 따를 수밖에 없지만 「우서(虞書)」와 「하서(夏書)」는 정현본을 따라 「우하서(虞夏書)」로 하였다. 그리고 복생본, 공안국본, 매색본의 전말은 『매씨서평』에서 상세하게 살폈으므로 『상서고훈』에서는 『매씨서평』의 해당 부분을 표시하기만 하였다.

정약용은 『상서정의』에 나오는 고훈(古訓)은 출처를 표시하지 않았지만, 다른 경전은 모두 출처를 밝혔다. 그는 『상서고훈』에서 『고훈수략』이나 『상서지원록』에서 인용한 주석과 함께 근세 학자의 주장이나 자신의 주장도 추가하였다.

정약용은 『상서고훈』을 작성할 때 고이(考異), 고오(考誤), 고증(考證), 고정(考訂), 고변(考辨), 논왈(論曰), 정왈(訂曰), 연의(衍義) 등의 표식을 사용하여 논증의 성격을 구분하였다. 그리고 『상서』의 고훈은 모두 모아서 수록하고, 채침의 주석은 문제가 있는 부분은 지적하지만 특별한 해석이 없는 경우에는 채침의 주석을 그대로 따른다고 하였다.

3. 「상서서」

정약용은 유배지에서 『매씨서평』과 『고훈수략』을 편찬할 때 「서서(書序)」에 대한 연구를 시작하였다. 그리고 1834년에 편찬한 『상서고훈』의 「상서서」를 통해 『상서』 100편의 「서」에 대한 연구를 마무리하였다.

정약용은 『상서』의 저본은 세 가지 계열이 있었던 것으로 보았다. 첫 번째는 복생(伏生)이 전한 『금문상서』 29편(經 28편, 「書序」 1편)이다. 이는 한 문제[漢文帝 : B.C.180~B.C.157] 때 처음 나왔다가 진 회제(晉懷帝) 때 발생한 영가(永嘉)의 난(311)으로 인해 사라진 것으로 보았다. 두 번째는 공안국이 올린 『고문상서』 46편(복생본과 같은 것 29편, 늘어난 것 16편, 「위태서(僞泰誓)」 1편)이다. 이는 한 무제[漢武帝 : B.C.141~B.C.87] 때 처음 나왔다가 당나라 때 없어진 것으로 본다.

그렇지만 그는 공안국의 학문은 건무[建武 : 25~26] 연간에 두림(杜林)에게 전해진 후 가규, 마융, 정현에게 계승된 것으로 보았다. 세 번째는 매색이 올린 『위고문상서(僞古文尚書)』 58편(공안국본과 같은 것 33편, 늘어난 것 25편)이다. 이는 동진[東晉 : 317~419] 때에 처음 나와서 당(唐) 공영달의 『상서정의(尙書正義)』와 남송(南宋) 채침이 작성한 『서집전(書集傳)』의 저본이 되었다. 정약용은 복생본에서는 「서서」 1편이 별도로 있었던 것으로 판단했다.

정약용은 「서서」의 저자를 공자로 보았다. 그는 공자가 『상서』 100편을 편찬할 때 서문도 지어 100편이 지어진 뜻을 설명했고, 복생, 공안국, 정현은 공자의 서문을 보았던 것으로 생각했다. 다만 복생본과 공안국본에 수록된 「서서」는 내용상 차이가 있었고, 매색본에 이르러 결정적인 변란(變亂)이 있었다고 보았다. 정약용은 공자가 작성한 「서서」는 복생, 공안국, 정현, 매색으로 내려가면서 계속 변화하였고, 채침이 "「서서」는 공자의 작(作)이 아니다."라고 한 것은 매색이 변조한 「서서」의 문제점을 보았기 때문이라고 설명했다. 정약용은 공영달의 『상서정의』와 채침의 『서집전』은 매색본을 저본으로 하면서 『상서』의 진위(眞僞)를 제대로 분별하지 못했고, 모기령의 『고문상서원사』는 이를 어지럽게 섞어 문제를 더 복잡하게 만들었다고 보았다.

정약용은 「서서」가 각 편의 머리에 배치된 것은 정현 이후로 보았다. 그는 공자의 「서서」 1편이 복생본과 공안국본에서는 하나의 편으로 전해졌고, 정현 이후로 각 편의 머리로 나눠진 것으로 보았다. 정약용은 원래 하나였던 「서서」의 원형을 보여주기 위해 이를 하나로 합하고 분석한 「상서서」를 작성하였다. 다만 그는 후대에는 매색본만 남아 있으므로 매색본의 원문을 사용하였고, 100편의 순서는 공영달의 『상서정의』에 수록된 정현의 견해를 따랐다. 정약용은 자신의 작업을 '존고(存古)' 즉 옛 모습을 보존하는 것이라고 하였다.

4. 『상서』 100편의 이해

정약용은 「서서」의 원문은 매색본을 따랐지만 100편의 체제와 순서는 정현의 견해를 따랐다. 정현이 언급한 「서서」도 공자가 작성한 원래 모습은 아니지만, 현재 전해지는 자료 중에서는 원형에 가장 가까운 것으로 보았기 때문이다.

정약용은 『상서』 100편의 체제를 「우하서(虞夏書)」 20편, 「상서(商書)」 40편, 「주서(周書)」 40편으로 구분했다. 이는 매색본을 저본으로 하는 『상서정의』나 『서집전』에서 「우서」 5편, 「하서」 4편, 「상서」 17편, 「주서」 32편으로 구분한 것과 분명히 구분된다. 매색본은 「요전(堯典)」에서 「익직(益稷)」까지를 「우서」, 「우공(禹貢)」에서 「윤정(胤征)」까지를 「하서(夏書)」로 구분했다.

정약용은 「우서」와 「하서」는 원래 구분되었던 것으로 보았다. 그는 춘추시대에는 「우서」와 「하서」가 구분되어 있었고, 복생의 『상서대전(尙書大傳)』에서도 「요전」을 「당서(唐書)」, 「순전(舜典)」을 「우서」, 「대우모(大禹謨)」를 「하서」, 「상서(商書)」를 「은서(殷書)」로 보아 「우서」와 「하서」를 구분한 것으로 보았다. 그러나 공안국은 「우서」와 「하서」를 같은 과(科)로 보았고, 정현을 비롯한 한(漢) · 진(晉)의 학자들은 공안국의 견해를 따랐으므로, 정약용은 「우서」와 「하서」를 합하여 「우하서」로 정리했다. 정약용은 공자가 산삭(刪削)한 『시경』은 300편, 『상서』는 100편이며, 『상서』는 다시 20편, 40편, 40편이라는 완정

(完整)한 숫자로 정리되었다고 보았다. 이는 정현의 설을 따른 것이다.

정약용은 100편의 순서도 정현의 견해를 따랐다. 이는 공영달이 작성한 『상서정의』의 주소(注疏)에 나타난다. 정약용은 정현의 주석은 공안국본을 바탕으로 하면서 복생본을 참고하여 한대의 학설을 집대성하였지만 지금은 없어져버린 것으로 보았다.

정약용이 제시한 100편의 순서는 현재 통행하는 매색본 58편의 순서와 상당한 차이가 있다. 「함유일덕(咸有一德)」, 「채중지명(蔡仲之命)」, 「비서(費誓)」가 그러한 사례에 해당한다.

정약용은 매색본에서 「함유일덕」 편이 「태갑(太甲)」 편 다음에 있는 것은 매색본이 위서(僞書)임을 보여 주는 증거라고 주장했다. 정약용은 「탕고(湯誥)」, 「함유일덕」, 「명거(明居)」의 서문이 원래는 하나였던 것으로 보았다. 이 부분을 정리하면 다음과 같다.

> 湯旣黜夏命, 復歸于亳. 作「湯誥」. 伊尹作「咸有一德」, 咎單作「明居」.

정약용은 이윤(伊尹)과 고단(咎單)이라는 인명 앞에 머리글이 없는 것은 두 편이 「탕고」 편에서 계속 이어지기 때문이고, 『史記』「은본기(殷本紀)」에 나오는 「탕고」의 글을 봐도 '함유덕(咸有德)'과 '명거(明居)'의 뜻이 나오므로, 「탕고」 편 다음에 「함유일덕」과 「명거」 편이 나온다고 주장했다. 그런데 매색본에서 「함유일덕」 편은 「태갑」 편 아래에 있으므로 위서임이 분명하다고 했다.

정약용은 「무일(無逸)」 편의 서문도 매색이 변조한 것으로 보았다. 「무일」 편의 서문인 "周公作「無逸」"에는 기어(起語)가 없는데, 정약용은 앞에 나오는 「다사(多士)」 편에서 이어지기 때문으로 보았다. 정약용은 『사기』「주본기(周本紀)」와 「노세가(魯世家)」의 기록을 근거로 「다사」 편과 「무일」 편은 서문이 하나이며, 원문은 "成周既成, 遷殷頑民, 周公以王命誥. 作「多士」, 作「無逸」."이라고 했다. 이렇게 되면 「무일」 편의 서문에서 "周公" 두 글자는 필요하지 않으며, 이는 매색의 위작으로 보았다.

다음으로 「채중지명」 편은 정현본에서 제96번째 편이나 매색본에서는 13편이나 위로 올라가 편집되었다. 정약용은 「채중지명」은 주나라 성왕(成王)과 주공(周公) 때 나왔으므로 시대 순으로 정리하면 위로 올라가는 것이 합당하다고 생각했다. 그러나 정약용은 마융이나 정현이 경문을 함부로 이동시키지 않았으며, 경을 다루는 사람은 이렇게 해야 한다고 주장했다. 의심은 가지만 경의 원형을 보존하는 것도 중요하다는 판단이었다.

마지막으로 「비서」 편은 정현본에서 제97번째 편이나 매색본에서는 99번째 편으로 내려가 「비서」와 「진서(秦誓)」가 나란히 배치되었다. 정약용은 매색이 「비서」 편은 제왕이 아닌 제후의 일이기 때문에 뒤로 돌린 것으로 보고, 매색이 경적(經籍)의 위치를 함부로 바꾸었다고 비판했다. 정약용은 『시경』에서 제후의 「패풍(邶風)」과 「용풍(鄘風)」이 제왕의 「왕풍(王風)」 위에 있듯이, 제후의 「비서」도 제왕의 「여형(呂刑)」 위에 둘 수 있다고 했다. 경의 원형을 보존하려는 것이 그의 의도였다.

정약용은 이외에도 매색본에서 문제가 되는 편을 지적했다. 그는 매색본에서 「요전」/「순전」과 「고요모(皐陶謨)」/「익직(益稷)」이 두 편으로 나오지만 실제는 한 편이라고 주장했다. 그는 현전하는 「순전」 편은 「요전」 편의 후반부이고, 원래의 「순전」 편은 별도로 있었던 것으로 파악했다. 그는 매색본의 「순전」 편에서 편수(篇首)의 스물여덟 글자(曰若稽古～乃命以位)를 제외한 '愼徽五典' 이하는 모두 「요전」 편으로 보았다. 이는 매색본을 따르면 「요전」 편의 서문에 나오는 '순(舜)에게 손양(遜讓)한 일'이 없어지기 때문이었다. 정약용은 원래 「요전」 편에서 순 임금의 행적을 개략적으로 기록하고, 「순전」 편에서 이를 더 상세하게 기록했을 것으로 추정했다.

정약용은 매색본의 「익직」 편은 「고요모」 편의 후반부에 해당하고, '익직'이라는 편명은 매색의 위작으로 보았다. 그는 「서서」에 나오는 "皐陶矢厥謨, 禹成厥功, 帝舜申之, 作「大禹」·「皐陶謨」·「益稷」"에서 '益稷' 두 글자는 매색의 위작으로 보았다. 매색은 「고요모」 편의 "帝曰來" 이하를 떼어내어 "帝舜申之"라는 서문에 맞추었는데, 정약용이 보기에는 이 서문까지 위작이었다. 정약용은 매색이 서문을 조작하여 「익직」이라는 새 편을 만든 것으로 보았다.

정약용은 100편에서 서문과 본문이 아예 사라진 경우도 있다고 보았다. 「기직(棄稷)」 편이 이에 해당한다. 정약용은 『사기』와 『국어(國語)』, 공영달의 「익직」 소(疏)를 근거로 원래 「기직」 편이 있었고, 「기직」 편과 「오자지가(五子之歌)」 편이 이어지면서 태강(太康) 때 지어진 것으로 추정하였다. 정약용은 공영달이 「기직」의 서문과 마융과 정현의 주석을 볼 수 있었지만 모두 없앤 것은 매색의 위고문을 엄폐하기 위해서라고 비판했다.

다음 〈표〉는 정약용이 이해한 『상서』 100편과 복생의 『고문상서』, 정현이 주석한 『고문상서』, 매색의 『위고문상서』에 나타나는 편차(篇次)와 편목(篇目)을 정리한 것이다.

〈표〉『상서』 100편의 편차와 편목

篇次	書	篇目	伏本	鄭玄	梅本	비 고
1	虞夏書	堯典	1	1	1/2(虞書)	
2		舜典				'愼徽五典' 이하도 堯典
3		汨作				
4		九共 1				
5		九共 2				
6		九共 3				
7		九共 4				
8		九共 5				
9		九共 6				
10		九共 7				
11		九共 8				
12		九共 9				
13		槀飫				
14		大禹謨			3	
15		皐陶謨	2	2	4/5	益稷은 皐陶謨의 후반
16		禹貢	3	3	6(夏書)	
17		甘誓	4	4	7	어그러진 것이 많음
18		棄稷				序와 함께 사라짐
19		五子之家			8	
20		胤征			9	
21	商書	帝告				
22		釐沃				
23		湯征				
24		汝鳩				2편인 것 의심
25		汝方				
26		夏社				
27		疑至				
28		臣扈				
29		湯誓	5	5	10(商書)	
30		仲虺之誥			11	
31		湯誥			12	孔壁 16편
32		咸有一德			17	
33		明居				

34		典寶				
35		伊訓			13	
36		肆命				
37		徂后				
38		太甲 1			14	
39		太甲 2			15	
40		太甲 3			16	
41		沃丁				
42		咸乂 1				
43		咸乂 2				
44		咸乂 3				
45		咸乂 4				
46		伊陟				
47		原命				
48		仲丁				
49		河亶甲				
50		祖乙				
51		盤庚 1	6	6	18	
52		盤庚 2		7	19	
53		盤庚 3		8	20	
54		說命 1			21	
55		說命 2			22	
56		說命 3			23	
57		高宗肜日	7	9	24	
58		高宗之訓				
59		西伯戡黎	8	10	25	
60		微子	9	11	26	
61	周書	泰誓 1		12	27(周書)	
62		泰誓 2		13	28	
63		泰誓 3		14	29	
64		牧誓	10	15	30	孔壁 16편
65		武成			31	
66		洪範	11	16	32	
67		分器				
68		旅獒			33	

69		旅巢命				
70		金滕	12	17	34	전반부가 眞本
71		大誥	13	18	35	
72		微子之命			36	
73		歸禾				
74		嘉禾				
75		康誥	14	19	37	
76		酒誥	15	20	38	
77		梓材	16	21	39	
78		召誥	17	22	40	
79		洛誥	18	23	41	
80		多士	19	24	42	
81		無逸	20	25	43	
82		君奭	21	26	44	
83		成王政				
84		將蒲姑				
85		多方	22	27	46	
86		周官			48	
87		立政	23	28	47	
88		賄肅愼之命				
89		亳姑				
90		君陳			49	
91		顧命	24	29	50	
92		康王之誥		30	51	伏生本은 顧命과 1편
93		畢命			52	
94		君牙			53	
95		冏命			54	
96		蔡仲之命			45	
97		費誓	27	31	57	
98		呂刑	25	32	55	
99		文侯之命	26	33	56	
100		秦誓	28	34	58	
		書序	29			

『상서고훈』 서례

尙書古訓

『고훈수략』 서설(古訓蒐略序說)

五經之中,《尙書》最受殘缺, 其幸而不亡者, 唯二十八篇。乃伏壁今文, 有歐陽·夏侯三家之說。孔壁《古文》, 有馬融·鄭玄二子之註。而伏學亡於永嘉, 孔學亡於唐代, 今所行孔安國之傳, 卽梅氏贋書, 雖其詁訓, 或[교1]有所本, 旣是贋物, 何以[교2]篤信? 每念隋·唐之際, 廢鄭立梅之事, 未嘗不歎息痛恨, 顧時移世邈, 百駟難及。唯孔穎達《正義》及他經注疏, 其或引歐陽·夏侯·馬·鄭之說者, 時見一斑, 則周鼎·殷彝, 爇光粲然。玆與一二文友,[교3] 採掇惟亟。又如《史記》·《說文》, 凡載《尙書》之文句, 搜剔附合, 以考同異, 而《左傳》·《國語》·《禮記》·《論》·《孟》之中, 有或引《書》者,【引二十八篇者】 因亦採錄。按次編列, 間附己見, 表示取舍之意。合而名之曰《古訓蒐略》,[교4] 凡六卷。余惟歐陽·夏侯·馬·鄭之說, 未必皆深中經旨, 駤駁紕[교5]繆者, 固亦不少。然信而好古, 聖人之義也。今者雖工, 不如古拙。況竊神器而自王, 盜府庫以爲富者, 夫人之所扼腕者哉? 雖其旣逸旣滅者, 無可奈何, 而擧一反三, 猶可以想見髣

鬴, 非敢是古而非今, 只欲存亡而繼絶。覽者恕之。【嘉慶庚午秋, 在茶山[校6)]】

校1) 案或 : 규장각본에는 '亦'으로 되어 있다.

校2) 何以 : 규장각본에는 '安能'으로 되어 있다.

校3) 與一二文友 : 규장각본에는 '令李晴'으로 되어 있다.

校4) 古訓蒐略 : 규장각본에는 '尙書古訓'으로 되어 있다.

校5) 紕 : 신조선사본에는 '純'으로 되어 있다. 案규장각본에는 '紕'로 되어 있다.

校6) 案嘉慶 …… 茶山 : 규장각본에는 없다.

오경(五經) 가운데서 『상서』가 잔결(殘缺)이 가장 많은데 그 가운데 다행히도 없어지지 않은 것이 오직 28편[1]이다. 바로 복생[伏生 : 복승(伏勝)]이 벽 속에 감춰 두었다가 금문(今文)으로 옮겨 쓴 것[2]으로 구양생(歐陽生)과 대하후씨[大夏侯氏 : 하후승(夏侯勝)]·소하후씨[小夏侯氏 : 하후건(夏侯建)] 세 사람의 해설이 있었다. 또 공자 옛 집의 벽 속[孔壁]에서 나온 『고문(古文)』[3]에 대해서는 마융(馬融)과 정현

1 28편 : 일반적으로 복생본 『상서』는 29편이라고 하는데, 『論衡』 「正說」 편에 따르면 처음에 28편이었으나 漢 孝景帝 때 河內의 여자가 1편(「泰書」)을 더 바쳐서 비로소 29편이 확정되었다고 하였다.

2 복생(伏生)이 …… 것 : 곧 『今文尙書』이다. 秦나라 때 禁書令이 내리자 박사인 伏勝이 벽 속에 감추어 두었다가 漢初에 찾아보니 28편만 남아 있었다. 이것을 漢 文帝가 보낸 晁錯을 가르치기 위해 당시 통행하던 書體인 隸書, 즉 今文으로 옮겨 쓴 것이다.

3 공자 …… 『고문(古文)』 : 공벽은 孔子 舊宅의 벽이란 뜻이다. 秦나라 때 禁書令이 내리자 공자의 후손들이 經書를 벽 속에 감춰 두었는데, 漢 景帝 때 魯恭王 劉餘가 宮室을 넓히는 공사를 하다가 이웃한 孔府의 壁中에서 여러 종의 경서를 발견하였다. 이를 孔壁古文이라고 하고, 여기에 사용된 문자를 古文이라고 통칭한다. 여기서의 '고문'은 古文으로 쓰인 상서 즉 『古文尙書』를 말한다.

(鄭玄) 두 사람의 주석이 있었다. 그런데 복생의 학(學)은 영가(永嘉) 때 망실되었고[4] 공안국(孔安國)의 학은 당나라 때 망실되었다.[5] 오늘날 통행되고 있는 공안국의 전(傳)[6]은 매색(梅賾)이 위작(僞作)한 책이다. 그 훈고 중에 근거가 있는 것도 혹 있지만 이미 위작인 바에야 어찌 깊이 믿겠는가? 수나라와 당나라 때에 정현의 학설을 버리고 매색의 학설을 채택하였음을 생각할 때마다 탄식하며 한탄하지 않은 적이 없지만, 시대가 바뀌고 세대가 오래되어 어디서도 찾아볼 방법이 없다.

오직 공영달(孔穎達)의 『상서정의』나 다른 경(經)의 주소(注疏)에 구양생·하후씨·마융·정현의 설을 인용한 부분이 더러 있어 때때로 그 단편(斷片)을 볼 수 있는데, 주나라의 보정(寶鼎)이나 은나라의 예기(禮器)처럼 광채가 찬란하다. 이에 한두 문우(文友)[7]와 서

---

4 복생의 …… 망실되었고: 永嘉는 西晉 말 懷帝 司馬熾의 연호(307~312년)이다. 영가 5년(311)에 匈奴族으로 前趙 昭文帝인 劉曜의 공격을 받아 洛陽이 함락되고 회제는 포로가 되는 '영가의 난'이 있었는데, 이때 궁중에 보관되어 있던 많은 전적이 불탔다. 복생의 今文尙書學은 歐陽氏와 大·小夏侯에 의해 이어졌는데, 당시 『고문상서』의 유행으로 궁중 도서관에만 남아 있던 그들의 주석서가 불에 타 없어졌다고 한다.

5 공안국(孔安國)의 …… 망실되었고: 孔壁에서 나온 『상서』를 공자의 후손인 공안국이 당시 통행본이던 『금문상서』 28편과 대조하여 거기에 없는 16편을 더 얻어 조정에 바쳤는데 이를 『고문상서』라고 한다. 대개 이 또한 영가의 난 때 없어진 것으로 보는데, 다산은 당나라 때에 없어진 것으로 보고 있다.

6 공안국의 전(傳): 『孔安國古文尙書傳』이라고 부르기도 한다. 공영달의 『상서정의』에 채택되었는데, 다산은 이를 매색의 위작으로 보았다. 『상서고훈』에서 매색의 訓詁라고 인용한 것이 모두 공안국의 전이다.

7 한두 문우(文友): 규장각본 『與猶堂集』 권25 『尙書古訓』의 앞머리에 '門人李晴輯'이라고 밝혀두었고, 서문 가운데서도 '令李晴採掇惟亟'이라고 한 것으로 보아 이청이 중심인물이었음을 알 수 있다.

둘러 채집하고 엮었다. 또 『사기』나 『설문해자』 같은 책에 실려 있는 『상서』의 문구를 찾아 모아서 같은 점과 다른 점을 살펴보았으며, 『춘추좌씨전』·『국어』·『예기』·『논어』·『맹자』에서 간혹 『상서』를 인용한 내용【28편을 인용한 것】이 있으면 역시 채록하였다. 그것을 차례대로 편집하고 간혹 나의 견해를 덧붙여 취하고 버리는 뜻을 표시하였다. 이를 합하여 『고훈수략』이라고 하였는데, 모두 여섯 권이다.

나는 구양생·하후씨·마융·정현의 설이 모두 경의 본뜻과 깊이 들어맞는 것은 아니어서 잡박하고 틀린 내용도 당연히 적지 않았으리라고 생각한다. 그러나 옛것을 믿고 좋아하는 것은 성인의 뜻이다. 지금 것이 비록 정교하더라도 예전 것의 졸박(拙樸)함 만 못할 것이다. 하물며 신기(神器)를 훔쳐 스스로 왕 노릇하고 부고(府庫)를 훔쳐 부자 행세하는 것은 모든 사람들이 분개하는 일임에랴! 비록 이미 잃어버리고 없어진 것은 어쩔 수 없지만 남아 있는 일부를 통해 나머지 부분을 유추한다면 본 모습을 희미하게나마 상상해볼 수 있을 것이다.

이는 감히 옛것이 옳고 지금 것이 그르다는 말이 아니요 다만 없어지는 것을 보존하고 끊어진 것을 이으려는 것이다. 독자의 양해를 바란다.【가경(嘉慶) 경오년[8] 가을 다산에서】

8 가경(嘉慶) 경오년 : 1810년(순조10)으로, 다산 49세 때이다.

『상서지원록』 서설(尙書知遠錄序說)

余惟讀書之法, 必先明詁訓。詁訓者, 字義也。字義通而后句可解, 句義通而后章可析, 章義通而后篇之大義斯見。諸經盡然而《書》爲甚。余所以先致力於詁訓者, 此也。【謂先蒐古訓】 後世談經之士, 字義未了, 議論先起, 微言愈長, 聖旨彌晦, 毫釐旣差, 燕越遂分, 此經[교1]術之大蔀也。歐陽・夏侯・馬・鄭之說, 未必皆深中經[교2]旨, 余之必窮搜極覓, 薈萃而章顯之者, 豈徒然哉?[교3] 《書》者, 古籍也。其奇字[교4]險句, 戟口刺喉, 二京名儒, 盡力咀嚼,[교5] 僅別其辛甘之味。雖[교6]人殊其釋, 家異其訓, 莫適乎所從, 然其功不可泯也。後世解經, 不得不依據古訓, 而自成一家之後, 必掃盪前古。其善者, 皆移其美而掩其名,[교7] 其未善者, 又滅去僉謀, 孤存己見。後生末學, 但知天荒[교8]以來, 便有此解,[교9] 而其源流本末, 鮮有知者, 不可歎矣乎? 余執梅・蔡二家[교10]之說, 與古訓所殘, 考其同異,[교11] 反復詳覈。或是古而非今, 或捨故而取新。其或諸說, 皆未當意者,[교12] 時附己見, 餘竝闕疑, 以遵夫子之戒。書粗成, 名之曰《尙書

知遠錄》。其謂之知遠者, 何? 《書》之爲教, 知遠而已。【見〈經解〉[교13)]】 詁字訓句, 歸知遠古帝王之事而已。知之奈何? 將以施諸今也。其有不合者, 奈何? 曰'不知之, 故不合, 如其知之, 今猶古也', 如考績之類, 是也。凡七卷。【辛未春, 在茶山謫中, 時旣赦而未還[교14)]】

교1) 經 : 버클리대학본에는 '道'로 되어 있다.

교2) 經 : 버클리대학본에는 '聖'으로 되어 있다.

교3) 豈徒然哉 : 버클리대학본에는 '爲梅蔡也'로 되어 있다.

교4) 字 : 신조선사본에는 '者'로 되어 있다. 案규장각본 『尙書知遠錄』에 근거하여 고친 것이다.

교5) 咀嚼 : 버클리대학본에는 '疏鑿'으로 되어 있다. 案규장각본도 같다.

교6) 案僅別 …… 雖 : 규장각본 『尙書知遠錄』에는 없다.

교7) 案莫適 …… 其名 : 규장각본 『尙書知遠錄』에는 '多聞闕疑, 正在此經, 而梅蔡以來, 掃蕩前古, 橫據來今, 其善者皆襲前人而掠其美'로 되어 있다.

교8) 天荒 : 버클리대학본에는 '開闢'으로 되어 있다. 案규장각본도 같다.

교9) 此解 : 버클리대학본에는 '是注'로 되어 있다. 案규장각본 『상서지원록』에는 '便有此解'가 '有是書便有是注'로 되어 있다.

교10) 案二家 : 규장각본 『尙書知遠錄』에는 없다

교11) 案與古 …… 同異 : 규장각본 『尙書知遠錄』에는 '其與古訓同者舍之, 其不同者'로 되어 있다.

교12) 案其或 …… 意者 : 규장각본 『尙書知遠錄』에는 '其或古今皆疎者'로 되어 있다.

교13) 案見經解 : 규장각본 『尙書知遠錄』에는 없다.

교14) 案辛未 …… 未還 : 규장각본 『尙書知遠錄』에는 없다.

나는, 글을 읽는 방법은, 반드시 고훈(詁訓)[9]을 먼저 밝혀야 한다고 생각한다. 고훈이란 글자의 뜻이다. 글자의 뜻이 통한 뒤에야 구절이 풀리고, 구절의 뜻이 통한 뒤에야 장(章)의 뜻이 밝혀지고, 장의 뜻이 통한 뒤에야 편(篇)의 대의(大義)가 드러난다. 여러 경서가 다 그러하지만 『상서』가 더욱 그러하다. 내가 먼저 고훈에 힘쓴 이유가 이 때문이다.【먼저 고훈(古訓)을 모은 일을 말한다.】 후세에 경서를 말하는 선비들이 글자의 뜻을 알지 못하고서 먼저 의론을 일으켰으므로 심미(深微)한 뜻을 논하는 말이 길면 길수록 성인의 본뜻은 더욱 어두워졌다. 터럭만큼의 차이로 마침내 연나라와 월나라처럼 멀어지고 말았으니, 이는 경술(經術)의 큰 장애이다. 구양생·하후씨·마융·정현의 설이 모두 반드시 경의 본뜻과 깊이 들어맞는 것은 아니지만, 내가 반드시 끝까지 찾고 모아서 밝게 드러내려는 것이 어찌 부질없는 일이겠는가?

『상서』는 옛 전적이다. 그 기이한 글자와 험한 구절이 입을 찌르고 목을 찌르는 것만 같다. 전한(前漢)과 후한(後漢)의 명유(名儒)들이 음식을 씹듯이 꼼꼼하게 탐구하였지만 겨우 그 쓴맛과 단맛을 구별하였을 뿐이다. 비록 사람마다 그 풀이가 다르고 학파마다 해석이 달라서 무엇을 따라야 좋을지 알 수 없게 되었지만, 그 공적은 민멸(泯滅)할 수 없었다. 후세의 경을 해석하는 자들은 고훈(古

9 고훈(詁訓): 訓詁, 訓故, 故訓이라고도 한다. 고대 漢語의 文言文에 쓰인 언어를 정확하게 해석함을 이르는 말이다. 孔穎達은 "詁는 古다. 古今의 말이 다르므로 이를 통하게 하여 사람들이 알게 하는 것이다. 訓은 道다. 사물의 생김새를 말하여 사람들에게 알리는 것이다."라고 하였다. 孔穎達云: "詁者, 古也, 古今異言, 通之使人知也. 訓者, 道也, 道物之形貌以告人也." 『皇淸文穎』 권12 「經解」, 文硏閣 四庫全書.

訓)에 의거하지 않을 수 없는데도, 스스로 일가(一家)를 이룬 후에는 반드시 전(前) 시대의 고훈을 없애버렸다. 그 가운데 잘된 설은 표절한 다음 그 작자의 이름을 숨겨버렸고, 잘되지 못한 설은 여러 견해를 없애버리고 자기의 견해만을 남겨두었다. 그리하여 후세에 태어난 말류(末流)의 학자들은, 다만 천지가 생긴 이래로 이 해석만 있는 줄 알 뿐, 그 원류(源流)와 본말(本末)을 아는 사람이 드물게 되었다. 통탄스럽지 않은가?

나는 매색·채침 두 사람의 설과 남아 있는 고훈을 가지고 이동(異同)을 고찰하고, 반복해서 상세히 조사해보았다. 그리하여 어떤 부분에서는 옛것을 옳게 보고 지금의 것을 틀렸다고 보기도 하고, 어떤 부분에서는 옛 해석을 버리고 새 해석을 취하기도 하였다. 여러 설이 모두 마음에 들지 않을 경우에는 그때마다 나의 견해를 덧붙였고, 나머지 의문점은 그대로 남겨서 공부자의 훈계[10]를 따랐다.

책이 대강 이루어지자 이름을 『상서지원록(尙書知遠錄)』이라고 하였다. 지원(知遠)이라고 한 것은 어째서인가? 『상서』의 가르침은 옛것을 알게 하는 것이기 때문이다.[11]【『예기』「경해(經解)」에 보인다.】 자구(字句)를 훈고함은 그 목적이 '옛날 제왕(帝王)의 사적을 알려는 데' 있다. 알아서 무엇 하는가? 오늘에 시행하려는 것이다. 오늘과 맞지 않는 것은 어떻게 할 것인가? 알지 못하기 때문에 맞

10 공부자의 훈계 : "多聞闕疑, 愼言其餘, 則寡尤."라고 한 『論語』「爲政」의 말을 가리킨다.

11 『상서』의 …… 때문이다 : 『禮記』「經解」에 孔子曰 : "入其國, 其教可知也. 其爲人也, 溫柔敦厚, 詩教也. 疏通知遠, 書教也. …… 絜靜精微, 易教也."라고 하였다.

지 않는 것이지 만약 안다면 지금도 옛날과 같을 것이다. 예를 들어 고적(考績) 같은 것이 그러하다. 모두 7권이다.【신미년(1811, 순조11) 봄, 다산 적소에서. 이때 이미 사면되었으나 돌아가지 못하였다.[12]】

12 이미 …… 못하였다 : 다산의 「自撰墓誌銘」에 "경오년(1810) 가을 아들 학연이 격쟁하여 억울함을 호소하자 형조 판서 김계락이 임금의 재결을 청하였는데 임금께서는 방축향리하라고 명하셨다. 그러나 홍명주가 상소하여 안 된다고 하였고 또 이기경이 낸 대계가 있었기 때문에 석방되지 못하였다.[庚午秋, 鏞之子學淵, 鳴金以籲冤. 刑曹判書金啓洛請上裁, 命放逐鄕里. 洪命周疏論不可, 且有李基慶攸發之臺啓, 不果放]"라고 되어 있다. '사면령이 있었다'는 것은 방축향리하라는 임금의 명을 말하는 듯하다. 『日省錄』 순조 10년 9월 3일자에 격쟁 원정(擊錚原情)이 실려 있는데, 아들의 이름이 '丁厚祥'으로 되어 있다.

尙書古訓

『상서고훈』·『상서지원록』 합편의 서설
(尙書古訓·知遠錄合編序說)

昔在茶山, 余讀《尙書》, 執梅賾僞案, 有所論著, 曰《梅氏書平》, 凡九卷。繼而反求乎壁中眞本二十八篇, 蒐輯歐陽·夏侯·馬·鄭之說者, 曰《古訓蒐略》。繼而執梅·蔡二家之說, 校比乎古訓, 間附以己見者, 曰《知遠錄》。顧此三部, 皆於謫中編纂, 書籍旣少, 遺漏甚多。且新得一臠之味, 沾沾自喜, 所辨訟, 其辭氣多暴慢不恭。如今二十有四年矣, 每一披閱, 怵焉內疚, 恤焉自傷, 悼言行之無素也。所著六經·四書之說, 無不然者, 其尤甚者《書》說也。今取梅書之平, 刪去佻薄之詞, 乃取《知遠》之錄, 條條擠裂, 附入于《古訓》之編, 合爲一部。而其浮辭誖言, 槪行鋤拔, 其或未甚, 間亦存之, 俾後人知余之爲如是人而已。書雖兩合, 仍名之曰《尙書古訓》, 蓋新說雖附, 猶以古訓爲主也。今年七十有三歲矣。精力衰耗, 無以自奮, 死亡無日, 其克訖業, 未敢自信, 後之人尙知余有是志, 起是工而未卒也。【道光甲午春, 在洌上山房】

옛날 다산에 있을 때 나는 『상서』를 읽으면서 매색이 위조한 증거를 잡고 논저한 바가 있다. 이것이 『매씨서평(梅氏書平)』으로 모두 9권이다. 이어서 다시 복생의 집 벽에서 나온 진본(眞本) 28편을 살피고, 구양생·하후씨·마융·정현의 설을 수집한 것이 『고훈수략(古訓蒐略)』이다. 이어서 매색·채침 두 사람의 설을 고훈(古訓)과 교열, 비교하고 간간이 내 의견을 덧붙인 것이 『상서지원록(尙書知遠錄)』이다.

그러나 이 삼부작(三部作)은 모두 적소(謫所)에서 편찬하였기 때문에 참고할 서적이 적어 놓치고 빠트린 것이 매우 많았다. 또 가끔 새로운 의미를 발견하면 고기의 참맛을 본 것처럼 잘난 척 스스로 기뻐하면서 변송(辨訟)하였는데, 그 어투가 매우 거칠고 공손하지 못하였다. 이제 24년이나 되었는데, 매양 책을 펼쳐 볼 때마다 마음이 아프고 가슴이 답답하여 언행에 소양이 없었음을 후회하게 된다. 내가 지은 육경과 사서에 관한 설에 그렇지 않은 것이 없지만 그 가운데 『상서』에 관한 설이 가장 심하다.

이제 『매씨서평』에서 경조부박(輕佻浮薄)한 말을 잘라 없애고, 『상서지원록』을 조목조목 나누어 『고훈수략』에 붙여 넣고 합쳐서 한 책으로 만들었다. 그 가운데 근거 없는 소리와 어그러진 말은 대략 없앴으나 심하지 않은 것은 더러 그대로 두기도 하였으니, 이는 뒷사람들로 하여금 내가 이러한 사람이었음을 알게 하기 위해서이다. 두 책을 합한 것인데도 제목을 그대로 『상서고훈』이라고 한 것은, 새로운 설을 덧붙이기는 하였지만 여전히 고훈(古訓)을 위주로 하였기 때문이다.

내 나이 올해 일흔셋이다. 정력이 쇠진하여 분발할 수 없고 죽을 날이 머지않았으니 이 일을 잘 끝낼 수 있을지 자신할 수 없다. 그래도 뒷사람들은 나에게 이러한 뜻이 있어 작업을 시작하였다가 끝내지 못하였음을 알아줄 것이다.【도광 갑오년(1834, 순조34) 봄, 열상산방에서】

尙書古訓

『상서고훈』 범례(尙書古訓凡例)

一。百篇之〈序〉, 雖本孔子所作, 今經梅賾變亂, 非皆原本。然自鄭玄以來, 似已分冠各篇, 不可黜之在下, 但分冠各篇, 則益多枘鑿。今還作一篇, 弁之爲首卷。其或字句翻弄, 明知爲梅所竄改者, 亦不得不仍用梅本。【如〈皐陶謨〉·〈益稷〉】 唯其序次, 一遵鄭本,【依孔穎達《正義》中所列】 所以存古也。

첫째, 「서서(書序)」 100편은 본래 공자가 지은 것이긴 하나 이제 매색의 변조를 거쳤으니 모두가 원본인 것은 아니다. 그러나 정현 이래로 이미 각 편의 앞머리에 나누어 붙인 듯하여 권말로 몰아낼 수 없게 되었다. 다만 각 편의 앞머리에 나누어 붙이면 더욱 문제가 많을 것이다. 이제 다시 한 편으로 만들어 첫째 권으로 하였다. 그 가운데 혹 자구(字句)를 바꾼 것은 매색이 마음대로 고친 것임을 분명히 알 수 있지만 또한 매색본을 그대로 사용하지 않을 수 없었다.【「고요모」와 「익직」 같은 것이다.[13]】 오직 그 순서는 한결같이 정현본을 따랐는데,【공영달 『상서정의(尙書正義)』의 배열을 따른 것이다.】 이는 옛것을 보존하기 위함이다.

一。序文・經文, 雖皆不得不仍用梅本, 若所謂〈虞書〉・〈夏書〉, 是梅氏所定, 零畸不整。今一遵鄭本, 〈虞夏書〉二十篇, 〈商書〉四十篇, 〈周書〉四十篇, 按次編列, 以存舊觀, 不嫌其內相牴牾也。

둘째, 「서」와 경(經)의 문장은 비록 모두 매색본을 그대로 쓰지 않을 수 없었지만, 이른바 「우서(虞書)」・「하서(夏書)」와 같은 제목은 매색이 정한 것으로, 결락되고 비뚤어져서 정돈되지 않았다. 그러므로 지금 일률적으로 정현본에 따라[14] 「우하서(虞夏書)」 20편, 「상서(商書)」 40편, 「주서(周書)」 40편을 차례대로 편집, 배열하여 옛 모습을 보존하고 내용이 서로 엇갈리는 것을 꺼리지 않았다.

一。經文中, 非伏非孔, 特被梅氏改竄者, 明知伏本・鄭本原作某字, 而經文存者, 旣唯梅本而已, 則不得不純用梅本。唯於考異之下, 論其是非, 不敢擅易一字以從古本。【如〈多方〉'須夏之子孫'】

셋째, 경문 가운데 복생본도 아니요 공안국본도 아닌데 단지 매색

13 「고요모」와 …… 것이다 : 지금 「익직」이라고 하는 것은 원래 「고요모」의 후반부였는데 梅賾이 분리시켜 독립된 한 편인 것처럼 조작하였다는 말이다. 『상서고훈』에서는 이 두 편을 합쳐서 「고요모」라고 하였다.

14 「우서(虞書)」 …… 따라 : 정현본에는 「虞書」와 「夏書」로 나누어져 있지 않고 「虞夏書」로 되어 있다.

이 마음대로 고친 것은, 복생본과 정현본에 원래 어떤 글자로 썼는지 분명히 알 수 있더라도, 경문으로 남은 것이라고는 이미 매색본뿐이니 매색본을 그대로 사용하지 않을 수 없었다. 오직 고이(考異) 아래에서 시비를 논하였을 뿐, 감히 한 글자도 멋대로 바꾸어 고본을 따르진 않았다.【「다방」의 '수하지자손(須夏之子孫)'[15] 같은 경우이다.】

一。伏・孔・梅三家源委, 竝詳於《梅氏書平》第一・第二卷諸條, 原有甲・乙字標。今此《古訓》之篇, 不能疊述, 或有引據之端, 但指前編隨注字標。

넷째, 복생・공안국・매색 세 사람의 본말은 『매씨서평』 제1권과 제2권의 여러 조항에서 상세히 밝혀두었는데, 원래 갑(甲) 자나 을(乙) 자 같은 표지[16]가 있었다. 지금 이 『상서고훈』에서는 중복해서 기술하지 않았다. 간혹 인용하여 근거로 삼을 문제가 있을 때에는 다만 『매씨서평』을 가리켜 그때그때 갑 자, 을 자의 표지를 주로 달았다.

一。凡古訓之採於本經之《正義》者, 不標其所出, 其取之於他經注疏・他書雜家者, 皆注所出。

15 수하지자손(須夏之子孫) : 蔡沈의 『서집전』과 십삼경주소 『尙書正義』에 모두 "天維五年, 須暇之子孫, 誕作民主"라고 되어 있고 정현본에는 "須夏之子孫"으로 되어 있는데, 다산은 梅賾이 위조하면서 '夏'를 '暇'로 바꾸었다고 본 것이다.

16 갑(甲) …… 표지 : 『매씨서평』 권1과 권2의 각 조항은 上甲一부터 上壬二까지로 번호를 부여하여 서술하였다.

다섯째, 무릇 고훈(古訓)을 본경(本經)의 『정의(正義)』, 즉 『상서정의(尙書正義)』에서 채록한 경우에는 출처를 표시하지 않고, 다른 경(經)의 주소(注疏)나 다른 책에 수록된 여러 사람의 설에서 취한 경우에는 모두 출처를 주로 달았다.

一。《尙書古訓》, 但輯漢儒之零文, 《知遠錄》兼論梅·蔡之義。今旣合編, 又或近世儒說有可采錄者, 不免濫觴, 或另自立論者, 亦多附見。

여섯째, 『상서고훈』은 결락된 채 남아 있는 한대(漢代) 유자(儒者)들의 글만을 모은 것이고, 『상서지원록』은 매색과 채침의 풀이를 아울러 논한 것이다. 지금 이미 합편(合編)하는 마당에 또 근세 유자들의 설 가운데 채록할 만한 것이 있으면 수록하지 않을 수 없었고, 혹 내가 특별히 스스로 입론한 것을 덧붙여 둔 것 또한 많다.

一。文字異者, 標曰考異。義旨誤者, 標曰考誤。援爲證者, 曰考證。平相議者, 曰考訂。交相訟者, 曰考辨。[교1] 又所著異於案說者, 或稱論曰, 或稱訂曰。隨文發例, 無定式也。又或因文生義, 不關經旨者, 標曰衍義。書例雜沓, 可愧也。

교1) 辨 : 문맥상 '辨'이 옳은 듯하다.

일곱째, 글자가 다른 것은 '고이(考異)'라고 표시하였다. 의지(義旨)가 틀린 것은 '고오(考誤)'라고 표시하였다. 인용하여 증거로 삼은 것은 '고증(考證)'이라고 하였다. 시비를 평한 것은 '고정

(考訂)'이라고 하였다. 논쟁의 소지가 있는 내용을 비교한 것은 '고변(考辨)'이라고 하였다. 또 안설(案說)에서 다른 견해를 드러낼 경우에는 '논왈(論曰)'이라고도 하고 '정왈(訂曰)'이라고도 하는 등 글에 따라 범례를 만들어 일정한 격식이 없다. 또 글 내용에 따라 그 뜻을 부연한 것으로 경의 본뜻과는 상관이 없는 것은 '연의(衍義)'[17]라고 표시하였다. 책의 범례가 잡다하여 부끄럽다.

一。是編之作, 爲存古也, 非釋經也。故字句訓詁, 或有全缺, 義理是非, 亦無全釋者, 槪以蔡註爲善也。蔡註或有錯誤, 方有論辨, 或有卓異, 方有表章, 餘皆不錄, 爲方行世也。梅註雖多迂僻, 皆不細論, 爲非時俗所用也。至於古訓, 雖蔽冒弁陋, 百無可取, 悉錄之, 爲本意在於存古也。

여덟째, 이 책을 지은 것은 옛것을 보존하기 위해서이지 경을 해석하기 위해서가 아니다. 그러므로 자구(字句)의 훈고에 간혹 전부를 빠뜨린 것이 있고, 의리에 대한 시비 또한 완전히 해석한 것은 없다. 대체로 채침의 주가 좋다고 여겨서이다. 채침의 주에 대해서는 간혹 틀린 것이 있을 때에야 논변하였고, 뛰어난 점이 있을 때에는 드러내어 밝혔으며, 그 나머지는 모두 수록하지 않았다. 채침의 주가 현재 널리 읽히고 있기 때문이다. 매색의 주에 비록 오활하고 궁벽한 점이 많으나 다 자세히 논하지 않은 것은 시속(時俗)에서 쓰이지 않고 있기 때문이다.

17 연의(衍義) : 이 표지는 『상서고훈』뿐만 아니라 다산의 다른 경학 저술에서도 用例가 확인되지 않는다.

그러나 고훈은 비록 가려져 덮여 있고 비루하여 전혀 쓸데가 없더라도 다 수록해두었다. 본래의 취지가 옛것을 보존하는 데 있기 때문이다.

번역 : 김성재

00.『상서』서(尙書序)

馬融云："上古有虞氏之書，故曰《尙書》。" ○鄭玄云："尙者，上也，尊而重之若天書然。"【又鄭〈書贊〉云："孔子乃尊而名之曰《尙書》。"】

마융이 말했다. "먼 옛날 유우씨(有虞氏)의 책이기 때문에 『상서』라고 한다." ○정현이 말했다. "상(尙)이란 상[上 : 높이다]의 뜻이다. 높이고 중시하기를 하늘에서 내려온 글처럼 한다는 뜻이다."【또 정현은 「서찬(書贊)」에서 "공자가 이에 높이 받들어 이름을 『상서』라고 하였다." 라고 하였다.[18]】

18 정현은 …… 하였다 : 『尙書正義』 「尙書序」의 공영달 소에 인용되어 나온다. 「書贊」은 「尙書序」의 뜻을 밝힌 정현의 저작으로 『상서』 각 편에 대한 공영달의 소에 인용되어 있다. 현재 전하지 않고, 玉函山房輯佚書 續編에 「書贊」 一卷으로 모아져 있다.

孔穎達《正義》云："此序, 鄭玄·馬融·王肅竝云孔子所作。" ○**鏞案**《漢書·藝文志》云："孔子纂《書》凡百篇, 而爲之序, 言其作意。濟南伏生獨壁藏之。"【上甲三】 則伏本·鄭本, 皆有此序。但伏氏·孔氏, 皆同百篇, 而〈盤庚〉一篇, 孔本分爲三篇, 〈顧命〉一篇, 孔本分爲二篇。則伏本百篇之內, 必有孔本所無之三篇, 乃滿百額。經旣如是, 則序亦小殊, 不知何本是孔子所撰之眞本。況今中經梅賾[교1]變亂, 破碎移動, 非伏非孔者甚多。雖孔子所作, 今如古器之破壞者, 爲可恨也。餘有〈書序〉之說, 曰是曰非, 竝詳前編,【上辛四, 〈冤詞〉三十·三十四·七·八, 〈遺議〉二】 今不復架疊也。【前編謂《梅氏書平》】

교1) 賾: 신조선사본에는 '頤'로 되어 있으나 人名이므로 바로잡는다.

공영달의 『상서정의』에 "이 「서」에 대해 정현과 마융, 그리고 왕숙은 모두 공자가 지은 것이라고 하였다."라고 하였다.

○**용안** 『한서』「예문지」에 "공자가 『상서』 100편을 찬술하고 「서」를 지어 각 편이 지어진 의미를 언급하였다. 제남(濟南)의 복생(伏生)만이 그것을 벽 속에 감추어두었다."[19]라고 하였으니【『매씨서평』 상갑(上甲) 3에서 다루었다.】 복생본과 정현본에는 모두 이 「서」가 있었을 것이다. 다만 복생본과 공안국본이 모두 100편으로 동일하였지만, 「반경」 1편을 공안국본에서는 3편으로 나누고 「고명」 1편을 공안국본에서는 2편으로 나누었다. 따라서 복생본 100편 가운데는

19 『한서』…… 두었다: 『한서』「藝文志」 해당 부분의 원문은 다음과 같다. 『易』曰: "河出圖, 雒出書, 聖人則之." 故『書』之所起遠矣. 至孔子簒焉, 上斷於堯, 下訖于秦, 凡百篇而爲之序, 言其作意. 秦燔書禁學, 濟南伏生獨壁臧之.

공안국본에 없는 3편이 반드시 포함되어야 100이라는 숫자를 채우게 된다. 경(經)이 이미 이와 같았다면 「서」 역시 약간의 차이가 있었을 것이지만, 어느 본이 공자가 찬술한 진본인지는 모르겠다. 하물며 도중에 매색의 변란을 겪어 파손되고 이리저리 옮겨져 지금은 복생의 것도 아니고 공안국의 것도 아닌 것이 매우 많아졌음에랴! 비록 공자가 지은 것이기는 하지만 지금은 파괴된 옛 기물처럼 되었으니 한탄스럽다. 나머지 「서서」에 대해 옳으니 그르니 하는 설들은 모두 이전에 엮은 책에서 상세히 다루었으므로【상신(上辛) 4, 「원사(冤詞)」 30, 34, 37, 38, 그리고 「유의(遺議)」 2 등이다.[20]】 여기서는 다시 중복하지 않는다.【'이전에 엮은 책'이란 『매씨서평』을 가리킨다.】

00. 상서서 - **000. 우하서**

〈虞夏書〉二十篇【薛季宣《書古文訓》, 虞作㠯, 夏作㝼】

「우하서」는 20편이다.【설계신의 『서고문훈(書古文訓)』에는 '虞'가 '㠯'로 되어 있고, '夏'가 '㝼'로 되어 있다.】

鄭〈序〉以爲'〈虞夏書〉二十篇, 〈商書〉四十篇, 〈周書〉四十篇。'【《正義》云: "鄭〈贊〉云'三科之條, 五家之敎', 是虞·夏同科也。"】 ○**鏞案** 《左傳》引〈堯典〉曰〈虞書〉,【文十八】 引〈皐陶謨〉曰〈夏書〉。【僖卄七】 或者, 春秋之時, 〈虞夏書〉不同科。又伏生《書大傳》, 每稱〈唐傳〉·〈虞傳〉·〈夏傳〉·〈殷傳〉,

20 상신(上辛) …… 등이다: 『매씨서평』 권2 「集傳」3의 上辛4, 『매씨서평』 권3 「冤詞」 30, 34, 37, 38, 『매씨서평』 권4, 「遺議」 2를 뜻한다.

則其經篇, 〈堯典〉曰〈唐書〉, 〈舜典〉曰〈虞書〉, 〈禹謨〉曰〈夏書〉, 〈商書〉曰〈殷書〉, 又可知也。孔氏古文之學, 本〈虞夏書〉同科, 故司馬遷作〈伯夷傳〉, 厥引堯・舜之事, 稱虞夏之文可知。揚[교1)]子《法言》曰: "虞夏之書渾渾爾, 〈商書〉灝灝爾, 〈周書〉噩噩爾。" 卽杜預注《左傳》,[교2)] 引〈夏書〉而註曰〈虞夏書〉,【僖卄七】 漢・晉儒者, 皆從古文之學, 明矣。蓋孔子刪《詩》・《書》, 《詩》必三百篇,【除笙詩六篇・〈商頌〉五篇, 則適滿三百也】《書》必百篇, 則又於其中, 〈虞夏書〉二十篇, 〈商〉・〈周書〉各四十篇, 數目完整, 不可增減, 於義爲長。今梅氏之書, 變亂唯意, 四代書額, 皆零畸不整, 可恨也已。【鄭於〈王制〉注, 引〈虞書〉曰'五流有宅', 則亦於其中, 自有分別】

교1) 揚 : 신조선사본에는 '楊'으로 되어 있으나 人名이므로 바로잡는다.
교2) 傳 : 신조선사본에는 이 뒤에 '傳'이 있으나 편명이므로 생략한다.

〔虞夏書〕 정현의 「서」에는 '「우하서」가 20편, 「상서(商書)」가 40편, 「주서(周書)」가 40편이다.'라고 되어 있다.【『상서정의』에 "정현의 「찬(贊)」에서 '삼과(三科)의 조목과 오가(五家)의 가르침'이라고 하였는데, 이는 우와 하를 같은 과(科)로 본 것이다."라고 하였다.】

○**용안** 『춘추좌씨전』에서 「요전」을 인용하면서 「우서」라고 하였으며,[21]【문공 18년】 「고요모」를 인용하면서 「하서」라고 하였다.[22]【희공 27년】 아마도 춘추시대에는 「우서」와 「하서」가 같은 과로 되어

21 「요전」을 …… 하였으며 : 『춘추좌씨전』 문공 18년에, "是以堯崩而天下如一, 同心戴舜, 以爲天子以其擧十六相, 去四凶也. 故「虞書」數舜之功曰, '愼徽五典, 五典克從, 無違敎也'."라고 하였다.

22 「고요모」를 …… 하였다 : 『춘추좌씨전』 희공 27년에, "「夏書」曰, 賦納以言, 明試以功, 車服以庸."이라고 하였다.

있지 않았던 듯하다. 또 복생의 『상서대전』에서는 매양 「당전(唐傳)」·「우전(虞傳)」·「하전(夏傳)」·「은전(殷傳)」이라고 칭하였으니, 그 책에서는 경의 편명을, 「요전」을 「당서(唐書)」로, 「순전」을 「우서(虞書)」로, 「대우모」를 「하서(夏書)」로, 「상서(商書)」를 「은서(殷書)」로 불렀음을 알 수 있다.

공안국의 고문학은 본래 「우서」와 「하서」를 같은 과로 하였으므로, 사마천은 「백이열전(伯夷列傳)」을 지을 때 요순에 관련된 일을 인용하면서 '우하(虞夏)의 문장을 알 수 있다.'[23]라고 하였고, 양웅(揚雄)은 『법언(法言)』에서 "「우하서(虞夏書)」는 혼혼(渾渾)하고, 「상서(商書)」는 호호(灝灝)하며, 「주서(周書)」는 악악(噩噩)하다."[24]라고 하였고, 두예도 『춘추좌씨전』의 전(傳)에 주를 낼 때 「하서」를 인용하면서 '「우하서」'라고 주를 달았다.【희공 27년】 한(漢)나라와 진(晉)나라의 유자들은 모두 고문학을 따르고 있었음이 분명하다.

아마도 공자가 『시』와 『서』를 산삭할 때에는 『시』는 반드시 300편으로 하고【생시(笙詩) 6편과 「상송(商頌)」 5편을 제외하면 정확히 300편이다.】 『서』는 반드시 100편으로 하였을 것이다. 그러므로 또한 『서』 가운데 「우하서」가 20편, 「상서(商書)」와 「주서」가 각각 40편으로 편수가 완정하여 증감할 수 없으니 경의(經義)에 잘 맞는다. 그러나 지금 매색의 책은 마음대로 바꾸고 어지럽혀서 우(虞)·하(夏)·상(商)·주(周) 4대에 속한 편수가 모두 들쑥날쑥 가지런하지 않게 되었으니, 한스러울 뿐이다.【정현은 『예기』 「왕제」의 주에서 "「우서」에 '오류유택(五流有宅)'이라고 하였다."라고 인용하였으니, 또한 「우하서」 가운데

---

23 우하(虞夏)의 …… 있다 : 『사기』 「伯夷列傳」에, "夫學者, 載籍極博, 猶考信於六藝. 詩·書雖缺, 然虞夏之文可知也."라고 하였다.

24 「우하서(虞夏書)」는 …… 악악(噩噩)하다 : 『法言』 권4 「問神」에 나온다.

에서도 「우서」와 「하서」를 구분하였던 것이다.】

00. 상서서 - 001. 요전

昔在帝堯, 聰明文思, 光宅天下, 將遜于位, 讓于虞舜。作〈堯典〉。【第一】

옛날 제요(帝堯)는 총(聰)·명(明)·문(文)·사(思)하여 천하를 밝게 안정시키고 제위(帝位)에서 물러나 우순(虞舜)에게 양위하려고 하였다. 「요전」을 지었다.【정현본의 제1편】

鄭云: "《書》以堯爲始, 獨云[교1]'昔在', 使若無先之典然也。"【又云: "舜之美事, 在於堯時。"】 ○**鏞案** '愼徽五典'以下, 亦本〈堯典〉, 故序文如此。若如梅本, 則〈堯典〉之內, 無遜讓于舜之事。

교1) 云: 신조선사본에는 '於'로 되어 있으나 『尙書正義』에 따라 바로잡는다.

〔昔在帝堯〕 정현이 말했다. "『서(書)』는 요임금으로부터 시작하면서 유독 '옛날[昔在]'이라고 하여 「요전」보다 앞선 전(典)이 없는 것처럼 만들어 놓았다."【또 "순(舜)의 아름다운 일은 요(堯)의 시대에 있었다."라고 하였다.】

○**용안** 〈매색본 「순전(舜典)」의〉 '신휘오전(愼徽五典)' 이하 역시 본래 「요전」이었으므로 「서」의 글이 이와 같은 것이다. 매색본대로 한다면 「요전」 중에는 순에게 손양(遜讓)한 일이 없게 된다.

虞舜側微, 堯聞之聰明, 將使嗣位, 歷試諸難。作〈舜典〉。

【第二】

우순(虞舜)이 미천하였지만 요는 그가 총명하다는 말을 들었으므로 제위를 잇게 하려고 여러 어려운 일을 맡겨 하나하나 시험하였다. 「순전」을 지었다.【정현본의 제2편】

鄭云: "入麓伐木。"【〈虞書〉疏。○蓋以爲諸難之一】 ○梅云: "試以治民之難事。"【五典·百揆·四門等事】 ○**鏞案** 揆以史體, 則〈堯典〉所載, 當是舜初年之事。〈舜典〉所載, 應爲舜晚年之事, 而詳此序意, 則歷試諸難, 必係初年, 遜位讓德, 應在其後。況舜之陟死, 竝載〈堯典〉之末, 〈舜典〉之專紀初年事, 明矣。卽家難諸事, 及五典·百揆·四門·大麓諸事, 竝宜詳載,【〈堯典〉先敍其大綱, 〈堯교1)典〉詳之】 今不可考。

교1) 堯: 문맥상 '舜'이 옳은 듯하다.

〔歷試諸難〕 정현이 말했다. "산기슭에 들어가 나무를 벤 일을 말한다."【「우서」의 소에 나온다. ○여러 가지 어려운 일 가운데 하나를 말한 것이다.】 ○매색이 말했다. "백성을 다스리는 어려운 일로 시험한 것이다."【오전(五典)과 백규(百揆)와 사문(四門) 등의 일이다.[25]】

25 오전(五典)과 …… 일이다: 「요전」 14장 "愼徽五典, 五典克從. 納于百揆, 百揆時敍. 賓于四門, 四門穆穆." 부분을 가리킨다.

○**용안** 사서(史書)의 체제로 헤아려보면 「요전」에 기록된 것은 순의 초년의 일이어야 하고, 「순전」에 기록된 것은 순의 만년의 일이어야 한다. 그러나 이 「서」의 취지를 자세히 살펴보면, 여러 가지 어려운 일을 맡겨 시험한 것은 반드시 초년에 연결되고, 제위를 사양하고 덕 있는 사람에게 양보한 것은 그 이후의 일이어야 한다. 하물며 순의 죽음은 「요전」의 끝에 함께 기록되어 있으니, 「순전」이 초년의 일을 전적으로 기술하고 있음은 분명하다. 즉 집안에서 겪은 여러 어려운 일과 오전(五典), 백규(百揆), 사문(四門), 그리고 대록(大麓) 등의 여러 일이 의당 모두 상세히 실려 있었을 것인데, 【「요전」에서는 먼저 그 대강을 기록하고, 「순전」에서 상세하게 기록하였다.[26]】 지금은 상고할 수가 없다.

考證 萬章問曰："舜往于田，號泣于旻天，何爲其號泣也?" 孟子曰：【節】"帝使其子九男二女，百官牛羊倉廩備，以事舜於畎畝之中，天下之士多就之者。帝將胥天下而遷之焉，爲不順於父母，如窮人無所歸。" ○趙岐云："《尙書》逸書，有〈舜典〉之敍，亡失其文。孟子諸所言舜事，皆逸書所載。"

고증 만장이 물었다. "순이 밭에 가서 하늘을 향해 울부짖었다는데 어찌해서 울부짖은 것입니까?" 맹자가 말했다. "【생략】 제요가 자기의 아홉 아들과 두 딸로 하여금 백관과 소와 양 그리고 창고를

26 「요전」에서는 …… 기록하였다: 매색본의 『상서』 「요전」은 堯가 四岳이 추천한 舜에게 帝位를 넘겨주기 위해 "我其試哉"라고 하고 두 딸을 시집보내는 데에서 끝나고, 五典·百揆·四門·大麓 등의 구체적인 시험 내용은 모두 「순전」에 실려 있다.

다 갖추어 농사짓고 있던 순을 섬기게 하니, 천하의 많은 선비들이 순에게 나아갔다. 제요가 천하의 인심을 살펴 제위를 물려주려고 하였으나, 〈순은〉 부모에게 용납되지 못하였다고 여겨 돌아갈 곳이 없는 궁한 사람처럼 하였다."[27]

○조기(趙岐)가 말했다. "『상서』의 일서(逸書) 가운데 「순전」의 기록이 있었지만 그 글은 망실되었다. 맹자가 언급한 순의 여러 가지 일은 모두 일서(逸書)에 기록된 것이다."

考證 萬章曰 : "父母使舜完廩, 捐階, 瞽瞍焚廩, 使浚井, 出, 從而揜之。象曰, '謨蓋都君, 咸我績。牛羊父母, 倉廩父母,[교1) 琴朕, 弤朕, 二嫂使治朕棲。' 象往[교2)舜宮, 舜在牀琴。象曰, '鬱陶思君爾', 忸怩。舜曰, '唯茲臣庶, 汝其于予治。'" ○**鏞案** 孟子於萬章諸問, 唯瞽[교3)瞍北面之說, 斥之曰'齊東野語', 其餘酬酢如響。司馬遷〈舜本紀〉, 亦載塗廩穿井之說, 或是逸書所載, 如趙岐之言。但當時臣庶, 是帝命所卑, 子噲不得與人燕, 舜何得與之象? 如此者, 不可曰逸書文。【《史記》作'爾其庶矣', 或'臣庶'字有誤】

교1) 案母 : 『맹자』에는 뒤에 '干戈朕'이 더 있다.
교2) 案往 : 『맹자』에는 뒤에 '入'이 더 있다.
교3) 瞽 : 신조선사본에는 '堯'로 되어 있으나 人名이므로 바로잡는다.

고증 만장이 말했다. "〈순의〉 부모가 순에게 곳집을 손질하게 하고는 사다리를 치워 버리고 고수(瞽瞍)가 곳집에 불을 질렀다. 우

---

27 만장이 …… 하였다 : 『맹자』「萬章 上」에 나온다.

물을 파게 하고는 〈순이〉 나가자 따라가서 흙으로 덮어버렸다. 상(象)이 '도군(都君)[28]을 생매장하려는 계획은 모두 나의 공로이니, 소와 양은 부모에게 드리고 곳집의 물건도 부모에게 드리되, 방패와 창은 내가 갖고 금(琴)도 내가 갖고 활도 내가 가지며, 두 형수는 나의 잠자리를 맡아보게 하겠다.'라고 하였다. 상이 가서 순의 집으로 들어가니 순이 침상에서 금(琴)을 타고 있었다. 상(象)이 '가슴이 사무치도록 도군을 그리워하였습니다.'라고 하고는 부끄러워하자, 순이 '이 신하들을, 나를 위해 네가 다스려라.'라고 하였다."[29]

○**용안** 맹자는 만장의 여러 가지 질문 가운데 오직 고수가 북면(北面)을 하였다는 설에 대해서만 '제나라 동쪽 야인의 말'이라고 배척하였을 뿐, 그 나머지에 대해서는 메아리가 울리듯 수긍하였다. 사마천의 『사기』 「순본기」에도 '곳집을 수리하고 우물을 파도록 한 일에 관한 설'이 실려 있는데, 이는 조기의 말처럼 일서에 기록된 내용인 듯하다. 그렇지만 당시 신하들은 요임금이 내려준 것으로, '자쾌(子噲)도 연나라를 다른 사람에게 줄 수 없는데'[30] 순이 어떻

---

28 도군(都君) : 주희의 『맹자집주』에 "舜所居三年成都, 故謂之都君."이라고 하였다.

29 만장이 …… 하였다 : 『맹자』 「萬章 上」에 나온다.

30 자쾌(子噲)도 …… 없는데 : 나라는 왕이 내려준 것이므로 일개 제후가 마음대로 다른 사람에게 줄 수 없다는 뜻이다. 여기서는 舜의 신하는 모두 堯가 내려준 것이므로 순이 象에게 다스리라고 하는 것이 이치에 맞지 않는다는 의미로 쓴 것이다. 子噲는 전국시대 燕나라 임금으로, 『사기』 「蘇秦列傳」에 마음대로 子之에게 讓位하였다가 齊나라의 침공을 받아 자쾌와 자지 모두 살해당한 내용이 나온다. 이에 대해 『맹자』 「公孫丑 下」에서 沈同이 "燕可伐與?"라고 물었을 때 맹자가 "可. 子噲不得與人燕, 子之不得受

게 상에게 줄 수 있었겠는가? 이와 같은 것들은 일서의 글이라고 할 수 없다.【『사기』에 '너는 형제의 정의(情義)가 지극하다고 할 만하구나.[爾其庶矣]'라고 되어 있으니[31] '신서(臣庶)'라는 글자에 잘못이 있는 듯하다.】

考證 萬章曰："象至不仁, 封之有庳, 有庳之人, 奚罪焉?"【節】曰："象不得有爲於其國, 天子使吏治其國而納其貢稅焉, 故謂之放。豈得暴彼民哉? 雖然, 欲常常而見之, 故源源而來, 不及貢, 以政接于有庳, 此之謂也。" ○趙云："常常以下, 皆《尙書》逸篇之辭。" ○**鏞案** 孟子引古書, 以證今言, 故結之曰'此之謂也'。

고증 만장이 말했다. "상이 매우 어질지 못하였는데 유비(有庳) 땅에 봉하였으니 유비의 백성들은 무슨 죄입니까?"【중략】〈맹자가〉 대답했다. "상은 그 나라에서 정사를 행할 수 없었고, 천자가 관리로 하여금 그 나라를 다스리게 하여 그 공세(貢稅)만을 받도록 하였으므로 '방(放)'[32]이라고 한 것이다. 어찌 저 백성들에게 포악하게 할 수 있었겠는가? 그렇기는 하지만 '항상 그를 만나보고자 하여 끊임없이 오게 하였으므로 조공할 시기가 되지 않았어도 정사를 빌미로 유비의 군주를 접견하였다.'라고 한 것이 바로 이것을 말한다."[33]

燕於子噲. 有仕於此, 而子悅之, 不告於王而私與之吾子之祿爵, 夫士也亦無王命而私受之於子, 則可乎? 何以異於是?"라고 대답한 내용이 나온다.

31 『사기』에 …… 있으니 : 『사기』「殷本紀」의 '爾其庶矣'에 대해 『索隱』에서 "言汝猶當庶幾於友悌之情義也. 如孟子取『尙書』文, 又云'惟茲臣庶, 女其于予治', 蓋欲令象共我理臣庶也."라고 하였다.

32 방(放) : 실권을 행사하지 못하게 하면서 그 자리에 있게 놓아두었다는 뜻이다.

○조기가 말했다. "'상상(常常)' 이하는 모두 『상서』 일편(逸篇)의 글이다."

○용안 맹자는 고서를 인용하여 지금의 말을 증명하려고 하였으므로 '이것을 말한다.[此之謂也]'라고 끝맺은 것이다.

考證 咸丘蒙問曰 : "語云'盛德之士, 父不得而子'。舜南面而立,【節】瞽瞍北面而朝之, 舜見瞽瞍, 其容有蹙。"【節】 孟子曰 : "此齊東野人之語也。【節】《書》曰 : '祇載見瞽瞍,【《史》云 : "載天子旗往。"】 夔夔齊栗, 瞽瞍亦允若。' 是爲父不得而子也。" ○《史》云 : "舜之踐天位, 載天子旗, 往朝父瞽瞍, 夔夔唯謹, 如子道。封弟象爲諸侯。" ○趙云 : "《書》,《尙書》逸篇。" **○鏞案** '祇載見'一節, 於《書》百篇, 無處可入, 則古〈舜典〉文也。若然家難諸事, 亦或有載, 未敢知也。

고증 함구몽(咸丘蒙)이 물었다. "옛말에 '덕이 성대한 사람은 아버지가 그를 자식으로 여길 수 없었습니다. 순이 남면해서 천자가 되니【중략】 고수가 북면하여 조회하였는데, 순이 고수를 보고는 불편해하는 기색이 있었다.'라고 하였습니다."【중략】 맹자가 말했다. "이것은 제나라 동쪽 야인의 말이다.【중략】 『서』에 '일을 공경히 하여 고수를 뵐 적에【『사기』에 "천자의 기를 싣고 갔다."라고 하였다.】 공경하고 두려워하였으며, 고수 또한 진실하고 부드럽게 대하였다.'라고 하였으니, 이것이 아버지가 자식으로 여기지 못한 것이다."[34] ○『사기』에 "순이 천자의 자리에 올라 천자의 기를 세우고 가서

---

33 만장이 …… 말한다 : 『맹자』 「萬章 上」에 나온다.
34 함구몽(咸丘蒙)이 …… 것이다 : 『맹자』 「萬章 上」에 나온다.

아버지를 뵈었는데, 자식의 도리를 다하여 공경하고 두려워하였다. 아우인 상을 제후로 봉하였다."[35]라고 하였다.
○조기가 말했다. "『서』는 『상서』의 일편이다."

○용안 '일을 공경히 하여 뵈었다[祇載見]' 이하의 구절은 『서』 100편 가운데 들어갈 만한 곳이 없으니, 『고문상서』 「순전」의 글이다. 그렇다면 집안에서 겪은 여러 어려운 일 또한 아마 옛 「순전」에 실려 있었을 것이지만 확실히 알 수는 없다.

考證 〈舜本紀〉云: "舜耕歷山, 歷山之人皆讓畔, 漁雷澤, 雷澤上人皆讓居, 陶河濱, 河濱器皆不苦[교1)]窳。一年而所居成聚, 二年成邑, 三年成都。堯乃賜舜絺衣與琴。" **○鏞案** 近世, 毛氏作〈舜典補亡〉一篇, 以'耕稼陶漁, 成聚成都及家難孝友諸事'爲首, 繼之以'受終文祖', 謬妄極矣, 已見前編。【〈冤詞〉三十九】

교1) 苦: 신조선사본에는 '若'으로 되어 있으나 『史記』 「五帝本紀」에 따라 바로잡는다.

고증 『사기』 「순본기」에 "순이 역산(歷山)에서 농사를 지으니 역산 사람들이 모두 밭이랑을 양보하였고, 뇌택(雷澤)에서 고기를 잡으니 뇌택 주변의 사람들이 모두 자리를 양보하였고, 하수(河水) 가에서 질그릇을 구우니 하수 가에서 생산되는 질그릇이 모두 거칠지도 잘 깨지지도 않았다. 1년이 되자 거처하는 곳이 촌락을 이루었고, 2년이 되자 읍을 이루었고, 3년이 되자 도(都)를 이루었다.

35 『사기』에 …… 봉하였다: 『사기』 「五帝本紀」에 나온다.

요가 이에 순에게 칡베 옷과 금(琴)을 하사하였다."라고 하였다.

○용안 근세에 모기령이 「순전보망(舜典補亡)」 한 편을 지으면서 '농사짓고, 질그릇 굽고, 고기 잡으며, 촌락을 이루고 도(都)를 이루며, 집안에서 어려움을 겪으면서도 효도하고 우애한 여러 가지 일'을 첫머리로 삼고, '수종문조(受終文祖)'로 이었는데, 지극히 허무맹랑하다. 이미 전편에서 말하였다.【『매씨서평』 권4 「원사(冤詞)」 39이다.】

考訂 《宋書·禮志》: "魏明帝時, 高堂隆建議改朔, 引《尙書》文曰, '曰若稽古帝舜, 曰重華, 建皇授政改朔.'" ○已見前編,【〈冤詞〉二十】 今略之。孔穎達云: "鄭注《尙書》, 以爲別有〈舜典〉之篇, 將此爲〈堯典〉。"【〈郊特牲〉注引《書》曰: "歲二月東巡守." 疏曰: "云云."】 **○鏞案** 孔沖遠之戴梅《書》, 非其眞情。故〈周頌·時邁〉之疏, 引'歲二月'之節爲〈堯典〉, 〈周頌·我將〉之疏, 引'歸格藝祖'之節爲〈堯典〉。何但孔然? 《周禮》賈公彦之序, 引'伯禹司空'之節而謂之〈堯典〉, 〈春官〉序官之疏, 引'協時月正日'之節而謂之〈堯典〉。何但疏家然矣? 鄭司農《周禮》注, 引'典朕三禮'之節而謂之〈堯典〉。【〈大宗伯〉之注】 梅之〈舜典〉, 旣爲〈堯典〉, 則鄭之〈舜典〉, 自當別有。斯豈一人一家之所能誣蔽者哉?【又詳上戊四】

고정 『송서』 「예지(禮志)」에, "위(魏)나라 명제(明帝) 때에 고당륭(高堂隆)이 정삭(正朔)을 개정할 것을 건의하면서 『상서』의 문장을 인용하였는데, '상고해보니, 옛 순 임금은 이름이 중화(重華)이시다. 원만한 통치의 원칙을 세우고 정사(政事)를 주어 정삭을 개정하셨다.'라고 하였습니다."[36]라고 하였다.

---

36 상고해 …… 하였습니다: 이 구절은 현행본 「舜典」의 첫 구절과 다른데,

○이미 전편에서 말하였으므로【『매씨서평』「원사(寃詞)」20이다.】 여기서는 생략한다.
공영달이 말했다. "정현은 『상서』에 주를 달면서 달리 「순전」이 있다고 하고 이것을 「요전」으로 보았다."【『예기』「교특생」의 주에서 『상서』의 '세이월동순수(歲二月東巡守)'를 인용하였는데, 소에서 "운운" 하였다.[37]】

○**용안** 공영달이 매색본 『상서』를 높인 것은 그의 진심이 아니었다. 그러므로 『시경』「주송·시매(時邁)」의 소에서는 '세이월(歲二月)'[38]의 절을 인용하면서 「요전」이라고 하였고,[39] 「주송·아장(我將)」의 소에서는 '귀격예조(歸格藝祖)'의 절을 인용하면서 「요전」이라고 보았다. 어찌 공영달만 그러하였겠는가? 『주례주소』 가공언의 「서」에서는 '백우사공(伯禹司空)'의 절을 인용하면서 「요전」이라고 하였고, 「춘관」 시관(序官)의 소에시는 '협시월정일(協時月正日)'의 절을 인용하면서 「요전」이라고 하였다.[40] 어찌 주소가들만

다산은 高堂隆이 인용한 이 구절이 『고문상서』「순전」의 첫 구절이었을 것으로 추정하였다. 따라서 현행본 「순전」의 첫 구절 "曰若稽古帝舜曰重華, 協于帝, 濬哲文明, 溫恭允塞, 玄德升聞, 乃命以位." 부분을 삭제하고 이하를 요전과 합하여 한 편을 구성하였다.

37 『예기』…… 하였다 : 『예기』「교특생」의 "天子適四方先柴"에 대한 정현의 주에 "所到必先燔柴, 有事於上帝也. 『書』曰, '歲二月東巡守, 至于岱宗, 柴.'"라고 하였다. 이에 대해 공영달의 소에서 "此「虞書 舜典」文. 案, 鄭注『尙書』以爲'別有「舜典」之篇', 將此爲「堯典」, 與古文異也."라고 하였다.

38 세이월(歲二月) : 이하 여기 鏞案에서 인용하고 있는 『상서』의 구절은 매색본 『상서』에는 모두 「순전」에 있다. 다산이 「요전」에 있다는 전거들을 들어서 매색본 『상서』의 「순전」이 위작임을 논증한 것이다.

39 '세이월(歲二月)'의 …… 하였고 : 「시매」의 「毛序」 "時邁, 巡守告祭柴望也"에 대한 정현의 주에 "『書』曰, '歲二月東巡守, 至于岱宗 ……" 절을 인용하였는데, 이에 대해 공영달의 소에 "『書』曰以下', 「堯典」文."이라고 하였다.

그러하였겠는가?

정사농[鄭司農 : 정현]이 『주례』에 주를 달 때 '전짐삼례(典朕三禮)'의 절을 「요전」이라고 인용하였다.[41]【「대종백」의 주이다.】 매색본의 「순전」이 이미 「요전」인 이상 정현본의 「순전」은 본래 따로 있었어야 한다. 이러한 주장이 어찌 한 사람 또는 한 학파가 무고하고 가릴 수 있는 것이겠는가?【또한 상무(上戊) 4에서 상세히 다루었다.[42]】

번역 : 장동우

00. 상서서 - 003. 골작, 004~012. 구공, 013. 고어

帝釐下土, 方設居方, 別生分類。作〈汨作〉·〈九共〉九編·〈槀飫〉。【鄭第三·第四至第十二·第十三 ○汨音骨】

제(帝)가 아래 땅을 다스려 사방에 관(官)을 설치하고 그 지방에 거하도록 하였으며, 성족(姓族)을 구별하고 그 유(類)를 나누었다. 「골작」, 「구공」 9편, 「고어」를 지었다.【정현본의 제3편, 제4편~제12편, 제13편 ○汨의 음은 骨(골)이다.】

---

40 「춘관」 …… 하였다 : 『주례』 「春官 · 宗伯」 "典同, 中士二人 …… 徒二十人."의 주에 "『書』曰 : '協時月正日, 同律度量衡.'"이라고 하였고 疏에 "引'書曰'者, 堯典之篇."이라고 하였다.

41 정사농(鄭司農)이 …… 하였다 : 『주례』 「春官 · 宗伯」 "惟王建國 …… 以佐王和邦國."의 주에 "鄭司農云, 宗伯主禮之官, 故『書』「堯典」曰, '帝曰咨四岳, 有能典朕三禮.'"라고 하였다.

42 상무(上戊) …… 다루었다 : 관련 내용은 『매씨서평』 권1 「매씨서평2 · 大序2」에 보인다.

馬云："釐，賜也，理也。"【梅云："言舜理四方諸侯，各設其官，居其方。" ○"生，姓也。別其姓族，分其類，使相從."】梅云："汩，治也。[교1] 作，興也。"【"言其治民之功興"】馬云："共，法也。"【共音恭】梅云："槀，勞也。飫，賜也。"【孔云："《左傳》言'犒[교2]師'者，以師枯槁，用酒食勞之，是'槀'得爲勞也。《左》云，[교3] '將賞，爲之加膳則[교4]飫賜.' 是'飫'得爲賜也。"】○**鏞案**《爾雅·釋詁》云："淈，治也。"郭注云："淈，〈書序〉作汩，音同耳。"又槀與犒通,【《集韻》，犒·槀·膬同】勞其槁曰犒,【亦作稿】犒者，槁也。【字從高】然則〈槀飫〉之'槀'，當從木部，不當從禾如禾槀之槀。

교1) 案也：『尙書正義』에는 없다.
교2) 案犒：『尙書正義』에는 '槀'로 되어 있다.
교3) 案左云：『尙書正義』에는 '襄二十六年『左傳』云'으로 되어 있다.
교4) 案則：『尙書正義』에는 앞에 '加膳'이 더 있다.

〔帝釐下土 …… 別生分類〕 마융이 말했다. "리(釐)는 사[賜：하사하다]의 뜻이고, 리[理：다스리다]의 뜻이다."【매색이 말했다. "순이 사방의 제후를 다스리기 위해 각각 그 관(官)을 설치하고, 그 지방에 거하도록 하였다는 말이다." ○"생(生)은 성(姓)의 뜻이다. 성족(姓族)을 구별하고 그 유(類)를 나누어 서로 따르도록 하였다는 말이다."】

〔作汩作 …… 槀飫〕 매색이 말했다. "골(汩)은 치[治：통치하다]의 뜻이다. 작(作)은 흥[興：흥기하다]의 뜻이다."【"그 백성을 통치하는 공이 일어남을 말한다.】마융이 말했다. "공(共)은 법(法)의 뜻이다."【共의 음은 恭(공)이다.】매색이 말했다. "고(槀)는 로[勞：위로하다]의 뜻이다. 어(飫)는 사[賜：하사하다]의 뜻이다."【공영달이 말했다. "『춘추좌씨전』에서 말하는 '호사(犒師)'란[43] 군대가 지치고 피폐해졌을 때 술과 음식을 가지고 위로하는 것이다. 여기에서 '고(槀)'가 위로(慰勞)의 뜻을 얻었다. 『춘

추좌씨전』에 '상(賞)을 주려고 할 때 그를 위해 가선(加膳)하니, 가선이 곧 어사(飫賜)이다.'[44]라고 하였다. 여기에서 '어(飫)'가 하사(下賜)의 뜻을 얻었다."】

○**용안** 『이아』 「석고(釋詁)」에 "골(淈)은 치[治 : 다스리다]의 뜻이다."라고 하였다. 그에 대한 곽박(郭璞)의 주에 "淈이 「서서」에는 汩로 되어 있다. 음이 같다."라고 하였다. 또한 고(槀)는 호(犒)와 통한다.【『집운(集韻)』에 "호(犒), 고(槀), 고(膏)는 같다."라고 하였다.】 그 피폐함을 위로하는 것을 호(犒)라고 한다.【또한 호(鎬)라고도 한다.】 호(犒)라는 것은 고(槀)이다.【글자는 고(高)를 따른다.】 그렇다면 「고어(槀飫)」의 '고(槀)'는 목(木) 부(部)를 따라야지 볏짚[禾槀]의 '고(槀)'처럼 화(禾) 변을 써서는 안 된다.

考訂 羅喩義云 : "〈膏飫〉, 燕享樂歌也。"【膏, 勞也。飫, 私也。《國語》'王公立飫'】 ○**鏞案** 〈士喪禮〉'槀車'之註 : "槀・潦相通." 又潦・澇相通, 此槀之所以爲勞也。《毛詩・常棣傳》云 : "飫, 私也。不脫屨升堂謂之飫。" 此飫之所以爲私也。總屬强解, 姑識之。

고정 나유의(羅喩義)[45]가 말했다. "「고어」는 잔치 때 부르는 악가(樂歌)이다."【고(膏)는 로[勞 : 위로하다]의 뜻이고, 어(飫)는 사[私 : 사적(私的)인 연회]의 뜻이다. 『국어』 「주어 중(周語中)」에 '왕공입어(王公立飫)'[46]라는 말이 있다.】[47]

---

43 『춘추좌씨전』에서 말하는 호사(犒師)란 : 『춘추좌씨전』 僖公 26년 등에 나온다.

44 상(賞)을 …… 어사(飫賜)이다 : 『춘추좌씨전』 양공 26년에 나온다.

45 나유의(羅喩義) : 明 益陽人이다. 字는 湘中, 諡號는 文介이다. 萬曆 연간에 進士가 되었다. 『明史』 「羅喩義傳」에 "進講『尙書』, 撰『布昭聖武講義』."라고 하였다.

46 왕공입어(王公立飫) : 『국어』 「周語中」에 "禘郊之事, 則有全烝, 王公立飫, 則

○**용안** 『예기』「사상례(士喪禮)」 '고거(櫜車)'의 주에 "고(櫜)와 료(潦)는 서로 통한다."라고 하였다. 또한 료(潦)와 로(潞)는 서로 통하니, 이것이 '고(櫜)'가 로(勞)의 뜻이 되는 까닭이다. 『시경』「소아·상체(常棣)」 모형(毛亨)의 전(傳)에 "어(飫)는 사(私)의 뜻이다. 신을 벗지 않고 당(堂)에 오르는 것을 어(飫)라고 한다."라고 하였다. 이것이 '어(飫)'가 사(私)의 뜻이 되는 까닭이다. 모두 억지 해석에 속하지만, 우선 기록해 둔다.

陸德明云："下土絶句，一讀至方字，絶句。"【見《釋文》】 ○王應麟云："'禹敷下土方，【《商頌》。句】 外大國是疆。' 朱文公亦以方字絶句，云：'《楚辭·天問》，禹降省下土方。'"

〔帝釐下土，方設居方〕 유덕명이 말했다. "'하토(下土)'에서 구를 끊는다. 어떤 이는 '방(方)' 자까지 읽어 구를 끊었다."【『경전석문』에 보인다.】 ○왕응린이 말했다. "〈『시경』에〉 '우부하토방(禹敷下土方)【『시경』「상송(商頌)」에 나온다. 단구(斷句)】, 외대국시강(外大國是疆).'[48]이라고 한 것에 대해 주문공[朱文公：주희(朱熹)] 역시 '방(方)' 자에서 구를

有房烝, 新戚宴饗, 則有餚烝."이라고 하였다. 또 『국어』「周語下」에 "夫禮之立成者爲飫, 昭明大節而已, 少典與焉."이라고 하였는데, 韋昭의 注에 "立成, 立行禮, 不坐也. …… 言飫禮所以教民敬式, 昭明大體而已, 故其詩樂少, 章典威儀少, 皆比類也."라고 하였다. 결국 '立飫'는 서서 宴禮를 행하는 것을 의미하는 것으로 백성들에게 간략하게 그 大體를 보이는 데 취지가 있다는 것이다.

47 나유의(羅喩義)가 …… 있다 : 이 부분은 毛奇齡이 『古文尙書寃詞』 권7에서 羅喩義의 설을 인용하고 自註한 내용을 재인용한 것으로 보인다.

48 우부하토방(禹敷下土方), 외대국시강(外大國是疆) : 『시경』「商頌·長發」에 나온다.

끊고, '『초사』「천문(天問)」에 우강성하토방(禹降省下土方)이라고 하였다.'라고 말하였다.[49]"[50]

考訂 《書大傳》〈九共〉篇【在〈虞傳〉】引《書》曰："予辯[교1)]下土,[교2)] 使民平平, 使民無傲。"【王應麟《考異》】 ○**鏞案** '予辯[교3)]下土',[교4)] 與〈序〉所云'別生分類'之義相合。此恐是眞古文。〈九共〉之義, 雖不可詳, 要之九州攸共,【古之供字】 各爲一篇。

교1) 辯 : 신조선사본에는 '辨'으로 되어 있으나『尙書大傳』「虞書 · 九共傳」에 따라 바로잡는다. 案아래의 鏞案을 보면 茶山은 '辨'의 뜻으로 해석하였다.
교2) 土 : 신조선사본에는 '上'으로 되어 있으나『尙書大傳』「虞書 · 九共傳」에 따라 바로잡는다.
교3) 辯 : 신조선사본에는 '辨'으로 되어 있으나『尙書大傳』「虞書 · 九共傳」에 따라 바로잡는다. 案茶山은 '辨'의 뜻으로 해석하였다.
교4) 土 : 신조선사본에는 '上'으로 되어 있으나『尙書大傳』「虞書 · 九共傳」에 따라 바로잡는다.

고정 『상서대전』「구공(九共)」 편【「우전(虞傳)」에 있다.】에 『상서』를

49 주문공 …… 말하였다 : 『楚辭』의 원문은 "禹之力獻功, 降省下土方."이며, 그에 대한 朱熹의 『楚辭集注』에는 '方' 아래에 '句絶'이라는 주가 붙어 있다. 또한 『시경집전』「商頌 · 長發」 "洪水芒芒, 禹敷下土方, 外大國是疆" 부분의 '方' 다음에도 "絶句. 『楚辭』「天問」, '禹降省下土方', 蓋用此語."라는 소주가 붙어 있다.
50 왕응린이 …… 말하였다 : 王應麟의 『困學紀聞』 권2의 인용으로서, 해당 내용 전체는 다음과 같다. 「書序」, "帝釐下土方, 設居方.", 『釋文』云 : "一讀至方字絶句." 「商頌」 "禹敷下土方, 外大國是疆.", 朱文公亦以'方'字絶句, 云 : "『楚辭 · 天問』'禹降省下土方', 盖用此語." 然「書序」已有此讀矣.

인용하여 “내가 아래 땅을 구분하여, 백성들을 평안하게 살도록 하고 백성들을 오만하지 않도록 하였다.[予辨下土, 使民平平, 使民無傲]”라고 하였다.[51]【왕응린의 『서경고이(書經考異)』에 보인다.】

○**용안** ‘여변하토[予辨下土 : 내가 하토(下土)를 구분하였다]’는 「서」에서 말한 ‘별생분류[別生分類 : 성족(姓族)을 구별하고 그 유(類)를 나누었다]’와 뜻이 서로 합치하니, 이것이 아마도 진고문(眞古文)인 듯하다. 「구공(九共)」의 뜻은 비록 상세히 알 수 없지만, 요컨대 구주(九州)에서 공납한 것을【〈‘共’은〉 ‘供’의 고자이다】 각각 한 편으로 삼은 것이다.

00. 상서서 - 014. 대우모, 015. 고요모, 016. 익직

皐陶矢厥謨, 禹成厥功, 帝舜申之。作〈大禹〉·〈皐陶謨〉·〈益稷〉。【鄭第十四·十五 ○‘益稷’二字, 是梅氏僞增者】

고요가 그 계책을 아뢰고, 우가 그 공을 이루었으며, 제순이 그것을 거듭 강조하였다. 「대우모」, 「고요모」, 「익직」을 지었다.【정현본의 제14편, 제15편 ○‘益稷’ 두 글자는 매색이 위작(僞作)하면서 보탠 것이다.】

梅云 : “矢, 陳也。申, 重也。”【“大禹謀九功, 皐陶謀九德”】 ○**鏞案** 〈夏本紀〉錄〈禹貢〉‘錫玄圭, 告厥成功’之下, 卽接〈皐陶謨〉曰‘帝舜朝, 禹·伯

---

51 『상서대전』 …… 하였다 : 이 부분 전체를 王應麟의 『困學紀聞』 권2에서 인용한 것이다.

夷・皐陶, 相與語帝前, 皐陶述其謀'而已, 無益・稷之說。若如《史》文, 則'禹成厥功', 當爲首句, 何得以'皐陶'爲首句乎? 且'帝舜申之', 於義無當。唯今之〈益稷〉, 以'帝曰來'爲首句。【此已上, 無帝舜語】 梅氏旣割'帝曰來'以下爲〈益稷〉, 乃揷'帝舜申之'一句, 以爲〈益稷〉之援引, 昭昭然也。大抵此序, 全是僞者變亂, 非復壁書之舊也。僞者變亂, 皆有私計, 至若割此謨而滅〈棄稷〉, 於自己家計, 了無利害, 何苦爲此?

〔**皐陶矢厥謨 …… 帝舜申之**〕 매색이 말했다. "시(矢)는 진[陳 : 아뢰다]의 뜻이다. 신(申)은 중[重 : 거듭 강조하다]의 뜻이다."【"대우는 구공(九功)을 도모하고, 고요는 구덕(九德)을 도모하였다."[52]】

○**용안** 『사기』 「하본기」에는 「우공」에 나오는 '현규(玄圭)를 내리고 그 공을 이루었음을 고하였다.[錫玄圭, 告厥成功]'라는 구절을 기록하고, 그 아래에 곧바로 「고요모」의 '제순이 조회를 열자 우와 백이와 고요가 함께 제 앞에서 말하였다. 고요가 자신의 계책을 진술하였다.[帝舜朝, 禹・伯夷・皐陶, 相與語帝前, 皐陶述其謀]'라는 구절을 연결하였을 뿐이고 익과 직에 관한 말은 없다. 만약 『사기』의 글 그대로라면, 〈「서」에서〉 '우성궐공(禹成厥功)'이 수구(首句)가 되어야 마땅하다. 어찌 '고요(皐陶)'를 수구로 할 수 있겠는가? 또한 '제순신지(帝舜申之)'는 경의(經義)로 볼 때 타당성이 없다. 지금의

52 대우는 …… 도모하였다 : 역시 매색의 注이다. 九功은 王이 德政을 펴는 데 핵심적인 아홉 가지의 일이다. 水, 火, 金, 木, 土, 穀의 六府와 正德, 利用, 厚生의 三事를 아울러 말한 것으로 禹가 舜을 위해 권면한 것이다. 九德은 治者가 갖추어야 할 아홉 가지의 덕성이다. 寬而栗, 柔而立, 愿而恭, 亂而敬, 擾而毅, 直而溫, 簡而廉, 剛而塞, 彊而義의 아홉 가지를 가리키는 것으로 皐陶가 舜을 위해 권면한 것이다.

「익직」은 '제왈래(帝曰來)'를 수구(首句)로 삼았다.【이것 이전에는 제순(帝舜)의 말은 없다.】 매색이 이미 '제왈래' 이하를 분할하여 「익직」으로 삼고 나서, 〈「서」에〉 '제순신지'라는 한 구절을 삽입하여 「익직」의 증거로 삼은 것이 명백하다. 대개 이 「서」는 완전히 위작자가 변조하여 어지럽게 한 것으로 더 이상 벽서(壁書)의 옛 본문 그대로가 아니다. 위작자가 변조하여 어지럽게 하는 데에는 모두 사사로운 계산이 있게 마련인데, 「고요모」를 분할하여 〈「익직」을 위조하고〉 「기직(棄稷)」을 없앤 것은 사신의 계산에 전혀 이해관계가 없는데 무엇 때문에 굳이 이렇게 한 것인가?

考證 《書大傳》云:"《書》標七觀。孔子曰:'六〈誓〉可以觀義, 五〈誥〉可以觀仁, 〈甫刑〉可以觀誠,교1) 〈洪範〉可以觀度, 〈禹貢〉可以觀事, 〈皐陶謨〉可以觀治, 〈堯典〉可以觀美。'"【見《文心雕龍》】 ○《孔叢子》云:"〈帝典〉觀美, 〈大禹謨〉·〈禹貢〉觀事, 〈皐陶謨〉·〈益稷〉觀政, 〈秦誓〉觀義。"【王應麟《考異》】 ○**鏞案** 造梅書者, 仍造《孔叢子》, 昭昭然也。【朱子云:"同出一手。"】 〈大禹謨〉本在孔壁十六篇中,【有文難讀】 僞者造僞, 自此起上。

교1) 案誠:『孔叢子』에는 '誡'로 인용되어 있고, '戒'로 인용한 문헌도 있다.

고증 『상서대전』에 "『상서』에는 칠관[七觀: 일곱 가지 볼 만한 것]이 있다. 공자는 '6편의 「서(誓)」에서 의(義)를 볼 수 있고, 5편의 「고(誥)」에서 인(仁)을 볼 수 있고, 「보형(甫刑)」에서 성(誠)[53]을 볼 수 있고,

53 성(誠): 『상서대전』과 『곤학기문』에는 '誠'으로 되어 있으나, 『공총자』에는 '誡'로 인용되어 있다. 의미상으로는 '誡'가 더 적합할 수 있으나 여기서

「홍범」에서 도[度 : 제도]를 볼 수 있고, 「우공」에서 사[事 : 사업]를 볼 수 있고, 「고요모」에서 치[治 : 다스림]를 볼 수 있고, 「요전」에서 미(美)를 볼 수 있다.'라고 말하였다."【『문심조룡(文心雕龍)』에 보인다.】 ○『공총자(孔叢子)』에서는 "「제전(帝典)」에서는 미(美)를 보고, 「대우모」와 「우공」에서는 사(事)를 보고, 「고요모」와 「익직」에서는 정(政)을 보고, 「진서(秦誓)」에서는 의(義)를 본다."라고 하였다.[54]【왕응린의 『서경고이(書經考異)』에 보인다.】[55]

○**용안** 매색본 『상서』를 지은 자가 마찬가지로 『공총자』를 지었다는 것은 명백하다.【주자는 "동일하게 한 사람의 손에서 나왔다."라고 하였다.[56]】 「대우모」는 본래 공벽(孔壁)에서 나온 16편 중에 있었는데,

---

는 원문대로 번역하였다.

54 『공총자(孔叢子)』에서는 …… 하였다 : 『孔叢子』「論書」 제2에 해당 내용이 나온다. 원문은 다음과 같다. 子夏問書大義. 子曰 : "吾於「帝典」, 見堯舜之聖焉. 於「大禹」·「皐陶謨」·「益稷」, 見禹·稷·皐陶之忠勤功勳焉. 於「洛誥」, 見周公之德焉. 故「帝典」可以觀美, 「大禹謨」·「禹貢」可以觀事, 「皐陶謨」·「益稷」可以觀政, 「洪範」可以觀度, 謂皇極彝倫之度. 「秦誓」可以觀義, 五「誥」可以觀仁, 「甫刑」可以觀誡, 通斯七者, 則『書』之大義擧矣.'"

55 『상서대전』에 …… 보인다 : 여기 고증의 '書標七觀' 이하 '秦誓觀義'까지 전체 내용이 王應麟의 『困學紀聞』 권2의 인용이라고 볼 수 있다. 다만 『곤학기문』에서는 '書大傳云'이 아니라 '文心雕龍云'으로 시작하고 있다. 해당 내용은 실제로 『문심조룡』「宗經」 제3에 나온다. '六誓可以觀義' 이하는 『상서대전』 권3에 수록된 내용의 인용이지만 『곤학기문』에서는 인용 사항을 표시하지 않고 '孔子曰'이라고만 하였다. 다산이 『곤학기문』을 인용하면서 그러한 사항을 보완하였고 그것을 傳寫하는 과정에서 약간의 착오가 발생한 것으로 보인다.

56 주자는 …… 하였다 : 『朱子語類』 권78 「尙書1」 '綱領'에 "『尙書』孔安國傳, 此恐是魏晉間人所作, 托安國爲名, 與毛公『詩傳』大段不同. 今觀「序」文亦不類漢文章. 漢時文字粗, 魏晉間文字細. 如『孔叢子』亦然, 皆是那一時人所爲."라고 하고, 또 "『尙書』 「小序」不知何人作. 「大序」亦不是孔安國作, 怕只是撰『孔叢

【글은 있었지만 해독하기가 어려웠다.】 위작자가 위서(僞書)를 만들 때 여기서부터 시작하였다.

00. 상서서 - 017. 우공

禹別九州, 隨山濬川, 任土作貢。【鄭第十六】

우가 구주(九州)의 경계를 나누고, 산을 따라 하천을 준설하고, 토산에 맞게 공세(貢稅)를 정하였다.【정현본의 제16편】

鄭云: "任土謂定其肥磽之所生。"【梅云: "任其土地所有, 定其貢賦之差。"】 ○孔云: "此序不言'作〈禹貢〉'。百篇之序, 此類有三, 微子作誥, 仲虺作誥, 不言作, 與此篇也。"

〔任土作貢〕 정현이 말했다. "임토(任土)는 토지의 비옥도에 따른 소출을 정한다는 말이다."【매색이 말했다. "그 토지에서 생산되는 것에 따라 공부(貢賦)의 등급을 다르게 정하는 것이다."】 ○공영달이 말했다. "이 편의 「서」에서는 '「우공」을 지었다[作禹貢]'라고 말하지 않았다. 백 편의 「서」 중에 이와 같은 것이 세 편이 있다. 〈「미자」 편의 「서」에서〉 '미자가 고를 지었다.[微子作誥]'라고 하고, 〈「중훼지고」 편의 「서」에서〉 '중훼가 고를 지었다.[仲虺作誥]'라고 하여 '작' 〈다음에 「미자」

子』底人作. 文字軟善, 西漢文字則麤大."라고 하고, 또 같은 책 권125에 "『尙書』「序」不似孔安國作. 其文軟弱, 不似西漢人文, 西漢文粗豪. 也不似東漢人文, 東漢人文有骨肋. 也不似東晉人文, 東晉如孔坦疏也自得. 他文是大段弱, 讀來卻宛順, 是做『孔叢子』底人一手做."라고 하였다.

와 「중훼지고」라는 편명을〉 쓰지 않은 것과 이 편이다."[57]

考證《史記·河渠書》云:"禹抑洪水, 以別九州, 隨山浚川, 任土作貢。" ○《漢書》云:"水土旣平, 更制九州, 列五服, 任土作貢。" ○**鏞案** 此序爲〈河渠書〉所引, 眞也。

고증『사기』「하거서(河渠書)」에 "우가 홍수를 억제하고, 구주의 경계를 나누었으며, 산을 따라 하천을 준설하고, 토지의 소산에 맞게 공세(貢稅)를 정하였다."[58]라고 하였다.
○『한서』에 "수토를 정리하고 나서 다시 구주를 확정하고, 오복(五服)을 구획하였으며, 토지의 소산에 맞게 공세를 정하였다."[59]라고 하였다.

○**용안** 이 「서」는 「하거서」에 인용된 것이 진실한 것이다.

00. 상서서 - 018. 감서

啓與有扈, 戰于甘之野。作〈甘誓〉。【鄭第十七】

57 공영달이 …… 편이다: 공영달의 『尙書正義』 疏 全文은 다음과 같다. "此序不言'作「禹貢」'者, 以發首言禹, 句末言貢, 篇名足以顯矣. 百篇之序, 此類有三. '微子作誥父師·少師', 不言'作「微子」', '仲虺作誥', 不言'作「仲虺之誥」', 與此篇皆爲理足而略之也."

58 『사기』…… 정하였다: 『사기』「河渠書」의 내용을 발췌하여 인용한 것이다. 해당 전문은 다음과 같다. 「夏書」曰: "禹抑洪水十三年, 過家不入門. 陸行載車, 水行載舟, 泥行蹈毳, 山行卽橋. 以別九州, 隨山浚川, 任土作貢."

59 『한서』에…… 정하였다: 『漢書』 권28 「地理志上」에 나온다.

계(啓)가 유호(有扈)와 감(甘)의 들에서 싸웠다. 「감서」를 지었다.
【정현본의 제17편】

馬云: "有扈, 姒姓之國, 爲無道者。"【《正義》云: "馬·鄭·王, 皆言有扈與夏同姓。"】 "甘, 有扈氏南郊地名。"【孔云: "京兆鄠縣, 卽有扈之國。"】 馬云: "軍旅曰誓, 會同曰誥。" 俱是號令之辭。

〔有扈〕 마융이 말했다. "유호(有扈)는 사성(姒姓)의 나라로서 무도(無道)한 자이다."【『상서정의』에 "마융과 정현과 왕숙은 모두 유호가 하(夏)와 동성(同姓)이라고 하였다."라고 하였다.】
〔甘誓〕 〈마융이 말했다.〉 "감(甘)은 유호씨(有扈氏) 남교(南郊)의 지명이다."【공안국(孔安國)은 "경조(京兆) 호현(鄠縣)이 곧 유호의 성읍이다."라고 하였다.】 마융이 말했다. "군대에서는 서(誓)라고 하고, 회동(會同)에서는 고(誥)라고 한다." 〈공영달은 "고(誥)와 서(誓)는〉 모두 호령(號令)하는 말이다."〈라고 하였다.〉[60]

考證 〈夏本紀〉: "有扈氏不服, 啓伐之, 大戰於甘。將戰, 作〈甘誓〉。" ◯《呂氏春秋》云: "夏后相【啓之孫】與有扈, 戰于甘澤而不勝。六卿請復之, 夏后相曰, '是吾德薄而不교1)敎不善也。' 於是乎, 處不重席, 食不貳味, 尊賢使能, 朞年而有扈服。" ◯《說苑》云: "禹與有扈氏戰, 三陳而不服, 禹於是修敎一年, 而有扈氏請服。"【案。〈夏本紀〉云'禹爲姒姓, 其後分封, 用國爲姓, 故有夏后氏·有扈氏·有男氏·斟尋氏·杞氏·繒氏', 則有扈卽禹之子

60 감(甘)은 …… 하였다: 『尙書正義』 「甘誓」의 매색(공안국) 주에 馬云: "軍旅曰誓, 會同曰誥."라고 하여 馬融의 注를 인용하였는데, 이에 대해 孔穎達이 疏에서 "'誥'·'誓', 俱是號令之辭, 意小異耳."라고 附言하였다.

孫。今云'禹與扈戰', 非矣】 ○《莊子》云："禹攻有扈, 國爲虛厲。" ○《楚辭·天問》云："該秉季德, 厥父是臧,【洪注云："少皞氏四叔, 曰重·該·修·熙。該爲蓐收, 世不失職。"】 胡終弊于有扈, 牧夫牛羊。"【王逸云："有扈, 澆國名也。澆滅夏后相, 相之遺腹子曰少康, 後爲有仍牧正, 典主牛羊, 遂攻殺澆, 滅有扈, 復禹舊跡, 祀夏配天也。"】 又云："有扈牧豎, 云何而逢?【王逸云："有扈本牧豎之人耳, 因何逢遇而得爲諸侯乎?"】 擊牀先出, 其命何從?【王逸云："言啓攻有扈之時, 親於其牀上擊而殺之, 其先人失國之原, 何所從出乎?"】" ○《淮南子》云："有扈氏爲義而亡。"【注云："有扈, 夏啓之庶兄, 以堯·舜與[교2)]賢, 啓[교3)]獨與子, 故伐啓, 啓亡之。"】 ○馮衍賦云："訊夏啓于甘澤兮, 煬帝典之首傾。"【煬音商, 傷也。謂二帝禪受之令典, 夏啓首毁之也】 ○**鏞案** 遠古之事, 傳述多訛舛也。

교1) 案不 : 『呂氏春秋』에는 없다.
교2) 案與 : 『회남자』 高誘의 주에는 '擧'로 되어 있다.
교3) 案啓 : 『회남자』 高誘의 주에는 '禹'로 되어 있다.

고증 『사기』 「하본기」에 "유호씨가 복종하지 않자 계(啓)가 그를 정벌하여 감(甘)에서 크게 싸웠다. 전쟁을 앞두고 「감서」를 지었다."라고 하였다.

○『여씨춘추』에 "하후(夏后) 상(相)【계(啓)의 손자】이 유호와 감택(甘澤)에서 싸웠으나 이기지 못하였다. 육경(六卿)이 다시 싸울 것을 청하니 하후 상은 '이는 내가 덕이 부족하여 가르침이 선(善)하지 못하였기 때문이다.'라고 하였다. 이에 거처할 때에는 자리를 겹쳐 깔지 않고, 식사할 때에는 두 가지 육미(肉味)를 두지 않았으며, 현자를 존중하고 능력 있는 자를 등용하니, 1년이 지나자 유호가 복종하였다."라고 하였다.[61]

○『설원(說苑)』에 "우가 유호씨와 싸워, 세 번 진을 펼쳤으나 항복하지 않았다. 우가 이에 교화를 닦아 1년이 지나자 유호씨가 복종하기를 청하였다."라고 하였다.[62]【안. 『사기』 「하본기」에 "우(禹)는 사성(姒姓)이다. 그 후에 분봉(分封)하면서 나라 이름을 성(姓)으로 삼았기 때문에 하후씨(夏后氏)·유호씨(有扈氏)·유남씨(有南氏)·짐심씨(斟尋氏)·기씨(杞氏)·증씨(繒氏)가 있게 되었다."라고 하였다. 그렇다면 유호(有扈)는 곧 우(禹)의 자손이다. 지금 여기 〈『설원』〉 에서 '우가 유호와 싸웠다.'라고 한 것은 잘못이다.】

○『장자』에 "우가 유호를 공격하여 나라를 폐허로 만들었다."라고 하였다.[63]

○『초사(楚辭)』 「천문(天問)」에 "해(該)가 선대의 계덕[季德 : 말덕(末德)]을 이어받았고 그 아버지도 그를 선(善)하게 여겼는데,【홍흥조(洪興祖)[64]의 주에 "소호씨(少皞氏)에게는 네 사람의 숙부가 있었으니 '중(重)·해(該)·수(修)·희(熙)'이다. 해는 욕수(蓐收)[65]이며, 대대로 직책을 잃지 않았다."라고 하였다.[66]】 어째서 끝내 유호씨에게 패하여 소와 양을

---

61 『여씨춘추』에 …… 하였다 : 『呂氏春秋』 권3 「季春紀」 「先已」에 보이는데 일부 내용이 생략되었다. 전문은 다음과 같다. 夏后相與有扈戰於甘澤而不勝, 六卿請復之, 夏后相曰 : "不可. 吾地不淺, 吾民不寡, 戰而不勝, 是吾德薄而教不善也." 於是乎處不重席, 食不貳味, 琴瑟不張, 鍾鼓不修, 子女不飭, 親親長長, 尊賢使能, 期年而有扈氏服.

62 『설원』에 …… 하였다 : 『說苑』 권7 「政理」 「政有三品」에 나온다.

63 『장자』에 …… 하였다 : 『莊子』 「人間世」에 나온다.

64 홍흥조(洪興祖) : 1090~1155. 南宋 鎭江 丹陽 사람으로, 字는 慶善, 號는 練塘이다. 저서에 『周易通義』와 『左易考異』, 『古今易總志』, 『論語說』, 『老莊本旨』, 『楚辭補注』, 『楚辭考異』 등이 있다.

65 욕수(蓐收) : 가을의 신으로, 하늘에서 형벌을 담당한다. 『禮記』 「月令」에 나온다.

66 홍흥조(洪興祖)의 …… 하였다 : 洪興祖의 『楚辭補注』 권3에 나오는데, 원

치게 되었는가?【왕일(王逸)[67]이 말했다. "유호는 요(澆)의 나라 이름이다. 요(澆)가 하후 상(相)을 죽였다. 상의 유복자 소강(小康)이 후에 유잉(有仍)의 목정(牧正)이 되어, 소와 양을 맡아 주관하였다. 마침내 요(澆)를 공격하여 죽이고, 유호를 멸망시키고, 우(禹)의 옛 자취를 회복한 뒤에 하(夏)를 하늘에 배향하였다."[68]】"라고 하였다. 또 "유호는 목동이었는데 어떤 기회를 만나서 제후가 되었는가?【왕일은 "유호는 본래 목동이었던 사람인데, 어떤 기회를 만나 제후가 될 수 있었는가?"[69]라고 하였다.】〈계가 그를〉 침상에서 쳐 죽여 그 선인(先人)이 나라를 잃었으니 그 운명은 어디로부터 나온 것인가?【왕일은 "'계가 유호를 공격하였을 때 그(유호)를 침상에서 직접 쳐서 죽였는데, 그 선조가 나라를 잃은 원인이 어디로부터 나온 것인가.'라고 말한 것이다."[70]라고 하였다.】

○『회남자』에 "유호씨는 의(義)를 행하다가 망하였다."라고 하였다.[71]【주에 "유호는 하(夏)나라 계(啓)의 서형(庶兄)이다. 요와 순은 현자를 등용하였는데 우만 유독 아들에게 주었기 때문에 계를 치자, 계가 그를 멸망시켰다."라고 하였다.[72]】

출처는 『춘추좌씨전』 소공 29년의 다음 구절이다. 獻子曰 : "社稷五祀, 誰氏之五官也?" 對曰 : "少皞氏有四叔, 曰重, 曰該, 曰修, 曰熙, 實能金・木及水. 使重爲句芒, 該爲蓐收, 修及熙爲玄冥, 世不失職, 遂濟窮桑, 此其三祀也. 顓頊氏有子曰犂, 爲祝融. 共工氏有子曰句龍, 爲后土, 此其二祀也. 后土爲社, 稷, 田正也. 有烈山氏之子曰柱爲稷, 自夏以上祀之. 周棄亦爲稷, 自商以來祀之."

67 왕일(王逸) : 後漢 南郡宜城(湖北襄陽 宜城縣) 사람이다. 字는 叔師. 저술로 明代에 편찬된 『王叔師集이 있으며, 『楚辭章句』를 지었다.

68 유호는 …… 배향하였다 : 王逸의 『楚辭章句』 권3에 나온다.

69 유호는 …… 있었는가 : 王逸의 『楚辭章句』 권3에 나온다.

70 계가 …… 것이다 : 王逸의 『楚辭章句』 권3에 나온다.

71 『회남자』에 …… 하였다 : 『淮南子』 제11 「齊俗訓」에 나온다.

72 주에 …… 하였다 : 해당 인용은 高誘의 『淮南鴻烈解』에 나온다. 高誘는 後漢 涿郡涿縣(河北省) 사람으로 馬融 문하의 盧植에게 師事하였다. 저작에

○풍연(馮衍)[73]의 부(賦)에 "감택(甘澤)에서 하(夏)나라 계(啓)의 죄를 묻노라, 제(帝)의 법을 처음으로 훼손한 것을 아파하여."라고 하였다.[74]【'𥏦'의 음은 商(상)으로, 상[傷 : 슬퍼하다, 마음 아프게 여기다]의 뜻이다. 요와 순 두 제(帝)가 선양하고 이어받은 아름다운 법을 하나라의 계가 처음으로 훼손시켰다는 말이다.】

○**용안** 아득한 옛날의 일이기에, 전술(傳述)에 와전되고 어그러진 내용이 많다.

00. 상서서 - 019. 기직

棄稷。【鄭第十八, 有文無解】 竝序皆亡。

「기직」.【정현본의 제18편. 글은 있는데 풀이는 없다.】「서」까지 모두 없어졌다.

孔穎達〈益稷〉疏云 : "馬・鄭・王所據〈書序〉, 此篇名爲〈棄稷〉。棄・稷一人, 不宜言名又言官, 是彼誤耳。又合此篇於〈皐陶謨〉, 謂其別有〈棄稷〉之篇, 皆由不見古文, 妄爲說耳。" ○**鏞案** 〈棄稷〉本編在〈甘誓〉之下・〈五子之歌〉上。此時后稷之謨, 何以追述? 名官疊稱, 非所疑也。

『淮南鴻烈解』가 있으나 그 完本은 전해지지 않는다. 또한 『呂氏春秋』, 『孝經』, 『戰國策』 등에 注를 썼다.

73 풍연(馮衍) : 後漢 京兆杜陵(陝西省西安市東南) 사람이다. 「顯志賦」를 지었다.

74 풍연(馮衍)의 …… 하였다 : 毛奇齡의 『尙書廣聽錄』 권2의 내용을 인용한 것으로 보인다. 하지만 이어지는 細注의 내용은 『尙書廣聽錄』에 보이지 않는다. 다산의 自註인 것으로 추정된다.

〈棄稷〉之序, 必有'太康'·'不窋'之語, 馬·鄭之註, 必有廢務失官之解。沖遠之時, 此序此註, 未及亡滅, 沖遠必見之矣。沖遠於他篇之序, 屢引馬·鄭之註, 而獨於此篇之序, 滅其序不言, 滅其註不引, 隻字片言, 不令傳示於後世, 佯爲不知者而難之曰, '棄名, 稷官, 不宜連稱', 豈眞不知而難之乎? 此序不滅, 則梅僞莫掩, 故不得不如是. 獨不內愧於心乎? 〈周語〉·〈周本紀〉一句, 沖遠其眞不見乎? 嗚呼, 惜哉!

〔棄稷〕 공영달의 「익직」 소에 "마융과 정현과 왕숙이 의거한 「서서」에는 이 편(「익직」)의 이름이 「기직」으로 되어 있었다. 기와 직은 한 사람인데 이름을 말하고 또 관직을 말하는 것은 옳지 않으니, 잘못이다. 또한 이 편(「익직」)을 「고요모」에 합하고 따로 「기직」 편이 있다고 하였으니, 모두 고문을 보지 못하였기 때문에 잘못된 설을 낸 것이다."라고 하였다.

○**용안** 「기직」은 본래 「감서」의 뒤, 「오자지가」의 앞에 편성되어 있었다. 이때에 후직(后稷)의 모유(謨猷)를 무엇 때문에 추술(追述)하였겠는가? 이름과 관직을 중첩하여 칭한 것은 의심할 바가 아니다. 「기직」의 「서」에는 반드시 '태강(太康)'과 '부줄(不窋)'이라는 말이 있었을 것이며, 마융과 정현의 주에는 반드시 '농사일을 폐하고 관직을 잃은 것'에 대한 해설이 있었을 것이다. 충원[沖遠 : 공영달]의 때에는 이 「서」와 이 주가 아직 없어지지 않았을 것이니 충원은 반드시 그것을 보았을 것이다. 충원이 다른 편의 「서」에서는 마융과 정현의 주를 여러 번 인용하였는데, 오직 이 편의 「서」에서는 그 「서」를 없애고 말하지 않았으며 그 주를 없애고 인용하지 않아, 한 글자 한 마디도 후세에 전해지지 않게 하였다. 그러고는 짐짓

모르는 척하면서 비난하기를 '기는 이름이고 직은 관직이니 연칭(連稱)하는 것은 옳지 않다.'라고 하였는데, 어찌 진짜로 몰라서 비난한 것이겠는가? 이 「서」가 없어지지 않는다면 매색의 위작(僞作)임을 숨길 수 없기 때문에 이렇게 할 수밖에 없었던 것이다. 하지만 어찌 마음에 부끄럽지 않았겠는가? 『국어』 「주어(周語)」와 『사기』 「주본기」의 한 구절을 충원은 진짜로 보지 못한 것인가? 아아, 애석하다!

考證 〈周語〉, 祭公謀父曰 : "昔我先[교1)]世后稷, 以服事虞・夏。及夏之衰也, 棄稷弗務, 我先王不窋用失其官, 而自竄於戎・狄之間, 不敢怠業, 時序其德, 纂修其緖, 修其訓典, 朝夕恪勤, 守以惇篤, 奉以忠信, 奕世載德, 不忝前人。"【韋昭云 : "棄, 廢也。啓子太康廢稷,[교2)] 不復務農。〈夏書〉序曰 : '太康失國。'"[교3)]】 ○〈周本紀〉曰 : "后稷卒, 子不窋立, 不窋末年, 夏后氏政衰,【案。韋昭云 : "不窋爲夏啓之后稷。"】 去稷不務, 不窟[교4)]以失其官, 而犇戎・狄之間。"【《索隱》云 : "《國語》'棄稷', 此云'去稷'者, 太史公恐棄是后稷之名, 故變文也。"】 ○**鏞案** 〈棄稷〉與〈五子之歌〉相連, 其爲太康時作, 明矣。張華 〈大司農箴〉云 : "棄稷弗修,[교5)] 不籍千畝。"

교1) 案先 : 『국어』 「周語上」에는 뒤에 '王'이 더 있다.
교2) 案稷 : 『국어』 韋昭의 注에는 뒤에 '之官'이 더 있다.
교3) 案國 : 『국어』 韋昭의 注에는 '邦'으로 되어 있다.
교4) 案窟 : 『사기』와 신조선사본에 모두 '窋'로 되어 있다.
교5) 案修 : 『初學記』 권12, 『淵鑑類函』 권93 등에는 '務'로 되어 있다.

고증 『국어』 「주어」에 제공(祭公) 모보(謀父)가 "옛날 우리 선왕들은 대대로 후직(后稷)이 되어 순임금과 우임금을 섬겼습니다. 하(夏)나라가 쇠할 무렵에 직(稷)의 관직을 폐하고 농사에 힘쓰지 않게 되자 우리 선왕 부줄께서는 그 때문에 그 관직을 잃고 스스로 융(戎)과 적(狄) 사이에 숨으셨습니다. 그러나 감히 그 일을 게을리 하지 않으시고 때에 따라 그 덕을 기르시며, 그 사업을 이어받으시고, 그 가르침과 법전을 다듬어서, 아침저녁으로 힘써 노력하여 돈독함으로 지키며, 충신(忠信)함으로 받들고 대를 이어 덕을 이루어 선왕을 욕되게 하지 않으셨습니다."라고 하였다.【위소(韋昭)가 말했다. "기(棄)는 폐[廢 : 폐지하다]의 뜻이다. 계(啓)의 아들 태강(太康)이 직(稷)의 관직을 폐지하고 다시 농사일에 힘쓰지 않았다. 「하서(夏書)」의 「서」에 '태강이 나라를 잃었다.'라고 하였다."】

○『사기』「주본기」에 "후직이 죽자 아들 부줄이 뒤를 이었다. 부줄의 말년에 하후씨의 정치가 쇠퇴해졌다.【안. 위소는 "부줄이 하나라 계의 후직이 되었다."라고 하였다.】 직의 관직을 없애고 농사일에 힘쓰지 않으니 부줄은 그 때문에 그 관직을 잃고 융과 적 사이로 달아났다.【『사기색은』에 "『국어』에서는 '기직(棄稷)'이라고 하였는데 여기에서는 '거직(去稷)'이라고 한 것은, 태사공이 기(棄)가 후직(后稷)의 이름임을 염려하여 글자를 바꾼 것이다."라고 하였다.】

○**용안** 「기직」은 「오자지가」와 연속되어 있으니 그것이 태강(太康) 때에 지어진 것임이 명백하다.【장화(張華)의 「대사농잠(大司農箴)」에 "직(稷)의 관직을 버리고 닦지 않았으며, 천묘의 밭을 갈지 않았네."라고 하였다.[75]】

번역 : 문석윤

75 장화(張華)의 …… 하였다 : 『西晉文紀』 권6에 나온다. 『初學記』 권12, 『淵鑑類函』 권93 등에는 "棄稷弗務, 不籍千畝"로 되어 있다.

太康失邦, 昆弟五人, 須于洛汭。作〈五子之歌〉。【鄭第十九, 〈夏本紀〉同】

태강(太康)이 나라를 잃게 되자 형제 다섯 사람이 낙수(洛水) 가에서 기다렸다. 「오자지가」를 지었다.【정현본의 제19편. 『사기』 「하본기」의 내용도 같다.[76]】

梅云: "太康, 啓子也。"【太康五弟, 待太康於洛水之北, 怨其不反】 ○馬云: "須, 止也。" ○鄭云: "避亂於洛汭。"【見《史》注】 ○**鏞案** 太康失國之事, 史無詳載。唯據《楚辭》數句, 知其荒娛自縱而已。然史策之可徵夏·殷者, 猶莫如《左傳》·《國語》, 若如楚士亹·趙孟之言, 則太康五弟,【卽五子】 卽倡亂傷義之人, 非惻怛忠孝之子, 其不合一也。若據魏絳之言, 則羿之所距, 乃是夏后相,【杜預注亦然】 不是太康, 其不合二也。畋游不反, 又是夏后羿之事,【羿竟爲寒浞所殺】 太康之畋于有洛, 却無明文, 其不合三也。然則〈五子之歌〉, 或係國人所作, 責以大義曰: "汝之昆弟五人, 獨非先王之胄子乎? 王雖失德, 汝其可乘時作亂乎?" 其歌之意, 恐或如此, 斷不與梅氏之歌同聲矣。

〔太康 …… 洛汭〕 매색이 말했다. "태강(太康)은 계(啓)의 아들이다."【태강의 다섯 아우가 낙수(洛水)의 북쪽에서 태강을 기다리면서 그가 돌아오지 않는 것을 원망하였다.】 ○마융이 말했다. "수(須)는 지[止: 머무르다]

76 『사기』 …… 같다: 『사기』 「夏本紀」에 "夏帝啓崩, 子帝太康立. 帝太康失國, 昆弟五人, 須于洛汭. 作「五子之歌」."라고 하였다.

의 뜻이다." ○정현이 말했다. "낙수 가에서 난을 피한 것이다."【『사기』의 주[77]에 보인다.】

○용안 태강이 나라를 잃은 일에 대해서는 사적(史籍)에 상세한 기록이 없다. 다만 『초사(楚辭)』의 몇 구절[78]에 근거하여 그가 향락에 빠져 방종하게 지냈다는 것을 알 수 있을 뿐이다. 그렇지만 하·은대의 일을 징험할 수 있는 사책(史策)으로는 『춘추좌씨전』이나 『국어』만 한 것이 없는데, 초나라 사미(士亹)나 조맹(趙孟)의 말과 같다면 태강의 다섯 아우【즉 오자(五子)이다.】는 바로 난(亂)을 일으키고 의(義)를 해친 사람이지 슬퍼하면서 충성하고 효도하는 자식이 아니다. 이것이 합치되지 않는 첫 번째 점이다. 만일 위강(魏絳)의 말에 근거한다면, 예(羿)에게 저지당한 사람은 바로 하후(夏后) 상(相)이지【두예의 주에도 그렇게 되어 있다.】[79] 태강이 아니다. 이것이 합치되지 않는 두 번째 점이다. 사냥에 빠져 돌아오지 않은 것 또한 하후(夏后) 예(羿)의 일이고,【예는 결국 한착(寒浞)[80]에게 살해되었다.】 태

---

77 『사기』의 주 : 『사기』의 주 어디에도 이 내용은 보이지 않는다. 다만 『상서정의』 「虞書序」의 소에 정현이 孔安國의 傳을 보지 못하였다는 증거의 하나로 "註「五子之歌」云 : 避亂於洛汭."라고 하였다.

78 『초사(楚辭)』의 몇 구절 : 『楚辭』 「離騷經」에 "啓「九辯」與「九歌」兮, 夏康娛以自縱. 不顧難以圖後兮, 五子用失乎家巷."이란 구절이 나온다.

79 위강(魏絳)의 …… 있다 : 『춘추좌씨전』 襄公 4년에, 晉侯가 羿는 어떤 사람인지를 묻자, 魏絳이 "昔有夏之方衰也, 后羿自鉏遷于窮石, 因夏民以代夏政."이라고 대답한 내용이 나온다. 이에 대해 杜預의 주에, "禹孫大康, 淫放失國. 夏人立其弟仲康, 仲康亦微弱. 仲康卒, 子相立, 羿遂伐相, 號曰有窮."이라고 하였다.

80 한착(寒浞) : 寒나라 임금 伯明氏의 자식이지만 간사하여 백명씨에게 버림을 받았는데, 羿가 夏의 政事를 맡은 뒤 등용하여 丞相으로 삼았다. 그가 예를 사냥에 빠지게 하고 결국 家衆에게 살해당하게 만들었다. 『춘추좌씨

강이 낙(洛)에서 사냥을 하였는지에 대해서는 명확한 기록이 없다. 이것이 합치되지 않는 세 번째 점이다. 그렇다면 「오자지가」는 국인(國人)이 지은 것으로 대의(大義)를 들어 꾸짖기를 "너희 형제 다섯 사람은 유독 선왕의 자식들이 아닌가? 왕이 비록 덕을 잃었다 해도 너희들이 때를 타서 난을 일으킬 수 있는가?"라고 하였을 수 있다. 그 노래의 뜻이 혹 이와 같다면 결코 매색이 말한 노래[81]와 같은 소리는 아닐 것이다.

考證 〈楚語〉, 士亹曰 : "堯有丹朱, 舜有商均, 啓有五觀, 湯有太甲, 文王有管・蔡。是五王者, 皆元德也, 而有姦子。"【韋昭云 : "五觀, 啓子, 太康昆弟也。觀, 河汭之地。〈書序〉曰, '太康失國, 昆弟五人, 須於洛汭。'"】 ○《左傳》, 趙孟曰 : "虞有三苗, 夏有觀・扈, 商有姺・邳, 周有徐・奄。"【昭元年】 ○〈離騷〉云 : "啓九辯與九歌兮, 夏康娛以自縱。不顧難而圖後兮, 五子用失乎家巷。"【王逸云 : "〈書序〉〈五子之歌〉, 佚篇也。"】 ○餘見前編。【《左傳》襄四年文及諸〈夏書〉句】

고증 『국어』 「초어(楚語)」에 다음과 같은 내용이 있다. 사미(士亹)가 말하기를 "요(堯)에게 단주(丹朱)가 있고, 순(舜)에게 상균(商均)이 있고, 계(啓)에게 오관(五觀)이 있고, 탕(湯)에게 태갑(太甲)이 있고, 문왕(文王)에게 관숙(管叔)과 채숙(蔡叔)이 있었다. 이 다섯 왕은 모두 원덕(元德)을 지닌 사람들인데 간사한 아들이 있었다."라

전』 襄公 4년 기사에 보인다.

81 매색이 말한 노래 : 원망하는 노래이다. "昆弟五人 …… 五子之歌"의 『상서정의』 매색(공안국)의 주에 "太康五弟, 與其母, 待太康於洛水之北, 怨其不反, 故作歌."라고 하였다.

고 하였다.【위소(韋昭)가 말했다. "오관(五觀)은 계의 아들로 태강의 형제이다. 관(觀)은 하예(河汭) 지역이다. 「서서」에서 '태강이 나라를 잃게 되자 형제 다섯 사람이 낙수(洛水) 가에서 기다렸다.'라고 하였다."】

○『춘추좌씨전』에는 다음과 같이 되어 있다. 조맹(趙孟)이 말하기를, "우(虞)에는 삼묘(三苗)가 있고, 하(夏)에는 관(觀)과 호(扈)가 있고, 상(商)에는 선(姺)과 비(邳)가 있고, 주(周)에는 서(徐)와 엄(奄)이 있었다."라고 하였다.【소공 원년】

○『이소(離騷)』에 "계(啓)의 구변(九辯)과 구가(九歌)여, 하나라 강(康)이 향락에 빠져 방종하였네. 어려움을 돌아보고 뒷일을 도모하지 않으니, 다섯 형제가 가항(家巷)에 사는 처지로 떨어졌네."라고 하였다.【왕일(王逸)이 말했다. "「서서」의 「오자지가」는 일편(佚篇)이다."】

○나머지는 전편(前編)에 보인다.【『춘추좌씨전』 양공 4년의 기록 및 「하서(夏書)」의 구절이다.】[82]

考訂 孔云:"太康以游畋棄民, 爲羿所逐, 失其邦國。其未失國之前, 畋于洛表, 昆弟五人, 從太康畋獵, 與其母, 待太康。太康爲羿所距, 不得反國, 五人竝怨太康, 各自作歌。" ○**鏞案** 以序觀之, 明於失國之後, 昆弟須之。孔乃云'未失國之前', 一誤也。昆弟五人, 旣與從獵, 竝其太母, 亦在從行之中, 同浴而譏, 可謂忠乎? 二誤也。經云'畋于洛表, 十旬不反',【僞者望序文中一'須'字, 乃作'十旬不反'句】昆弟相須, 應在此時, 而乃云'爲羿

82 전편(前編)에 …… 구절이다: 전편은 『매씨서평』을, 「夏書」는 「五子之歌」를 말한다. 『매씨서평』 권2 「梅氏書平5」 '五子之歌' 조에서 「五子之歌」의 "太康尸位, 以逸豫滅厥德. 黎民咸貳, 乃盤遊無度. 畋于有洛之表, 十旬弗反. 有窮后羿因民弗忍, 距于河." 절에 대해 논하면서 羿에 대한 『춘추좌씨전』의 기사를 소개하였다.

所距, 不得反國', 三誤也。【序首句言'已失國', 故不得不如此】 爲羿所距, 而怨其不反, 則太不恕矣, 怨亦晚矣, 四誤也。僞人作僞歌敍僞事, 左戾右乖, 悉不中理。【五弟從畋, 本梅注】 孔雖欲修飾其僞, 彌縫其綻, 而可得乎?

고정 공영달이 말했다. "태강이 사냥에 빠져 백성을 버렸다가 예(羿)에게 쫓겨나 방국(邦國)을 잃었다. 그가 아직 나라를 잃기 전에 낙수 가로 사냥을 나갔는데, 형제 다섯 사람이 태강을 따라 사냥을 가서 그 모친과 함께 태강을 기다렸다. 태강이 예(羿)에게 저지당해 나라로 돌아가지 못하게 되자, 다섯 사람은 모두 태강을 원망하며 각자 노래를 지었다."[83]

○용안 「서」를 보면 분명히 나라를 잃은 후에 형제들이 기다렸다고 하였는데, 공영달은 '아직 나라를 잃기 전'이라고 하였으니 첫 번째 오류이다. 형제 다섯 사람이 이미 함께 사냥을 갔고 태모(太母)도 함께 따라가서 또한 일행 중에 있었다. 함께 목욕하면서 기롱하였으니 충(忠)이라고 할 수 있겠는가? 두 번째 오류이다. 경(經)에 '낙수 가로 사냥을 갔다가 열흘이 지나도 돌아오지 않았다. [畋于洛表, 十旬不反]'【위작한 자는 「서」의 내용 중 '수(須)'라는 한 글자를 보고 '십순불반(十旬不反)'의 구를 만든 것이다.】라고 하였으니, 형제들이 서로 기다린 것은 응당 이때가 되어야 한다. 그래서 '예에게 저지당해 나라로 돌아가지 못하게 되었다.'라고 한 것이다. 세 번째 오

83 태강이 …… 지었다 : 공영달의 「正義」 중 일부 내용을 생략하고 인용하였다. 전문은 다음과 같다. 啓子太康, 以遊畋棄民, 爲羿所逐, 失其邦國. 其未失國之前, 畋于洛水之表, 太康之弟更有昆弟五人, 從太康畋獵, 與其母, 待太康于洛水之北. 太康爲羿所距, 不得反國. 其弟五人, 卽啓之五子, 並怨太康, 各自作歌. 史敘其事, 作「五子之歌」.

류이다.【「서」의 수구(首句)에서 '이미 나라를 잃었다.[已失國]'라고 하였기 때문에 이렇게 하지 않을 수 없었던 것이다.】 예에게 저지당하였는데 돌아오지 못하는 것을 원망하였다면 너무도 어질지 못한 일이며 원망 또한 늦었다. 네 번째 오류이다.

위작한 사람이 허위의 노래를 만들고 허위의 사실을 서술하였기 때문에 이래도 어긋나고 저래도 어그러져서 모두 이치에 맞지 않는다.【다섯 아우가 사냥하는 데 따라갔다는 것은 매색의 주에 근거한 것이다.】 공영달이 비록 그 허위들을 수식해서 터진 곳을 꿰매어 붙이려고 하였지만 가능하겠는가?

考訂 閻若璩云："〈凱風〉七子之詩，詩止四章，仍出一人手，豈有五子排排作歌，以應篇名，如後世之分題授簡，人限一詩乎。" ○姚際恒【立方】云："因五子稱子，憑空撰出一母，【閻云："'子'者有親之稱，是時父啓已逝，特揷入[교1]'御母'句。"】 彷彿與〈凱風〉七子相似，本[교2]意爲用此一'怨'字。"【'五子咸怨'字】

교1) 入 : 신조선사본에는 '人'으로 되어 있으나 『尚書古文疏證』 권7에 따라 바로잡는다.

교2) 案本 : 『尚書古文疏證』에는 앞에 '相似者'가 더 있다.

고정 염약거가 말했다. "「개풍(凱風)」은 일곱 아들의 시이지만, 시는 4장에 그치고 한 사람의 손으로 이루어졌다. 어찌 후세에 제목을 나누고 종이를 주면서 한 사람이 한 편의 시를 짓도록 제한하는 것처럼, 다섯 아들이 차례대로 노래를 지어 편명에 맞추었겠는가?"[84]

○ 요제항(姚際恒)【자가 입방(立方)이다.】이 말했다. "오자(五子)라고 하여 아들[子]을 일컬었기 때문에 그에 따라 근거도 없이 한 사람의 모친을 지어내어【염약거가 말했다. "자(子)란 어버이가 있을 때의 호칭이다. 이때 부친 계(啓)는 이미 서거하였으므로 특별히 '어모(御母)' 구[85]를 삽입한 것이다."】「개풍」 시의 칠자(七子)와 비슷하게 만들었는데, 비슷하게 만든 본래 의도는 이 '원(怨)'이라는 한 글자를 쓰기 위해서였다."[86]【'오자함원(五子咸怨)'의 '원(怨)' 자이다.】

00. 상서서 - 021. 윤정

羲·和湎淫, 廢時亂日, 胤往征之。作〈胤征〉。【鄭第二十】

희(羲)와 화(和)가 방탕하고 음란하여 천시(天時)를 폐하고 일자(日字)를 어지럽게 하자 윤(胤)이 가서 그들을 정벌하였다. 「윤정」을 지었다.【정현본의 제20편】

---

84 「개풍(凱風)」은 …… 맞추었겠는가 : 『尙書古文疏證』 권5 下, 제73조에 나오는데, 일부 내용이 생략되었다. 전문은 다음과 같다. 「凱風」, 七子之詩, 詩止四章, 仍出一人手. 「頍弁」, 諸公刺幽王之詩. 孔氏以爲'作詩者一人耳'. 言諸公以作者, 在諸公之中, 稱諸公意以刺之, 豈有篇名「五子之歌」, 而遂五子排排作歌, 以應其名者乎? 當是時, 哀宗國之顚覆, 痛社稷之淪亡, 親親之愛, 五子皆然, 而中有一人焉, 發爲詩歌, 或情不自已溢, 而爲二章爲三章亦可, 而必如後代之分題授簡, 人限一詩者? 恐無此事."

85 '어모(御母)' 구 : 매색본 『상서』 「오자지가」의 제3장에 "厥弟五人, 御其母以從, 徯于洛之汭, 五子咸怨, 述大禹之戒, 以作歌."라는 내용이 나온다.

86 요제항(姚際恒)이 …… 위해서였다 : 『尙書古文疏證』 권7 제104조에 나온다.

梅云："廢天時亂甲乙。" ○鄭云："胤，臣名。"【梅云："胤國之君，受王命往征之。"】 ○**鏞案** 羲·和，本是四人，分宅四方，四人一時湎淫，似無是理，一帥竝征四國，亦無是例。當時羲·和遂爲官名，且其罪戾由於本職，【廢亂其時日】 擧其職，以彰其罪，斯云羲·和。若其所征，則嵎夷·柳谷之中，宜止一方也。胤，非國名，當是臣名。【從鄭義】 已見前編。

〔廢時亂日〕 매색이 말했다. "천시(天時)를 폐하고 일자(日字)를 어지럽게 한 것이다."
〔胤往征之〕 ○정현이 말했다. "윤(胤)은 신하의 이름이다."[87]【매색이 말했다. "윤국(胤國)의 임금이 왕명을 받고 가서 정벌한 것이다."】

○**용안** 희와 화는 본래 네 사람으로 사방을 나누어 주관하였는데,[88] 네 사람이 한꺼번에 방탕하고 음란하였다는 것은 그런 이치가 없을 것 같고, 한 장수가 네 나라를 한꺼번에 정벌하는 것 또한 그런 사례가 없다. 당시에 희와 화가 드디어 관직명이 되었고 또한 그 잘못이 본 직책에서 나왔기 때문에,【천시를 폐하고 일자를 어지럽게 한 것을 말한다.】 그 직책을 들어 그의 죄를 드러내고 이에 '희·화'라고 한 것이다. 정벌한 곳은 우이(嵎夷)와 유곡(柳谷)[89] 중 의당 한 곳에 그칠 것이다. 윤(胤)은 나라 이름이 아니고 신하의 이름이어야 한다.【정현의 풀이를 따라야 한다.】 이미 전편(前編)[90]에 나왔다.

---

87 윤(胤)은 신하의 이름이다:『사기』「夏本紀」의『集解』에 나온다.
88 희와 …… 주관하였는데:『상서』「요전」에 羲仲은 嵎夷, 羲叔은 南交, 和仲은 西, 和叔은 朔方에 머물렀던 것으로 나온다.
89 유곡(柳谷): 和仲이 주관한 서쪽 지역이다. 매색본에는 昧谷, 복생본과 정현본에는 柳谷으로 되어 있고, 정현의『주례』주에는 柳穀으로 되어 있다.
90 전편(前編):『매씨서평』권2「梅氏書平5」'胤征' 조에 나온다.

考訂 《大衍曆議》云："新曆仲康五年癸巳歲, 九月庚戌朔, 日蝕在房二度。"【王應麟云："按《皇極經世》, 仲康元年壬戌, 征羲·和, 五年丙寅, 與曆不同。"】○閻云："〈夏書〉日食,[교1] 未知的在何王之世, 故劉歆《三統曆》不載。後造《大同曆》者, 始推之爲仲康元年, 唐傅仁均等又以爲'五年癸巳', 疑皆因僞[교2]《書》傅會爲此。"【又云："僞者略知曆法, 當仲康卽位初, 有九月日食之事, 遂撰〈胤征〉。"】○**鏞案** 日食者, 月掩日也。須日月目,【人目也】參直無斜勢, 然後乃見日食, 非眞太陽有蝕, 普天皆同也。夏后氏都於安邑,【屬平陽】羲·和所宅, 不知何邑, 而〈書序〉旣云'胤往征之', 則羲·和非京官之在安邑者。今於三千年之後,【唐·宋人】追算日食, 而乃以我坐之地【長安·臨安等】經緯之度, 而通算普天率土之日食, 可乎? 藉使算之以安邑之度, 亦是枉勞心力, 何者? 羲·和所宅, 嵎夷乎, 昧谷乎? 所宅之地, 尙未論定, 先算其地之日食, 豈不迂哉? 撰僞者, 隨手信筆寫季秋月朔, 以冒《左傳》所引〈夏書〉之上,【昭十七】謂人莫察, 愚弄千古。而迂儒篤信不疑, 辛苦打算, 考年計月, 繫之以日食, 以趁僞步, 豈不嗟哉? 仲康元年, 都無明文, 而手執'肇位'二字, 以求其元年九月, 惑之甚矣。

교1) 案夏書日食：『尙書古文疏證』에는 '左氏引夏書雖云日食典禮'로 되어 있다.

교2) 案僞：『尙書古文疏證』에는 '晩出'로 되어 있다.

고정 『대연력의(大衍曆議)』[91]에, "신력[新曆：대연력] 중강(仲康) 5년

91 『대연력의(大衍曆議)』：唐 玄宗 開元 연간에 지어진 曆書이다. 개원 17년(729) 승려 一行이 황제의 詔令을 받아 『주역』 大衍數를 바탕으로 經史에 기록된 氣朔, 日名, 宿度 등을 모두 비교하여 『開元大衍曆』 일명 『대연력』 7편 52권을 저술하였는데, 초고만 완성한 상태에서 일행이 사망하였다.

계사세(癸巳歲) 9월 경술삭(庚戌朔)에 방수(房宿) 2도에서 일식(日蝕)이 있었다."라고 하였다.【왕응린이 말했다. "『황극경세서(皇極經世書)』를 보면, 중강 원년 임술(壬戌)에 희와 화를 정벌하였다고 되어 있는데, 중강 5년이면 병인(丙寅)이 되어 역(曆)과 다르다."】[92]

○염약거가 말했다. "〈『춘추좌씨전』에서 『상서』 「하서(夏書)」를 인용하며〉 일식이 일어났을 때 행하는 〈전례(典禮)를 물었지만〉 어느 왕 때에 있었는지는 확실히 모른다. 그래서 유흠(劉歆)은 『삼통력(三統曆)』[93]에 싣지 않았다. 후에 『대동력(大同曆)』[94]을 만든 사람이 처음으로 이를 중강 원년이라고 유추하였는데, 당(唐) 부인균(傅仁均) 등이 다시 5년 계사라고 한 것은 모두 위서(僞書)로 인하여 억지로 끌어다 붙여서 이렇게 만든 듯하다."[95]【또 말하기를 "〈『고문상서』를〉 위작한 자는 대략 역법(曆法)을 알았다. 그래서 중강(仲康)의 즉위 초 9월에 일식이 일어난 것이라고 보아 드디어 「윤정(胤征)」을 지었다."[96]라고 하였다.】

그 뒤 特進官 張說과 曆官 陳玄景 등에게 이어서 저술하게 하여, 「曆術」 7편, 「略例」 1편, 「曆議」 10편을 완성하였다. 여기서 말하는 『대연력의』는 장열 등이 지은 「曆議」를 가리키는 것으로 보인다.

92 『대연력의(大衍曆議)』에 …… 다르다 : 王應麟의 『困學紀聞』 권2 「書」에 나온다.

93 『삼통력(三統曆)』 : 한나라 劉歆이 지은 曆書이다. 『한서』 「律曆志上」에, "至孝成世, 劉向總六曆, 列是非, 作五紀論. 向子歆究其微眇, 作『三統曆』及『譜』以說春秋, 推法密要, 故述焉."이란 기록이 나온다.

94 『대동력(大同曆)』 : 梁나라 虞劆이 만든 曆書이다.

95 『춘추좌씨전』에서 …… 듯하다 : 『尙書古文疏證』 권1 제8조에 나온다.

96 위작한 …… 지었다 : 『尙書古文疏證』 권1 제8조에 나오는데 여기 인용문과는 약간의 글자 출입이 있다. 원문은 다음과 같다. 僞作古文者, 略知曆法, 當仲康卽位初, 有九月日食之事, 遂於「胤征」篇撰之.

○**용안** 일식이란 달이 해를 가리는 현상이다. 반드시 해, 달, 눈【사람의 눈이다.】 셋이 똑바로 일직선이 되어 어긋나지 않은 연후에야 일식을 볼 수 있지, 실제로 태양이 가려져 모든 지역에서 똑같이 〈일식이〉 일어나는 것은 아니다. 하후씨는 안읍(安邑)【평양(平陽)에 속한다.】에 도읍을 정하였고, 희와 화가 있었던 곳은 어느 읍인지 모르지만 「서서」에 이미 '윤이 가서 정벌하였다.'라고 하였으니, 희와 화는 안읍에 있는 경관(京官)이 아니었다. 지금 3천년 후에【당(唐)·송(宋) 대 사람들의 시점이다】 일식을 추산(追算)하여, 내가 있는 지역【장안(長安)·임안(臨安) 등지를 말한다.】의 경도와 위도를 기준으로 온 천하의 일식을 통산(通算)하는 것이 옳겠는가? 가령 안읍의 도수를 기준으로 계산한다고 하더라도 또한 부질없이 고민하고 힘을 쓰는 것이다.

어째서인가? 희와 화가 있던 곳이 우이(嵎夷)인가 매곡(昧谷)인가? 있던 곳이 어디인지도 아직 결론이 나지 않았는데, 먼저 그 지역의 일식을 계산하는 것은 너무 우활하지 않은가? 위서를 만든 사람이 손 가는 대로 글을 지어 계추월삭(季秋月朔)이라고 써서 『춘추좌씨전』의 「하서」를 인용한 부분【소공 17년】 앞에 붙이고는[97] 사람들이 살피지 못할 것이라고 여겨 천고(千古)를 우롱한 것이다. 그런데도 우활한 학자들이 굳게 믿어 의심하지 않고 고생스럽게

97 계추월삭(季秋月朔)이라고 …… 붙이고는 : 『춘추』 소공 17년의 "夏六月甲戌朔, 日有食之." 부분 『左氏傳』에 『상서』「윤정」의 내용을 인용하여 "「夏書」曰 : '辰不集于房, 瞽奏鼓, 嗇夫馳, 庶人走.' 此月朔之謂也."라고 하였다. 그런데 현재 전하는 매색본 「윤정」에는 "乃季秋月朔, 辰弗集于房. ……"으로 되어 있다. 다산은 『춘추좌씨전』에 인용된 내용이 본래의 『상서』이고, '季秋月朔'은 매색이 위작하면서 덧붙였다고 본 것이다.

계산하여 연월을 상고하면서, 일식에 연결시켜 잘못된 걸음을 뒤따라가니 어찌 탄식이 나오지 않겠는가? '중강 원년'이란 분명한 기록이 전혀 없는데, '조위(肇位)'란 두 글자를 집어내어 '원년 9월'을 찾았으니 매우 미혹하다.

已上「虞夏書」二十篇

이상은 「우하서」 20편이다.

00. 상서서 - 022. 제곡, 023. 이옥

自契至于成湯, 八遷, 湯始居亳, 從先王居。作〈帝告〉·〈釐沃〉。【鄭第二十一, 第十二[교1]二 ○梅以爲〈夏書〉。告音工毒反。釐音力之反】

교1) 案十二 : 문맥으로 보아 '二十'이 되어야 한다.

설(契)에서 성탕(成湯)에 이르기까지 여덟 번 도읍을 옮겼는데 탕이 처음으로 박(亳)에 도읍하였으니, 선왕이 살았던 곳을 따른 것이다. 「제곡」과 「이옥」을 지었다.【정현본의 제21편, 제22편 ○매색이 말했다. "「하서(夏書)」이다.[98] 告의 음은 工(공)과 毒(독)의 반절이고, 釐의 음은 力(력)과 之(지)의 반절이다."】

98 「하서(夏書)」이다 : 『상서정의』의 매색(공안국)의 전에 "舊解, 是「夏書」, 馬·鄭之徒以爲「商書」, 兩義並通."이라고 하였다.

鄭云："契本封商, 國在太華之陽。" 又云："亳, 今河南偃師縣, 有湯亭。" 【臣瓚云："今濟陰亳縣, 有湯塚·伊尹塚。"】 ○孔云："〈商頌〉云'帝立子生商', 《世本》云'昭明居砥石', 《左傳》云'相土居商丘', 今湯居亳, 有此四遷, 其餘未聞。" ○梅云："契父帝嚳都亳, 湯自商丘遷焉, 故曰'從先王居'。"【孔云："〈帝告〉不知告誰。或[교1)]當告帝嚳。"】

교1) 案或:『상서정의』 소에는 앞에 '序言從先王居'가 더 있다.

〔自契 …… 居亳〕 정현이 말했다. "설(契)은 본래 상(商)에 봉해졌고, 나라는 태화(太華)의 남쪽에 있었다." 또 말했다. "박(亳)은 지금의 하남(河南) 언사현(偃師縣)으로, 탕정(湯亭)이 있다."【신찬(臣瓚)[99]이 말했다. "지금의 제음(濟陰) 박현(亳縣)으로, 탕의 무덤과 이윤의 무덤이 있다."】 ○공영달이 말했다. "『시경』「상송(商頌)」에 '제(帝)가 아들을 세워 상(商)을 낳았다.'라고 하였고, 『세본(世本)』에서는 '소명(昭明)이 지석(砥石)에 살았다.'라고 하였으며, 『춘추좌씨전』에서는 '상토(相土)는 상구(商丘)에 살았다.'라고 하였다. 지금 탕이 박에 도읍하기까지 이러한 네 번의 천도가 있었고, 그 나머지 〈네 번의 천도에 대해서는〉 듣지 못하였다."[100]

99 신찬(臣瓚):『한서』 顔師古의 주에 臣瓚의『音義』를 여러 차례 인용하였다. 顔師古의「漢書敍例」에, 氏族과 시대를 알 수 없으나, 역시 晉初의 사람으로서『한서』에 대한 여러 학자의 音義를 수집하고 거기에 자신의 견해를 더하여『音義』24권을 지었다고 하였다.

100『시경』…… 못하였다:『상서정의』 해당 부분의 전문은 "契至成湯十四世, 凡八遷國都者,「商頌」云: '帝立子生商', 是契, 居商也.『世本』云, '昭明居砥石',『左傳』稱'相土居商丘'. 及今湯居亳, 事見經傳者, 有此四遷, 其餘四遷未詳聞也." 이다.

〔從先王居〕○매색이 말했다. "설(契)의 아버지 제곡(帝嚳)이 박에 도읍하였는데, 탕이 상구에서 이곳으로 옮겼기 때문에 '선왕이 살았던 곳을 따랐다.'라고 한 것이다."【공영달이 말했다. "「제곡」은 누구에게 고한 것인지 알 수 없으나 〈「서」에서 '종선왕거(從先王居)'라고 하였으니〉 제곡(帝嚳)에게 고하였다고 해야 할 것 같다."】

考異 〈殷本紀〉云: "湯始居亳, 從先王居。作〈帝誥〉。"【告作誥】 ○《史》註云: "誥一作俈。上云'從先王居', 故作〈帝俈〉。"【司馬貞《索隱》】 **○鏞案** 帝告當讀之爲帝嚳。按〈三代世表〉, 嚳·俈, 本通字, 《史》註有據也。湯之遷亳, 必稱引帝嚳之德, 以明從先王之意。故孔子作序, 必稱從先王居也。梅註亦稱帝嚳, 必古訓之流下者。【陸氏《釋文》, 告亦工毒反。蓋以爲嚳】

고이 『사기』「은본기」에는 "湯始居亳, 從先王居. 作「帝誥」."로 되어 있다.【'告'이 '誥'로 되어 있다.】 ○『사기』의 주에, "誥가 어떤 곳에는 俈으로 되어 있다. 앞에서 '從先王居'라고 하였기 때문에 '帝俈'으로 쓴 것이다."라고 하였다.【사마정(司馬貞)의 『사기색은』에 나온다.】

○용안 '帝告'은 '제곡(帝嚳)'으로 읽어야 한다. 『사기』「삼대세표(三代世表)」를 보면 嚳과 俈은 본래 통자(通字)이니, 『사기색은』의 풀이에 근거가 있다. 탕이 박으로 옮길 때 필시 제곡의 덕을 추켜올려서 선왕을 따르는 취지를 밝혔을 것이다. 이 때문에 공자가 「서」를 지으면서 굳이 '선왕이 살았던 곳을 따랐다.'라고 일컬은 것이다. 매색의 주에서도 '제곡(帝嚳)'이라고 하였는데,[101] 필시 전부터

101 매색의 …… 하였는데 : '湯始居亳, 從先王居'에 대한 매색(공안국)의 주에 "契父都亳, 湯自商丘遷焉."이라고 하여, 선왕을 帝嚳으로 보았다.

내려오는 고훈(古訓)일 것이다."【육덕명의 『경전석문(經典釋文)』에, 告 역시 '工과 毒의 반절음'이라고 하였다. 대개 곡(嚳)을 말하는 것이다.】

考訂 陸德明云:"此五亡篇,【謂〈帝告〉·〈釐沃〉·〈湯征〉·〈汝鳩〉·〈汝方〉】舊解是〈夏書〉,【梅氏本】馬·鄭之徒以爲〈商書〉。" ○孔云:"湯以[교1]諸侯之國而得數遷者, 蓋以時王命之使遷。"【又云:"若是諸侯遷都, 則不得史錄其事, 以爲〈商書〉之首, 是將欲爲王時事, 史乃追錄之."】 ○**鏞案** 此護梅之言也。〈禹貢〉作於堯時, 梅以爲〈夏書〉, 〈帝告〉作於夏時, 梅不以爲〈商書〉, 義例不乖反乎?【〈帝告〉以下, 必係湯爲王之後, 追錄之筆】 彼所據者, 〈西伯戡黎〉之爲〈商書〉耳。然西伯, 諸侯之稱, 祖伊, 商王之臣, 錄之以殷史之筆, 其爲〈商書〉, 當然。湯之遷亳, 爲王業之肇基, 不曰伯而曰湯, 其可爲〈夏書〉乎?

교1) 案湯以:『상서정의』소에는 '自契至湯'으로 되어 있다.

고정 육덕명이 말했다. "이 없어진 다섯 편은【「제곡」, 「이옥」, 「탕정」, 「여구」, 「여방」을 말한다.】 옛 해설에서는 「하서(夏書)」였는데,【매색본이다.】 마융·정현의 무리는 「상서(商書)」라고 하였다."[102]
○공영달이 말했다. "〈설에서〉 탕까지는 제후의 나라였는데도 여러 번 옮길 수 있었던 것은, 대체로 당시의 왕이 옮기도록 명하였기 때문일 것이다."【또 "만일 제후가 도읍을 옮긴 것이라면 사관이 그 일을 기록하여 「상서(商書)」의 수편(首篇)으로 삼을 수는 없다. 이는 왕이 되려고 하던 무렵의 일이므로, 사관이 추록(追錄)한 것이다."[103]라고 하였다.】

102 이 없어진 …… 하였다:『經典釋文』권3「尙書音義」'胤征第4'의 小注에 나온다.

103 만일 …… 것이다:『상서정의』의 소에 보이는데, 일부 내용이 생략되었다.

○용안 이는 매색을 변호하는 말이다. 「우공」은 요 때에 만들어졌는데 매색은 「하서(夏書)」라고 하였다. 「제곡」은 하나라 때에 만들어졌는데 매색은 「상서(商書)」가 아니라고 하니, 의례(義例)가 어긋나지 않는가?【「제곡」 이하는 필시 탕이 왕이 된 이후의 일을 추록(追錄)한 글일 것이다.】 매색이 근거로 한 것은 「서백감려」가 「상서(商書)」라는 것뿐이다. 그렇지만 서백(西伯)이란 제후의 칭호이고 조이(祖伊)는 상(商)나라 왕의 신하이므로, 은나라 사관이 기록한 글이라도 「상서(商書)」가 되는 것이 당연하다. 탕이 박으로 옮긴 것이 왕업의 토대가 되는 것이고, '백(伯)'이라고 하지 않고 '탕(湯)'이라고 하였는데 「하서」가 될 수 있겠는가?

考證 《書大傳·帝告》篇, 引"《書》曰 : 施章乃服, 明上下。"【見〈殷傳〉· 王應麟《考異》】 **○鏞案** 〈帝告〉之說, 在〈殷傳〉中, 伏生之《書》, 亦以此五篇爲〈商書〉矣, 何苦亂之?

고증 『상서대전』 「제곡」 편에서 "『상서』에 '장(章)과 복(服)[104]을 베풀어 상하를 밝힌다.'라고 하였다."라고 인용하였다.【『상서대전』 「은전(殷傳)」과 왕응린의 『서경고이』에 보인다.】

○용안 「제곡」에 대한 설은 『상서대전』의 「은전」에 있고, 복생의 『상서』에서도 이 다섯 편을 「상서(商書)」라고 하였는데, 어찌 애써

원문은 다음과 같다. 今湯遷亳, 乃作此篇. 若是諸侯遷都, 則不得史錄其事, 以爲「商書」之首. 文在湯征諸侯, 伊尹去亳之上, 是湯將欲爲王時事. 史以商有天下, 乃追錄初興, 并「湯征」與「汝鳩」·「汝方」, 皆是伐桀前事, 後追錄之也.

104 장(章)과 복(服) : 五章과 五服을 말하는 듯하다. 『尚書』 「皐陶謨」에 "天命有德, 五服五章哉."란 내용이 나온다.

서 이것을 교란시키는가?

考訂 梅云 : "治沃土。" ○**鏞案** 此〈釐沃〉之解也, 旣無經據, 不如闕疑。

고정 매색이 말했다. "옥토(沃土)를 다스린다는 뜻이다."

○**용안** 이는 「이옥」을 해석한 것인데, 이미 근거로 삼을 경(經)이 없어졌으니 의문으로 남겨두느니만 못하다.

번역 : 김문식 · 김성재

00. 상서서 - 024. 탕정

湯征諸侯, 葛伯不祀, 湯始征之。作〈湯征〉。【鄭第二十三】

탕이 제후를 정벌할 때, 갈백(葛伯)이 제사를 지내지 않으므로 탕이 그를 맨 먼저 정벌하였다. 「탕정」을 지었다.【정현본의 제23편】

梅云 : "爲夏方伯, 得專征伐。"【金履祥云 : "葛, 今應天府寧陵縣。"】

〔湯征諸侯〕 매색이 말했다. "〈탕이〉 하나라의 방백이 되었기 때문에 정벌을 자신의 뜻으로 행할 수 있었다."【김이상이 말했다. "갈(葛)은 오늘날의 응천부(應天府) 영릉현(寧陵縣)이다."[105]】

考證 孟子曰 : "湯居亳, 與葛爲鄰。【又孟子云 : "唯仁者, 爲能以大事小, 湯事

105 갈(葛)은 …… 영릉현(寧陵縣)이다 : 『資治通鑑前編』 권3에 나온다.

葛。"】葛伯放而不祀, 湯使人問之曰: '何爲不祀?' 曰: '無以供犧牲也。' 湯使遺[교1)]之牛羊, 葛伯食之, 又不以祀。湯又使人問之曰: '何爲不祀?' 曰: '無以供粢盛也。' 湯使亳衆往爲之耕, 老弱饋食。葛伯率其民, 要其有酒食黍稻者奪之, 不授者殺之。有童子以黍肉餉, 殺而奪之。《書》曰'葛伯仇餉', 此之謂也。【節】湯始征自葛載, 十一征而無敵於天下, 東面而征, 西夷怨, 南面而征, 北狄怨, 曰'奚爲後我'。民之望之, 若大旱之望雨也。歸市者不止, 芸者不變, 誅其君, 弔其民, 如時雨降, 民大悅。《書》曰: '徯我后, 后來其無罰。'" ○**鏞案** '葛伯仇餉'四字, 明是古〈湯征〉文, 僞者取之, 用於〈仲虺之誥〉, 與'徯我后', 通爲一章, 而東征西怨以下, 又以孟子語爲虺語。

교1) 遺: 신조선사본에는 '遺'로 되어 있으나『孟子』「滕文公下」에 따라 바로잡는다. 案'遺'가 옳다.『맹자』에도 '遺'로 되어 있다.

고증 맹자가 말했다. "탕이 박(亳)에 살면서, 갈(葛)과 이웃이 되었다.【또 맹자가 말했다. "오직 어진 사람만이 큰 나라를 가지고서도 작은 나라를 섬길 수 있으니, 탕이 갈을 섬겼다."[106]】 갈백이 방종하여 제사를 지내지 않자, 탕이 사람을 시켜 '무슨 이유로 제사를 지내지 않는가?'라고 물었다. '제사에 쓸 희생을 조달할 수 없다.'라고 하자 탕이 소와 양을 보내 주게 하였는데, 갈백이 잡아먹고 여전히 제사를 지내지 않았다. 탕이 또 사람을 보내 '무슨 이유로 제사를 지내지 않는가?'라고 묻자, '제사에 바칠 곡물을 조달할 수 없다.'라고 하였다. 탕이 박(亳) 땅의 사람들을 시켜 가서 농사를 지어주게 하고, 노약자들

106 오직 …… 섬겼다:『맹자』「梁惠王下」에 나온다.

은 일하는 사람들에게 음식을 대접하게 시켰다. 갈백이 자기 백성을 이끌고 와서 술과 음식과 기장을 가지고 있는 이들에게 강요하여 빼앗고, 내주지 않는 사람들을 죽였다. 어린 아이가 밥과 고기를 가져와서 일하는 사람들에게 먹였는데, 그 어린 아이를 죽이고 빼앗았다. 『상서』에 '갈백이 음식을 먹이는 이를 원수로 대하였다.'라고 한 말은 이것을 가리킨다.【중략】 탕이 갈에서부터 정벌을 시작하여 열한 나라를 정벌하였는데, 천하에 대적하는 나라가 없었다. 동쪽을 향해 정벌하면 서이(西夷)가 원망하고 남쪽을 향해 정벌하면 북적(北狄)이 원망하여 이르기를, '어째서 우리를 뒤로 하는가?'라고 하였다. 백성들이 탕을 기다리기를 마치 큰 가뭄에 비 오기를 바라듯이 하면서 시장에 가는 자들도 멈추지 않고 농사짓는 자들도 동요하지 않고 그대로 일하였다. 그 군주를 주벌하고 그 백성을 위로하니 단비를 만난 듯이 백성들이 크게 기뻐하였다. 『상서』에 '우리 임금을 기다리니, 임금께서 오시면 우리를 벌주지 않으시리라.'[107]라고 하였다."[108]

○**용안** '갈백구향(葛伯仇餉)' 네 글자는 명확히 옛 「탕정」의 문장인데, 『고문상서』를 위찬한 자가 가져다가 「중훼지고」에 사용하여 '우리 임금을 기다리니[徯我后]'와 합쳐서 한 장으로 만들고, '동쪽을 향해 정벌하면 서이(西夷)가 원망하고' 이하는 또한 맹자의 말을 중훼(仲虺)의 말로 만든 것이다.

107 우리 임금을 …… 없겠는가 : '徯我后, 后來其無罰'은 매색본 『상서』의 「太甲中」에 나오는데, 다산은 이 편을 僞作으로 보아 『상서고훈』에서 다루지 않았다. 매색은 '無罰'을 '言仁惠'라고 주석하였고, '言除其邪虐'이라고 주석하였다.

108 맹자가 …… 하였다 : 『孟子』 「滕文公下」에 나온다.

考證 〈殷本紀〉云：“湯征諸侯, 葛伯不祀, 湯始伐之。湯曰：‘予有言, 人視水見形, 視民知治不。’ 伊尹曰：‘明哉! 言能聽, 道乃進。君國子民, 爲善者皆在王官。勉哉, 勉哉!’ 湯曰：‘汝不能敬命, 予大罰殛之, 無有攸赦。’ 作〈湯征〉。” ○金履祥云：“〈湯征〉之書, 今亡矣。史遷[교1)]載〈湯征〉之辭而不類, 蓋非〈湯征〉之舊也。孟子引亳衆往耕之事, 疑出此書。” ○**鏞案** 《史記》此節, 非序非經。或湯將始征伐之日, 與伊尹講論如此, 史錄其語也。但〈湯征〉全亡, 亦不入於十六篇之中, 不知史遷何從得之也。

교1) 案遷：『자치통감전편』에는 ‘記’로 되어 있다.

고증 『사기』「은본기」에, “탕이 제후를 정벌할 때, 갈백이 제사를 지내지 않으므로 탕이 맨 먼저 그를 정벌하였다. 탕이 ‘내가 이런 말을 한 적이 있다. 사람은 물에 비추어보면 자기 모습을 알 수 있고, 백성들을 살펴보면 나라를 잘 다스리고 있는지 아닌지를 알 수 있다.’라고 하였다. 이윤이 ‘명철하십니다! 말을 잘 들을 줄 알면 치도(治道)가 진보할 것이요, 군주가 통치하면서 백성을 자애롭게 대하면 훌륭한 이들이 모두 왕의 관료가 될 것입니다. 힘쓰고 힘쓰십시오!’라고 하였다. 탕이 ‘너희가 천명을 공경하지 않으면 내가 큰 벌을 내려 죽이고 용서하지 않을 것이다.’라고 하였다. 「탕정」을 지었다.”라고 하였다.

○김이상이 말했다. “「탕정」의 글은 오늘날 없어졌다. 『사기』에 「탕정」의 말이 실려 있지만 본래의 글 같지 않으니, 아마도 「탕정」의 원문이 아닐 것이다. 맹자가 인용한 ‘박 땅의 사람들이 갈에 가서 농사를 지어준 일’은 아마 이 「탕정」의 글에서 나왔을 것이다.”[109]

○용안 『사기』의 이 구절은 「서」의 글도 아니고 경문도 아니다. 어쩌면 탕이 정벌을 시작할 즈음에 이윤과 그렇게 논의한 것인데 사관이 그 말을 기록한 것일 수는 있다. 다만 「탕정」이 전부 망실되었고 16편 속에도 들어 있지 않은데, 사마천이 그 글을 어디에서 얻었는지 모르겠다.

00. 상서서 - 025. 여구, 026. 여방

伊尹去亳適夏, 旣醜有夏, 復歸于亳, 入自北門, 乃遇汝鳩·汝方。作〈汝鳩〉·〈汝方〉。【鄭第二十四·第二十五】

이유이 박(亳)을 떠나 하나라로 갔다가, 얼마 뒤 하걸(夏桀)의 무도함을 미워하여 다시 박으로 돌아왔는데, 북문(北門)으로 들어오다가 여구(汝鳩)와 여방(汝方)을 만났다. 「여구」와 「여방」을 지었다. 【정현본의 제24편, 제25편】

梅云: "湯進【伊尹】於桀,【孔云: "此時未有伐桀之意, 故貢伊尹, 使補之。"】醜惡其政, 故退還。" ○金履祥云: "〈汝鳩〉·〈汝方〉之書, 今亡矣。五就湯·桀之事, 意者于「鳩」·「方」之書得之也。"【謂《孟子》】 **○鏞案** 遇之時同, 遇之地同, 其所與語之義同, 不應其文分作二篇。余於百篇之額, 不能無疑者, 若〈太誓〉三篇及此二篇之類, 是也。

〔伊尹去 …… 歸于亳〕 매색이 말했다. "탕이 【이윤을】 걸에게 바쳤는

109 「탕정」의 …… 것이다 : 『자치통감전편』 권3에 나온다.

데,【공영달이 말했다. "이때까지만 해도 아직 걸을 정벌할 뜻이 없었다. 그러므로 이윤을 바쳐 걸을 돕게 하였던 것이다."】 그의 정사를 추악하게 여겼기 때문에 물러나 돌아온 것이다." ○김이상이 말했다. "「여구」와 「여방」의 글은 오늘날 망실되었다. 다섯 번 탕과 걸에게 나아간 일【『맹자』에서 말한 것이다.[110]】은 생각건대 「여구」와 「여방」의 글에서 얻었을 것이다."[111]

○용안 만난 때가 같고 만난 곳이 같고 더불어 말한 내용이 같은데, 그 글을 나누어 2편으로 만들었을 리가 없다. 나는 100편이라는 숫자에 대하여 의심이 없을 수 없으니, 「태서(太誓)」 3편과 이 2편 같은 것이 그러하다.

考異 〈殷本紀〉云："入自北門, 遇女鳩・女方。"【汝作女】

고이 『사기』 「은본기」에는 "入自北門, 遇女鳩・女方."으로 되어 있다.【'汝'가 '女'로 되어 있다.】

考證 孟子曰："伊尹耕於有莘之野。【節】 湯三使往聘之, 故就湯而說之。" 又曰："五就湯, 五就桀者, 伊尹也。"【《大紀》云："伊尹自亳[교1]凡五適夏, 告[교2]以堯・舜之道。"】 ○《新序》云："桀作瑤臺, 爲酒池糟隄, 縱靡靡之樂。伊尹擧觴而告[교3]曰, '君王不聽臣之言, 亡無日矣。' 桀啞然而笑

110 『맹자』에서 말한 것이다 : 『맹자』 「告子 下」에 "五就湯, 五就桀者, 伊尹也." 라고 한 내용이 나온다.

111 김이상이 …… 것이다 : 『자치통감전편』 권3에 나오는데, 『자치통감전편』에는 '書得之也' 뒤에 '其詳不可得而聞矣'가 더 있다.

曰, '子何妖言? 吾有天下, 如天之有日, 日亡吾乃亡耳。' 於是伊尹按[교4] 履而趨,[교5] 遂適商就湯。" ○**鏞案** 伊尹就湯之後, 適夏就桀, 史傳所載, 明矣。【〈殷本紀〉亦云】 但伊尹聖人, 一見可知, 未必五就五退, 未決其去就也。【《孫武子·反間》篇云: "商之興也, 伊尹在夏, 周之興也, 呂牙在殷。" 見孔疏】

교1) 亳: 신조선사본에는 '亳'로 되어 있으나 『皇王大紀』 卷6 「三王紀·桀」에 따라 바로잡는다.

교2) 案告: 『皇王大紀』 권6 「三王紀·桀」에는 뒤에 '桀'이 더 있다.

교3) 案告: 『新序』 권6 「刺奢」에는 뒤에 '桀'이 더 있다.

교4) 按: 『新序』에 '接'으로 되어 있다.

교5) 案趨: 『新序』 권6 「刺奢」에는 '趣'로 되어 있다.

고증 맹자가 말했다. "이윤이 유신씨(有莘氏)의 들에서 농사를 지었는데【중략】 탕이 세 번 사람을 보내 그를 초빙하였다. 그래서 탕에게 나아가 〈하의 걸을 정벌하여 백성을 구제하도록〉 설득한 것이다."[112] 또 말했다. "다섯 번 탕에게 나아가고 다섯 번 걸에게 나아간 이가 이윤이다."[113]【『황왕대기(皇王大紀)』[114]에 "이윤이 박으로부터 모두 다섯 번 하로 가서 걸에게 요순의 도를 고하였다."라고 하였다.】

○『신서(新序)』에 "걸이 요대(瑤臺)를 짓고 술로 못을 만들고 술지게미로 둑을 쌓으며 음란한 음악에 탐닉하자, 이윤이 술잔을 들고 걸에게 고하기를 '군왕이 신하의 말을 듣지 않으면 얼마 가지 못해 망합니다.'라고 하였다. 걸이 어이가 없는 듯 웃으면서 '그대가 어

112 이윤이 …… 것이다: 『맹자』 「萬章 上」에 나온다.

113 다섯 …… 이윤이다: 『맹자』 「告子 下」에 나온다.

114 『황왕대기(皇王大紀)』: 남송 胡宏(1105~1161)의 저작으로, 盤古에서 周代에 이르기까지의 사적을 기록하였다.

찌 요사스런 말을 하는가? 내가 천하를 차지하고 있는 것은 하늘에 해가 있는 것과 같다. 해가 망해야 내가 망할 것이다.'라고 하였다. 그러자 이윤이 신발을 끌면서 달려 드디어 상(商)으로 가서 탕에게 나아갔다."[115]라고 하였다.

○**용안** 이윤이 탕에게 나아간 뒤에 하나라로 가서 걸에게 나아간 것은 사서(史書)의 기록에 명확하다.【『사기』「은본기」에도 그렇게 되어 있다.】 다만 이윤은 성인(聖人)이니 한 번 보면 알 수 있을 터인데, 다섯 번이나 나아가고 물러가면서 거취를 결정하지 못하지는 않았을 것이다.【『손무자(孫武子)』「반간(反間)」에 "상나라가 흥기할 때 이윤이 하나라에 있었고, 주나라가 흥기할 때 여아(呂牙)[116]가 은나라에 있었다."[117]라고 하였다. 공영달의 『상서정의』 소에 보인다.】

00. 상서서 - 027. 하사, 028. 의지, 029. 신호

湯旣勝夏, 欲遷其社, 不可。作〈夏社〉·〈疑至〉·〈臣扈〉。

【鄭第二十六, 第二十七, 第二十八 ○梅氏本, 此序退在〈湯誓〉之下, 〈殷本紀〉, 此序退在〈湯誓〉·〈典寶〉之下】

---

115 걸이 …… 나아갔다 : 『新序』 권6 「刺奢」에 나오는데, 일부 내용을 생략하고 인용한 것이다.

116 여아(呂牙) : 姜太公을 말한다. 呂太公이라고도 불리는데, 이름은 尙, 字는 子牙, 호는 飛熊이다. 본래 商나라 紂王의 신하였으나 주나라에 귀순하여 文王과 武王을 도와 周의 통일에 크게 기여한 인물이다. 史書에 太公望 · 呂望 · 周望 · 呂牙 · 呂尙 · 姜望 · 望尙 등 여러 명칭으로 등장한다.

117 상나라가 …… 있었다 : 인용문은 『孫武子』 「用間」에 '反間'의 활용 사례로 나온다.

탕이 하나라를 이기고 그 사[社 : 토지 신]를 바꾸려고 하였으나 할 수 없었다. 「하사」, 「의지」, 「신호」를 지었다.【정현본의 제26편, 제27편, 제28편 ○매색본에는 이 「서」가 밀려서 「탕서」의 뒤에 있고, 『사기』 「은본기」에는 이 「서」가 밀려서 「탕서」와 「전보」의 뒤에 있다.】

鄭云 : "犧牲旣成, 粢盛旣潔, 祭以其時, 而早[교1]暵水溢, 則變[교2]置社·稷。【孟子意】 當湯伐桀之時, 大[교3]旱致災, 明法以薦, 而猶旱至七年。【《正義》引此云 : "旣置其禮祀, 明德以薦, 而猶旱至七年。"】 故湯遷社,[교4] 而以周棄代之, 欲遷句龍, 而[교5]無可繼之者, 於是故止。其旱在夏之時, 驗也。" 【《周禮·大宗伯》疏】 ○賈逵·馬融等, 以社爲句龍。【《正義》云】 ○馬云 : "聖人不可自專, 復用二臣, 自明也。"【《正義》云 : "〈疑至〉與〈臣扈〉相類, 當是二臣名。"】 ○**鏞案** 此序旣在〈湯誓〉之上。《春秋外傳》亦云 : "及夏之衰, 周棄繼之。"【文見左】 社稷變置之事, 應在夏桀革命之前。而序云'勝夏'者, 始伐而克之, 未及放桀之時也, 豈必一戰而革命乎?【〈商頌〉云'韋·顧旣伐, 昆吾·夏桀', 竝言之如列國。"】 故云'其旱在夏之時, 驗也'。遷稷而不遷社, 故註家皆以句龍爲言。

교1) 案早 : 『주례주소』에는 '旱'으로 되어 있다.
교2) 變 : 신조선사본에는 '變'으로 되어 있으나 『周禮』 「大宗伯」의 鄭玄 주석에 따라 바로잡는다.
교3) 案大 : 『주례주소』에는 없다.
교4) 案社 : 『주례주소』에는 '柱'로 되어 있다.
교5) 案而 : 『주례주소』에는 '以'로 되어 있다.

〔湯旣 …… 不可〕 정현이 말했다. "희생이 갖추어지고 자성[粢盛 : 제사에 바칠 곡물]이 정결하게 준비되어 때에 맞게 제사를 드려도 가

뭄이 들고 홍수가 나면 사[社 : 토지 신]와 직[稷 : 곡신(穀神)]을 바꾼다.【『맹자』의 뜻[118]이다.】 탕이 걸을 정벌할 때, 큰 가뭄이 들어 재해를 초래하였다. 법을 밝혀 제사를 드렸지만 여전히 가뭄이 들어 7년이나 지속하였다.【『상서정의』에서는 이것을 인용하여, "예에 합당한 제사를 준비하고 덕을 밝혀 제사를 드렸지만 여전히 가뭄이 들어 7년이나 지속하였다."라고 하였다.】 그래서 탕이 주(柱)를 옮기고 주(周)의 기(棄)로 대체하였다. 구룡(句龍)을 옮기고 싶었지만 구룡을 이을 만한 사람이 없어서, 이에 멈추었다. 그 가뭄이 하나라의 시기에 있었음이 분명하다."【『주례』「대종백(大宗伯)」의 소(疏)에 나온다.】[119] ○가규와 마융 등은 사(社)를 구룡(句龍)이라고 여겼다.【『상서정의』에 나온다.】 ○마융이 말했다. "성인이라도 자기 마음대로 할 수 없기 때문에, 다시 두 신하를 등용하였음이 분명하다."【『상서정의』에서는 "「의지」와 「신호」는 서로 비슷하니, 응당 두 신하의 이름일 것이다."라고 하였다.】

○용안 이 「서」가 이미 「탕서」 앞에 놓여 있고, 『춘추외전[春秋外傳 : 국어(國語)]』에서도 "하나라가 쇠퇴하자 주나라의 기(棄)가 뒤를 이었다."라고 하였으니,[120]【내용은 아래에 보인다.】 사와 직을 바꾼 일

---

118 『맹자』의 뜻 : 『맹자』「盡心下」에 "犧牲旣成, 粢盛旣潔, 祭祀以時, 然而旱乾水溢, 則變置社稷."이라고 하였는데, 『상서정의』 공영달의 소에서 정현이 이 구절 때문에 '湯伐桀之時' 이하의 주를 냈다고 하였다.

119 정현이 …… 나온다 : 다산은 『주례주소』의 가공언 소에서 인용한 「書序」의 주를 정현의 말로 간주하였지만, "其旱在夏之時, 驗也."는 가공언의 말이다. 『상서정의』 공영달의 소에는 "孟子曰 : '犧牲旣成, 粢盛旣絜, 祭祀以時. 然而旱乾水溢, 則變置社稷.' 鄭玄因此乃云 : '湯伐桀之時, 大旱, 旣置其禮祀, 明德以薦, 而猶旱至七年. 故更致社稷.'"이라고 하여, 공영달이 정현의 주석을 설명하기 위하여 『맹자』의 말을 인용한 것으로 되어 있다.

120 『춘추외전(春秋外傳)』에서도 …… 하였으니 : 『국어』「魯語」의 내용을 축약

은 응당 하나라 걸이 나라를 잃기 전에 있었을 것이다. 「서」에서 '하나라를 이기고[勝夏]'라고 한 것은 처음 정벌하여 이기고, 아직 걸을 내쫓기 전이다. 어찌 반드시 한 번 싸워서 나라를 잃게 할 수 있겠는가?【『시경』 「상송(商頌) · 장발(長發)」에 "위(韋)와 고(顧)를 치고 곤오(昆吾)와 하의 걸(桀)을 치도다."라고 하여, 열국(列國)처럼 병칭하였다.】 그러므로 "그 가뭄이 하나라의 시기에 있었음이 분명하다."라고 말한 것이다. 직(稷)은 옮기고 사(社)를 옮기지 않았기 때문에 주석가들이 모두 구룡(句龍)으로 말한 것이다.

考證 《左傳》云: "共工氏有子曰句龍, 爲后土, 后土爲社。【生爲后土之官, 死社祀】 烈山氏之子曰柱, 爲稷, 自夏已上祀之。周棄亦爲稷, 自商以來祀之。"【昭二十九】 ○〈祭法〉云: "厲山氏其子曰農, 能殖百穀。夏之衰也, 周棄繼之, 故祀以爲稷。" ○〈魯語〉與〈祭法〉同。【魯展禽之言】 ○**鏞案** 《左傳》·〈祭法〉, 文雖小殊, 意實兩通, 何也? 社稷之祀, 不唯王國有之, 侯伯之國, 州縣之聚, 莫不有社稷。【子羔爲費宰, 子路稱有社稷】 湯欲遷夏社者, 欲於亳邑之社, 有攸遷改,【旣遷柱, 欲竝遷句龍】 非欲徒[교1)]桀都之社, 建于亳邑也。勝國之社, 古皆屋之, 又何遷矣? 其謂之'夏社'者, 猶言'夏郊', 但言'夏郊', 則其祭鯀, 可知。【〈晉語〉云'晉平公有疾, 議擧夏郊。'】 若言'夏社', 則其祭句龍, 可知。皆王者所定之邦禮, 故稱'夏社'也。若然《左傳》云'自夏以上祀柱, 自商以來祀棄', 可也。〈祭法〉云'夏之衰也, 周棄繼之', 亦可也。

교1) 案徒: 신조선사본에는 '徙'로 되어 있다.

한 것이다. 자세한 내용은 뒤에 나오는 각주 122) 참조.

고증 『춘추좌씨전』에 "공공씨(共工氏)에게 아들이 있어 구룡(句龍)이라고 하였는데, 후토[后土 : 토지를 관장하는 관리]가 되었다. 후토가 사(社)이다.【살아서는 후토의 관직을 지내고 죽어서는 토지신이 된 것이다.】 열산씨(烈山氏)의 아들은 주(柱)라고 하는데 직(稷)[121]을 지냈으며, 하나라 이전까지 제사하였다. 주나라의 기(棄) 또한 직을 지냈는데, 상나라 이래로 제사하였다."라고 하였다.【소공 29년】

○『예기』「제법(祭法)」에 "여산씨(厲山氏)의 아들을 농(農)이라고 하는데 곡물을 잘 키웠다. 하나라가 쇠미해지자 주나라의 기가 뒤를 이었다. 그러므로 기를 제사하여 직으로 삼았다."라고 하였다.

○『국어』「노어(魯語)」의 기록은 「제법」의 기록과 같다.[122]【노나라 전금(展禽)의 말이다.】

○**용안** 『춘추좌씨전』과 「제법」의 말은 문장이 조금 다르기는 하지만 의미는 실상 서로 통한다. 왜 그런가? 사와 직에 대한 제사는 천자만 지내는 것이 아니라 제후의 나라와 주(州)·현(縣)의 중심에도 사와 직이 없는 곳이 없다.【자고(子羔)를 비(費)의 읍재(邑宰)로 삼으면서 자로(子路)는 사직이 있다고 말하였다.[123]】 탕이 하나라의 사를 옮

---

121 직(稷) : 『춘추좌씨전』의 같은 구절 앞쪽에 "稷, 田正也."라고 하였다. 杜預는 注에서 전정이 농사를 관장한다고 하였고, 공영달은 疏에서 田正의 '正'은 '長' 즉 우두머리를 뜻한다고 하였다. 여기서 稷은 곧 농사를 담당하는 관직의 우두머리를 뜻한다. 이 稷을 지낸 이들을 후대에 곡물의 신으로 받들면서, 稷이 곡물의 신을 뜻하는 명칭이 되었다.

122 『국어』 …… 같다 : 「魯語」에는 "昔, 烈山氏之有天下也, 其子曰柱, 能殖百穀百蔬. 夏之興也, 周棄繼之, 故祀以爲稷."이라고 기록하였고, 韋昭의 注에 "烈山氏, 炎帝之號也, 起於烈山, 「祭法」以烈山爲厲山. 柱爲后稷, 自夏以上祀之."라고 하였다.

123 자고(子羔)를 …… 말하였다 : 『논어』「先進」에 다음의 내용이 나온다. 子路

기려고 한 것은 자신의 박읍(亳邑)에 있는 사(社)를 바꾸려고 한 것이지,【이미 주(柱)를 교체하고, 아울러 구룡(句龍)까지 교체하려고 한 것이다.】 걸의 도성에 있는 사를 옮겨 박읍에 세우고자 한 것이 아니다. 고대에는 망한 나라의 사는 모두 지붕을 씌워 폐쇄하였는데[124] 또 어찌 옮기겠는가? '하사(夏社)'라고 말한 것은 '하교(夏郊)'라고 말하는 것과 같다. 다만 '하교'라고 하면 곤[鯀 : 우의 아버지]에게 제사함을 알 수 있고,【『국어』「진어(晉語)」에 '진 평공(晉平公)이 병이 나자 하교(夏郊)에 제사 지낼 것을 의논하였다.'라고 하였다.】 '하사'라고 하면 곧 구룡에게 제사하는 것임을 알 수 있다. 그러나 모두 천자가 정한 국가의 예[邦禮]이기 때문에 '하사'라고 일컬은 것이다. 그렇다면, 『춘추좌씨전』에서 "하나라 이전에는 주(柱)에게 제사하였고, 상나라 이래로는 기에게 제사하였다."라고 한 것도 말이 되고, 『예기』「제법」에서 "하나라가 쇠미해지자 주나라의 기가 뒤를 이었다."라고 한 것 또한 말이 된다.

考訂 梅云 : "湯有慙德, 故革命創制, 改正易服, 變置社稷, 而後世無及句龍者, 故不可而止。" ○孔云 : 【駁鄭注】 "謂湯卽位之後, 七年大旱, 方始變之。何當繫之勝夏? 況在〈湯誓〉前乎? 且《禮記》云, '夏之衰也, 周棄繼之。' 商興七年乃變, 安得以夏衰爲言也? 若商革命,[교1] 猶七年祀柱, 《左傳》亦不得斷爲'自商已來祀棄'也。由此而言, 孔稱【以梅爲孔稱】

使子羔爲費宰. 子曰 : "賊夫人之子." 子路曰 : "有民人焉, 有社稷焉, 何必讀書然後爲學?" 子曰 : "是故惡夫佞者."

124 고대에는 …… 폐쇄하였는데 : 『예기』「郊特牲」에 "喪國之社屋之, 不受天陽也."라고 하였다.

‘改正朔而變置社稷’, 所言得其旨也。” ○**鏞案** 梅氏據延陵季子一語, 【謂‘穫[교2)]有慙德’】 遂定湯爲逆天纂[교3)]國之主。旣作〈仲虺之誥〉, 以慰解其慙愧之心, 又於此注, 直云‘逆取順守而有慙德’, 乃爲之‘改正易服, 變置社稷’, 此何言也? 湯行逆取之事, 猶有良心不泯, 忸然內慙, 而又爲之文過遂非, 變革舊章, 以掩其愧羞之心, 而一新天下之耳目, 是豈聖王之事哉? 誣聖侮聖之罪, 大矣。鄭義本以‘旱暵遷社’, 皆在革命之前, 則沖遠駁鄭, 非鄭之所受也。

교1) 案命: 『상서정의』에는 앞에 ‘夏’가 더 있다.
교2) 案穫: 『춘추좌씨전』을 참고할 때 ‘濩’로 되어야 한다.
교3) 案纂: 문맥으로 보아 ‘簒’의 오기인 듯하다.

고정 매색이 말했다. “탕은 부끄러워하는 덕[慙德][125]이 있었다. 그래서 천명을 바꾸고 국제(國制)를 창시하고 정삭(正朔)을 개정하고 복식을 바꾸고, 사와 직을 바꾸어 설치하려고 하였으나 후대에는 구룡만 한 사람이 없으므로 할 수 없이 그만 두었다.”
○공영달이 말했다.【정현의 주를 논박한 것이다.】 “〈정현은〉 ‘탕이 즉위한 이후 7년 동안 큰 가뭄이 들자 비로소 바꾸려고 한 것’이라고 하였는데, 〈실제로 7년 만에 바꾸려고 하였다면〉 어떻게 ‘하나라를 이기고[勝夏]’에 연결시키겠는가? 〈‘승하(勝夏)’도 안 되는데〉 더군

125 부끄러워하는 덕[慙德] : 자신의 덕이 帝位를 禪讓한 옛 성인들, 즉 堯舜에 미치지 못함을 부끄러워하는 마음이다. 「仲虺之誥」에 “成湯放桀于南巢, 惟有慙德, 曰‘予恐來世以台爲口實’.”이라고 하였는데, 매색은 “有慙德, 慙德不及古.”라고 풀이하였고, 채침은 “湯之伐桀, 雖順天應人, 然承堯舜禹授受之後, 於心終有所不安, 故愧其德之不古若.”이라고 풀이하였다.

다나 「탕서」 앞에 둘 수 있겠는가?[126] 또한 『예기』 「제법」에 '하나라가 쇠미해지자 주나라의 기(棄)가 뒤를 이었다.'라고 하였는데, 상나라가 흥기한 지 7년 만에 바꾸었다면 어떻게 '하나라가 쇠미해지자'라고 말하였겠는가? 만일 상나라가 하나라를 멸망시키고도 7년 동안 계속 주(柱)에게 제사하였다면, 『춘추좌씨전』에서도 '상나라 이래로 기(棄)에게 제사하였다.'라고 단정하지 못하였을 것이다. 이런 정황들을 근거로 말하면, 공안국【매색을 공안국이라고 한 것이다.】이 '정삭을 개정하고 사직을 바꾸어 설치하였다.'라고 한 말이 본뜻에 맞는 것이다."

○**용안** 매색은 연릉계자[延陵季子 : 계찰(季札)]의 한 마디【호(頀)의 음악에는 부끄러워하는 덕이 있다고 한 말을 가리킨다.[127]】에 근거하여 드디어 탕을 천명을 거스르고 나라를 찬탈한 군주로 단정하고는, 「중훼지고」를 지어 그 부끄러워하는 마음을 풀어준 다음 또 이 주(注)에서 곧바로 '나라를, 도리에 어긋난 방법으로 취하고 나서 도

126 정현의 주를 …… 있겠는가 : 湯이 社稷을 바꾸어 설치하려고 한 시기에 대해 매색은 夏를 멸망시킨 다음이라고 보았고, 鄭玄은 湯 즉위 이후 7년간 가뭄이 들었을 때라고 보았다. 공영달은 탕 즉위 7년 후라고 한다면 이 「서」가 「湯誓」보다 앞에 있어서는 안 된다고 하여 정현의 설을 공박하고 매색의 설을 지지한 내용이다. 그런데 다산이 『상서정의』의 내용을 생략하고 인용하여 의미가 모호해졌다. 『상서정의』의 전문은 다음과 같다. 鄭玄等注此序, 乃在「湯誓」之上. 若在作誓之前, 不得云'旣勝夏'也. 『孟子』曰 : "犧牲旣成, 粢盛旣絜, 祭祀以時, 然而旱乾水溢, 則變置社稷." 鄭玄因此乃云 : "湯伐桀之時大旱, 旣置其禮祀, 明德以薦, 而猶旱至七年, 故更致社稷." 乃謂'湯卽位之後, 七年大旱, 方始變之.' 若實七年乃變, 何當繫之勝夏, 勝夏猶尙不可, 況在湯誓前乎?

127 호(頀)의 …… 가리킨다 : 『春秋左氏傳』 襄公 29년에 "吳公子札來聘 …… 見舞韶頀者, 曰聖人之弘也而猶有慙德, 聖人之難也."라고 하였다.

리에 따라 지키면서 참덕이 있었다.'라고 하고, 이어서 '정삭과 복식을 바꾸고 사직을 바꾸어 설치하려고 하였다.'라고 하였는데, 이것이 무슨 말인가? 탕이 도리를 거슬러 나라를 취하는 일을 행하고서 그래도 양심은 사라지지 않아서 속으로 부끄러워하였고, 또 그 때문에 잘못을 문식하고 비행을 끝까지 성사시키면서 이전 왕조의 전장(典章)을 변혁하여 자신의 부끄러운 마음을 가리고 천하의 이목을 일신시키려고 하였다니, 이것이 어찌 성왕(聖王)이 할 일이겠는가? 성왕을 무고하고 모욕한 죄가 크다. 정현의 뜻은 본래 큰 가뭄으로 사(社)를 바꾼 것이 모두 하나라 멸망 이전의 일이라는 데 있으니, 충원[沖遠 : 공영달]이 정현의 설을 논박한 것은 정현이 수긍할 바가 아니다.

考異 〈殷本紀〉云 : "湯既勝夏, 欲遷其社, 不可, 作〈夏社〉。"【無'疑至'·'臣扈'字, 在〈湯誓〉·〈典寶〉之下。已見上】 ○孔云 : "鄭玄等注此序, 乃在〈湯誓〉之上。若在作〈誓〉之前, 不得云'既勝夏'也。" ○**鏞案** 〈殷本紀〉, 〈典寶〉之下, 始有〈夏社〉, 斯則可矣。梅以〈夏社〉揷於〈典寶〉之上, 此又何義? 〈典寶〉序曰 : "夏師敗績, 湯遂從之, 遂伐三朡,【梅云 : "桀走保三朡。"】 俘厥寶玉。" 〈湯誓〉·〈典寶〉之間, 軍機時急, 間不容髮, 奚暇遷夏社乎? 藉使〈夏社〉之篇, 作於革命之後, 則先〈夏社〉而後〈典寶〉,【梅也】 先〈夏社〉而後〈湯誓〉,【鄭也】 其失毫無差等, 沖遠必赦梅而擊鄭, 何也?【僞者瞥見'既勝夏'三字, 欣然以爲鄭本可壓, 急急移揷, 僅移〈湯誓〉之下, 而不檢〈典寶〉之序, 不知兩篇之間, 無隙可揷耳】 大抵百篇次第, 概從時世, 若考其事實, 不無參錯, 其勢然也。〈堯典〉序曰 : "讓于虞舜。" 〈舜典〉序曰 : "虞舜側微。" 禪讓之事, 後於側微, 而序文若彼, 將亦鄭玄誤之乎? 況

此〈夏社〉之事, 雖在革命之前, 亦無不通。唯當謹守管鑰, 何苦亂之? ○**又接**[교1] 孔氏〈虞書〉之疏云: "鄭注〈咸有一德〉云'伊陟·臣扈曰'", 【以釋〈咸有一德〉】 則臣扈之事, 應有可考。孔以疑至謂'亦臣名'者, 蓋讀之如疑丞之疑也。

교1) 接: 용례상 '按'이 옳은 듯하다.

고이 『사기』「은본기」에는 "湯旣勝夏, 欲遷其社, 不可. 作「夏社」."로 되어 있다.【'疑至'와 '臣扈'라는 말은 없다.「탕서」와「전보」다음에 놓여 있다. 이미 앞에서 나왔다.】

○공영달이 말했다. "정현 등이 이「서」를 주해하면서「탕서」앞에 두었는데, 만일「탕서」를 짓기 전에 있었던 일이라면 '하나라를 이기고 나서[旣勝夏]'라고 할 수는 없다."

○**용안** 『사기』「은본기」에는「전보」다음에 비로소「하사」가 있다. 이것은 가능하다. 매색은「하사」를「전보」앞에 끼워 넣었는데 이것은 무슨 뜻인가?「전보」의「서」에 "하나라 군대가 대패하자 탕이 추격하여 드디어 삼종(三朡)을 정벌하고【매색은 "걸이 달아나 삼종에 의지하였다."라고 하였다.】그 보옥을 차지하였다."라고 하였다.「탕서」와「전보」사이에는 군기(軍機)가 다급하여 한 치의 틈도 용납할 수 없었는데, 어느 겨를에 하나라의 사(社)를 교체한단 말인가? 설사「하사」가 하나라가 망한 이후에 지어졌다고 해도「하사」를 앞에 두고「전보」를 뒤에 둔 것이나,【매색이 그렇다.】「하사」를 앞에 두고「탕서」를 뒤에 둔 것이【정현이 그렇다.】잘못이라는 점에서는 서로 하등의 차이가 없는데, 공영달이 굳이 매색은 용서해주고 정현만

공격한 것은 왜인가?【위찬자 매색은 '하나라를 이기고 나서[旣勝夏]'라는 세 글자를 언뜻 보고, 기분 좋게 정현본을 누를 수 있다고 여기고 옮겨서 끼워 넣었는데, 서두르다가 겨우 「탕서」 아래에 옮겨놓고는 「전보」의 「서」를 살펴 보지 못하였다. 그래서 「탕서」와 「전보」 사이에는 끼워 넣을 틈이 없다는 것을 알아차리지 못하였다.】 대개 100편의 차례는 그 시세(時世)를 따랐을 것이지만, 그 사실을 고찰해보면 어긋난 경우가 없지 않으니 형세가 그러해서이다. 「요전」의 「서」에 "우순에게 선양(禪讓)하려고 하였다."라고 하였는데, 「순전」의 「서」에서는 "우순이 미천하였다."라고 하였다. 선양한 일은 미천하였던 것보다 뒤의 일이지만 「서」의 글은 저와 같은데, 그 또한 정현이 잘못한 것이겠는가? 더군다나 이 「하사」의 일은 비록 나라가 망하기 이전에 있었다고 해도 통하지 못할 것이 없으니, 그저 삼가 잘 지켜야 마땅한데 어째서 굳이 어지럽히는가?

○**우안** 「우서」에 대한 공영달의 소에 "정현이 「함유일덕」의 주에서 '이척(伊陟)과 신호(臣扈)가 말하였다.'라고 하였다."[128]라고 하였다.【「함유일덕」을 풀이한 것이다.】 그렇다면 신호의 일은 응당 상고할 데가 있었을 것이다. 공영달이 의지(疑至)에 대해 '또한 신하의 이름'이라고 한 것은 대개 '의(疑)·승(丞)'의 의(疑)와 같은 의미로 읽은 것이다.[129]

번역 : 이봉규

128 공영달의 …… 하였다 : 「虞書」의 소에 나온다.

129 공영달이 …… 것이다 : 疑와 丞은 모두 관직명이다. 공영달은 '疑至'를 疑라는 관직을 맡은 至라는 인물로 해석하였다는 뜻이다.

伊尹相湯伐桀, 升自陑, 遂與桀戰于鳴條之野。作〈湯誓〉。

【鄭第二十九 ○梅本序在〈汝鳩〉·〈汝方〉之下, 〈殷本紀〉〈女鳩〉·〈女方〉下, 有鮮網事, 承以〈湯誓〉】

이윤이 탕을 도와 걸을 정벌할 때, 〈탕은〉 이(陑)로부터 올라와 드디어 걸과 명조(鳴條)의 들에서 싸웠다. 「탕서」를 지었다.【정현본의 제29편 ○매색본에는 이 「서」가 「여구」와 「여방」 다음에 있고, 『사기』 「은본기」에는 「여구」와 「여방」 다음에 그물을 편 일[130]을 기록하고, 그 뒤에 「탕서」가 이어져 있다.】

馬云: "俗儒以湯爲謚, 或爲號, 號者似非其意, 言謚近之。然不在謚法, 故無聞焉。"【禹, 俗儒以爲名。〈帝系〉禹名文命, 〈王侯世本〉湯名天乙。推此言之, 禹豈復非謚乎? 亦不在謚法, 故疑焉】 ○梅云: "桀都安邑, 湯升道從陑, 出其不意。"【陑, 在河曲之南, 鳴條, 在安邑之西】 鄭云: "鳴條, 東[교1)]夷地名。孟子云'舜卒於鳴條', 東夷之地。"【或云'陳留平丘縣, 今有鳴條亭, 是也。'】 ○皇甫謐云: "〈伊訓〉曰, '造攻自鳴條, 朕哉自亳。' 於義不得在陳留與東夷也。今安邑見有鳴條陌。" ○**鏞安**[교2)] 鳴條之在安邑, 是矣。〈伊訓〉曰'造攻自鳴條', 誰氏之〈伊訓〉也? 始作僞者皇甫謐, 不然, 造僞者, 追撰謐言。【鳴[교3)]條有二, 一在東, 一在西。已見前編六】

---

130 그물을 편 일: 『사기』 「은본기」에는 '이윤이 夏에서 다시 亳으로 돌아올 때 북문으로 들어오다가 女鳩와 女房을 만났다. 「여구」·「여방」을 지었다.' 라는 내용과 탕이 걸을 정벌하고 나서 「탕서」를 지었다는 내용 사이에 湯出, 見野張網四面, 祝曰: "自天下四方皆入吾網." 湯曰: "嘻, 盡之矣!" 乃去其三面, 祝曰: "欲左, 左. 欲右, 右. 不用命, 乃入吾網."이라고 한 내용이 들어 있다.

교1) 案東 : 『상서정의』에는 '南'으로 되어 있다.
교2) 安 : 용례상 '案'이 옳은 듯하다.
교3) 鳴 : 신조선사본에는 '嗚'로 되어 있으나 地名이므로 바로잡는다.

〔伊尹相湯伐桀〕 마융이 말했다. "속유들은 탕을 시(謚)라고도 하고 호라고도 하는데, 호라는 것은 옳은 뜻이 아닌 듯하고 시라고 말하는 것이 이치에 맞을 것이다. 그러나 시법(謚法)에 실려 있지 않으므로 들은 바가 없다."【'우(禹)'를 속유(俗儒)들은 이름이라고 한다. 그런데 「제계(帝系)」에는 우의 이름이 '문명(文命)'으로 되어 있고, 「왕후세본(王侯世本)」에는 탕의 이름이 '천을(天乙)'로 되어 있다. 이런 사실에서 미루어 말하면 우 또한 시가 아니겠는가? 그러나 이 역시 시법에 실려 있지 않으므로 의심스럽다.】

〔升自陑〕○매색이 말했다. "걸의 도읍은 안읍(安邑)인데, 탕이 '이(陑)'로부터 길에 올라 그가 예상하지 못한 곳으로 쳐들어간 것이다."【'이'는 하곡(河曲)의 남쪽에 있고, '명조'는 안읍의 서쪽에 있다.】

〔遂與桀戰于鳴條之野〕 정현이 말했다. "명조는 남이(南夷)의 지명이다. 『맹자』에 '순은 명조에서 죽었다.'라고 하였는데, 그곳은 동이의 땅이다."【어떤 사람은, '진류(陳留) 평구현(平丘縣)에 지금 명조정(鳴條亭)이 있는데 바로 그곳이다.'라고 한다.】 ○황보밀이 말했다. "「이훈」에 '공격한 것은 명조의 일에서 시작되었지만, 우리 탕 임금이 덕을 닦은 것은 박읍에서 시작되었습니다.'[131]라고 되어 있으니, 뜻으로 볼 때 진류와 동이가 함께 있을 수는 없다. 지금 안읍에는 명조맥(鳴條陌)이 있다."

131 공격한 …… 시작되었습니다 : 「이훈」의 인용 부분에 대한 채침의 주에 "造可攻之釁者, 由桀積惡於鳴條, 而湯德之修, 則始於亳都也."라고 하였다.

○**용안** 명조가 안읍에 있다는 것이 옳다. 「이훈」에 '공격은 명조에서 시작되었다.'라고 한 것은 누구의 「이훈」인가? 처음 위서(僞書)를 지은 사람이 황보밀이거나, 그렇지 않으면 위서를 지은 사람이 추후에 황보밀의 말에 따라 지었을 것이다.【명조는 두 군데에 있는데, 하나는 동쪽에 있고 하나는 서쪽에 있다. 전편(前編) 6에 이미 나왔다.[132]】

考證 〈周語〉 內史過引〈湯誓〉曰: "余一人有罪, 無以萬夫, 萬夫有罪, 在余一人。"【韋昭云: "〈湯誓〉, 伐桀之書[교1)]也。今〈湯誓〉無此言, 則已散亡矣。"】○《論語》曰: "予小子履, 敢用玄牡。"【節】 ○已見前編。

교1) 案書: 『국어』 韋昭의 주에는 '誓'로 되어 있다.

고증 『국어』 「주어」에서 내사(內史) 과(過)가 「탕서」를 인용하여 "'나 한 사람에게 죄가 있는 것은 만부의 탓이 아니요, 반부에세 죄가 있는 것은 나 한 사람에게 달린 일이다.'라고 하였습니다."라고 하였다.【위소가 말했다. "「탕서」는 걸을 정벌할 때의 서사(誓詞)이다. 그런데 지금의 「탕서」에 이 말이 없는 것은 이미 산실되어서이다."】
○『논어』에 "나 소자 리(履)는 감히 검은 희생을 써서【생략】"라고 하였다. ○전편에 이미 나왔다.[133]

132 명조는 …… 나왔다: 전편은 『매씨서평』을 말한다. 『매씨서평』 6 「탕고」에서, 李塨曰: "『正義』謂'陳留平丘縣, 有鳴條亭', 此東鳴條也, 舜所卒也. '蒲州安邑縣, 有鳴條陌', 此西鳴條也, 桀所誅也. 一東一西, 不必牽合."이라고 하여, 명조가 두 군데에 있었음을 밝혔다.

133 『논어』에 …… 나왔다: 『매씨서평』 권2 「正義」 7에 『論語』曰: "予小子履, 敢用玄牡, 敢昭告于皇皇后帝."【「堯曰」篇】 此赫赫「湯誥」文也.【今梅本「湯誥」】라고 하였다.

考證《墨子・尙賢》篇引〈湯誓〉曰：“聿求元聖, 與之戮力同心, 以治天下。”【案。此節, 今入於所謂〈湯誥〉之中, 承‘敢用玄牡’之下】 ○《墨子・兼愛》篇引湯曰：“今天大旱, 卽當朕身, 履未[교1)]知得罪于上下。有善不敢蔽。萬方有罪, 卽當朕身, 朕身有罪, 無及萬方。”【詳前編】 ○《呂氏春秋》云：“余一人有罪, 無及萬夫。” ○閻云：“《墨子》引此, 未云〈湯誓〉, 孔安國以爲《墨子》引〈湯誓〉者, 內史過遠在墨子之前, 業已稱爲〈湯誓〉矣。” **○鏞案** 桑林禱雨, 不得有誓, 桑林禱雨, 身自爲犧, 不得有玄牡。墨說有誤。【閻云：“〈湯誓〉或有二篇, 今〈湯誓〉, 首尾完好, 絶無譌闕。”】

교1) 未：신조선사본에는 ‘末’로 되어 있으나 『墨子』「兼愛」에 따라 바로잡는다.

고증 『묵자』「상현(尙賢)」편에서 다음과 같이 「탕서」를 인용하였다. “‘마침내 원성(元聖)을 찾아서 그와 함께 힘을 다하고 마음을 합하여 천하를 다스리려고 한다.’라고 하였다.”【안. 이 구절이 지금은 이른바 「탕고」에 편입되어 ‘감용현모(敢用玄牡)’의 뒤에 이어져 있다.[134]】 ○또 『묵자』「겸애(兼愛)」편에서 탕의 말을 인용하여 “지금 큰 가뭄이 든 것은 책임이 저에게 있으니, 모르겠지만 제가 하늘과 사람에게 죄를 지었을 것입니다. 착한 일은 감히 가리지 않으며 〈죄가 있으면 감히 용서하지 않을 것입니다.〉 만방에 죄가 있으면 제가 감당하게 하시고, 저에게 죄가 있으면 만방에 미치지 않게 하소서.”라고 하였다.【전편에서 상세히 논하였다.】[135]

134 이 구절이 …… 있다：매색본 『상서』「탕고」에 “肆台小子, 將天命明威不敢赦, 敢用玄牡, 敢昭告于上天神后, 請罪有夏. 聿求元聖, 與之戮力, 以與爾有衆請命.”이라고 되어 있다.

○『여씨춘추』에서는, "나 한 사람에게 죄가 있으면 만부에게 미치지 않게 하소서."[136]라고 하였다.

○염약거가 말했다. "『묵자』에서 이 말을 인용하면서 「탕서」라고 하지 않았는데, 공안국은 '『묵자』에서 「탕서」를 인용한 것이다.'라고 하였다.[137] 내사 과는 묵자보다 훨씬 이전에 살았는데 이미 「탕서」라고 칭하였다."[138]

○**용안** 상림(桑林)에서 기우제를 올릴 때에는 서사가 있을 수 없으며, 또 상림에서 기우제를 올릴 적에는 탕 자신이 스스로 희생이 되었으므로 검은 소의 희생이 있을 수 없다. 묵자의 설에 오류가 있다.【염약거가 말했다. "「탕서」는 어쩌면 두 편이 있었을 것이다. 지금의 「탕서」는 처음부터 끝까지 완벽해서 절대로 잘못된 부분이나 누락된 부분이 없다."[139]】

---

135 「겸애」 편에서 …… 논하였다 : 인용한 내용이 『묵자』에는 탕이 하늘에 제사할 때 고한 말로 되어 있다. 원문은 湯曰 : "惟予小子履, 敢用玄牡, 告于上天后曰, '今天大旱, 卽當朕身, 履未知得罪于上下. 有善不敢蔽, 有罪不敢赦, 簡在帝心. 萬方有罪, 卽當朕身, 朕身有罪, 無及萬方.'"이다. 그런데 『매씨서평』에서는 '簡在帝心'을 생략한 채 인용하였고, 여기에서는 '有罪不敢赦, 簡在帝心'을 생략하였다.

136 『여씨춘추』에서는 …… 하소서 : 『여씨춘추』 권9 「季秋紀・順民」에 보이는데, 湯이 桑林에서 기우제를 올릴 때 고한 말로 되어 있다.

137 공안국은 …… 하였다 : 『논어정의』 何晏의 주에 "孔曰 …… 『墨子』引「湯誓」, 其辭若此."라고 하였다.

138 『묵자』 「상현(尙賢)」 …… 칭하였다 : 전체가 염약거의 『상서고문소증』 권2 제19조의 내용을 요약하여 인용한 것이다.

139 「탕서」는 어쩌면 …… 없다 : 『상서고문소증』 권2 제19조의 내용을 발췌한 것이다. 원문은 다음과 같다. 余嘗以「湯誓」或有二篇 …… 今文「湯誓」一百四十四字, 首尾完好, 文義連屬, 絶無訛闕可疑.

湯歸自夏, 至于大坰。仲虺作誥。【鄭第三十 ○梅本在〈夏社〉·〈典寶〉之下】

탕이 하(夏)에서 돌아와 대경(大坰)에 이르렀다. 중훼가 고(誥)를 지었다.【정현본의 제30편 ○매색본에는 「하사」와 「전보」 다음에 있다.】

梅云: "大坰, 地名。【疏云: "當是定陶, 向亳之路。"】仲虺爲湯左相, 奚仲之後。"【定元年《左傳》云'薛之皇祖奚仲居薛, 爲夏車正, 仲虺居薛, 爲湯左相', 是也】○趙岐云: "萊朱, 湯賢臣, 一曰仲虺。"【《孟子》'伊尹·萊朱'注】

〔湯歸 …… 作誥〕매색이 말했다. "대경(大坰)은 지명이다.【소에서, "이는 정도(定陶)로, 박으로 향하는 길에 〈경유하는 곳〉이어야 한다."[140]라고 하였다.】중훼(仲虺)는 탕의 좌상(左相)으로 해중(奚仲)의 후예이다."【『춘추좌씨전』 정공 원년에, '설(薛)의 황조(皇祖)인 해중이 설에 살면서 하나라의 거정(車正)이 되었고, 중훼는 설에 살면서 탕의 좌상이 되었다.'라고 한 것이 그것이다.】○조기가 말했다. "내주(萊朱)는 탕의 현신으로, 중훼라고도 한다."【『맹자』 '이윤(伊尹)·내주(萊朱)'의 주[141]에 보인다.】

考異 〈殷本紀〉: "諸侯畢服, 湯乃踐天子位, 平定海內。湯歸至於泰卷

140 이는 …… 한다: 『상서정의』의 소에 "大坰, 地名, 未知所在, 當是定陶向亳之路所經."이라고 하였다.

141 이윤(伊尹)·내주(萊朱)의 주: 『맹자』「盡心下」"由湯至於文王, 五百有餘歲, 若伊尹·萊朱則見而知之, 若文王則聞而知之."에 대한 趙岐의 주에 "伊尹, 摯也, 萊朱, 亦湯賢臣也, 一曰仲虺, 是也."라고 하였다.

陶, 中罍作誥。"【《索隱》云:"鄒誕生卷作餉, 又作洞, 則卷當爲坰, 與《尙書》同。其下'陶'字, 是衍耳。"】 ○**鏞案** 《正義》疑大坰是定陶者, 據泰卷陶而言之也。【《綱目前編》注云:"大坰卽滎澤, 在衛州界。"】

고이 『사기』「은본기」에는, "諸侯畢服, 湯乃踐天子位, 平定海內. 湯歸至於泰卷陶, 中罍作誥."로 되어 있다.【『사기색은』에 "추탄생(鄒誕生)[142]은 '卷'을 '餉'으로 쓰고 또 '洞'으로도 썼다. 그렇다면 '卷'은 '坰'이 되어야 『상서』와 같아진다. 그 아래의 '陶' 자는 연문이다."라고 하였다고 인용하고 있다.】

○**용안** 『상서정의』에서 대경을 정도(定陶)라고 의심한 것[143]은 태권도(泰卷陶)에 근거하여 말한 것이다.【『자치통감강목전편』의 주에서는, "대경은 곧 영택(滎澤)으로, 위주(衛州) 지계(地界)에 있다."라고 하였다.】

考異 《大戴禮》作仲傀之誥, 《史記》作中罍,【音壘】《荀子》作中蘬之言,【〈堯問〉篇】《左傳》作仲虺之志,【襄三十】 仲虺之言。【襄十四】 ○**鏞案** 《詩》云'虺虺其雷', 虺之爲罍, 以是也。

고이 『대대례기』에는 '仲傀之誥', 『사기』에는 '中罍'【음은 '壘(뢰)'이다】, 『순자』에는 '中蘬之言'【「요문(堯問)」 편】, 『춘추좌씨전』에는 '仲虺之志'【양공 30년】, '仲虺之言'【양공 14년】으로 되어 있다.

○**용안** 『시경』에 '虺虺其雷(훼훼기뢰)'[144]라고 하였다. '虺'를 '罍'로 쓴 것은 이 때문일 것이다.

---

142 추탄생(鄒誕生): 『사기색은』 序에 따르면 南齊의 輕車錄事로 『音義』 3권을 지었다고 한다.

143 대경을…… 것: 앞의 각주 140) 참조.

144 虺虺其雷(훼훼기뢰): 『시경』「邶風·終風」에 보인다.

考證 《墨子》引〈仲虺之告〉曰："我聞, 有夏人矯天命于下, 帝式是增, 用爽厥師。"【〈非命〉上·中·下三篇, 皆引此章。字句小異, 今錄其下篇】 ○閻云："喪師, 闕師,【上篇作'喪厥師', 中篇作'用闕師'】 爽師, 豈吉祥善事? 而僞者易之, 曰'式商受命, 用爽厥師'。【梅云："爽, 明也。"】 夫以《墨子》引之之複如此, 釋之之確如此,【墨云："桀執有命, 湯特非之曰喪師。"】 而可易之乎?

고증 『묵자』에서 「중훼지고」를 인용하여, "나는, '유하인(有夏人)이 아래의 백성에게 천명을 사칭하자 상제가 미워하여 그 무리를 망하게 하셨다.'라고 들었다."라고 하였다.【「비명(非命)」 상·중·하 3편에서 모두 이 장을 인용하였다. 〈편마다〉 글자가 조금씩 다르게 되어 있는데, 여기에는 그 중 하편을 수록하였다.[145]】

○염약거가 말했다. "〈『묵자』에서〉 상사(喪師)라고 하고 궐사(闕師)라고 하고【〈『묵자』 「비명」〉 상편에서는 '상궐사(喪厥師)'라고 쓰고, 중편에서는 '용궐사(用闕師)'라고 썼다.】 상사(爽師)라고 하였는데, 어찌 상서롭고 좋은 일이겠는가? 그런데도 위작한 자가 바꾸어서 '상나라에 천명을 주어 그 무리를 밝히게 하였다.'라고 하였다.【매색이 말했다. "상(爽)은 명[明 : 밝히다]의 뜻이다."】 『묵자』에서 이와 같이 거듭 인용하고 이와 같이 확실하게 해석하였는데,【묵자는 "걸이 천명을 지녔다고 고집하였으나 탕이 특별히 그것을 부정한 것을 '상사'라고 하였다."라고 하였다.】 그것을 바꿀 수 있겠는가?"[146]

---

145 「비명(非命)」 …… 수록하였다 : 『묵자』 「비명」 上篇에 「仲虺之誥」曰 : "我聞于夏人矯天命, 布命于下, 帝式是惡, 用爽厥師.", 中篇에 「仲虺之告」曰 : "我聞有夏人矯天命, 布命于下, 帝式是惡, 用闕師.", 下篇에 「仲虺之誥」曰 : "我聞有夏人矯天命于下. 帝式是增, 用爽厥師."로 되어 있다.

146 『묵자』에서 「중훼지고」를 …… 있겠는가 : 전체 내용이 염약거의 『상서고문소증』 권1 제12조에 보인다. 이는 『묵자』에 인용된 부분을 근거로 「중훼

考證《荀子》引中蘬之言曰："諸侯自爲得師者王, 得友者覇, 得疑者存, 自爲謀而莫己若者亡。"【〈堯問〉篇】 ○**鏞案** 荀子之時, 古史猶存。仲虺之言, 豈唯大坰之誥而已? 古籍凡有仲虺之名者, 悉蒐爲此誥, 可乎? 又如《左傳》[교1]三條, 已見前編。

교1) 傳: 신조선사본에는 '傅'로 되어 있으나 書名이므로 바로잡는다.

고증 『순자』에서 중훼(中蘬)의 말을 인용하여, "제후가 자신을 위해 스승을 얻으면 왕이 되고, 벗을 얻으면 패(覇)가 되고, 의문을 제기하는 사람을 얻으면 보존되고, 스스로 꾀하면서 자기만 한 사람은 없다고 여기면 망한다."라고 하였다.[147]【「요문(堯問)」 편에 나온다.】

○**용안** 순자 때에는 옛 사서(史書)들이 아직 남아 있었을 것이다. 중훼의 말이 어찌 오직 대경에서 고한 것뿐이었겠는가? 그러나 옛 전적에서 '중훼'라는 이름이 있는 것을 모두 모아서 이 '고(誥)'를 만드는 것이 옳겠는가? 또 『춘추좌씨전』의 세 조목은 이미 전편에 나왔다.[148]

지고」가 僞作임을 밝힌 내용인데, 다산은 『상서고문소증』의 글을 축약하여 제시하였다.

147 『순자』에서 …… 하였다: 염약거의 『상서고문소증』 권5下 제74조에 보인다. 염약거는, 매색본의 「중훼지고」에는 "能自得師者王, 謂人莫己若者亡."이라고만 한 데 비해 『순자』에는 "得友者覇, 得疑者存."이 더 있는데, 이는 僞作者가 자기 뜻에 맞추기 위해 글을 마음대로 刪節한 것이라고 하였다.

148 『춘추좌씨전』의 …… 나왔다: 『매씨서평』 권2 「梅氏書平」 6의 '仲虺之誥' 조에서 『左傳』引仲虺之言曰: "取亂侮亡." ○晉師救鄭, 及河聞鄭及楚平, 桓子欲還, 隨武子曰: "兼弱攻昧, 武之善經也. …… 仲虺有言曰, '取亂侮亡.' 兼弱也. ……"〈선공12년〉 ○又晉侯問衛故於中行獻子, 對曰: "仲虺有言曰, '亡者侮之,

湯旣黜夏命, 復歸于亳。作〈湯誥〉。【鄭第三十一 ○此篇在孔壁十六篇中】

탕이 하(夏)나라의 왕을 내쫓고 다시 박(亳)으로 돌아왔다. 「탕고」를 지었다.【정현본의 제31편 ○이 편은 공벽(孔壁)에서 나온 16편 속에 들어 있다.】

考異 〈殷本紀〉: "旣絀夏命, 還亳。作〈湯誥〉。【因錄其文曰】'維三月, 王自至於東郊, 告諸侯·群后:「毋不有功於民,【咸有德民之意】勤力迺事。【此下疑殘缺】予乃大罰殛女, 毋予怨。」曰:「古禹·皐陶久勞於外, 其有功乎民,【咸有德之意】民乃有安。東爲江, 北爲濟, 西爲河, 南爲淮, 四瀆已修, 萬民乃有居。【明居之意】后稷降播, 農殖百穀。三公咸有功于民, 故后有立。【咸有德之意 ○'立', 一作'土'】昔蚩尤與其大夫作亂百姓,【使不得安居】帝乃弗予, 有狀。【案。古者, 功有功狀, 罪有罪狀, 謂蚩尤有罪狀】先王言不可不勉。」曰:「不道, 毋之在國,【《索隱》云: "又誡諸侯云, '汝爲不道, 我則無令汝之在國。'"】女毋我怨。」' 以令諸侯。伊尹作〈咸有一德〉, 咎單作〈明居〉。"
○鏞案 〈湯誥〉者, 湯與天下更始也, 諸侯來會, 同伐桀黜之, 乃正天子之位, 改封諸侯, 俾受命於商, 乃罷遣歸國, 申明兩條大義。一曰'崇德', 以考功, 二曰'明居', 以安民。帝旨旣頒, 二臣對揚其義, 又作二篇。

亂者取之.' 推亡固存, 國之道也. ……"。君其定衛, 以待時乎!"〈양공14년〉○又鄭伯有奔許, 子皮曰: "仲虺之志云, '亂者取之, 亡者侮之.' 推亡固存, 國之利也."〈양공30년〉를 인용하고, 이 글들을 보면 중훼의 말은 '取亂侮亡'이라는 한 마디뿐이고, 그 밖의 내용은 모두 다른 사람의 말로 중훼와는 상관이 없는 내용인데, 위작한 자가 이것들을 모두 끌어다가 중훼의 말로 만들었다고 하였다.

고이 『사기』 「은본기」에는, '旣紬夏命, 還亳. 作「湯誥」'로 되어 있다.【이어서 그 내용을 다음과 같이 기록하였다.】 "3월에 왕이 동교에 이르러 제후와 군후(君后)에게 다음과 같이 고하였다. '모두가 백성에게 공이 있으니,【함유덕민(咸有德民)의 뜻이다.】 이 일에 부지런히 힘썼다.【이 이하는 잔결된 듯하다.】 내가 이에 너를 크게 벌하여 죽이니 나를 원망하지 말라.' 또 다음과 같이 말하였다. '옛날 우와 고요가 오랫동안 밖에서 수고하여 백성들에게 공이 있었고,【함유덕(咸有德)의 뜻이다.】 백성들이 이에 편안해졌다. 동쪽의 강수(江水), 북쪽의 제수(濟水), 서쪽의 하수(河水), 남쪽의 회수(淮水)까지 사독(四瀆)이 정비되자 모든 백성에게 살 곳이 있게 되었고,【명거(明居)의 뜻이다.】 후직이 씨앗을 뿌리고 농사를 지어 온갖 곡식을 키웠다. 삼공(三公)이 모두 백성에게 공이 있으므로 그 후손을 세워 주었다.【함유덕(咸有德)의 뜻이다. ○'立'이 어떤 본에는 '土'로 되어 있다.[149]】 옛날 치우가 자기의 대부와 함께 난을 일으켜 백성을 혼란스럽게 하자【편안히 살 수 없게 하였다는 말이다.】 하늘이 그를 돕지 않아 죄장(罪狀)이 있었다.【안. 옛날에는 공을 세우면 공장(功狀)이 있고, 죄를 지으면 죄장(罪狀)이 있었다. 치우에게 죄장이 있었다는 말이다.】 선왕께서 힘쓰지 않아서는 안 된다고 말씀하셨다.'[150] 그리고 또 말하였다. '무도하면 나라에 있지 못하게 할 것이니【『사기색은』에 "또 제후들에게 '너희가 무도하면 나는 너희를 나라에 있지 못하게 할 것이다.'라고 경계한 것이다."라고 하였다.】 너희는 나를

149 '立'이 …… 있다 : 『사기』 「은본기」의 『집해』에 徐廣曰 : "一作'土'."라고 되어 있다.

150 선왕께서 …… 말씀하셨다 : '先王言不可不勉'에 대해 "皆是先王賞有功, 誅有罰, 言今汝不可不勉."이라고 한 『사기』 「은본기」 『색은』의 풀이를 반영하여 번역하였다.

원망하지 말라.' 위와 같이 제후들에게 명하였다. 이윤(伊尹)이 「함유일덕」을 짓고, 고단(咎單)이 「명거」를 지었다."

○**용안** 「탕고」란, 탕이 천하와 더불어 다시 시작할 적에 제후들이 와서 모이자 그들과 함께 걸(桀)을 쳐서 쫓아내고 마침내 천자의 자리를 바르게 하고, 제후들을 다시 봉하여 상(商)에서 명을 받게 하고 나서, 제후들을 해산하여 자기 나라로 돌려보내면서 두 조목의 대의를 거듭 밝힌 것이다. 첫째가 숭덕(崇德)이니 그것으로 공을 고과(考課)하고, 둘째가 명거(明居)이니 그것으로 백성을 편안히 하라는 의미이다. 제(帝)가 이를 반포하고 나자 두 신하가 그 뜻을 받들어 실행하고 또 2편을 지은 것이다.

00. 상서서 - 033. 함유일덕, 034. 명거

伊尹作〈咸有一德〉。咎單作〈明居〉。【鄭第三十二, 第三十三。梅本〈明居〉在〈湯誥〉下·〈伊訓〉上, 〈咸有一德〉退在〈太甲〉三篇之下。目錄第四十, 〈商書〉第八】

이윤이 「함유일덕」을 지었다. 고단이 「명거」를 지었다.【정현본의 제32편, 제33편. 매색본에는 「명거」가 「탕고」의 뒤 「이훈」의 앞에 있고, 「함유일덕」은 밀려서 「태갑」 3편의 뒤에 있다. 〈100편의〉 목록 중 제40번째, 「상서(商書)」의 제8번째이다.】

梅云: "君臣皆有純一之德。" ○郝敬云: "〈咸有一德〉, 猶言各擅一長。今言[교1]皆有純一, 意則伊尹不合自矜, 與湯咸有此一。" ○閻云: "〈咸有一德〉, 本在湯朝, 則爲君臣同德之助。在太甲朝, 則爲矜功伐善, 非人

臣對君之言, 追述與其祖爲一德, 得無鞅鞅, 非少主臣乎?" ○又云: "君前臣名, 禮也。太甲旣稽首於伊尹矣, 伊尹又自稱其字于太甲,【一日[교2]'惟尹躬暨湯', 一曰'惟尹躬先見'】豈不君臣交相失乎?" 伊尹, 字尹而名摯。

교1) 案言: 『상서고문소증』에는 앞에 '所'가 더 있다.
교2) 日: 문맥상 '曰'이 옳은 듯하다.

〔伊尹作咸有一德〕 매색이 말했다. "임금과 신하가 모두 순일(純一)한 덕을 지녀야 한다는 말이다." ○학경(郝敬)[151]이 말했다. "「함유일덕」의 〈함유(咸有)는〉 '각기 한 가지 장점을 드날린다[各擅一長]'라는 말과 같다. 지금 모두 순일(純一)함을 지녔다고 말하였는데, 그 의미는 이윤이 스스로 자랑하는 것을 합당치 않다고 여겨 탕과 함께 모두 이런 순일함을 가져야 한다는 것이다."[152] ○염약거가 말했다. "「함유일덕」이 본래 탕 때에 있었다고 한다면 임금과 신하가 같은 덕으로 도운 것이 된다. 그러나 태갑 때에 있었다고 한

151 학경(郝敬): 1558~1639. 明. 자는 仲輿, 호는 楚望. 下學上達의 학문을 주장하였으며 王守仁의 良知說과 知行合一說을 반대하였다. 저술로 『周易正解』, 『易領』, 『尙書辨解』, 『毛詩原解』, 『周禮完解』, 『儀禮節海』, 『禮記通解』, 『春秋直解』, 『談經』, 『孟子說解』, 『史記瑣瑣』, 『時習新知』, 『山草堂集』, 『知言』 등이 있다. 염약거는, 『상서』의 고문과 금문에 대해 그 전까지 부분적으로 논의가 있었지만 학경이 처음으로 그 뜻을 모두 밝혔다고 하며, 『상서고문소증』에서 학경의 주장을 상세히 검토하였다.

152 학경(郝敬)이 …… 것이다: 『상서고문소증』 권8 제116조에 관련 내용이 나온다. 해당 부분의 원문은 다음과 같다. 郝氏以二十五篇置於末, 另爲卷帙, 歷加掊擊, 語或過甚. 余僅錄其四條 ……「咸有一德」云, '篇名「咸有一德」, 似是較數, 故曰咸有, 猶各擅一長云爾. 今所言皆純一, 意則伊尹不合自矜, 與湯咸有此一, 殆後人依題擬撰, 遂揀湊砌, 而乏天眞.

다면 〈이윤이 자신의〉 공을 내세우고 선을 자랑한 것이 되니 신하가 임금에게 할 말이 아니고, 〈또 손자를 섬기면서〉 옛일을 기술하여 그의 조부와 같은 덕을 지녔다고 한 것이 되니, 마음에 차지 않아서 군신 관계를 비난하고 폄하하는 말이 되지 않겠는가?"[153]

○또 말했다. "임금 앞에서 신하는 이름을 말하는 것이 예이다. 그런데 태갑은 이미 이윤에게 머리를 조아렸고, 이윤은 또 태갑에게 스스로 자기의 자(字)를 말하였으니,【한 번은 '윤이 몸소 탕에게 나아가서[惟尹躬暨湯]'라고 하였고, 한 번은 '윤이 몸소 먼저 기밀을 보았다[惟尹躬先見]'라고 하였다.[154]】 어찌 임금과 신하가 서로 예를 잃은 것이 아니겠는가?"[155]

이윤은 자가 윤이고 이름이 지(摯)이다.[156]

考證 《禮記·緇衣》篇引〈尹告〉[교1]曰: "惟尹躬及湯, 咸有壹德."【鄭云: "〈尹告〉, 伊尹之誥也, 〈書序〉以爲〈咸有一德〉, 今亡."】 ○**鏞案** 伊尹告于諸侯

153 「함유일덕」이 …… 않겠는가: 『상서고문소증』 권2 제27조에 관련 내용이 나온다. 해당 부분의 전문은 다음과 같다. 將「咸有一德」篇本屬尹在湯朝贊襄於湯者, 移入在太甲朝陳戒於太甲, 夫贊襄於湯而曰'咸有一德', 似乎喜君臣同德之助, 慶明良交泰之休, 於義可也. 若陳戒於太甲而曰'咸有一德', 是尹以己德告太甲, 則爲矜功伐善, 非人臣對君之言矣. 且事其孫而追述, 與其祖爲一德, 得無鞅鞅非少主臣乎?

154 한 번은 …… 했다: 「함유일덕」에서는 '惟尹躬暨湯'이라고 했고, 「태갑상」에서는 '惟尹躬先見'이라고 하였다.

155 임금 앞에서 …… 아니겠는가: 『상서고문소증』 권4 제61조에 관련 내용이 나온다. 해당 원문은 다음과 같다. 君前臣名, 禮也. …… 何晩出書所載太甲旣稽首於伊尹矣, 伊尹于屢自稱其字於太甲, 豈不君臣交相失乎?

156 이윤은 …… 지(摯)이다: 『상서고문소증』 해당 부분에는 이 말이 보이지 않는다. 다산의 自註일 수도 있겠으나 案說標識가 없으므로 확정할 수는 없다.

曰："不唯友邦諸君, 各自勉勵, 懋修一德, 以安斯民, 唯我與我王, 亦當修德, 俾能咸有一德。"【本文宜然, 今已斷章, 不可考】 鄭註此篇之序, 引伊陟・臣扈之言,【見孔疏】 今亦亡矣。

교1) 案告 : 『예기』에는 '吉'로 되어 있다.

고증 『예기』 「치의(緇衣)」 편에서 「윤고(尹告)」[157]를 인용하여 "윤은 탕의 때에 살았는데 모두 순일한 덕을 지녔다."라고 하였다."【정현이 말했다. "「윤고」는 이윤이 계고(戒誥)한 것으로, 「서서」에는 「함유일덕」으로 되어 있는데, 지금은 없어졌다."】

○**용안** 이윤이 제후들에게 "우방의 임금들이 각자 힘써서 순일한 덕을 성내히 닦아서 이 백성을 편안하게 해야 할 뿐 아니라, 나와 나의 왕 또한 마땅히 덕을 닦아서 모두 순일한 덕을 가질 수 있게 할 것이다."라고 고하였다.【본문은 마땅히 이러하였을 것인데, 지금은 단편적으로 남아 있어서 상고할 수가 없다.】 정현의 주에서는 이 편의 「서」에 이척(伊陟)과 신호(臣扈)의 말을 인용하였으나,【공영달의 「소」에 보인다.】 지금은 이것도 없어졌다.

馬云："咎單, 湯司空也。明居民之法。"【梅云："咎單, 主土地之官。"】《路史》云："咎單, 皐陶之後, 咎讀作皐。" ○**鏞案** 此二篇, 本與〈湯誥〉同序, 故伊尹・咎單之上, 皆無蓋頭之辭。凡〈書序〉, 其無蓋頭之辭者, 皆僞者變亂之跡也。今按〈殷本紀〉載古〈湯誥〉之文, 而其文皆咸有德居

157 윤고(尹告) : 『예기』에는 '尹吉'로 되어 있는데, 정현의 주에 "吉, 當爲告. 告, 古文誥字之誤也."라고 하였다.

民之義, 卽又結之曰‘二臣作二篇’, 則此二篇, 其本與〈湯誥〉同序, 又昭昭然矣。嗟呼! 此二篇之義, 源遠而流長, 請試言之。皐陶曰 : “都! 在知人, 在安民。” 禹曰 : “吁! 知人則哲, 能官人, 安民則惠, 黎民懷之。” 皐陶進九德之謨, 則選德官人之義也。禹・稷奏畎澮之績, 則勸農安民之義也。周公作〈立政〉・〈無逸〉二篇。〈立政〉者, 選德官人之法也。〈無逸〉者, 稼穡安民之戒也。孔門《大學》之書, 先於誠意之訓, 預言平天下之效, 曰 : “君子, 賢其賢而親其親, 小人, 樂其樂而利其利, 此以沒世不忘也。” 乃於‘平天下’章, 昭二大義, 一曰用賢, 二曰利民, 三翻四轉, 戒之以天命。 此蓋堯・舜・禹・湯・文・武・周・孔相傳相承, 治天下之大經大法, 不可不闡明者也。用賢則朝廷正而君子之心平, 利民則野聚安而小人之心平, 此之謂天下平也。然則伊尹・咎單之二篇, 旣亡其經, 竝其序而撦裂, 使後人無蹊路之可尋, 嗚呼, 惜哉!

〔咎單作明居〕 마융이 말했다. “고단은 탕의 사공(司空)으로, 거민(居民)의 법을 밝혔다.”【매색이 말했다. “고단은 토지를 주관하는 관리이다.”】『노사(路史)』에 “고단은 고요(皐陶)의 후예이니, 咎는 皐(고)로 읽어야 한다.”라고 하였다.

○**용안** 이 두 편은 본래 「탕고」와 「서」를 같이 썼다. 그러므로 이윤과 고단 앞에는 모두 머리글이 없는 것이다. 무릇 「서서」 중에 머리글이 없는 것은 모두 위작한 자가 바꾸고 어지럽힌 흔적이다. 지금 『사기』 「은본기」에 실려 있는 옛 「탕고」의 글을 살펴보면 그 내용이 모두 함유덕(咸有德)과 거민(居民)의 뜻이고, 곧바로 또 ‘두 신하가 두 편을 지었다.’라고 맺고 있다. 그렇게 보면 이 두 편이 본래 「탕고」와 「서」를 같이 썼다는 것이 또 분명해진다. 아, 이 두

편의 뜻은 그 근원이 멀고 그 흐름이 길게 이어진 것이다. 그 내용을 말해보겠다.

고요가 "아, 훌륭합니다. 사람을 알아보는 데에 달렸고, 백성을 편안하게 하는 데에 달렸습니다."라고 하자, 우가 "아, 사람을 알아보는 것은 지혜로움이니 관리를 제대로 임명할 수 있고, 백성을 편안하게 하는 것은 은혜로움이니 모든 백성이 그를 마음에 품을 것입니다."라고 하였다. 고요가 9덕(德)의 모책을 바친 것은 덕 있는 이를 뽑아서 관리로 임명해야 한다는 뜻이고, 우와 직이 농지와 수로를 정비한 업적을 아뢴 것은 농사를 권장하여 백성을 편안하게 하는 뜻이다. 주공은 「입정」과 「무일」을 지었다. 「입정」이란 덕 있는 이를 뽑아서 관리로 임명하는 법이고, 「무일」이란 농사를 지어 백성을 편안하게 해야 한다는 경계이다. 공자 문하의 책 『대학』에서는 성의(誠意)의 교훈에 앞서서 미리 천하를 안정시킨 공효를 말하여, "군자는 전왕(前王)이 어질게 여긴 이를 어질게 여기고 전왕이 가까이 하던 이를 가까이 하며, 소인은 전왕이 즐겁게 해주심을 즐거워하고 전왕이 이롭게 해주심을 이롭게 여긴다. 이 때문에 〈전왕이〉 세상에 없어도 잊지 못하는 것이다."라고 하였다. 그리고 이어 '평천하' 장에서 두 가지 대의(大義)를 밝혔는데, 하나는 '어진 이를 등용함[用賢]'이고 하나는 '백성을 이롭게 함[利民]'이다. 이와 같이 세 번 네 번 말을 바꾸어 가며 반복하면서 천명으로 경계하였다. 이것이 대체로 요·순·우·탕·문왕·무왕·주공·공자가 서로 전해주고 이어받은 천하를 다스리는 대경대법(大經大法)이어서 분명히 밝히지 않을 수 없었던 것이다.

어진 이를 등용하면 조정이 바르게 되어 군자의 마음이 안정되고, 백성을 이롭게 하면 민간이 편안하게 되어 소인의 마음이 안정되니, 이것을 '천하가 안정됨[天下平]'이라고 한다. 그러나 이윤과 고단이 지은 이 두 편은 이미 그 경이 없어지고 그 「서」까지도 갈가리 찢어져서 후인들로 하여금 찾을 수 없게 하였으니, 아, 애석하다.

번역 : 김성재

00. 상서서 - 035. 전보

夏師敗績, 湯遂從之, 遂伐三朡, 俘厥寶玉。誼伯·仲伯作〈典寶〉。【鄭第三十四 ○《史記》在〈湯誓〉後·〈夏社〉之上。梅本在〈夏社〉後·〈虺誥〉之上 ○朡, 子公反】

하(夏)나라 군대가 대패하자 탕이 추격하여 드디어 삼종(三朡)을 정벌하고 그 보옥(寶玉)을 차지하였다. 의백(誼伯)과 중백(仲伯)이 「전보」를 지었다.【정현본의 제34편 ○『사기』「은본기」에는 「탕서」의 뒤, 「하사」의 앞에 있다. 매색본에는 「하사」의 뒤, 「중훼지고」의 앞에 있다. ○朡의 음은 子(자)와 公(공)의 반절이다.】

梅云: "三朡, 國名, 桀走保之。今定陶也。"【疏云: "安邑在洛陽西北, 定陶在洛陽東南, 湯緩追之不迫, 遂奔南巢。"】疏云: "桀載寶而行, 棄於三朡。" ○**鏞案** 〈殷本紀〉,〈湯誓〉之下, 卽承以〈典寶〉, 蓋以當時軍機迅烈, 厥自鳴條, 遂伐三朡, 間不容髮, 戰功次序, 本自如此。然鄭本〈書序〉, 却在〈湯誥〉·〈明居〉之下者, 旣遣諸侯, 使各安民, 乃陳寶玉, 事理宜然。今此〈典寶〉之篇, 卽湯歸亳之後, 命官典守之時所作。故序在此也。序云'夏師敗績', '遂伐三朡'者, 追敍俘獲之本事也, 梅本但據〈殷本紀〉, 移揷如此。然〈金縢〉之作, 若據〈魯世家〉, 風雷偃禾之異, 明在周公旣薨之後。而〈多士〉·〈無逸〉·〈周官〉·〈立政〉, 皆敍在上, 梅本又何不移揷也?

〔遂伐三朡〕 매색이 말했다. "삼종(三朡)은 나라 이름으로, 걸이 그곳으로 달아나 의지하였다. 지금의 정도(定陶)이다."【『상서정의』 소에 "안읍(安邑)은 낙수(洛水) 이북의 서북쪽에 있고 정도는 낙수 이북의 동남쪽에 있는데, 탕이 천천히 추격하여 다그치지 않으니 마침내 걸이 남소(南巢)로 달아난 것이다."[158]라고 하였다.】

〔俘厥寶玉〕 소에 "걸이 보옥을 싣고 가서 삼종에 버린 것이다."라고 하였다.

○**용안** 『사기』「은본기」에는 「탕서」 다음에 곧바로 「전보」를 잇고 있다. 이는 대개 당시의 군기(軍機)가 급박하여 명조(鳴條)에서부터[159] 드디어 삼종을 공격하기까지 잠시의 틈도 없었기 때문이니, 전공(戰功)의 차례가 본래 이와 같았다. 그런데 정현본 「서서」에서는 도리어 이 편을 「탕고」와 「명거」의 뒤에 두었다. 그것은 제후들을 보내어 각자 백성을 편안하게 하고 나서 보옥을 진열하였다고 본 것으로, 사리로는 그러해야 한다.[160] 지금 이 「전보」 편은 탕이

158 안읍(安邑)은 …… 것이다 : 『상서정의』 소의 내용을 발췌하여 인용한 것이다. 전문은 다음과 같다. 安邑, 在洛陽西北, 定陶, 在洛陽東南. 孔跡其所往之路, '桀, 自安邑東入山, 出太行', 乃'東南涉河', 往奔三朡. 湯緩追之, 不迫, 遂奔南巢.

159 명조(鳴條)에서부터 : 湯이 桀을 정벌할 때 걸의 군사와 처음 싸운 곳이 鳴條이다. 「湯誓」의 「서」 참조.

160 『사기』 …… 한다 : 『사기』「은본기」에서는 사건을 시간 순으로 서술하여 「탕서」, 「전보」, 「탕고」, 「함유일덕」, 「명거」의 순서로 기술하였는데, 정현본에서는 사리에 따라 「탕서」(제29편) 편 다음에 제후들을 보내 백성을 안정시킬 때 지은 「중훼지고」(제30편), 「탕고」(제31편), 「함유일덕」(제32편), 「명거」(제33편)를 먼저 편차하고 있다.

박(亳)으로 돌아온 뒤에 〈보옥을〉 전수(典守)하는 관리를 임명할 때 지은 것이므로 「서」가 여기에 있는 것이다. 「서」에서 '하사패적(夏師敗績)', '수벌삼종(遂伐三朡)'이라고 한 것은 획득한 본래의 사실을 추후에 서술한 것인데, 매색본에서는 「은본기」에만 의거하여 이와 같이 옮겨서 끼워 넣은 것이다. 그러나 「금등」을 지은 것은, 『사기』 「노세가」에 따르면 폭풍이 불고 번개가 치며 벼가 쓰러지는 이변이 일어났을 때로[161] 주공이 죽은 다음에 있었음이 명백하다. 따라서 「다사」, 「무일」, 「주관」, 「입정」은 〈일이 일어난〉 순서로 보면 모두 〈「금등」보다〉 먼저 있었던 일인데, 매색본에서는 또 어째서 옮겨 놓지 않았단 말인가?[162]

蔡云: "俘厥寶玉, 恐非聖人所急。〈典寶〉詳見《逸周書》, 然不可信。" ○**鏞案** 古者, 征伐所獲寶玉之器, 留作宗器。〈顧命〉所陳天球·弘璧·琬琰·夷玉。《左傳》所云夏璜·繁弱·鞶鑑·闕鞏之類, 是也。凡寶玉之器, 以之祭上帝, 以之禮明神, 以之朝聘, 以之享賓, 所用重矣。武王克殷, 分殷之器物, 亦作書一篇。《周禮·春官》, 特設典庸器之職, 以典此物。今此義[교1)]伯·仲伯, 亦作典寶之官, 遂作〈典寶〉之篇, 不可曰'非聖人所急'也。【典者, 官守之名也】

161 「금등」을 …… 때로: 『사기』 「魯世家」에 "周公卒後, 秋未穫, 暴風雷雨, 禾盡偃, 大木盡拔, 周國大恐, 成王與大夫朝服以開金縢書."라고 하였다.

162 매색본에서는 …… 말인가: 매색본의 편차가 일관성을 잃은 것에 대한 지적이다. 매색본은 사건이 일어난 순서를 존중한 『사기』 「은본기」에 따라 「탕서」 다음에 「전보」를 배치하였는데, 이러한 원칙을 따른다면 주공이 죽은 뒤에 지은 「금등」은 주공이 지은 「다사」나 「무일」보다 뒤에 있어야 하지만 도리어 앞에 있는 것을 지적한 것이다.

교1) 義 : 신조선사본에는 '誼'로 되어 있는데 『사기』 「殷本紀」에 따라 바로잡는다. 案 문맥으로 보아 신조선사본을 따르는 것이 옳은 듯하다.

〔俘厥寶玉〕 채침이 말했다. "보옥을 차지하는 것[俘厥寶玉]은 성인이 급선무로 삼을 바가 아닌 듯하다. 「전보」는 『일주서(逸周書)』[163]에 자세히 보이기는 하지만 믿을 수 없다."[164]

○**용안** 옛날에 정벌하여 얻은 보옥의 기물들은 남겨두어 종묘의 제기(祭器)로 사용하였다. 「고명」에서 진열한 천구(天球)·홍벽(弘璧)·완담(琬琰)·이옥(夷玉)[165]이나, 『춘추좌씨전』에서 말한 하황(夏璜)·번약(繁弱)·반감(鞶鑑)·궐공(闕鞏) 같은 것이 그것이다. 모든 보옥의 기물은 그것으로 상제에게 제사 지내고, 명신(明神)에게 예를 바치고, 조빙(朝聘)에 사용하고, 빈객을 접대하였으니, 그 쓰임이 중하다. 무왕이 은나라를 이기고 나서 은의 기물들을 나누어주고는 또 글 한 편[166]을 지었고, 『주례』 「춘관(春官)」에는 특별히 용기(庸器)를 관리하는 관직을 두어 이 기물을 관리하게 한다고 하였다. 지금 여기 의백과 중백도 보옥을 관리하는 관원이 되어 드디어 「전보」 편을 지은 것이니, '성인이 급선무로 삼을 바가 아니다.'라고 할 수는 없다.【'전(典)'은 관직의 이름이다.】

163 『일주서(逸周書)』 : 晉 武帝 때 魏 安釐王의 무덤에서 발견된 古文 竹書 중의 하나이다. 汲郡의 옛 무덤에서 출토되었다고 하여 『汲冢周書』라고도 한다.

164 채침이 …… 없다 : 金履祥의 『資治通鑑前篇』 권4에 나온다. 거기에는 '蔡云'이 '蔡氏曰'로 되어 있는데, 채침의 『서집전』에는 이 내용이 없다.

165 「고명」에서 …… 이옥(夷玉) : 『상서』 「顧命」에 "越玉五重, 陳寶, 赤刀·大訓·弘璧·琬琰在西序, 大玉·夷玉·天球·河圖在東序"라고 하였다.

166 글 한 편 : 「分器」 편을 가리킨다. 그 「서」에 "武王旣勝殷, 邦諸侯, 班宗彝. 作 「分器」."라고 하였다.

考異 〈殷本紀〉: "夏師敗績, 遂伐三㚇, 俘厥寶玉, 義伯·仲伯作〈典寶〉。"

고이 『사기』「은본기」에는 "夏師敗績, 遂伐三㚇, 俘厥寶玉, 義伯·仲伯作「典寶」."로 되어 있다.

考證 鄭註〈典寶〉引〈伊訓〉曰: "載孚在亳。" 又云: "征是三朡。"【〈虞書〉疏】 ○**鏞案** 孔疏以此爲鄭不見〈伊訓〉之證。然眞本〈伊訓〉, 殘章缺句, 必有此二句,【〈伊訓〉在十六篇中】 未可議也。【'載孚'之孚, 或與俘字通】

고증 정현은 「전보」의 주에서 「이훈」을 인용하여 "재부재박(載孚在亳)"이라고 하고, 또 "정시삼종(征是三朡)"이라고 하였다.【『상서정의』「우서(虞書)」의 소에 보인다.】

○**용안** 공영달의 소에서는 이것을 정현이 「이훈」을 보지 못하였다는 증거로 삼았다.[167] 그러나 진본 「이훈」의 잔결(殘缺)된 장구(章句)에는 이 두 구절이 반드시 있었겠지만【「이훈」은 16편 중에 들어 있다.】 의론할 수 없다.【'재부(載孚)'의 '부(孚)'는 간혹 '부(俘)' 자와 통용된다.】

考證 郭璞《爾雅》註引"《書》曰: '俘厥寶玉。'"【〈釋詁〉注】 ○**鏞案** 郭氏所見, 似亦〈伊訓〉之殘句, 非引此序也。【直引云'書曰'】 若然〈伊訓〉當云 '征是三朡, 俘厥寶玉'。

167 공영달의 …… 삼았다 : 『상서정의』 소에서 "壁內所得孔爲傳者, 凡五十八篇, 爲四十六卷, 三十三篇與鄭註同, 二十五篇增多鄭註也. …… 但孔君所傳, 値巫蠱不行. 以終前漢, 諸儒知孔本有五十八篇, 不見孔傳 …… 鄭玄亦不見之, 故註 ……「典寶」引「伊訓」云'載孚在亳', 又曰'征是三朡', ……"이라고 하였다.

고증 곽박(郭璞)[168]의 『이아』 주에 "『상서』에 '부궐보옥(俘厥寶玉)'이라고 하였다."라고 인용하였다.[169]【『이아』 「석고(釋詁)」의 주에 보인다.】

○용안 곽박이 본 것은 「이훈」의 잔구(殘句)인 듯하고, 이 「서」를 인용한 것은 아니다.【곧바로 '서왈(書曰)'이라고 인용하였다.】 만약 그렇다면 「이훈」에는 '정시삼종, 부궐보옥(征是三朡, 俘厥寶玉)'으로 되어 있었을 것이다.

00. 상서서 - 036. 이훈, 037. 사명, 038. 조후

成湯旣沒, 太甲元年。伊尹作〈伊訓〉·〈肆命〉·〈徂后〉。【鄭第三十五·六·七】

성탕이 죽은 뒤 태갑 원년이 되었다. 이윤이 「이훈」·「사명」·「조후」를 지었다.【정현본의 제35편, 제36편, 제37편】

梅云: "太丁未立而卒, 及湯沒而太甲立, 稱元年。" **○鏞案** 序云'成湯旣沒, 太甲元年'者, 〈帝告〉·〈釐沃〉以下十四篇, 皆湯在時作, 〈伊訓〉以下, 乃爲湯沒後作。故特書之如此, 以別疆界, 非謂成湯崩年, 卽太甲元年也。梅本於此, 瘡疣百出, 辨析頗詳, 竝見前編, 不再述。

---

168 곽박(郭璞): 276~324. 東晉 사람으로, 자는 景純이다. 천문, 古文奇字, 卜筮術에 밝았다. 『爾雅注』, 『三蒼注』, 『方言注』, 『山海經注』, 『水經注』, 『穆天子傳注』, 『周易洞林』, 『楚辭注』 등을 지었다.

169 곽박(郭璞)의 …… 인용하였다: 『이아』 「釋詁下」의 "探·篡·俘, 取也."에 대한 곽박의 주에 "『書』曰: '俘厥寶玉.' 篡者, 奪取也, 探者, 摸取也."라고 하였다.

〔太甲元年〕 매색이 말했다. "〈태갑의 아버지〉 태정(太丁)은 즉위하기 전에 죽었고, 탕이 죽자 태갑이 즉위하여 원년(元年)이라고 칭한 것이다."

○용안 「서」에서 '성탕기몰, 태갑원년(成湯旣沒, 太甲元年)'이라고 한 이유는 「제곡」과 「이옥」 이하 14편[170]은 모두 탕이 제위(帝位)에 있을 때에 지은 것이고, 「이훈」 이하는 탕이 죽은 다음에 지은 것이므로 특별히 이와 같이 기록하여 시대를 구분한 것이지, 성탕이 죽은 해가 곧바로 태갑 원년이라는 말은 아니다. 매색본은 여기에서 온갖 병증이 나타나고 있다. 이에 대한 변석이 자못 상세한데, 모두 전편[前編 : 『매씨서평』]에 나왔으므로 재론하지 않는다.

考證 〈殷本紀〉: "湯崩, 太子太丁未立而卒, 弟外丙卽位, 三年崩, 弟中壬卽位, 四年崩, 伊尹乃立太甲。帝太甲元年, 伊尹作〈伊訓〉, 作〈肆命〉, 作〈徂后〉。" 鄭云 : "〈肆命〉者, 陳政教所當爲也,【案。鄭以肆爲陳】〈徂后〉者, 言湯之法度也。"【案。〈徂后〉似言旣徂之先后】 ○梅云 : "陳天命以戒亡,[교1] 陳往古明君以戒亡。" **○鏞案** 孔氏眞古文, 〈伊訓〉·〈肆命〉在十六篇之內, 〈徂后〉本亡。

교1) 案亡 : 『상서정의』에는 앞에 '太甲'이 더 있다.

고증 『사기』 「은본기」에 "탕이 죽고 나서, 태자였던 태정(太丁)이 즉위하기 전에 죽었으므로 탕의 아우 외병(外丙)이 즉위하였으나

170 「제곡」과 …… 14편 : 「帝告」, 「釐沃」, 「湯征」, 「汝鳩」, 「汝方」, 「夏社」, 「疑至」, 「臣扈」, 「湯誓」, 「仲虺之誥」, 「湯誥」, 「咸有一德」, 「明居」, 「典寶」의 14편이다.

3년 만에 죽었고, 외병의 아우 중임(中壬)이 즉위하였으나 4년 만에 죽었다. 이윤이 이에 태갑을 즉위시켰다. 제(帝) 태갑 원년에 이윤이 「이훈」·「사명」·「조후」를 지었다."[171]라고 하였다. 정현이 말했다. "「사명」은 나라를 다스리고 백성을 교화함에 마땅히 해야 할 바를 진술한 것이고【안. 정현은 '사(肆)'를 '진[陳 : 진술하다]'의 뜻으로 보았다.】「조후」는 탕의 법도를 말한 것이다."[172]【안. 「조후」는 이미 죽은 선대의 임금을 말한 듯하다.】

○매색이 말했다. "천명을 말하여 군주의 명이 다함을 경계하고, 지나간 옛 명군(明君)을 말하여 나라의 멸망을 경계한 것이다."

○**용안** 공안국의 진고문에 「이훈」과 「사명」은 16편 안에 있고, 「조후」는 본래 없었다.

00. 상서서 - 039~041. 태갑

太甲旣立, 不明, 伊尹放諸桐, 三年復歸于亳, 思庸。伊尹作〈太甲〉三篇。【鄭第三十八·九·四十】

태갑이 제위에 올랐으나 밝지 못해 이윤이 동(桐)으로 내쫓았다.

171 탕이 …… 지었다 : 『사기』「은본기」의 일부 내용을 생략하고 인용하였다. 전문은 다음과 같다. 湯崩, 太子太丁未立而卒, 於是迺立太丁之弟外丙, 是爲帝外丙. 帝外丙卽位三年, 崩, 立外丙之弟中壬, 是爲帝中壬. 帝中壬卽位四年, 崩, 伊尹迺立太丁之子太甲. 太甲, 成湯適長孫也, 是爲帝太甲. 帝太甲元年, 伊尹作「伊訓」, 作「肆命」, 作「徂后」.

172 정현이 …… 것이다 : 『사기』「은본기」의 『集解』에 나온다.

3년이 지나 박(亳)으로 돌아오게 하였으니, 떳떳한 덕을 생각하였기 때문이다. 이윤이 「태갑」 3 편을 지었다.【정현본의 제38편, 제39편, 제40편】

梅云: "不明居喪之禮。" ○鄭云: "桐, 地名, 有王離宮焉。"【梅云: "湯葬地也。" ○《史》注云: "尸鄕南有古城。"】 **○鏞案** 〈書序〉·《史記》, 皆但云'不明',【《史》又云'暴虐'】 梅注必云'不明于喪禮'者, 新撰之《書》, 成湯新崩, 崩年卽放, 未及行政, 唯有不善居喪之罪, 可蚤顯也。卽位未久, 虐政未著, 遽放而黜之乎?

〔旣立不明〕 매색이 말했다. "거상(居喪)의 예(禮)에 밝지 못하였다는 말이다."
〔放諸桐〕○정현이 말했다. "동(桐)은 지명으로, 왕의 이궁(離宮)이 그곳에 있었다."[173]【매색이 말했다. "탕을 장사지낸 곳이다." ○『사기』「은본기」의 『정의』에 "시향(尸鄕)의 남쪽에 고성(古城)이 있다."라고 하였다.】

○용안 「서서」와 『사기』에 모두 단지 '밝지 못하다.[不明]'라고만 하였는데,【『사기』에는 또 포학하였다고 하였다.[174]】 매색의 주에서 굳이 '상례(喪禮)에 밝지 못하였다.'라고 한 것은, 새로 글을 지은 것이 성탕이 죽은 그때로 〈성탕이〉 죽은 해에 즉시 쫓아내어 미처 정사를 행하지 않았고, 오직 거상(居喪)을 잘하지 못한 잘못만은 일찌감치 드러날 수 있었기 때문일 것이다. 즉위하고 오래되지 않았으

173 정현이 …… 있다 : 『사기』「은본기」의 『集解』에 나온다.
174 『사기』에는 …… 하였다 : 『사기』「은본기」에 "帝太甲旣立三年, 不明, 暴虐."이라고 하였다.

므로 학정(虐政)이 아직 드러나지 않았을 것인데 갑자기 쫓아내 물리쳤겠는가?

考證 〈殷本紀〉: "帝太甲既立, 三年不明, 暴虐, 不遵湯法, 亂德。於是伊尹放之於桐宮, 三年伊尹攝行政當國, 以朝諸侯。帝太甲居桐宮三年, 悔過自責反善, 伊[교1]尹迺迎帝太甲而授之政。太[교2]甲修德, 諸侯咸歸殷。[교3] 伊尹嘉之, 迺作〈太甲訓〉三篇。" ○**鏞案** 《史》明云'既立三年被放', 則梅氏之經, 已盡壞矣。但放桐三年, 卽居桐三年, 伊尹攝政, 亦此三年, 不可複算也。且據《史記》, 帝太甲反善修德之後, 伊尹嘉之, 乃作三篇, 〈書序〉亦然, 思庸復位之後, 乃作三篇。嗟呼! 聖人之望於人, 唯悔過遷善而已, 既悔既遷之後, 臚陳舊惡, 揄揚己美, 一則曰'不惠于阿衡', 二則曰'王唯庸, 罔念聞', 三則曰'王未克變', 四則曰'玆乃不義, 習與性成', 五則曰'予弗狎于弗順', 其間自讚自揚之言, 令人代赧。曾謂伊尹作此三篇, 卽以獻之於帝前乎, 抑私閱之巾衍乎? 雖史臣秘牒, 必不至是。自晉以來, 讀梅《書》者何限, 而不悟伊尹之義必不當如此, 欺世亦易易也。

교1) 案伊 : 『사기』「은본기」에는 앞에 '於是'가 더 있다.
교2) 案太 : 『사기』「은본기」에는 앞에 '帝'가 더 있다.
교3) 案殷 : 『사기』「은본기」에는 뒤에 '百姓以寧'이 더 있다.

고증 『사기』「은본기」에는 이렇게 기록되어 있다. "제 태갑이 즉위하고 나서 3년 동안 밝지 못하고 포학하며 탕의 법을 따르지 않고 덕을 어지럽게 하였다. 이에 이윤이 동궁으로 쫓아내고, 3년 동안 이윤이 정사를 섭행(攝行)하여 나라를 맡아 다스리며 제후들에게 조회를 받았다. 제 태갑이 동궁에서 지내는 3년 동안 잘못을 뉘우치고 스스로를 책망하여 선(善)으로 돌아오니, 이윤이 그때서야 제 태갑을 맞이하여 정사(政事)를 돌려주었다. 태갑이 덕을 닦자 제후들이 모두 은나라로 돌아오니 이윤이 좋게 여겼다. 이에 「태갑훈(太甲訓)」 3편을 지었다.

○**용안** 『사기』에는 분명히 '즉위하고 나서 3년이 지나 쫓겨났다.'라고 하였으니 매색의 경(經)은 이미 모두 무너졌다. 다만 〈「서서」의〉 '방동삼년(放桐三年)'이 바로 〈『사기』의〉 '거동삼년(居桐三年)'으로, 이윤이 섭정한 것도 이때의 3년이니 중복 계산해서는 안 된다. 또 『사기』에 의거해 보면 제 태갑이 선으로 돌아와 덕을 닦은 이후에 이윤이 그것을 좋게 여겨 세 편을 지었다고 하였고, 「서서」에도 그렇게 되어 있으니 떳떳한 덕을 생각하여 복위한 다음에 비로소 세 편을 지은 것이다. 아아! 성인이 사람에게 바라는 것은 잘못을 뉘우치고 선으로 옮겨가는 것일 뿐이다.

그런데 뉘우치고 선으로 옮겨간 뒤에 옛 잘못을 펼쳐놓고 자신의 덕을 드러내어, 첫째로 '〈사왕(嗣王)이〉 아형을 따르지 않았다.[不惠于阿衡]'라고 하고, 둘째로 '왕이 예사롭게 여기고 듣지 않았다.[王惟庸, 罔念聞]'라고 하고, 셋째로 '왕이 〈옛 습관을〉 바꾸지 못하였다.[王未克變]'라고 하고, 넷째로 '이 의롭지 못함은 습관이 오래 되어 천성이 되었기 때문이다.[茲乃不義, 習與性成]'라고 하고, 다섯째로 '나는 의리를 따르지 않는 사람과 가까이하지 않겠다.[予弗狎于弗順]'라고 하였다.[175] 그 글 속에서 자화자찬한 말이 사람으로 하여금 얼굴을 붉히게 만든다. 이윤이 이 세 편을 지은 것이 제(帝)

175 첫째로 …… 하였다 : 이 부분에서 인용한 내용은 모두 「太甲上」에 나온다.

에게 바치기 위해서라고 생각한 것인가, 아니면 개인이 은밀히 보관하기 위해서라고 생각한 것인가? 비록 사신(史臣)이 비장(秘藏)한 문서라고 해도 반드시 이렇게까지는 하지 않았을 것이다. 진(晉)나라 이래로 매색의 『상서』를 읽은 자가 무수히 많았지만 이윤의 뜻이 반드시 이와 같지는 않았을 것이라는 점을 깨닫지 못하였으니, 세상을 속이는 것도 쉬운 일이다.

考證 孟子曰："太甲顚覆湯之典刑, 伊尹放之於桐。三年, 太甲悔過, 自怨自艾, 於桐處仁遷義, 三年, 以聽伊尹之訓己也, 復歸于亳。" ○閻云："太甲被放교1)三年, 始悔過, 又三年, 僞者只作三年, 不合於《孟子》。" **○鏞案** 閻義, 非也。被放三年, 太甲不悔不怨, 無思無慮, 虛送此三年, 忽自第四年, 猝發聖改過, 三年孜孜, 如夢之方覺乎? 孟子再言三年, 上三年是先言被放之年數, 下三年是申言悔過之積力, 豈可作六年看乎? 但太甲卽位三年之後, 始乃被放, 〈殷本紀〉甚明。僞者謂'被放三年, 卽居喪三年', 是其誤處。【凡喪爲天王斬衰。太甲於仲壬之喪, 亦當服三年。悔必以爲服湯之三年, 一拗也。湯年百歲而崩, 若中壬生甫四年, 則湯九十七生中壬, 又一拗也】

교1) 案放 : 『상서고문소증』에는 뒤에 '後'가 더 있다.

고증 맹자가 말했다. "태갑이 탕의 전형(典刑)을 전복(顚覆)시키므로 이윤이 동궁으로 3년 동안 내쫓았다. 태갑이 잘못을 뉘우쳐 자신을 탓하고 자신을 단속하여 동궁에서 3년 동안 인(仁)을 실천하고 의(義)로 옮겨가며 이윤이 자기에게 훈계한 말을 따랐다. 그리하여 다시 박으로 돌아왔다."176

○염약거가 말했다. “태갑이 쫓겨난 뒤 3년 만에 비로소 잘못을 뉘우쳤고 또 3년이 지났는데, 위조한 자가 3년이라고만 한 것은 『맹자』와 부합하지 않는다.”[177]

○**용안** 염약거의 견해는 잘못되었다. 쫓겨나서 처음 3년 동안 태갑은 뉘우치거나 원망하지 않은 채 아무 생각도 없이 이 3년을 허송세월하다가, 문득 4년째부터 갑자기 성인이 되어 잘못을 뉘우치고 〈그 이후〉 3년 동안 힘써서 꿈에서 막 깨어난 것처럼 하였단 말인가? 맹자가 3년을 두 번 말하였는데, 앞의 3년은 우선 쫓겨난 햇수를 말한 것이고, 뒤의 3년은 그동안 잘못을 뉘우치려고 한 노력을 다시 말한 것이다. 어찌 6년으로 볼 수 있겠는가? 다만 태갑이 즉위하고 3년 뒤에 비로소 쫓겨났다는 것은 『사기』「은본기」에 매우 분명하게 나온다. 위작한 자는 ‘쫓겨나 있던 3년이 바로 거상한 3년이다.’라고 하였는데 이것이 그 잘못된 점이다.【무릇 상례(喪禮)에 천왕(天王)을 위해서는 참최(斬衰)를 하니, 태갑은 중임(仲壬)의 상에 또한 응당 3년을 복상해야 한다. 그런데 매색은 굳이 탕의 상을 치르는 3년이라고 하였으니, 이것이 한 가지 잘못이다. 탕이 나이 100세에 죽었는데 만약 중임이 태어나 겨우 네 살이었다면 탕은 97세에 중임을 낳은 것이 되니, 또 이것이 한 가지 잘못이다.】

176 태갑이 …… 돌아왔다 : 『맹자』「萬章 上」에 나온다.

177 맹자가 …… 않는다 : 『상서고문소증』 권4 제60조에 나온다. 해당 부분 전문은 다음과 같다. 孟子曰 : “太甲顚覆湯之典刑, 伊尹放之於桐. 三年, 太甲悔過, 自怨自艾, 於桐處仁遷義, 三年, 以聽伊尹之訓己也, 復歸于亳.” …… 蓋太甲被放後三年始悔過, 又三年惟伊尹訓是聽, 蓋凡六年始復歸於亳, 遷天子位焉. …… 僞作古文者生於魏晉間時, 皆以「書序」爲孔子作, 故所撰二十五篇盡依傍之. …… 三年復歸事撰於中篇中, 以合「書序」, 而不顧不合於『孟子』.

考訂 閻潛丘云："三年之喪, 二十五月而畢, 中月而禫。鄭玄以中月爲間月, 王肅以中月爲月中, 則二十六月可卽吉。王肅以前, 無是說也。今梅氏, 〈太甲〉'惟[교1]三祀十有二月朔', 釋曰'湯以元年十一月崩, 至此二十六月, 三年服闋', 用王肅之說。"【孔穎達云："王肅始竊見梅氏之《書》。" 乃梅竊王, 非王竊梅也。】 ○**鏞案** 僞者, 果王學而抑鄭者, 也潛丘慧眼看破也。鄭・王分門, 其流之害, 竟有梅賾僞書出於王裔。朱・陸分門, 其流之害, 竟有毛甡《冤詞》出於陸裔。

교1) 惟 : 신조선사본에는 '唯'로 되어 있으나 『尚書』「太甲中」에 따라 바로잡는다.

고정 염잠구[閻潛丘 : 염약거]가 말했다. "삼년상은 25개월이면 마치고 중월(中月)에 담제(禫祭)를 지낸다. 정현은 '중월'을 간월(間月)로 생각하였고,[178] 왕숙은 중월을 월중(月中)으로 생각하였으니[179] 26개월이면 길례로 나아갈 수는 있다. 왕숙 이전에는 이러한 주장을 한 사람이 없었으니, 지금 매색이 「태갑중」의 '유삼사십유이월삭(惟三祀十有二月朔)'을, '탕이 원년 11월에 죽었으므로 이달까지 26개월이 되어 삼년상이 끝났다.'라고 풀이한 것은 왕숙의 견해를 쓴 것이다."[180] 【공영달이 "왕숙이 처음에 매색의 『상서』를 몰래 보았다."라고

178 정현은 …… 생각하였고 : 間月은 한 달을 건너뛴다는 뜻으로, 정현의 견해를 따르면 중월은 25개월의 상을 마친 다음 한 달을 건너뛴 27개월째가 된다.

179 왕숙은 …… 생각하였으니 : 月中은 상을 마친 그달 중이란 뜻으로, 왕숙의 견해를 따르면 중월은 상을 마치는 바로 그달, 즉 탕이 죽은 후 25개월째가 된다.

180 삼년상은 …… 것이다 : 『상서고문소증』 권2 제18조에 나오는데, 일부 내용

하였지만, 이것은 매색이 왕숙을 표절한 것이지 왕숙이 매색을 표절한 것은 아니다.[181]】

○**용안** 위작한 자가 실로 왕숙을 따르고 정현을 배척한 것을 또한 잠구의 혜안으로 간파하였다. 정현과 왕숙이 문호를 나누자 그 말류의 해악으로 매색의 위서(僞書)가 왕숙의 후예에게서 나오게 되었고, 주자와 육상산[陸象山 : 육구연(陸九淵)]이 문호를 나누자 그 말류의 해악으로 마침내 모신[毛甡 : 모기령]의 『고문상서원사(古文尙書冤詞)』가 육상산의 후예에게서 나오게 된 것이다.

00. 상서서 - **042. 옥정**

沃丁旣葬伊尹于亳, 咎單遂訓伊尹事。作〈沃丁〉。【鄭四十一】

옥정이 이윤을 박(亳)에 장사 지낸 뒤 고단(咎單)이 드디어 이윤의 일을 가지고 훈계하였다. 「옥정」을 지었다.【정현본의 제41편】

梅云 : "沃丁, 太甲子。伊尹旣致仕, 老終, 以三公禮葬。"【《史》注云 : "洛州偃師縣有伊尹墓。" 薛云 : "夷丘西北有伊尹墳, 去亳十里。"】 ○〈殷本紀〉同。

이 생략되었다. 전문은 다음과 같다. 三年之喪, 二十五月而畢, 中月而禫. 鄭玄以中月爲間月, 則二十七月而後卽吉. 王肅以中月爲月中, 則二十六月卽可卽吉. 王肅以前, 未聞有是說也. 今孔傳於「太甲」'惟三祀十有二月朔', 釋曰'湯以元年十一月崩, 至此二十六月, 三年服闋', 非用王肅之說而何?

181 공영달이 …… 아니다 : 『상서고문소증』 권2 제18조에 나온다. 원문은 다음과 같다. 孔穎達謂'肅始竊見梅氏之『書』', …… 孔傳出於魏晉之間, 後於王肅傳, 註相同者, 乃梅竊王, 非王竊梅也.

〔沃丁旣葬伊尹于亳〕 매색이 말했다. "옥정은 태갑의 아들이다. 이윤이 치사(致仕)한 뒤에 늙어 생을 마치자 삼공의 예로 장례를 지냈다."【『사기』「은본기」의 『정의』에 "낙주(洛州)의 언사현(偃師縣)에 이윤의 묘가 있다."라고 하였다. 설계선은 "이구(夷丘)의 서북쪽에 이윤의 분묘가 있는데 박에서 십리 거리에 있다."라고 하였다.】 ○『사기』「은본기」에도 〈매색의 말과〉 같이 되어 있다.[182]

考異 《世紀》云: "沃丁八年, 伊尹卒, 年百有餘歲, 大霧三日, 沃丁葬以天子之禮。"【孔疏云: "晉文請隧, 襄王不許, 不[교1)]當以天子禮葬[교2)]也。"】 ○**鏞案** 杜預〈左傳後序〉稱《汲冢書》云: "伊尹放太甲于桐, 乃自立, 太甲潛出自桐, 殺伊尹, 立其子伊陟·伊奮。" 蓋齊·晉野人之言也。 若信〈書序〉, 豈有惑哉?

교1) 案不: 『상서정의』 소에는 앞에 '沃丁'이 더 있다.
교2) 案葬: 『상서정의』 소에는 뒤에 '伊尹'이 더 있다.

고이 황보밀의 『제왕세기(帝王世紀)』에 "옥정 8년에 이윤이 주었는데 향년은 100여 세였고 큰 안개가 3일 동안 있었다. 옥정이 천자의 예로 〈이윤을〉 장사지냈다."라고 하였다.【공영달의 소에 "진문공이 〈장례에〉 수도(隧道)의 예[183]를 쓰게 해달라고 청하였을 때 〈주(周)〉 양왕(襄

182 『사기』…… 있다: 『사기』「은본기」에 "帝沃丁之時, 伊尹卒, 旣葬伊尹於亳, 咎單遂訓伊尹事. 作「沃丁」."이라고 하였다.
183 수도(隧道)의 예: 천자의 장례 예식이다. 구덩이를 파고 관을 내리는 일반 장례와 달리 지상에서 壙中까지 통로를 파서 관을 밀어 넣는 방식이다. 『춘추좌씨전』 희공 25년에 晉文公이 주 왕실에 큰 공을 세우고 그에 대한 보답으로 수도의 예를 허락해 달라고 청하였을 때 거절한 내용이 나온다.

王)은 허락하지 않았다. 〈옥정이〉 천자의 예로 〈이윤을〉 장사하지는 않았을 것이다."라고 하였다.】

○**용안** 두예(杜預)의 『춘추좌씨전』「후서(後序)」에 『급총서(汲冢書)』를 일컬으며 "이윤이 태갑을 동궁으로 쫓아내고 자신이 제위에 올랐다. 태갑이 몰래 동궁에서 빠져나와 이윤을 죽이고 그의 아들 이척(伊陟)과 이분(伊奮)을 세웠다."[184]라고 한 것은 모두 제(齊)나라 진(晉)나라 야인(野人)들의 말이다. 만일 「서서」를 믿는다면 어찌 의혹이 있겠는가?

번역 : 함영대

00. 상서서 - 043~046. 함예

伊陟相太戊, 亳有祥桑穀, 共生于朝, 伊陟贊于巫咸。作〈咸乂〉四篇。【鄭四十二·三·四·五 ○〈殷本紀〉, 不云'三[교1)]篇', 復有〈太戊〉一篇】

교1) 三 : 문맥상 '四'가 옳을 듯하다.

이척(伊陟)이 태무(太戊)의 재상이었을 때, 박(亳)에 요상한 뽕나무와 닥나무가 조회하는 뜰에서 함께 생겨났다. 이척이 무함을 도와 고하게 하였다. 「함예」 4편을 지었다.【정현본의 제42편, 제43편, 제44편,

184 이윤이 …… 세웠다 : 杜預의 『춘추좌씨전』「後序」의 원문은 다음과 같다. 『紀年』又稱 : "殷仲壬卽位居亳, 其卿士伊尹, 仲壬崩, 伊尹放大甲于桐, 乃自立也. 伊尹卽位, 於大甲七年, 大甲潛出自桐, 殺伊尹, 乃立其子伊陟·伊奮, 命復其父之田宅而中分之."

제45편 ○『사기』「은본기」에는 '〈「함예」〉 4편'이라고 하지 않고, 「태무」 1편이 더 있다고 하였다.[185]】

梅云："伊陟, 伊尹子。" ○馬云："太戊, 太甲子。" ○梅云："祥, 妖怪。" ○孔疏云："穀, 楮也。" ○鄭云："兩手搤之曰拱。" 生七日而見其大滿兩手也。【〈五行傳〉註, 引鄭玄《書大傳》注】 梅云："二木合生, 七日大拱, 不恭之罰。"【疏云："朝, 非生木之處。"】 ○馬云："巫, 男巫也, 名咸, 殷之巫也。"【梅云："贊, 告也。"】 鄭云："巫咸謂之巫官。"【疏云："案〈君奭〉, 咸·賢父子, 竝爲大臣, 必不世作巫官, 孔言巫氏, 是也。"】 馬云："乂, 治也。" ○**鏞案** 共生之共, 或本拱字, 故因有大拱之說也。'朝'者, 百官府署之處也。【〈考工記〉："面朝後市。"】 '贊巫咸'者, 輔助巫咸, 使之祈禳, 而告王修德也。'咸乂'者, 巫咸治此事也。馬云'男巫', 已是後世之言。古不賤巫, 何稱男巫? 鄭疑其褻, 解爲巫官。孔沖遠又以巫官爲卑, 解作巫氏, 皆非也。屈原〈離騷〉, 亟稱巫咸者, 謂巫咸能承天接人, 導達衷情也。據楚觀射父之言, 古之巫祝, 必擇精神不貳, 衷情齊肅之人, 使居其職。其聖也, 宣朗, 其明也, 光照, 以能事上帝明神, 凡有災祥, 使之祈禳。巫之爲職, 豈賤卑如後世乎? 巫咸正居是職, 故遇玆妖祥, 俾之祈禳, 用能格天, 消滅其妖, 不必諱之爲巫氏也。

〔伊陟相太戊〕 매색이 말했다. "이척(伊陟)은 이윤(伊尹)의 아들이다." ○마융이 말했다. "태무(太戊)는 태갑(太甲)의 아들이다."
〔亳有祥桑穀〕○매색이 말했다. "상(祥)은 요괴[妖怪 : 요사스럽고 괴이

185 『사기』…… 하였다 : 『사기』「은본기」에, "伊陟贊言於巫鹹, 巫咸治王家有成, 作「咸艾」, 作「太戊」."라고 하였다.

하다]의 뜻이다." ○공영달의 소에 "곡(穀)은 저[楮 : 닥나무]이다."라고 하였다.

〔共生于朝〕○정현이 "두 손아귀로 쥐는 것이 '공(拱)'이다."라고 하였는데, 생겨난 지 7일이 지나서 보니 그 크기가 두 손아귀에 가득 찰 만큼 자랐다는 말이다.【「홍범오행전(洪範五行傳)」의 주이다. 정현의 『상서대전』 주를 인용한 것이다.】[186] 매색이 말했다. "두 나무가 한 곳에서 생겨나 7일이 되자 크기가 한 움큼이나 되게 자란 것은 공손하지 못한 것에 대한 징벌이었다."【소에 "조[朝 : 조회하는 곳]는 나무가 자라는 곳이 아니다."라고 하였다.】

〔伊陟贊于巫咸〕○마융이 말했다. "무(巫)는 남자 무당이다. 이름이 함(咸)인데 은나라의 남자 무당이다."【매색이 말했다. "찬(贊)은 고[告 : 고하다]의 뜻이다."】 정현이 말했다. "무함은 무관(巫官)을 말한다."【소에서 "살피건대, 「군석」에서 무함(巫咸)과 무현(巫賢) 부자가 나란히 대신이 되었다고 하였으니,[187] 대대로 무관(巫官)을 지냈던 것이 결코 아니다. 공안국이 '무(巫)는 씨(氏)이다.'라고 말한 것[188]이 옳다."라고 하였다.】

〔咸乂〕 마융이 말했다. "예(乂)는 치[治 : 다스리다]의 뜻이다."

---

186 정현이 …… 것이다 : 이 부분에는 몇 가지 내용이 混在되어 있다. 『상서대전』 권2 「咸乂傳」, "亳有祥桑穀, 共生於朝, 七日大拱."에 대한 정현의 주에 "兩手搤之曰拱"이라고 되어 있다. 이를 『상서정의』 소에서 공영달이 인용한 다음 "生七日而見其大滿兩手也."라고 자기 생각을 부연하였다. 또 『상서정의』 소에 "「五行傳」曰 : '貌之不恭, 是謂不肅, 時則有靑眚之祥.'"이라고 하였는데, 이는 『상서대전』 「洪範五行傳」에 나오는 내용이다.

187 「군석」에서 …… 하였으니 : 『상서』 「군석」에 "在太戊, 時則有若伊陟臣扈, 格于上帝, 巫咸乂王家. 在祖乙, 時則有若巫賢."이라고 하였는데, 『서집전』에 "巫, 氏, 咸, 名, …… 巫賢, 巫咸之子也."라고 하였다.

188 공안국이 …… 것 : 「군석」의 "在祖乙時則有若巫賢" 구에 대한 공안국의 전에 "祖乙, 殷家亦祖其功, 時賢臣有如此巫賢. 賢, 咸子. 巫, 氏."라고 하였다.

○**용안** '공생(共生)'의 '공(共)' 자가 어떤 본에는 '공(拱)' 자로 되어 있으므로 그 때문에 '크기가 한 움큼이나 되었다.'는 설이 있게 된 것이다. '조(朝)'란 백관의 부서(府署)가 있는 곳이다.【『주례』「고공기」에 "정면에 조정이 있고 뒤에 시장이 있다."라고 하였다.】 '찬무함(贊巫咸)'이란 무함을 도와 재앙을 쫓는 푸닥거리를 하게 하고 왕에게 덕을 닦도록 고하게 하였다는 뜻이다. '함예(咸乂)'는 무함이 이 일을 처리하였다는 뜻이다. 마융이 말한 '남무[男巫 : 남자 무당]'는 이미 후세의 말이다. 고대에는 무당을 천시하지 않았는데 어째서 남무라고 칭하였겠는가? 정현은 마융의 풀이가 설만(褻慢)하다고 의심하여 무관(巫官)이라고 풀이하였고, 공충원[孔沖遠 : 공영달]은 또 무관은 신분이 낮다고 여겨 '무(巫)는 씨(氏)'라고 풀이하였는데, 모두 잘못이다. 굴원의 「이소(離騷)」에서 무함(巫咸)을 여러 번 칭하였는데, 무함은 하늘의 명을 계승하고 사람과 접하여 충정(衷情)을 이끌어내고 전달할 수 있었던 사람을 가리킨다. 초나라 관야보(觀射父)의 말[189]에 근거해보면 고대의 무축(巫祝)은 반드시 정신이 흐트러지지 않고 속마음이 가지런하고 엄숙한 사람을 선택하여 그 직책에 앉혔다. 그 성스러움은 환하게 퍼지고 그 밝음은 찬란하게 빛나서 상제와 명신(明神)을 섬길 수 있었고, 재상(災祥)이 발생하면 그에게 재앙을 쫓는 푸닥거리를 하게 하였다. 무(巫)라는 직책이 어찌 후세에서처럼 비천하였겠는가? 무함이 바로 이 직책을 맡고 있었기 때문에 이런 요상한 일이 생기자 그에게 재앙을 쫓는

189 초나라 관야보(觀射父)의 말 : 『국어』「楚語下」에 "昭王問於觀射父曰, '周書所謂重黎實使天地不通者, 何也? 若無然民將能登天乎?' 對曰, '非此之謂也. 古者民神不雜, 民之精爽不攜貳者, 而又能齊肅衷正, 其知能上下比義, 其聖能光遠宣朗, 其明能光照之, 其聰能聽徹之, 如是則明神降之.'"라고 하였다.

푸닥거리를 하게 하고 하늘을 감동시켜 그 요얼을 소멸시키게 한 것이다. 이를 피하여 '무씨(巫氏)'라고 할 필요는 없다.

考異 〈殷本紀〉: "帝太戊立伊陟爲相, 亳有祥桑穀共生於朝, 一暮大拱。【節】伊陟曰, '妖不勝德, 帝其修德。' 太戊從之, 祥桑枯死而去。伊陟贊言于巫咸, 巫咸治王家有成, 作〈咸艾〉,【馬云: "艾, 治也。"】 作〈太戊〉。" ○**鏞案** 古今百篇之目, 都無〈太戊〉, 而唯《史記》有之。或此〈咸乂〉四篇, 其一篇當爲〈太戊〉也。又巫咸所治, 明是祈禳之事, 而《史》以爲王室之治政。誠如是也, 〈書序〉何以祥桑穀起首也?

고이 『사기』「은본기」에는 "帝太戊立, 伊陟爲相. 亳有祥桑穀共生於朝, 一暮大拱. 【중략】 伊陟曰, '妖不勝德, 帝其修德.' 太戊從之, 祥桑枯死而去. 伊陟贊言于巫咸, 巫咸治王家有成. 作「咸艾」, 作「太戊」. [제 태무가 즉위하고 이척이 재상이 되었다. 박에 요상한 뽕나무와 닥나무가 조회하는 뜰에 붙어서 생겨나 하루 저녁 만에 크기가 한 아름이나 되었다. 【중략】 이척이 '요얼은 덕을 이길 수 없습니다. 제께서는 덕을 닦으십시오.' 라고 하였다. 태무가 그 말을 따르자 요상한 뽕나무가 말라 죽고 요상이 사라졌다. 이척이 무함에게 고하여, 무함이 왕실의 일을 처리하여 공이 이루어졌다. 「함예」【마융은 "예(乂)는 치[治: 다스리다]의 뜻이다."라고 하였다.】를 짓고, 「태무」를 지었다.]"로 되어 있다.

○**용안** 『고문상서』와 『금문상서』 100편의 편목에는 모두 「태무」가 없고 『사기』에만 있다. 아마도 이 「함예」 4편 가운데 한 편이 「태무」여야 할 듯하다. 또 무함이 맡아서 행한 일은 분명히 기양(祈禳)하는 것인데, 『사기』에서는 왕실의 정사를 처리한 것으로 보았다. 진실

로 그러하다면 「서서」는 왜 '상상곡(祥桑穀)'으로 시작하였겠는가?

考異 《書大傳》云: "武丁之時, 先王道虧, 刑罰犯,【缺】 桑穀俱生于朝, 武丁問諸祖己。" ○《漢·五行志》: "劉向以爲殷道旣衰, 高宗承敝而起, 怠於政事, 故桑穀之異見。" ○王應麟云: "劉向蓋襲《大傳》之誤。" **○鏞案** 《漢·志》引《書大傳》, 原有二岐, 《書大傳》之荒雜, 本自如此。《漢書·五行志》引"〈書序〉曰: '伊陟相太武,[교1] 亳有祥桑穀共生。'《傳》曰:【《書大傳》】 '俱生乎朝, 七日而大拱, 伊陟戒以修德而木枯。'"【鄭註, 已見上】 **○鏞案** 此蓋鄭玄所修潤, 以文《書大傳》之誤者, 伏生一人之筆, 不得顚倒如此。

교1) 案武: 『한서』 「오행지」에는 '戊'로 되어 있다.

고이 『상서대전』에는 "武丁之時, 先王道虧, 刑罰犯,[무정 때에 선왕의 도가 이지러지고 형벌이 어긋났다.]【결자】 桑穀俱生于朝, 武丁問諸祖己.[뽕나무와 닥나무가 조회하는 뜰에 함께 생겨나자 무정이 조기에게 물었다.]"로 되어 있다. ○〈이에 대해〉 『한서』 「오행지」에서 유향은 "은나라의 도가 쇠퇴한 뒤 고종은 폐단을 이어받고 일어나 정사에 태만하였으므로 뽕나무와 닥나무가 붙어서 생겨나는 괴이한 일이 나타난 것이다."라고 하였다.
○왕응린이 말했다. "유향은 『상서대전』의 오류를 답습하였다."[190]

190 유향은 …… 답습하였다: 『困學紀聞』 권2에 관련 내용이 나온다. 원문은 다음과 같다. 桑穀之祥, 大戊問伊陟. 『韓詩外傳』以爲, '穀生湯之廷, 三日而大拱, 湯問伊尹', 誤也. 『漢』「五行志」劉向以爲, '殷道旣衰, 高宗承敝而起, 怠於政事, 故桑穀之異見.', 又誤也. 『書大傳』謂'武丁之時, 先王道虧, 刑罰犯, 桑穀俱生

○용안 『한서』「오행지」에서 『상서대전』을 인용한 것이 원래 두 갈래가 있다. 『상서대전』이 거칠고 잡박함이 본래 이와 같다.[191] 『한서』「오행지」에는 "「書序」曰, '伊陟相太戊, 亳有祥桑穀共生'."이라고 인용되어 있다.【정현의 주는 이미 앞에 나왔다.】

○용안 이것은 정현이 고치고 윤색하여 『상서대전』의 오류를 문식(文飾)한 것이다. 복생 한 사람의 저술이 이처럼 전도되었을 리가 없다.

考異 《韓詩外傳》云："穀生湯之廷, 三日而大拱, 湯問伊尹。" ○《後漢書·天文志》云："湯有巫咸。"【不云'太戊臣'】

고이 『한시외전(韓詩外傳)』에는 "穀生湯之廷, 三日而大拱, 湯問伊尹. [닥나무가 탕의 뜰에서 생겨나 3일 만에 크기가 한 아름이 되자 탕이 이윤에게 물었다.]"으로 되어 있다.[192]
○『후한서』「천문지」에는 "湯有巫咸.[탕에게 무함이 있었다.]"으로 되어 있다.【'태무(太戊)의 신하'라고 하지 않았다.】

考證 〈周書·君奭〉篇："在太戊時, 則有若伊陟·臣扈, 格于上帝, 巫咸乂王家。"【《史記·封禪書》云："伊陟贊巫咸, 巫咸[교1)]之興, 自此始。" ○《綱目》注

于朝, 武丁問諸祖已.' 劉向蓋襲『大傳』之誤.

191 『상서대전』이 …… 같다 : 『상서대전』에 대한 다산의 평가는 부정적이다. 『매씨서평』 권10 「書大傳略論」에서 다산은 "『書大傳』雖憑依於伏生, 其實歐陽生蔽冒之論也. 所言於九經四書, 絶無證援, 蓋與造緯書者, 同時竝興也."라고 하였다.

192 『한시외전(韓詩外傳)』에는 …… 있다 : 『한시외전』 권3에 나온다.

云: "言天者謂殷宣夜之法, 巫咸爲之。"】 ○**鏞案** 〈殷本紀〉稱'巫咸乂王家', 蓋本於〈君奭〉之文。【皇甫謐《世紀》稱: "太戊占之曰'野木生朝, 凶', 亦自撰也。"】

교1) 咸 : 신조선사본에는 '或'으로 되어 있으나 『史記』「封禪書」에 따라 바로잡는다.

고증 『상서』「주서·군석」편에 "태무 때에는 이척(伊陟)과 신호(臣扈) 같은 이가 있어 상제에게 감통하였으며 무함(巫咸)이 왕가의 일을 처리하였다."라고 하였다.【『사기』「봉선서」에 "이척이 무함을 도왔는데, 무함의 흥성은 이로부터 시작되었다."라고 하였다. ○『자치통감강목』의 주에 "천문가들은 은나라의 선야법(宣夜法)[193]을 무함이 만들었다고 한다."라고 하였다.】

○**용안** 『사기』「은본기」에서 '무함이 왕가의 일을 처리하였다.'라고 한 것은 「군석」의 문장에 근거한 것이다.【황보밀의 『제왕세기(帝王世紀)』에 "태무가 점을 치고서 '들에서 자라는 나무가 조회하는 뜰에서 생겨나니 흉하다.'라고 하였는데, 또한 스스로 지어낸 말이다."라고 하였다.】

00. 상서서 - 047. 이척, 048. 원명

太戊贊于伊陟。作〈伊陟〉·〈原命〉。【鄭四十六·七】

193 선야법(宣夜法) : 중국 古代의 宇宙 이론 가운데 하나이다. 天은 一定한 形狀이 없을 뿐 아니라 物質에 의해 造成된 것도 아니다. 그 높이와 길이는 끝이 없고 해와 달과 별이 그 가운데를 떠다니는데 움직이고 정지하는 것은 모두 '氣'에 의존한다고 본다.

태무가 이척을 도왔다. 「이척」과 「원명」을 지었다.【정현본의 제46편, 제47편】

馬云: "原, 臣名, 命原以禹·湯之道我所修也."【見《史》注】 ○梅云: "告以改過自新."【贊訓爲告】 ○**案** 不知太戊有何失德, 今乃改過自新。【《史》云: "太戊之時, 殷復興, 故稱中宗。"】

〔太戊 …… 原命〕 마융이 말했다. "원(原)은 신하의 이름이다. 우와 탕의 도는 내가 닦는 바라고 원에게 명한 것이다."【『사기』 「은본기」의 『집해』에 보인다.】 ○매색이 말했다. "허물을 고치고 자신을 일신하였음을 고한 것이다."【'찬(贊)'을 '고[告 : 고하다]'의 뜻으로 풀이하였다.】

○**안** 태무에게 무슨 실덕(失德)한 일이 있어 이제 허물을 고치고 자신을 일신하였다고 하는지 모르겠다.【『사기』에 "태무 때에 은나라가 부흥하였으므로 중종(中宗)이라고 불렀다."라고 하였다.】

考異 〈殷本紀〉: "帝太戊贊伊陟于廟, 言弗臣, 伊陟讓。作〈原命〉。" ○**鏞案** 贊者, 身自下之, 協助以將事, 不以臣禮待之也。若如《史》文, 本無〈伊陟〉之篇, 只有〈原命〉一篇而已。若然, 〈原命〉之原, 當讀之如韓愈〈原道〉之原與。【百篇之目, 有不敢十分全信】

고이 『사기』 「은본기」에는 "帝太戊贊伊陟于廟, 言弗臣, 伊陟讓. 作「原命」."으로 되어 있다.

○**용안** '찬(贊)'이란 자신을 낮추고 협조하여 일을 이끌어가면서 신하의 예로써 대하지 않는 것이다. 만일 『사기』의 글대로라면 본

래 「이척」이란 편은 없고 「원명」 한 편만 있어야 한다. 그렇다면 「원명(原名)」의 '원(原)' 자는 한유(韓愈) 「원도(原道)」의 '원[原 : 근본으로 거슬러 올라가 살피다]' 자와 같은 뜻으로 보아야 할 것이다.【100편의 편목 가운데는 완전히 믿을 수 없는 것도 있다.】

00. 상서서 - 049. 중정

仲丁遷于囂。作〈仲丁〉。【鄭第四十八】

중정이 효(囂)로 천도하였다. 「중정」을 지었다.【정현본의 제48편】

梅云 : "仲丁, 太戊子。去亳。" ○李顒云 : "囂, 在陳留浚儀縣。"【皇甫謐云 : "在河北。"】 ○**鏞案** 李顒《尙書集注》, 每引孔安國之說,【見孔疏】 亦晉代名家也。

〔仲丁遷于囂〕 매색이 말했다. "중정(仲丁)은 태무(太戊)의 아들이다. 〈천우효(遷于囂)는〉 박을 떠난 것이다." ○이옹(李顒)이 말했다. "효(囂)는 진류(陳留)의 준의현(浚儀縣)에 있다."【황보밀이 말했다. "하북(河北)에 있다."】

○용안 이옹의 『상서집주(尙書集注)』에서는 매양 공안국의 설을 인용하였다.【공영달의 소에 보인다.】 그 또한 진대(晉代)의 저명한 학자이다.

考異 〈殷本紀〉 : "帝仲丁遷于隞,【皇甫謐云 : "或云'河南敖倉, 是.'"】 河亶甲居相，祖乙遷于邢。【節】〈仲丁〉書闕不具。" ○**鏞案** 史遷之時，三篇皆亡，而獨稱〈仲丁〉書闕，可疑。

고이 『사기』「은본기」에는 "帝仲丁遷于隞,[제 중정은 오로 천도하였고]【황보밀이 말했다. "혹자는 하남(河南) 오창(敖倉)이 그곳이다.'라고 한다."】河亶甲居相, 祖乙遷于邢.[하단갑은 상에 거처를 정하였으며, 조을은 형으로 천도하였다.]【중략】「仲丁」書闕不具[「중정」은 글이 누락되어 온전하지 못하다.]"로 되어 있다.

○**용안** 사마천의 시대에는 세 편[194]이 모두 망실되었는데 유독 「중정」만 글이 누락되었다고 하니 의심스럽다.

00. 상서서 - 050. 하단갑, 051. 조을

河亶甲居相。作〈河亶甲〉。祖乙圮于耿。作〈祖乙〉。【鄭第四十九・五十】

하단갑은 상(相)에 거하였다. 「하단갑」을 지었다. 조을이 경(耿)에 있을 때에 수해로 나라가 파괴되었다. 「조을」을 지었다.【정현본의 제49편, 제50편】

梅云 :【河亶甲】"仲丁弟,【祖乙】亶甲子。相，在河北。【疏云 : "魏郡有相縣。"】河水所毁曰圮。" ○馬云 : "圮，毁也。" ○鄭云 : "祖乙又去相居耿，而

194 세 편 : 「仲丁」, 「河亶甲」, 「祖乙」을 가리킨다.

國爲水所毁, 於是修德而[교1)]禦之, 不復徙也。錄此篇者, 善其國圮毁, 改政而不徙。"【《綱目》注, 耿在河中 龍門縣】

교1) 案而 : 『상서정의』에는 '以'로 되어 있다.

〔河亶甲居相 · 祖乙圮于耿〕 매색이 말했다. "【하단갑은】 중정의 아우이고, 【조을은】 하단갑의 아들이다. 상(相)은 하북에 있다.【소에서 "위군(魏郡)에 상현(相縣)이 있다."라고 하였다.】 하수(河水)에 의해 파괴된 것을 '비(圮)'라고 한다." ○마융이 말했다. "비(圮)는 '훼[毁 : 훼손되다]'의 뜻이다." ○정현이 말했다. "조을이 다시 상(相)을 떠나 경(耿)으로 천도하였으나, 나라가 수해로 파괴되었다. 이에 덕을 닦아 어려움을 막아내고 다시 천도하지 않았다. 이 편을 기록한 것은 나라가 수해로 파괴되었으나 정치를 개혁하여 대처하고 천도하지 않은 것을 좋게 여겨서이다."【『자치통감강목전편』의 주에 '경(耿)은 하중(河中)의 용문현(龍門縣)에 있다.'라고 하였다.】

00. 상서서 - 052~054. 반경

盤庚五遷, 將治亳殷, 民咨胥怨。作〈盤庚〉三篇。【鄭第五十一 · 二 · 三】

반경이 다섯 번째로 천도하여 처음으로 은에 도읍하려고 하자, 백성들이 탄식하며 서로 원망하였다. 「반경」 3편을 지었다.【정현본의 제51편, 제52편, 제53편】

馬云："盤庚, 祖乙曾孫, 祖丁之子, 不言'盤庚誥', 何? 非但錄其誥也, 取其徙而立功, 故以'盤庚'名篇。" ○鄭云："盤庚, 湯十世孫, 祖乙之曾孫。" 又云："祖乙居耿後, 奢侈踰禮, 土地迫近山川, 嘗圮焉。至陽甲立, 盤庚爲之臣,【陽甲弟】 乃謀徙居湯舊都。"【又注《大傳》교1)云："民居耿久, 奢淫成俗, 故不樂徙。"】 又云："治於亳之殷地, 商家自此徙而改號曰殷。"교2)【見《史》注】 又云："上篇是盤庚爲臣時事。"【又《正義》云："亳, 鄭以爲偃師。"】 ○**鏞案** 〈周書〉曰："在祖乙時, 有若巫賢。"【〈君奭〉文】 祖乙, 賢主也, 奢淫踰禮, 不知所據。今詳三篇之辭, 別有大事, 巨室舊族, 胥動浮言, 協比讒言, 或者兄崩弟及之際, 有不悅者, 今不可考。下篇有'蕩析離居'一句, 亦未嘗明言水災。盤庚之徙, 未必由河患也。

교1) 案注大傳：『상서정의』 소에는 '序注'로 되어 있다.
교2) 案殷：『사기집해』에는 뒤에 '亳'이 더 있다.

〔盤庚五遷〕 마융이 말했다. "반경은 조을(祖乙)의 증손으로 조정(祖丁)의 아들이다. '반경고(盤庚誥)'라고 하지 않은 것은 왜인가? 고어(誥語)를 기록하였을 뿐만 아니라 그가 천도하여 공을 세운 것을 취하였기 때문에 '반경'으로 편명을 붙인 것이다." ○정현이 말했다. "반경은 탕(湯)의 10세손으로, 조을의 증손이다."
〔將治亳殷〕 〈정현이〉 또 말했다. "조을이 경(耿)에 천도한 뒤 사치가 예를 벗어나고 토지가 산과 내에 가까이 있어 수해로 파괴된 적이 있었다. 양갑(陽甲)이 즉위하자 반경이 신하가 되어【양갑의 아우이다.】 탕의 옛 도읍으로 천도할 것을 계획하였다."【또 「반경」 「서」의 주에서 "백성들이 경(耿)에 거처한 지 오래되어 사치와 음란이 풍속을 이루었으므로 옮겨가기를 즐거워하지 않았다."라고 하였다.】195 또 말했다. "은

(殷) 지역인 박(亳)을 정비한 것이다. 상나라가 이곳으로 도읍을 옮긴 다음부터 국호를 은박(殷亳)으로 바꾸었다."【『사기』「은본기」의 『집해』에 보인다.】

〔作盤庚三篇〕〈정현이〉 또 말했다. "〈「반경」〉 상편은 반경이 신하일 때의 일이다."【〈또 공영달의〉『상서정의』에 "박(亳)을 정현은 언사[偃師 : 서박(西亳)]로 보았다."라고 하였다.】

○**용안** 『상서』「주서(周書)」에 "조을 때에는 무현(巫賢)과 같은 신하가 있었다."【「군석」의 글이다.】라고 하였다. 조을은 현명한 군주였다. '사치하고 음란하여 예를 벗어났다.'라는 것은 어디에 근거한 말인지 모르겠다. 이제 〈「반경」〉 세 편의 글을 자세히 살펴보면 달리 큰 일이 있어 거실(巨室)과 구족(舊族)들이 서로 유언비어를 퍼뜨리고 참언에 잔동하였거나, 형이 죽고 아우가 계승할 즈음에 그것을 달가워하지 않는 자가 있었을 것이지만, 지금은 상고할 수가 없다. 〈「반경」〉 하편에 '탕석이거(蕩析離居)'라는 구절이 있지만 역시 수재(水災)라고 분명히 말한 적은 없다. 반경이 천도를 하게 된 이유가 반드시 하수(河水)의 재난 때문이었던 것은 아니다.

考證 〈殷本紀〉: "帝陽甲之時, 殷衰。自中丁以來, 廢適而更立諸弟子, 弟子或爭相代立, 比九世亂, 諸[교1)]侯莫朝。帝陽甲崩, 弟盤庚立。盤[교2]庚之時, 殷已都河北, 盤庚渡河南, 復居成湯之故居, 迺五遷, 無定處。【《正義》云: "湯自[교3)]南亳還[교4)]西亳, 仲丁遷敖,[교5)] 河亶甲居相, 祖乙居耿, 盤庚渡河, 居[교6)]

195 조을이 …… 하였다: 이 내용은 「반경」 본편의 疏에 나오는데, 다산이 소주로 처리한 "백성들이 …… 않았다."는 「序」의 소에 나온다.

西亳, 是五遷也。"】 殷民咨胥, 皆怨不欲徙。乃[교7]告諭諸侯大臣曰, '昔高后成湯, 與爾先祖, 俱定天下, 法則可修。' 乃遂涉河南治亳,【卽西亳】 行湯之政, 殷道復興, 諸侯來朝。帝盤庚崩, 弟小辛立, 殷復衰, 百姓思盤庚, 迺作〈盤庚〉三篇。" ○**鏞案** 史遷多蒐古籍, 以作〈殷紀〉, 其'廢適立庶', '諸侯不朝'等語, 必有古據。且云'盤庚旣崩之後, 撰此三篇', 亦必有徵。蓋當時告諭之辭, 書在史冊, 而錄之爲誥, 在崩後也。

교1) 案諸 : 『사기』에는 앞에 '於是'가 더 있다.
교2) 案盤 : 『사기』에는 앞에 '是爲帝盤庚'이 더 있다.
교3) 案湯自 : 『사기정의』에는 '自湯'으로 되어 있다.
교4) 案還 : 『사기정의』에는 '遷'으로 되어 있다.
교5) 案敖 : 『사기정의』에는 '隞'로 되어 있다.
교6) 案居 : 『사기정의』에는 '南居'로 되어 있다.
교7) 案乃 : 『사기』에는 앞에 '盤庚'이 더 있다.

고증 『사기』「은본기」에 "제(帝) 양갑(陽甲) 때에 은나라가 쇠퇴하였다. 중정 이래로 적자를 폐하고 다시 형제와 자식들을 세우게 되자, 형제와 자식이 경쟁적으로 계승하여 제위에 올랐고, 〈중정에서 양갑까지〉 9세[196]에 이르도록 나라가 혼란하자 제후들은 아무도 조회하러 오지 않았다. 제 양갑이 죽자 동생인 반경이 즉위하였다. 반경 때에 은나라는 이미 하북(河北)에 도읍하고 있었는데, 반경이 하남(河南)으로 천도하여 성탕의 옛 도읍에 다시 거주하였다.

196 9세 : 仲丁, 중정의 동생 外壬, 외임의 동생 河亶甲, 하단갑의 아들 祖乙, 조을의 아들 祖辛, 조신의 동생 沃甲, 조신의 아들 祖丁, 옥갑의 아들 南庚, 조정의 아들 陽甲의 순으로 제위가 이어진 9세를 말한다.

곧 다섯 번째 천도로 안정된 거처가 없었다.【『사기정의』에 "탕이 남박(南亳)에서 서박(西亳)으로 천도한 이래 중정은 오(隞)로 , 하단갑은 상(相)으로, 조을은 경(耿)으로, 반경은 황하를 건너 남쪽으로 와서 서박(西亳)에 거처하였다. 이것이 다섯 번 천도한 것이다."라고 하였다.】 은의 백성들은 모두 탄식하고 원망하며 옮겨가려고 하지 않았다. 이에 반경이 제후와 대신들에게 '예전 고후[高后 : 태조]이신 성탕과 그대들의 선조가 함께 힘을 모아 천하를 평정하였으니, 그분들이 제정한 법도는 따라야 하는 것이다.'라고 고유(告諭)하였다. 그러고서 하남으로 건너가 박을 정비하고【바로 서박(西亳)이다.】 탕의 정령을 시행하니, 은 왕조의 국운이 다시 흥성하여 제후들이 조회를 왔다. 제 반경이 죽고 동생인 소신(小辛)이 즉위한 뒤 은나라가 다시 쇠락하자 백성들이 반경을 사모하였다. 「반경」 3편을 지었다."라고 하였다.

○**용안** 사마천은 고적을 많이 수집하여 「은본기」를 지었으므로 '적자(嫡子)를 폐하고 서자(庶子)를 세웠다.', '제후가 조회하러 오지 않았다.'라는 등의 말들은 반드시 옛 기록에 근거가 있었을 것이다. 아울러 '반경이 죽은 뒤에 이 3편을 지었다.'라고 한 것도 반드시 증거가 있었을 것이다. 대개 당시에 고유(告諭)하였던 말이 사책(史冊)에 실려 있지만, 그것을 기록하여 '고(誥)'를 지은 것은 죽은 뒤였을 것이다.

考證 王肅云 : "自祖乙五世至盤庚, 元兄陽甲, 宮室奢侈, 下民邑居墊隘, 水泉瀉鹵, 不可以行政化。故徙都於殷。"【疏云 : "祖辛以來, 民皆奢侈。鄭玄旣言君奢, 又言民奢, 王肅專謂君奢, 皇甫謐專謂民奢, 不必爲奢也。"】 ○**鏞案** 歷觀三篇, 無戒奢之意。

고증 왕숙이 말했다. "조을에서 5세 뒤 반경에 이르러, 장형(長兄)인 양갑은 궁실이 사치스러웠고 백성들의 거처는 낮고 좁은데다 하천과 샘에 소금이 흘러들어 정사와 교화를 시행할 수 없었다. 따라서 은으로 도읍을 옮겼다."【소에 "조신(祖辛) 이후 백성들이 모두 사치하였다. 정현은 '군주가 사치하였다.'라고 하고, 다시 '백성들이 사치하였다.'라고 하였다. 왕숙은 오로지 '군주가 사치하였다.'라고만 하였고, 황보밀은 '백성들이 사치하였다.'라고만 하였다. 〈천도한 것이〉 반드시 사치하였기 때문만은 아니었다."[197]라고 하였다.】

○**용안** 〈「반경」〉 세 편을 하나하나 살펴보아도 사치를 경계하는 뜻은 없다.

考異 束晳云:"〈尙書序〉, '盤庚五遷, 將治亳殷.' 舊說以爲'居亳'。孔子壁中《尙書》云, '將始宅殷。'"【疏云:"'亳'字摩滅, 容或爲'宅', '治'皆作'亂', 與[교1)] '始'不類。"】○汲冢古文云:"盤庚自奄遷于殷。"【疏云:"蓋謂[교2)]祖乙圮于耿, 遷于奄。"】○**鏞案** 束晳所云'孔子壁中《尙書》'者, 庸譚·塗惲等所傳孔壁眞本也。鄭玄之法, 通執伏本·孔本, 取其所長, 將治亳殷, 必是今文之學。而梅氏自稱孔壁眞本, 乃與束晳所見, 字字違舛, 此又僞跡之彰彰者。孔疏强合亳·殷爲一,【詳《正義》】而亳與殷之間, 河爲鴻溝, 束晳所見者, 是也。【古篆, 治·亂互用, 未必有'亂'而無'治'。孔說, 非矣】大抵殷邑是新卜之地, 故誥中每稱新邑。若是成湯之舊都, 曷云新邑? 誥中又豈無此意, 而反云'器非求舊維新', 以明新邑之爲新器乎? 截然自盤庚以後, 改商爲殷, 此序之文, 當以'將始宅殷'爲正。

197 조신(祖辛) …… 아니었다:『상서정의』 소의 내용을 축약하여 인용하였다.

교1) 案與 : 『상서정의』 소에는 앞에 '其字'가 더 있다.
교2) 案謂 : 『상서정의』 소에는 없다.

고이 속석(束晳)이 말했다. "「상서서」에는 '盤庚五遷, 將治亳殷'으로 되어 있는데, 구설에서는 '居亳'으로 보았다. 공자 구택의 벽에서 나온 『상서』에는 '將始宅殷'으로 되어 있다."【소에 "亳 자가 마멸되어 '宅' 자처럼 되었을 수도 있지만, '治' 자는 모두 '亂' 자로 되어 있으니 '始' 자와는 맞지 않는다."라고 하였다.】
○급총고문(汲冢古文)에는 "盤庚自奄遷于殷."으로 되어 있다.【소에서 "조을은 수재로 경(耿)이 파괴되자 엄(奄)으로 천도하였다."라고 하였다.】

○용안 속석이 말한 '공자 구택의 벽에서 나온 『상서』'라는 것은 용담(庸譚)·도운(塗惲) 등이 전한 공벽 진본이다. 정현의 법우 복생본과 공안국본을 통틀어서 그 장점을 취하였으니 '박은(亳殷)을 정비하려고 하였다.'라는 것은 반드시 금문학이었을 것이다. 매색이 스스로 공벽 진본이라고 부른 것은 속석이 본 것과 글자마다 다르고 어긋난다. 이것 또한 명명백백한 위작의 흔적이다. 공영달의 소에서는 박(亳)과 은(殷)을 억지로 합하여 하나로 보았으나【『상서정의』에 상세하다.】 박과 은 사이에는 황하가 큰 도랑처럼 놓여 있으니 속석이 본 것이 옳다.【고전(古篆)에서 '治' 자와 '亂' 자가 서로 통용되기는 하지만 '亂' 자만 있고 '治' 자가 없는 경우는 있을 수 없다. 공영달의 설은 잘못이다.】 대개 은읍은 새로 점친 땅이므로 고(誥)에서 매양 '새 도읍[新邑]'이라고 칭하였던 것이다. 성탕의 옛 도읍이라면 어찌 '새 도읍'이라고 하였겠는가? 고(誥) 가운데 또 어째서 이러한 뜻은 없고 도리어 '그릇은 옛것을 구할 것이 아니라 새 그릇을 쓰라.'라고

하여, 새 도읍이 새 그릇이 됨을 분명히 하였겠는가? 확실히 반경 이후에 상(商)을 은(殷)으로 바꾸었으니 이 「서」의 글은 '장시택은[將始宅殷 : 처음으로 은에 거처하려고 하였다.]'을 바른 것으로 보아야 한다.

考異 《書大[교1)]傳》引〈盤庚〉云 : "若德明哉! 湯任父! 言卑應言。"【王應麟云 : "皆古文所無。"】 ○**鏞案** 劉向校《書》之時, 此條無所論。

교1) 大 : 신조선사본에는 '太'로 되어 있으나 書名이므로 바로잡는다.

고이 『상서대전』에서 「반경」을 인용하여 "若德明哉! 湯任父! 言卑應言.[그대의 덕이 밝도다, 탕임보(湯任父)여! 말을 하면 자기를 낮추어 응대하는구나.]"라고 하였다.【왕응린이 말했다. "모두 고문에는 없는 내용들이다."】

○**용안** 유향(劉向)이 『상서』를 교정할 때 이 조목에 대해서는 논의한 바가 없다.

考證 《左傳》云 : "宋災, 祝宗用馬于四墉, 祀盤庚于西門之外。"【襄九[교1)]年】〈殷本紀〉云 : "武王封武庚祿父, 以續殷祀, 令修行盤庚之政。" ○張衡〈西京賦〉云 : "殷人屢遷, 前八而後五, 居相圮耿, 不常厥土, 盤庚作誥, 帥人以苦。"

교1) 九 : 신조선사본에는 '八'로 되어 있으나 『春秋左氏傳』 襄公 9年에 따라 바로잡는다.

고증 『춘추좌씨전』에 "송나라에 재화(災禍)가 발생하자, 대축(大祝)과 종인(宗人)이 성(城)의 사방 벽에서 말[馬]을 희생으로 사용하여 제사를 지내고, 서문 밖에서 반경에게 제사를 지냈다."라고 하였다.【양공 9년】『사기』「은본기」에 "무왕이 무경녹보(武庚祿父)를 봉하여 은나라의 제사를 잇게 하고 반경의 정치를 수행(修行)하도록 하였다."라고 하였다.

○장형(張衡)의 「서경부(西京賦)」에 "은나라 사람들은 여러 번 옮겼으니 탕 이전까지 여덟 번, 그 이후로 다섯 번이었네. 상(相)에 거하고 수재로 경(耿)이 파괴되어 그 땅에 계속 살 수가 없자, 반경이 고(誥)를 지어 천도(遷都)가 불가피한 어려움을 알려서 백성들을 이끌었네."라고 하였다.

번역 : 장동우

00. 상서서 - 055~057. 열명

高宗夢得說, 使百工營求諸野, 得諸傅巖。作〈說命〉三篇。

【鄭五十四·五·六 ○〈殷本紀〉無'作〈說命〉'之文。《禮記》皆作〈兌命〉】

고종이 꿈에 부열(傅說)을 만나고는, 백관을 시켜 민간에서 힘써 찾게 하여 부암(傅巖)에서 〈부열을〉 얻었다. 「열명」 세 편을 지었다.【정현본의 제54편, 제55편, 제56편 ○『사기』「은본기」에는 '작열명(作說命)'이라는 글이 없다. 『예기』에는 모두 '兌命'으로 되어 있다.[198]】

198 『예기』에는 …… 있다 : 『예기』「文王世子」·「學記」·「緇衣」 편 등에 '兌命'이라는 말이 보인다.

鄭云："〈說命〉, 殷高宗之臣傅說之所作。"【〈文王世子〉注】 又云："殷高宗之臣傅說作書, 以命高宗。"【〈緇衣〉注】 又云："高宗夢傅說, 求而得之, 作〈說命〉三篇。在《尙書》, 今亡。"【〈學記〉注】 ○**鏞案** 若據〈書序〉, 高宗命說曰'說命'。【上命下】 若據鄭說, 傅說命王曰'說命'。【〈緇衣〉注】 僞者習見鄭註, 撰書爲傅說命王之言。然命之爲言, 上命下也。天命·君命, 皆以下施, 臣命其君, 有是禮乎? 〈肆命〉·〈原命〉, 雖未可詳, 〈畢命〉·〈冏命〉·〈微子之命〉·〈息愼之命〉·〈蔡仲之命〉·〈文侯之命〉, 皆自上授官之命。奚獨〈說命〉爲臣命君之詞乎?

〔作說命三篇〕 정현이 말했다. "「열명」은 고종의 신하 부열(傅說)이 지은 것이다."【『예기』 「문왕세자(文王世子)」의 주에 보인다.】 또 말했다. "은나라 고종의 신하인 부열이 글을 지어서 고종에게 명한 것이다."【『예기』 「치의(緇衣)」의 주에 보인다.】 또 말했다. "고종이 꿈에 부열을 보고는 그를 찾아서 얻었다. 「열명」 세 편을 지었다. 『상서』에 실려 있었으나 지금은 없어졌다."【『예기』 「학기(學記)」의 주에 보인다.】

○**용안** 「서서」에 근거하면 고종이 부열에게 명한 것이 '열명'이다.【윗사람이 아랫사람에게 명한 것이다.】 정현의 설에 근거하면 부열이 왕에게 명한 것이 '열명'이다.【「치의」의 주이다.】 위작한 자는 정현의 주를 익히 보았기 때문에 글을 지으면서 부열이 왕에게 명한 말로 여긴 것이다. 그러나 명(命)이란 말은 윗사람이 아랫사람에게 명한다는 뜻이다. '천명(天命)'이나 '군명(君命)'은 모두 아래에 시행하는 것인데, 신하가 임금에게 명한다니 이런 예(禮)가 있겠는가? 「사명(肆命)」과 「원명(原命)」의 내용이 어떠하였는지는 비록 상세히 알 수 없지만, 「필명(畢命)」, 「경명(冏命)」, 「미자지명(微子之命)」, 「식신

지명(息愼之命)」,[199] 「채중지명(蔡仲之命)」, 「문후지명(文侯之命)」은 모두 위에서 관직을 주는 명이다. 어찌 유독 「열명」만 신하가 임금에게 명한 말이 되겠는가?

考異 《說文》錄〈書序〉: "高宗夢得說, 使百工營求."【無'諸野'二字】 ○〈殷本紀〉: "帝武丁卽位, 思復興殷, 而未得其佐。三年不言, 政事決定於冢宰, 以觀國風。武丁夜夢得聖人, 名曰說。以[교1)]視群臣百吏, 皆非也。迺[교2)]使百官營求之野, 得說於傅險中。【今名聖人窟】 是時說爲胥靡, 築于傅險, 見于武丁, 武丁曰是也。與[교3)]之語, 果聖人, 擧以爲相, 殷國大治。"【無'作〈說命〉'句】 ○楊愼曰: "武丁嘗居民間, 已知說之賢矣。一朝欲擧而加之臣民之上, 人未必帖然以聽也, 故徵之于夢。蓋商俗質而信鬼, 因民之所信而導之, 是聖人所以成務之幾也。"

교1) 案以: 『사기』에는 뒤에 '夢所見'이 더 있다.
교2) 案迺: 『사기』에는 앞에 '於是'가 더 있다.
교3) 案與: 『사기』에는 앞에 '得而'가 더 있다.

고이 『설문해자』에서 「서서」를 채록한 부분에는 "高宗夢得說, 使百工營求."로 되어 있다.【'諸野' 두 글자가 없다.】
○『사기』「은본기」에는 "帝武丁卽位, 思復興殷, 而未得其佐. 三年不言, 政事決定於冢宰, 以觀國風. 武丁夜夢得聖人, 名曰說。以視群臣百吏, 皆非也。迺使百官營求之野, 得說於傅險中. 是時說爲胥靡, 築于傅險, 見于武丁, 武丁曰是也。與之語, 果聖人, 擧以爲相, 殷國大治.[제 무

199 「식신지명(息愼之命)」: 「賄肅愼之命」을 말한다. 「회숙신지명」의 「序」 마융의 주에 "息愼或謂之肅愼"이라고 하였다.

정이 즉위하여 은나라를 부흥시키려고 하였으나 보좌할 사람을 찾지 못하였다. 이에 3년 동안 말을 하지 않으면서 정사를 총재에게 맡기고 국풍을 관찰하였다. 무정이 밤에 성인을 만나는 꿈을 꾸었는데, 이름이 '열'이라고 하였다. 여러 신하와 관리들을 살펴보았지만 모두 〈꿈에 본 사람이〉 아니었다. 이에 백관에게 재야에서 힘써 찾도록 하여 부험에서 부열을 얻었다.【지금은 성인굴(聖人窟)이라고 한다.】 이때 부열은 서미(胥靡)[200]가 되어 부험에서 판축(版築)의 일을 하고 있었다. 무정에게 그를 보이니 무정이 '이 사람이다.'라고 하였다. 그와 이야기해보니 과연 성인이므로, 그를 등용하여 재상을 삼자 은나라가 크게 다스려졌다.]"로 되어 있다.【'作說命'이라는 구가 없다.】

○양신(楊愼)[201]이 말했다. "무정은 일찍이 민간에 거주하고 있을 때부터 이미 부열의 현명함을 알았다. 그러나 하루아침에 그를 등용하여 신민의 윗자리에 올려놓으려고 하면, 사람들이 선뜻 따르려고 하지 않을 것이 분명하므로 꿈에 보았다는 말로 징험한 것이다. 대개 상나라의 풍속이 질박하여 귀신을 믿었기 때문에 백성들이 믿는 바를 이용하여 그들을 이끈 것이니, 이것이 성인이 정무를 성취하는 요체이다."[202]

---

200 서미(胥靡) : 노역을 하는 노예, 혹은 노역 형에 처해진 죄수라고도 한다.

201 양신(楊愼) : 1488~1559. 명나라 중기. 자는 用修, 호는 升菴이다. 1511년 과거에 장원 급제하여, 한림원 修撰에 제수되었다. 1524년 桂蕚 등이 등용될 때 동지 36명과 함께 반대 의견을 내고 직간하다가 雲南省 永昌으로 유배되었다. 이후 시와 술로 세월을 보내며 재능을 숨기고 살았다. 저서로 『丹鉛總錄』, 『升菴集』 등이 있다.

202 무정은 …… 기틀이다 : 『升菴集』 권42 '高宗夢良弼' 조의 내용을 요약하여 인용하였다. 원문은 다음과 같다. 武丁嘗遯于荒野而後卽位. 彼在民間, 已知說之賢矣. 一旦欲擧而加之臣民之上, 人未必帖然以聽也. 故徵之於夢焉. 是聖人之神道說教也, 是所謂民可使由而不可使知也. 且又商之俗質而信鬼, 因民之所信而導之, 是賢人所以成務之幾也.

高宗祭成湯, 有飛雉升鼎耳而雊, 祖己訓諸王。作〈高宗肜日〉·〈高宗之訓〉。【鄭第五十七·五十八 ○《漢書·五行志》引〈書序〉, 飛作蜚】

고묘(高廟)에서 성탕에게 제사를 올리는데 꿩이 날아와 정(鼎)의 귀에 올라앉아 우는 〈이변이〉 발생하자 조기가 왕에게 가르침을 주었다. 「고종융일」과 「고종지훈」을 지었다.【정현본의 제57편, 제58편 ○『한서』「오행지」의 「서서」를 인용한 부분에는 '飛'가 '蜚'로 되어 있다.】

劉歆云: "鼎三足, 三公象也, 而以耳行。野鳥居鼎耳, 是小人將居公位, 敗宗廟之祀也。"【《漢書·五行志》】 ○鄭云: "鼎, 三公象也, 又用耳行。雉升鼎耳而鳴, 象視不明。天意若云當任三公之謀以爲政。"【梅云: "耳不聰之異。"】 ○**鏞案** 〈五行傳〉, 休·咎之占, 皆附會不經, 詳著于〈洪範〉說。

〔有飛雉升鼎耳而雊〕 유흠이 말했다. "정(鼎)의 세 발은 삼공(三公)을 상징하며, 귀를 이용해서 옮긴다. 들새가 정의 귀에 앉은 것은 소인이 장차 공의 지위에 앉아 종묘의 제사를 훼손할 징조이다."【『한서』「오행지」에 보인다.】 ○정현이 말했다. "정은 삼공을 상징하며, 또 귀를 이용하여 옮긴다. 꿩이 정의 귀에 올라앉아 우는 것은 보는 것이 밝지 않음을 상징한다. 하늘의 뜻이 마땅히 삼공의 계책에 맡겨서 정사를 해야 한다고 말한 것 같다."【매색이 말했다. "귀가 밝지 못해서 생기는 이변이다."】

○**용안** 〈『상서대전』의〉 「홍범오행전(洪範五行傳)」에 나오는 휴징(休徵)과 구징(咎徵)에 대한 점(占)은 모두 견강부회한 것으로 불경

한 것이다. 「홍범」의 설(說)에서 자세히 밝혔다.

考證 〈殷本紀〉: “帝武丁祭成湯, 明日, 有飛雉登鼎耳而呴, 武丁懼。祖己曰, ‘王勿憂, 先修政事。’ 乃[교1)]訓王。【比[교2)]下錄經文】 武丁修政行德, 殷[교3)]道復興。帝武丁崩, 子祖[교4)]庚立。祖己嘉武丁之以祥雉爲德, 立其廟爲高宗,【定世祀不遷曰宗】 遂作〈高宗肜日〉及〈訓〉。” ○蔡云: “蓋祭禰廟也。序言湯廟者, 非是。” ○金云: “蓋高宗之廟, 肜祭之日, 有雉雊之異, 序言湯廟者, 非是。按《史記》, 則祖己述高宗之事, 爲祖庚作也。高宗名臣, 多稱甘盤·傅說, 無曰祖己者。又凡《書》之本敍, 多稱其君之名, 或曰王, 未有以廟號稱者。而此曰‘高宗肜日’, 果若追書之者,《史記》之言, 是也。然繹祭, 繹之於廟門之外, 君不親也。【以士行】 君旣不親矣, 而曰‘高宗’, 且以廟號稱之’。又曰‘典祀無豐于昵’。詳味其辭, 又安知非祖庚之時, 繹於高宗之廟, 而有雊雉之異乎? 則二書祖己以訓祖庚, 明矣。太史公博極古書, 係之祖庚之紀, 當必有據。後又爲孔安國所誤, 重取而無所擇云。”【閻潛丘亦從金說】 ○**鏞案** 仁山此論, 明核中理, 不可難也。〈書序〉雖本孔子所作, 伏氏·孔氏兩家之學, 分門立戶, 黨同伐異。梅氏之前, 出壁之初, 已多變亂, 改字易句, 所不無也。‘高宗祭成湯’五字, 鉏鋙不安。直如經文書之曰‘高宗肜日’, 不亦順乎? 余謂此篇, 雖作於祖庚之時, 亦不必特書廟號。其云‘高宗’, 猶言高廟。宗者, 廟也。【字[교5)]從宀從示】 高宗之廟, 肜祭之日, 越有雊雉, 故曰‘高宗肜日’。若高宗祭成湯之日, 越有雊雉, 則不得云‘高宗肜日’, 此易知也。○**又按** 〈高宗之訓〉, 其文雖亡, 祖己以訓高宗, 則不得云‘高宗之訓’。必此祖己追述高宗之誨言, 用訓今王, 乃可曰‘高宗之訓’。

교1) 案乃 : 『사기』에는 앞에 '祖己'가 더 있다.
교2) 比 : 문맥상 '此'가 옳은 듯하다.
교3) 案殷 : 『사기』에는 앞에 '天下咸驩'이 더 있다.
교4) 案祖 : 『사기』에는 앞에 '帝'가 더 있다.
교5) 字 : 뒤의 破字가 '宗'을 가리키므로 '宗'이 옳은 듯하다.

고증 『사기』 「은본기」에 "제(帝) 무정(武丁)이 성탕에게 제사하였는데, 그 다음날 꿩이 날아와 정(鼎)의 귀에 올라앉아 울자 무정이 두려워하였다. 소기가 '왕께서는 걱정하지 마시고 우선 정사(政事)를 닦으십시오.'라고 하였다. 조기가 이에 왕에게 훈계하였다.【이 다음에 〈「고종융일」의〉 경문을 기록하였다.】 무정이 정사를 닦고 덕을 행하자 은나라의 도(道)가 다시 일어났다. 제 무정이 죽고 아들 조경(祖庚)이 즉위하였다. 조기는 무정이 꿩이 우는 징조로 인해 덕정을 행한 것을 아름답게 여겨 사당[廟]을 세우고 〈묘호(廟號)를〉 고종(高宗)이라고 하였다.【대대로 제사를 지내기로 정하여 옮기지 않는 것을 '종(宗)'이라고 한다.】 드디어 「고종융일」과 「고종지훈」을 지었다."라고 하였다.

○채침이 말했다. "대개 아버지 사당에 제사한 것이니 「서」에서 '탕의 사당'이라고 한 것은 잘못이다."

○김이상이 말했다.[203] "대개 고종의 사당에서 융제(肜祭)[204]를 지

203 김이상이 말했다 : 이하의 인용문은 『자치통감전편』 권5에 나오는데, 일부 내용이 생략되었는데, 다산이 논하고자 하는 주제와 긴밀하게 연관된 내용이 아니므로 교감과 전문 소개를 생략하고, 필요한 부분만 보충역을 하고 해당 부분에서 그 사실을 각주로 밝힌다.

204 융제(肜祭) : 제사 지낸 다음 날에 다시 지내는 제사의 이름으로, 殷나라에서는 肜, 周나라에서는 繹이라고 불렀다. 『상서정의』 매색의 주에 "祭之明

내는 날에 꿩이 우는 이변이 있었던 것이니, 「서」에서 '탕의 사당'이라고 한 것은 옳지 않다. 『사기』를 살펴보면, 조기가 고종의 일을 추술(追述)한 내용으로, 조경을 위해 지은 것이다. 고종의 명신(名臣)으로는 대부분 감반(甘盤)과 부열(傅說)을 일컫고 조기를 말한 경우는 없다. 또 『상서』의 「서」에서는 대부분 임금의 이름을 일컫고 혹 왕이라고 하는 경우는 있지만 묘호로 칭한 경우는 없다. 여기서 '고종융일'이라고 한 것은 과연 마치 그 일을 추서(追書)한 듯하니 『사기』의 말이 옳다.[205] 그러나 역제(繹祭)[206]는 묘문(廟門)의 밖에서 다음날 다시 지내는 제사로 임금이 직접 지내지 않는다.【사(士)가 섭행(攝行)한다.】 이미 임금이 직접 지내지 않는데 '고종'이라고 하였다. 이는 임금을 가리키는 말이고 게다가 묘호로 일컬었다. 또 '전사(典祀)에서는 가까운 사람에게는 제물을 풍성하게 차리지 않는다.'라고 하였다. 그 말을 상세하게 음미하면[207] 또한 조경의 때에 고종의 사당에 역제를 지내는데 꿩이 우는 이변이 있었던 것이 아니라고 어찌 장담하겠는가? 그렇다면 두 편의 글은 조기가 조경에게 훈계한 내용임이 명백하다. 태사공은 고서에 매우 해박하였

日又祭, 殷曰'肜', 周曰'繹'."이라고 하였다.

205 여기서 …… 옳다 : 『자치통감전편』의 원문은 "此曰'高宗肜日'則似果若追書之云者, 『史記』之言, 當是也."인데 다산의 인용에서는 일부 글자가 누락되었다. 여기서는 『자치통감전편』 원문의 내용을 반영하여 번역하였다.

206 역제(繹祭) : 『예기』「祭義」에 "祭之明日, 明發不寐."라고 되어 있는데, 이에 대한 孔穎達의 疏에 "謂正祭明日繹祭之時, 祭旣訖, 得其夜, 發夕至明而不寐."라고 하였다.

207 이미 …… 음미하면 : 『자치통감전편』의 해당 원문은 "夫君旣不親矣而曰'高宗', 且君且以廟號稱之. 又曰'典祀無豐于昵'. 然則詳味其辭"인데, 다산의 인용에서는 일부 글자가 누락되었다. 여기서는 『자치통감전편』 원문의 내용을 반영하여 번역하였다.

는데, 이것을 조경의 본기(本紀)에 붙여놓은 데에는 필시 근거한 바가 있었을 것이다. 그런데 자장[子長 : 사마천의 자]은 나중에 공안국과 교유하고 또한 공안국의 잘못된 견해에 영향을 받았으므로 거듭 취하고 선택하지 않았다고 하겠다.[208]【염잠구[閻潛丘 : 염약거] 또한 김이상의 설을 따랐다.[209]】

○**용안** 인산[仁山 : 김이상]의 이 논의는 핵심이 명확하고 이치에 맞아 논란할 수 없다. 「서서」는 비록 본래 공자가 지은 것이지만, 복생과 공안국 양가의 학자들이 문호를 나눈 뒤로 같은 견해를 편들고 다른 견해를 공격하였다. 매색 이전에 벽(壁)에서 나온 초기에 이미 변경하여 어지럽힌 것이 많았으니, 글자를 고치고 구를 바꾸는 등 하지 않은 일이 없다. '고종이 성탕에게 제사하였다.[高宗祭成湯]'라는 다섯 글자도 뜻이 이긋나 온당치 못하다. 경문과 같이 곧바로 '고종융일'이라고 썼다면 또한 순(順)하지 않았겠는가? 나는 이 편은 비록 조경의 때에 지어졌지만 또한 특별히 묘호를 써야 할 필요는 없다고 생각한다. '고종'이라고 하는 것은 '고묘(高廟)'란 말과 같다. '종(宗)'은 '묘(廟)'이다.【종(宗)은 글자가 '宀'와 '示'로 구성되어 있다.】 고종의 사당에 융제를 지내는 날 꿩이 우는 이변이 있었으므로 '고종융일'이라고 한 것이다. 만약 고종이 성탕을 제사하는 날에 꿩이 우는 이변이 있었다면 '고종융일'이라고 할 수 없

208 자장[子長 : 사마천의 자]은 …… 하겠다 : 이 부분 역시 『자치통감전편』 원문에 의거하여 인용문에 없는 일부 내용을 보충하여 번역하였다. 원문은 다음과 같다. 子長後交孔安國, 則又爲孔安國所誤, 故重取而無擇云.

209 염잠구[閻潛丘 : 염약거] …… 따랐다 : 『상서고문소증』 권4 제50조에 "「高宗肜日」, 「序」以爲'高宗祭成湯', 『蔡傳』則祭禰廟, 『蔡傳』根是矣. 然經至金氏『前編』出, 而論始定."이라고 하였다.

다. 이것은 쉽게 알 수 있는 것이다.

○우안 「고종지훈」은 그 글은 비록 없어졌지만, 조기가 고종을 훈계한 것이라면 '고종지훈'이라고 할 수 없다. 이는 반드시 조기가 고종의 가르침을 추술하여 지금의 왕을 훈계한 것이어야 한다. 그래야 '고종지훈'이라고 할 수 있다.

考證 鄭云："高宗欲廢祖庚立祖甲, 祖甲以爲不義, 逃於民間。故云'不義唯王, 舊爲小人'。"【〈無逸〉注】 **○鏞案** 高宗聖君, 欲有廢立, 則祖庚蓋不肖也。

고증 정현이 말했다. "고종이 조경을 폐하고 조갑(祖甲)을 세우려고 하자 조갑이 의롭지 못하다고 여겨 민간으로 도망하였다. 따라서 '왕이 되는 것을 의롭지 않다고 여겨 오랫동안 소인이 되었다.'라고 한 것이다."[210]【「무일」의 주에 나온다.】

○용안 고종은 성군(聖君)인데 〈형을〉 폐하고 〈아우를〉 세우려고 하였으니, 조경이 불초(不肖)하였을 것이다.

00. 상서서 - 060. 서백감려

殷始咎周, 周人乘黎, 祖伊恐, 奔告于受。作〈西伯戡黎〉。

【鄭第五十九。《大傳》, 戡黎作㦰耆 ○薛本, 作卤伯㦰黿】

210 정현이 …… 것이다 : 채침의 『서집전』「무일」의 주에 인용되어 있는데, 거기에는 '舊爲小人'이 없다.

은나라가 비로소 주(周)나라를 미워하였는데, 주나라 사람이 려(黎)를 공격하여 이기자 조이(祖伊)가 두려워하여 주(紂)에게 달려가 알렸다. 「서백감려」를 지었다.【정현본의 제59편 ○『상서대전』에는 '戡黎'가 '㦰耆'로 되어 있다. ○설계선본에는 '卤伯㦰黧'로 되어 있다.】

馬云："咎周者, 爲周所咎。受讀曰紂。或曰, '受婦人之言, 故號曰受。'" ○鄭云："咎, 惡也。紂聞文王斷虞・芮之訟, 後又三伐皆勝, 而始畏惡之, 拘於羑里。【《詩・文王》篇疏, 又《禮》疏】 乘, 勝也。紂得散宜生等所獻寶, 而釋文王。文王釋而伐黎, 明年伐崇。"【〈大雅・文王〉疏】 又云："紂, 帝乙之小[교1)]子, 名辛。帝乙愛而欲立焉, 號曰愛[교2)]德, 時人傳聲, 轉作紂也。史掌書, 知其本, 故曰受。"【梅云："乘, 勝也。戡亦勝也。"】 ○梅云："【祖伊】祖己後。" ○**鏞案** 戡者, 刺也, 殺也, 克也, 取也, 恐與勝不同。

교1) 案小：『상서정의』에는 '少'로 되어 있다.
교2) 案愛：『상서정의』에는 '受'로 되어 있다.

〔殷始咎周 …… 奔告于受〕 마융이 말했다. "'구주(咎周)'는 주나라에게 미움을 받았다는 뜻이다. 수(受)는 주(紂)로 읽는다. 어떤 사람은 '부인의 말을 받아들였기 때문에 수라고 부른 것이다.'라고 한다." ○정현이 말했다. "구(咎)는 오[惡：미워하다]의 뜻이다. 주(紂)가 문왕(文王)이 우(虞)와 예(芮)의 송사를 잘 처리한 뒤에 또[211] 세

211 문왕(文王)이 …… 또：虞와 芮 두 나라가 밭의 소유권을 둘러싸고 다투다 결말이 나지 않자 西伯에게 판결을 받기 위해 周나라에 들어가 보니, 밭을 가는 자는 두렁을 양보하고 길 가는 자는 길을 양보하여 謙讓의 美德이 민간에 행해지고 있었다. 이를 본 우와 예 두 나라 사람은 자신들이 싸우

차례 싸움에서 모두 이겼다는 소식을 듣고 비로소 그를 두려워하고 미워하여 유리(羑里)에 가두었다.【『시경』「문왕」의 소이다. 또 『예기』의 소[212]에도 보인다.】 승(乘)은 승[勝 : 이기다]의 뜻이다. 주(紂)가 산의생(散宜生) 등이 바친 보물을 받고 문왕(文王)을 석방하였는데,[213] 문왕은 석방되자 려(黎)를 치고 그 이듬해에 숭(崇)을 쳤다."【『시경』「대아·문왕」의 소에 보인다.】 또 말했다. "주(紂)는 제을(帝乙)의 막내아들로 이름이 신(辛)이다. 제을이 그를 사랑하여 〈왕으로〉 세우려고 하며 '수덕(受德)'이라고 불렀는데, 당시 사람들이 소리 나는 대로 전하였기 때문에 바뀌어서 '주(紂)'가 되었다. 사관은 서적을 관장하므로 그 근본을 알았기 때문에 수(受)라고 한 것이다."【매색이 말했다. "승(乘)은 승[勝 : 이기다]의 뜻이고, 감(戡)도 승(勝)의 뜻이다."】

【祖伊】○매색이 말했다. "조기(祖己)의 후손이다."

○**용안** 감(戡)은 척[刺 : 찌르다], 살[殺 : 죽이다], 극[克 : 죽이다], 취[取 : 취하다]의 뜻이다. 승(勝)과는 다른 듯하다.

考異 〈殷本紀〉: "西伯伐飢國滅之,【注云: "飢, 一作阢, 又作耆。"】紂之臣祖伊聞之而咎周, 恐, 犇告紂。"【此下錄經文】 ○〈宋世家〉: "西伯滅阢國。"

는 것이 수치스러운 일이라고 생각하여 서백을 보지 않고 다시 돌아와 서로 밭을 양보하였다. 『사기』「주본기」에 나오는 내용이다.

212 『예기』의 소 : 『예기』「文王世子」의 소에서는 「대아·문왕」의 소보다 더 자세하게 풀이하여, "案『書傳』云 : '文王受命一年, 質虞芮之訟, 二年伐鬼方, 三年伐密須, 四年伐犬夷, 五年伐耆, 六年伐崇, 七年而崩.' 「書序」云'殷始咎周', 鄭注云'紂聞文王三伐皆勝, 而始畏惡之, 囚於羑里.'"라고 하였다.

213 주(紂)가 …… 석방하였는데 : 산의생은 周나라 四賢의 한 사람이다. 文王이 羑里에 갇혀 있을 때, 閎夭 등을 시켜 紂에게 뇌물을 바치고 문왕을 구해낸 일화가 『사기』「은본기」에 실려 있다.

【注云 : "阢音耆, 耆卽黎也。"】 ○《說文》, 戡黎作𢦟𩆵。【許云 : "𢦟, 殺也。𩆵, 殷諸侯國。" ○𩆵音黎】《爾雅》註作堪黎。【〈釋詁〉云 : "堪, 勝也。" 郭引〈書序〉。】

고이 『사기』 「은본기」에는 "西伯伐飢國滅之,【주에 "飢가 어떤 곳에는 '阻'로 되어 있고, 또 '耆'로 되어 있는 곳도 있다."[214]라고 하였다.】 紂之臣祖伊聞之而咎周, 恐, 犇告紂."로 되어 있다. 【이 다음에 경문을 기록하였다.】 ○『사기』 「송세가」에는 "西伯滅阢國"으로 되어 있다. 【『사기색은』에 "阢는 음이 '耆(기)'이다. '기'가 바로 '려(黎)'이다."라고 하였다.】 ○『설문해자』에는 '戡黎'가 '𢦟𩆵'로 되어 있다.【허신이 말했다. "감(𢦟)은 살(殺)의 뜻이고, 려(黎)는 은(殷)의 제후국이다." ○𩆵는 음이 黎(려)이다.】 『이아』의 주에는 '堪黎'로 되어 있다.【『이아』 「석고(釋詁)」의 '감, 승야(堪, 勝也)'를 풀이하면서 곽박이 「서서」를 인용하여 이렇게 썼다.】

考證 《書大傳》云 : "文王受命一年, 斷虞・芮之質,[교1] 二年伐邘,[교2]【一云'伐鬼方'】 三年伐密須, 四年伐犬夷, 五年伐耆, 六年伐崇, 七年而崩。" ○〈周本紀〉云 : "西伯出自羑里, 三年敗耆國, 祖伊告紂。"【〈宋世家〉亦云】

교1) 案質 : 『상서대전』에는 '訟'으로 되어 있는데, 『尙書廣聽錄』과 『困學紀聞』에 인용된 부분에는 '質'로 되어 있다.
교2) 案邘 : 『상서대전』에는 '邗'으로 되어 있다.

고증 『상서대전』에 "문왕이 명을 받은 지 1년 만에 우(虞)와 예(芮)의 송사를 잘 처리하고, 2년 만에 우(邘)를 정벌하고,【어떤 곳에서는 '귀방(鬼方)을 정벌하였다.'라고 하였다.】 3년 만에 밀수(密須)를 정벌하

214 飢가 …… 있다 : 徐廣의 말로, 『사기집해』에 나온다.

고, 4년 만에 견이(犬夷)를 정벌하고, 5년 만에 기(耆)를 정벌하고, 6년 만에 숭(崇)을 정벌하고, 7년째에 죽었다."라고 하였다.
○『사기』「주본기」에 "서백이 유리(羑里)의 옥에서 나온 지 3년 만에 기국(耆國)을 무너뜨리자 조이(祖伊)가 주(紂)에게 고하였다."라고 하였다.【「송세가」에도 그렇게 되어 있다.】[215]

考訂 蔡云: "或曰, '西伯, 武王也。'"【或問: "陳少南・呂伯恭・薛季隆以爲武王。吳才老亦曰, '乘黎, 恐是伐紂時事。'" 朱子曰: "此等無證據, 可且缺之。"】 ○金云: "西伯, 武王也。自史遷以文王伐耆爲戡黎。於是傳註, 皆以爲文王, 失之矣。孔子稱'三分天下有其二, 以服事殷, 是爲至德', 而傳稱'文王率殷之叛國, 以事紂', 則戡黎之役, 文王豈遽稱兵天子之畿乎? 文王固嘗伐邘,[교1] 伐崇,[교2] 伐密須矣。奚獨難於伐黎? 文[교3]王獻洛西之地, 紂賜弓矢斧鉞, 得專征伐, 則西諸侯之失道者, 文王得專討之。自關河以東諸侯, 非文王之所得討, 況畿內之諸侯乎? 孔[교4]子稱文王爲至德, 獨以其不伐紂耳。誠如是也, 則觀兵王疆, 文王已有無商之心矣。"【昔者, 商紂有黎之蒐, 則黎濟惡之國也】 ○**鏞案** 此論亦好。然文王値時差早, 得全大德。若年壽益延, 紂惡益甚, 其終無變伐乎? 若文王絶無此志, 唯武王・周公, 始有此心, 卽三聖所秉義理有不同。何得云'繼志述事'哉?【朱子亦嘗言: "文王只是不伐紂耳, 其他事都做了。"】 一無古據, 未可立也。

215 『사기』…… 있다: 『사기』의 내용을 요약하여 인용한 것이다. 『사기』「주본기」에는 "帝紂乃囚西伯於羑里. 閎夭之徒患之, …… 因殷嬖臣費仲而獻之紂. 紂大說 …… 乃赦西伯, 賜之弓矢斧鉞, 使西伯得征. …… 於是虞・芮之人, 有獄不能決, 乃如周. …… 明年, 伐犬戎, 明年, 伐密須, 明年, 敗耆國. 殷之祖伊聞之, 懼, 以告帝紂."라고 하였고, 「송세가」에는 "及祖伊以周西伯昌之修德, 滅{阝+九}國, 懼禍至, 以告紂."라고 하였다.

校1) 案邗 : 『자치통감전편』에는 '邘'으로 되어 있다.
校2) 案祟 : 『자치통감전편』에는 '崇'으로 되어 있다.
校3) 案文 : 『자치통감전편』에는 앞에 '自'가 더 있다.
校4) 案孔 : 『자치통감전편』에는 앞에 '前儒謂'가 더 있다.

고정 채침이 말했다. "혹자는 서백(西伯)을 무왕(武王)이라고 한다." 【어떤 사람이 "진소남(陳少南), 여백공(呂伯恭), 설계륭(薛季隆)은 무왕이라고 하고, 오재로(吳才老) 또한 '려를 이긴 것은 주(紂)를 칠 때의 일인 것 같다.'라고 합니다."라고 하니, 주자가 "이런 일들은 증거가 없으니 우선 그냥 두는 것이 좋겠다."라고 하였다.[216]】

○김이상이 말했다.[217] "서백은 무왕이다. 사마천 때부터 문왕이 기(耆)를 정벌한 것을 '감려'라고 하였다. 이 때문에 주석들에서 모두 문왕이라고 하였으니 잘못된 것이다. 공자가 '천하를 셋으로 나누어 그 둘을 소유하고도 복종하여 은을 섬겼으니 이것이 지극한 덕이다.'[218]라고 하였다. 그런데 전(傳)에서 '문왕이 은나라의 반국(叛國)을 거느리고 주(紂)를 섬겼다.'[219]라고 하였는데, 려(黎)를 취한 전쟁에서 문왕이 어찌 갑자기 천자의 기내(畿內)에서 군사를 일으켰겠는가? 문왕은 진실로 일찍이 천(邘)을 정벌하고 숭(崇)을 정

---

216 어떤 …… 하였다 : 『朱子全書』 권34 「尙書2」에 관련 내용이 나온다.

217 김이상이 말했다 : 이하의 인용문은 『자치통감전편』 권5에 나오는데, 일부 내용이 생략되어 있다. 생략된 내용은 다산이 논하고자 하는 주제와 긴밀하게 연관되지 않으므로 전문 소개를 생략하고, 필요한 부분만 교감하고 일부 보충역을 하여 해당 부분에서 그 사실을 각주로 밝힌다.

218 천하를 …… 덕이다 : 『논어』 「泰伯」에 나온다. 원문은 다음과 같다. 三分天下有其二, 以服事殷, 周之德, 其可謂至德也已矣.

219 전(傳)에서 …… 섬겼다 : 『춘추좌씨전』 양공 4년에 "文王帥殷之叛國以事紂."라는 말이 나오는데, 공영달이 『상서정의』에서 이를 인용하고 나서 "是率諸侯共事紂也."라고 풀이하였다.

벌하고 밀수(密須)를 정벌하였는데, 어찌 유독 려(黎)를 정벌하는 것만은 어려워하였겠는가? 문왕이 낙수(洛水) 서쪽의 땅을 헌납하여 주(紂)가 궁시(弓矢)와 부월(斧鉞)을 하사한 다음부터 독자적으로 정벌할 수 있게 되었으니,[220] 〈이때부터〉 서쪽 지역의 도를 잃은 제후들을 문왕이 독자적으로 토벌할 수 있었다. 그러나 관(關)과 하(河)[221]부터 그 동쪽의 제후들은 문왕이 토벌할 수 있는 대상이 아닌데 하물며 기내의 제후를 토벌할 수 있었겠는가? 전유(前儒)들은 '공자가 문왕을 지덕(至德)이라고 칭송한 것은 다만 주(紂)를 정벌하지 않았기 때문이고, 〈감려의 일과 같은 것은 역시 이미 행하고 있었다.〉[222]'라고 하였다. 진실로 이와 같다면 왕의 영토에서 군대를 사열할 때 문왕은 이미 상(商)나라를 무시하는 마음을 가졌던 것이다."【예전에 상주(商紂)가 려(黎)에서 사냥을 한 적이 있으니, 려는 〈주(紂)의〉 악행을 도운 나라이다.】

○**용안** 이 설이 또한 좋기는 하다. 그렇지만 문왕은 때를 조금 일찍 만난 덕분에 대덕을 온전히 유지할 수 있었다. 만약 〈문왕의〉 수명이 조금 길고 주(紂)의 악정이 더욱 심해졌다면 끝내 정벌하지 않았겠는가? 만약 문왕에게는 이런 뜻이 전혀 없었는데 무왕과 주

---

220 문왕이 …… 되었으니 : 문왕이 羑里의 옥에서 풀려난 뒤 紂에게 낙수 서쪽의 땅을 바쳐서 정벌의 권한을 얻고 西伯이 되었다는 내용이 『사기』「은본기」에 나온다.

221 관(關)과 하(河) : 『사기』「蘇秦列傳」"秦四塞之國, 被山帶渭, 東有關河." 구절에 대해 『사기정의』에 "東有黃河, 有函谷・蒲津・龍門・合河等關."이라고 하였다. 여기서 말하는 關과 河가 정확히 어디를 지칭하는지 알 수 없다.

222 감려의 …… 있었다 : 『자치통감전편』 권5에 "至如戡黎之事, 亦已爲之."라고 한 구를 보충하여 번역하였다.

공이 비로소 이런 마음을 가졌다고 한다면, 이는 곧 세 성인이 지킨 의리가 같지 않은 것이 되니, 어찌 뜻과 사업을 계승하였다[繼志述事]고 할 수 있겠는가?【주자도 일찍이 말하기를 '문왕은 다만 주(紂)를 정벌하지 않았을 뿐이지 그 나머지 일들은 모두 하였다.'[223]라고 하였다.】 그러나 근거할 만한 전고가 전혀 없으니 설을 세울 수가 없다.

00. 상서서 - 061. 미자지고

殷既錯天命。微子作〈誥〉父師・少師。【鄭第六十】

은나라가 이미 천명을 버렸다. 미자가 「고(誥)」를 지어 부사(父師)와 소사(小師)에게 고하였다.【정현본의 제60편】

馬云:"錯, 廢也。"【梅云:"錯, 亂也。"】 ○鄭云:"微子啓, 紂同母庶兄。紂之母本帝乙妾, 生啓及衍, 後立爲后, 生受。"【〈大雅・大明〉疏】 又云:"微與箕, 俱在畿內。" ○**鏞案** 此序疑有殘缺。

〔殷既錯天命〕 마융이 말했다. "착(錯)은 폐[廢: 폐기하다, 버리다]의 뜻이다."【매색이 말했다. "착(錯)은 난[亂: 어지럽히다]의 뜻이다."】
〔微子作誥父師少師〕○정현이 말했다. "미자(微子) 계(啓)는 주(紂)의 동모(同母) 서형(庶兄)이다. 주의 어머니는 본래 제을(帝乙)의 첩으로 계(啓)와 연(衍)을 낳고, 나중에 후(后)가 되어 수(受)를 낳았다."【『시경』「대아・대명(大明)」의 소에 보인다.】 또 말했다. "미(微)와 기(箕)

223 주자도 …… 하였다: 『朱子語類』 권79 「尙書2」 '西伯戡黎'에 나온다.

는 모두 기내(畿內)에 있었다."

○**용안** 이 「서」는 일부가 없어진 듯하다.

考證 〈宋世家〉: "微子度紂終不可諫, 欲死之, 及去未能自決, 乃問於太師・少師。"【〈殷本紀〉云: "微子數諫不聽, 乃與太師・少師謀, 遂去。"】 ○**鏞案** 父師是箕子,【見鄭注】 少師是比干。【《家語》云: "比干官則少師。"】

고증 『사기』「송세가」에 "미자는, 주(紂)에게는 끝내 간할 수 없음을 헤아리고 죽이려고 하였다. 떠나려고 할 때 스스로 결정하지 못하여 태사와 소사에게 물었다."라고 하였다.【「은본기」에서는 "미자가 여러 번 간하였으나 듣지 않자 태사・소사와 의논하고는 드디어 떠났다."라고 하였다.】

○**용안** 부사(父師)는 기자이고,【정현의 주에 보인다.】 소사(少師)는 비간이다.【『공자가어(孔子家語)』에 "비간은, 관직은 소사이다."[224]라고 하였다.】

考證 《書大傳》云: "《禮》, 致仕之臣, 教于州里, 大夫爲父師, 士爲少師, 朝夕坐門塾, 而教出入之子弟。" ○**鏞案** 此《周禮》六鄕之教, 鄕老爲師之法也。【不可解此經】 箕子・比干, 皆是王師, 豈鄕塾之師乎?

고증 『상서대전』에 "『예(禮)』에 치사(致仕)한 신하는 주(州)와 리(里)에서 가르치는데, 대부는 부사가 되고 사는 소사가 되어 아침 저녁으로 학당의 문 앞에 앉아 출입하는 자제를 가르친다고 하였

224 비간은, 관직은 소사이다: 『孔子家語』 권5 「子路初見」에 나온다. 해당 부분 전문은 "比干於紂, 親則諸父, 官則少師."이다.

다.”[225]라고 하였다.

○**용안** 이것은 『주례』의 육향(六鄕)의 가르침에서 향로(鄕老)가 사(師)가 되는 법이다. 【이것으로 이 부분의 경문을 풀이해서는 안 된다.】 기자와 비간은 모두 왕사(王師)인데 어떻게 향숙(鄕塾)의 사가 되겠는가?

已上, 〈商書〉四十篇

이상은 「상서(商書)」 40편이다.

번역 : 송지원 · 김성제

00. 상서서 - 062~064. 태서.

惟十有一年, 武王伐殷, 一月戊午, 師渡孟津。作〈泰誓〉三篇。【鄭第六十一・二・三】

11년, 무왕이 은(殷)을 정벌하였는데 1월 무오일에 군사가 맹진(孟津)을 건넜다. 「태시」 3편을 지있다.【성현본의 제61편, 제62편, 제63편】

梅云 : “受命九年而文王卒, 武王三年服畢, 觀兵孟津, 以卜諸侯伐紂之心。【諸侯僉同, 乃退以示弱】 十三年正月二十八日, 更與諸侯期而共伐紂。”
○**鏞案** 此〈序〉, 上半用舊序,【〈律曆[교1)]志〉所載】 下半用〈武成〉舊序。【亦載〈律曆志〉】 破碎牽合, 以趁其僞撰之《書》, 今不可徵也。

---

225 『상서대전』에 …… 하였다 : 『尙書廣聽錄』 권2에 나오고, 『尙書埤傳』 권12에도 나온다.

교1) 曆 : 신조선사본에는 '歷'으로 되어 있다. 이 책에서는 모두 '曆'으로 통일한다.

〔惟十有一年 …… 師渡孟津〕 매색이 말했다. "천명을 받은 지 9년 만에 문왕이 졸(卒)하였다. 무왕은 3년의 복상(服喪)을 마치고 맹진(孟津)에서 군사를 사열하고[觀兵] 제후들에게 주(紂)를 정벌할 마음이 있는지를 점쳤다.【제후들이 모두 동조하자 이에 물러남으로써 약함을 보였다.】 13년 정월 28일, 다시 제후들과 기약하여 함께 주(紂)를 정벌하였다."

○**용안** 이 「서」의 상반부는 구서(舊序)[226]【『한서』「율력지(律曆志)」에 실려 있다.】를 사용하였으며, 하반부는 「무성」의 구서[227]【이것 역시 『한서』「율력지」에 실려 있다.】를 사용하였다. 잘게 부수고 억지로 합하여 그 위찬(僞撰)의 『서(書)』를 따른 것으로, 지금은 논증할 수 없게 되었다.

考證 〈周本紀〉: "十一年十二月戊午, 師畢渡盟津, 諸侯咸會,【曰: "孳孳無怠"】 武王乃作〈太誓〉。" ○《漢書 · 律曆志》: "惟十有一年, 武王伐紂, 太[교1)]誓八百諸侯。【〈太[교2)]誓〉之〈序〉】 一月戊午, 師度于孟津。"【〈武成〉之〈序〉】 班固云: "武王伐紂克殷, 十三年也。" ○**鏞案** 〈太誓〉者, 太公之

226 구서(舊序) : 『한서』「律歷志」에 실려 있는 「태서」의 「서」를 말한다. 『한서』 원문은 다음과 같다. 文王受命九年而崩, 再期, 在大祥而伐紂, 故「書序」曰 : "惟十有一年, 武王伐紂, 作「太誓」. 八百諸侯會."

227 「무성」의 구서 : 『한서』「律歷志」에 실려 있는 「무성」의 서는 다음과 같다. 「周書 · 武成」篇, '惟一月壬辰, 旁死霸, 若翌日癸巳, 武王乃朝步自周, 于征伐紂.' 「序」曰 : "一月戊午, 師度于孟津."

誓也。伊所訓曰〈伊訓〉, 召所誥曰〈召誥〉, 太公所誓曰〈太誓〉, 無異例也。【詳見下】 總之, 〈太誓〉多本, 太公所誓當日眞本, 其一也。伏壁《書》出之後, 伏生《書大傳》, 又有'白魚入舟'之說, 故或疑伏生之時, 已有此僞〈太誓〉, 其二也。劉向《別錄》稱'武帝末, 民有獻〈太誓〉'者, 馬融所謂'〈太誓〉後得, 其文淺露'者, 其三也。【止一篇】 宣帝 本始間, 河內女子壞屋所得, 其四也。【始三篇】 東晉初, 梅賾所獻, 薈萃《書傳》所引, 撰成三篇, 今所行世者, 其五也。一眞旣亡, 四僞交亂, 上自伏生・孔安國・司馬遷・班固・劉向・劉歆, 下逮馬融・鄭玄, 皆被惑於三僞之《書》。孔沖遠・蔡仲默又被眩於梅氏之僞。於是武王伐紂之事, 上自〈殷〉・〈周本紀〉, 下逮漢・唐儒說, 無可以眞確徵信者, 可勝恨哉! 竝詳前編, 今不再述。

교1) 太 : 신조선사본에는 '大'로 되어 있으나 『漢書』「律曆志」에 따라 바로잡는다.

교2) 太 : 신조선사본에는 '大'로 되어 있으나 『漢書』「律曆志」에 따라 바로잡는다.

고증 『사기』「주본기」에 "11년 12월 무오일, 군사가 모두 맹진을 건넜고 제후들이 다 모였다.【말하기를 '부지런하고 게으르지 말자.'라고 하였다.】 무왕이 이에 「태서」를 지었다."라고 하였다.

○『한서』「율력지」에 "11년, 무왕이 주를 정벌함에 팔백 제후들에게 크게 맹세하였다."【「태서」의 「서」이다.】 "1월 무오일, 군사가 맹진을 건넜다."【「무성」의 「서」이다.】라고 하였다.[228] 반고(班固)는 "무왕이

228 『한서』…… 하였다 : 『한서』「律曆志」 원문에는 다음과 같이 되어 있다. "文王受命九年而崩, 再期, 在大祥而代紂, 故「書序」曰 : '惟十有一年, 武王伐紂,

주(紂)를 정벌하여 은(殷)을 이긴 것은 13년이었다."라고 하였다.

○**용안** 「태서」는 태공의 맹서이다. 이윤이 교훈한 것을 「이훈」이라고 하고, 소공이 고[誥: 훈계]한 것을 「소고」라고 하며, 태공이 맹서한 것을 「태서」라고 한다. 다른 예는 없다.【상세한 것은 뒤에 나온다.】 총괄하자면, 「태서」는 여러 본이 있는데, 태공이 맹서한 당일(當日)의 진본(眞本)이 그 첫째 것이다. 복생의 집 벽에서 『상서』가 나온 후, 복생의 『상서대전』에는 또한 '흰 물고기가 배로 뛰어든'[229] 이야기가 실려 있었으므로, 어떤 이는 복생의 때에 이미 이 위(僞) 「태서」가 있었던 것은 아닐까 의심하였는데, 그것이 두 번째 것이다. 유향의 『별록(別錄)』에서 '무제(武帝) 말엽에 백성이 「태서」를 바쳤다.'라고 한 것으로, 마융이 '「태서」는 뒤에 얻은 것으로 그 글이 천박하다.'라고 한 것이 그 세 번째 것이다.[230]【한 편에 그친다.】 전한(前漢) 선제(宣帝) 본시[本始: B.C.73~B.C.70] 연간에 하내(河內)의 여자가 집을 허물고 얻은 것이 그 네 번째 것이다.【비로소 세 편이 되었다.】 동진(東晉) 초에 매색이 바친, 『서』와 관계된 전기(傳

太誓.' 八百諸侯會. ……「周書 武成」篇: '惟一月壬辰, 旁死霸, 若翌日癸巳, 武王乃朝步自周, 于征伐紂.' 「序」曰: '一月戊午, 師度于孟津.'" 여기에 근거하여 원래 「太誓」의 「序」는 '太誓'까지였음을 알 수 있다. 여기서는 다산의 인용문대로 번역하였다.

229 흰 …… 뛰어든: 『상서대전』 권2 「泰誓傳」에 "太子發升舟中流, 白魚入於王舟."라는 내용이 나온다.

230 복생의 집 …… 것이다: 明 朱睦㮮 撰, 『五經稽疑』「僞泰誓」에 다음과 같은 기록이 있다. 伏生二十八篇, 無「泰誓」. 武帝時, 僞「泰誓」出. 先儒馬融輩疑之, 謂其文淺露不類, 非惟不似古文, 亦不似伏生之今文也. 吾又見昔人所引用「泰誓」'白魚入于王舟'·'有火於王屋流爲烏', 及他云云而不在今本, 或又有一「泰誓」也. 按, 湯武俱以征伐而有天下, 然湯之辭裕, 武之辭迫, 湯之數桀也恭, 武之數紂也傲, 以此知「泰誓」非當時本文也.

記)들에서 인용한 것을 모아서 세 편을 찬성(撰成)한 것으로, 지금 세상에 통행하고 있는 것이 그 다섯 번째 것이다.

하나의 진본(眞本)이 없어지자, 네 개의 위본(僞本)이 번갈아 어지럽혔다. 위로 복생·공안국·사마천·반고·유향·유흠으로부터 아래로 마융·정현까지, 모두 3종의 위서(僞書)에 현혹되었고, 공충원[孔沖遠 : 공영달]과 채중묵[蔡仲默 : 채침]은 또 매색의 위본(僞本)에 현혹되었다. 이리하여 무왕이 주(紂)를 정벌한 일은 위로 『사기』 「은본기」와 「주본기」로부터 아래로 한(漢)·당(唐)의 유학자들의 설(說)까지, 진본(眞本)이라고 확신할 수 있는 것이 없게 되었으니 한스러움을 이길 수 있겠는가! 이에 관한 것은 모두 전편(前編)[231]에서 상세하게 말하였으므로 지금 다시 서술하지는 않는다.

考證 〈齊世家〉: "武王卽位九年, 東伐至盟津, 不期而會者, 八百諸侯。武王還師, 與太公作〈太誓〉。" ○**鏞案** 〈太誓〉之義, 談者不同。或云: "大道以誓衆。"【王肅云】 或云: "推義以見大會。"【注疏云】 或云: "取泰卦義。"【晁氏云】 或云: "與'大誥'同。"【王應麟】 今按〈齊世家〉, 〈太誓〉者, 太公之誓也。然〈齊世家〉亦言'武王還師', 仍是觀兵之說。【其云'武王卽位之九年', 其義平正。】

고증 『사기』 「제세가(齊世家)」에 "무왕 즉위 9년, 동쪽을 정벌하여 맹진(孟津)에 이르니, 기약하지 않고도 모인 자들이 팔백 제후였다. 무왕이 환군(還軍)하고 태공(太公)과 함께 「태서」를 지었다."라고 하였다.[232]

---

231 전편(前編) : 『매씨서평』을 말한다. 「泰誓」의 眞僞에 관해서는 권1 「河內泰誓考」 등에서 자세히 다루었다.

○용안 「태서」의 뜻은 말하는 자에 따라 같지 않다. 어떤 이는 "대도(大道)로써 군중에게 맹세하는 것이다."라고 하고,【왕숙의 말이다.】 어떤 이는 "그 뜻을 유추하여 크게 모였던 것임을 보인 것이다."[233] 라고 하고,【『상서정의』의 말이다.】 어떤 이는 "태괘(泰卦)의 뜻을 취하였다."라고 하며,【조씨(晁氏)의 말이다.[234]】 어떤 이는 "'대고(大誥)'와 같다."[235]라고 하였다.【왕응린의 말이다.】 지금 『사기』 「제세가」를 살펴보면 「태서」는 태공의 서(誓)이다. 그러나 「제세가」에서는 또한 '무왕이 환군하였다.'라고 하였는데 이것은 곧 군사를 사열하였다[觀兵]는 설이다.【『사기』 「제세가」에서 '무왕이 즉위한 지 9년'이라고 한 것은 그 뜻이 평탄하고 바르다.】

考證 〈楚世家〉: "楚武王曰, '我有敝甲, 欲以觀中國之政, 請王室尊吾號。'" ○《左傳》: "楚莊王伐陸渾之戎, 遂觀兵于周疆, 問鼎之大小輕重。"【宣三年】 ○閻云: "觀政・觀兵, 皆咄咄逼周, 同一無君擧動, 以擬[교1)]武王, 非其倫矣。《國語》云, '先王耀德不觀兵。'【觀, 示也】 又云, '且觀之兵。'

232 『사기』 「제세가(齊世家)」에 …… 하였다 : 『사기』 「제세가」의 원문은 다음과 같다. "文王崩, 武王卽位. 九年, 欲修文王業, 東伐以觀諸侯集否. 師行, 師尙父左杖黃鉞, 右把白旄以誓, 曰 : '蒼兕蒼兕, 總爾衆庶, 與爾舟楫, 後至者斬!' 遂至盟津. 諸侯不期而會者, 八百諸侯. 諸侯皆曰 : '紂可伐也.' 武王曰 : '未可.' 還師, 與太公作此「太誓」."

233 그 뜻을 …… 것이다 : 『상서정의』 소에 "「湯誓」指湯爲名, 此不言'武誓'而別立名者, 以武誓非一故, 史推義作名「泰誓」, 見大會也."라고 하였다.

234 조씨(晁氏)의 말이다 : 왕응린의 『困學紀聞』 권2에 다음과 같이 관련 내용이 나온다. 晁氏曰 : "開元間, 衛包定今文, 始作泰. 或以交泰爲說. 眞燕書哉."

235 대고(大誥)와 같다 : 왕응린의 『困學紀聞』 권2에 "「泰誓」, 古文作「大誓」. 孔氏注大會以誓衆."라고 한 내용이 보인다. 왕응린은 '泰誓'를 고문에서는 '大誓'로 썼다고 하며, '大'를 '泰'로 읽는 것은 잘못이라고 하였다.

【亦示也】《史記》, '東觀兵至于盟津。'《左傳》, '觀兵於東夷。'【僖四年】'肆予小子發, 觀政于商', 非卽觀兵之說乎?" ○又云: "文王無九年受命稱王改元事。歐陽永叔〈泰誓論〉出, 而文王之冤始白, 伊川謂'武王無觀兵', 而武王之冤始白。" ○**鏞案** 僞經僞傳, 厚誣我文王·武王, 竝詳前編, 今略之。

교1) 案擬: 『상서고문소증』에는 '儗'로 되어 있다.

고증 『사기』「조세가」에 "초나라 무왕이 '나에게 헤어진 갑옷[敝甲: 자신의 군대를 겸손하게 말한 것이다]이 있으니, 그것으로 중국(中國)의 정사를 보고자[觀政] 하며, 〈주나라〉 왕실에 우리 명호(名號)를 높여줄 것을 청하려고 한다.'라고 하였다."[236]라고 한 내용이 있다. ○『춘추좌씨전』에 "초나라 장왕(莊王)이 육혼(陸渾)의 융(戎)을 정벌하고 나서 드디어 주(周)나라 경내에서 군사를 사열[觀兵]하였으며, 정(鼎)의 크기와 무게를 물었다."라고 하였다.[237]【선공 3년】 ○염약거가 말했다. "정사를 보고[觀政] 군사를 사열한다[觀兵]는 것은 모두 떠들썩하게 소리를 지르며 주(周)나라를 압박하는 것으로 동일하게 군주를 무시하는 거동이다. 그것으로 〈주〉 무왕에 비견하고자 한 것이니, 옳은 도리가 아니다.[238] 『국어』에 '선왕(先王)

236 『사기』「초세가」에 …… 하였다: 해당 원문은 다음과 같다. (楚武王)三十五年, 楚伐隨. 隨曰: '我無罪.' 楚曰: '我蠻夷也. 今諸侯皆爲叛相侵, 或相殺. 我有敝甲, 欲以觀中國之政, 請王室尊吾號.' 隨人爲之周, 請尊楚, 王室不聽, 還報楚.

237 『춘추좌씨전』에 …… 하였다: 『춘추좌씨전』 선공 3년에 다음과 같은 내용이 나온다. 楚子伐陸渾之戎, 遂至於雒, 觀兵于周疆. 定王使王孫滿勞楚子. 楚子問鼎之大小輕重焉.

238 염약거가 …… 아니다: 앞의 『사기』와 『춘추좌씨전』의 인용과 그에 대한

은 덕을 빛내고 군사를 사열하지[觀兵] 않았다.'라고 하였으며,[239] 【〈위소(韋昭)의 주에〉 "관(觀)은 시[示 : 시위하다]의 뜻이다."라고 하였다.】 또 '또한 그에게 군대를 보였다.'[240]라고 하였다.【또한 시위한다는 의미이다.】 『사기』에는 '동쪽에서 군사를 사열하여 맹진에 이르렀다.'라고 하였고, 『춘추좌씨전』에는 '동이(東夷)에서 군사를 사열한다.'라고 하였다.[241]【희공(僖公) 4년의 기록이다.】 '아아, 소자 발(發)은 상(商)에서 정사(政事)를 봅니다.'라고 한 것은 곧 군사를 사열하였다는 설이 아닌가?"[242] ○또 말했다. "문왕이 9년에 천명을 받아 왕을 칭하

염약거의 발언은 『尙書古文疏證』 권2 제26조의 내용에 따른 것이다. 원문은 다음과 같다. 又按『史記』「楚世家」, 楚武王伐隨, 隨曰 : "我無罪." 楚曰 : "我有敝甲, 欲以觀中國之政, 請王室尊吾號." 左氏宣三年『傳』 : "楚莊王, 伐陸渾之戎, 遂觀兵于周疆. 問鼎之大小輕重焉." 觀政 · 觀兵, 皆咄咄逼周, 同一無君擧動. 以儗武王, 非其倫矣."

239 『국어』에 …… 하고 : 『국어』 「周語」에 다음과 같은 내용이 나온다. 穆王將征犬戎, 祭公謀父諫曰 : "不可. 先王耀德不觀兵. 夫兵戢而時動, 動則威, 觀則玩, 玩則無震. 是故周文公之「頌」曰, ……"

240 또한 …… 보였다 : 『국어』 「周語」에 다음과 같은 내용이 나온다. 今自大畢 · 伯士之終也, 犬戎氏以其職來王, 天子曰 : "予必以不享征之, 且觀之兵." 其無乃廢先王之訓而王幾頓乎! 吾聞夫犬戎樹惇, 帥舊德而守終純固, 其有以禦我矣

241 『춘추좌씨전』에는 …… 하였다 : 앞의 『춘추좌씨전』 희공 4년에 다음과 같은 내용이 나온다. "陳轅濤塗謂鄭申侯曰 : '師出於陳 · 鄭之間, 國必甚病. 若出於東方, 觀兵於東夷, 循海而歸, 其可也.'" 앞의 『國語』의 인용에서 여기까지는 閻若璩, 『尙書古文疏證』 권2 제26조에 나오는 다음 내용과 일치한다. 又按『國語』'先王耀德, 不觀兵', 韋昭註 : "觀, 示也." 據此當讀爲貫, 非觀視之觀. 下文又有'且觀之兵', 義益見然. 『史記』'東觀兵, 至于盟津', 『左傳』僖四年'觀兵於東夷', 宣十二年'觀兵以威諸侯', 皆讀如字亦可."

242 아아 …… 아닌가 : 『상서고문소증』 권2 제26조에 다음과 같은 내용이 실려 있다. 今試平心易氣, 取晩出「武成」篇讀之, '我文考文王, 誕膺天命, 以撫方夏' · '惟九年, 大統未集', 非卽受命改元之妄說乎? 「泰誓上」篇曰 : '我文考, 肅將天威, 大勳未集, 肆予小子發, 以爾友邦冢君, 觀政于商', 非卽三年服畢, 觀兵孟津

고 개원[稱王改元]한 일은 없다. 구양영숙[歐陽永叔 : 구양수]의 「태서론(泰誓論)」이 나오자 문왕의 억울함이 비로소 풀렸으며, 이천[伊川 : 정이(程頤)]이 〈주〉 무왕은 군사를 사열한[觀兵] 일이 없다고 한 후에[243] 비로소 무왕의 억울함이 풀렸다."

○**용안** 위경(僞經)과 위전(僞傳)은 우리 문왕과 무왕을 심히 무함하고 있다. 이에 관해서는 모두 전편(前編)에서 상세하게 논하였으므로 지금은 생략한다.

00. 상서서 - **065. 목서**

武王戎車三百兩, 虎賁三百人, 與受戰于牧野。作〈牧誓〉。

【鄭第六十四 ○孔壁舊本在十六篇中】

무왕이 융거(戎車) 300량(兩)과 호분(虎賁) 300인(人)을 거느리고 수[受 : 주(紂)]와 목야(牧野)에서 싸웠다. 「목서」를 지었다.【정현본의 제64편 ○공벽(孔壁) 구본(舊本)에는 제16편 중에 있다.】

梅云 : "兵車, 百夫長所載。【一車步卒七十人, 凡二萬一千人, 擧全數】 勇士,[교1] 若虎賁獸, 言其猛也。皆百夫長。"【疏云 : "《周禮》虎賁氏之官, 其屬有虎士八百

之說乎?

243 이천[伊川 : 정이(程頤)]이 …… 후에 : 『二程遺書』 권19 「楊遵道錄」에 다음과 같이 관련 내용이 나온다. 介甫以武王觀兵爲九四, 大無義理. 兼觀兵之說, 亦自無此事. 如今日天命絶, 則紂今日便是獨夫, 豈容更留之三年. 今日天命未絶, 便是君也, 爲人臣子, 豈可以兵脅其君, 安有此義?

人。"】 ○鄭云："牧野, 紂南郊地名。"【〈大雅·大明〉疏】 又云："紂近郊三十里名牧。"【《周禮·肆師》疏】

교1) 案士:『상서정의』에는 뒤에 '稱也'가 더 있다.

〔戎車三百兩, 虎賁三百人〕 매색이 말했다. "〈융거(戎車)는〉 병거(兵車)로서, 백부장(百夫長)이 타는 것이다.【수레 1량에 보졸(步卒) 70인이 따르니, 모두 2만 1000인이다. 전수(全數)를 든 것이다.】 〈호분(虎賁)은〉 〈용사(勇士)를 가리킨 것으로 마치 날쌘 호랑이 같다는 뜻이니, 그 용맹함을 말한 것이다. 모두 백부장이다."【소에 "『주례』에 호분씨(虎賁氏)의 관직이 있으며, 그 부하로 호사(虎士) 800인이 있다."[244]라고 하였다.】

〔牧野〕○정현이 말했다. "목야는 주(紂)의 남교(南郊)의 지명이다."【『시경』「대아·대명(大明)」의 소에 보인다.】 또 말했다. "주(紂)의 근교(近郊) 30리를 목(牧)이라고 하였다."【『주례』「사사(肆師)」의 소에 보인다.】

考證 〈魯世家〉:"武王十一年, 伐紂, 至牧野, 周公佐武王, 作〈牧誓〉。"【〈周本紀〉:"九年觀兵, 居二年, 率戎車三百乘, 虎賁三千人, 甲士四萬五千人。十一年十二月戊午, 師渡盟律。二月甲子昧爽, 武王朝至于商郊牧野, 乃誓。"】 ○《孟子》曰:"武王之伐殷也, 革車三百兩, 虎賁三千人。"

고증 『사기』「노세가」에 "무왕 11년, 주(紂)를 정벌하여 목야에 이르렀다. 주공이 무왕을 보좌하였다. 「목서」를 지었다."라고 하였다.【『사기』「주본기」에 "9년, 군사를 사열하였다. 2년 후 융거 300승(乘), 호분

---

244 『주례』에 …… 있다:『주례』「夏官·司馬」 제4에 "虎賁氏, 下大夫二十人, 中士十有二人, 府二人, 史八人, 胥八十人, 虎士八百人."이라고 하였다.

3000인, 갑사(甲士) 4만 5000인을 이끌었다. 11년 12월 무오일, 군사가 맹진을 건넜다. 2월 갑자일 동틀 무렵, 무왕은 아침 일찍 상나라 교외의 목야(牧野)에 이르러 맹서하였다."[245]라고 하였다.】

○『맹자』에 "무왕이 은을 정벌할 때, 혁거(革車)가 300량이고 호분이 3000인이었다."[246]라고 하였다.

考異 《說文》, 牧作坶。【許云:"朝歌南七十里地, 武王與紂戰于坶野。" ○《字林》, "音母"】

고이 『설문해자』에는 '牧'이 '坶(모)'로 되어 있다.【허신(許愼)이 말했다. "조가(朝歌) 남쪽 칠십 리의 땅으로, 무왕이 주(紂)와 모야(坶野)에서 싸웠다."[247] ○『자림(字林)』[248]에 "음은 母(모)이다."라고 하였다.】

00. 상서서 - 066. 무성

武王伐殷, 往伐歸獸, 識其政事。作〈武成〉。【鄭第六十五】

무왕이 은을 정벌할 때, 가서 정벌하고 돌아오면서 수수(蒐狩)의

---

245 9년 …… 하였다:『사기』「주본기」의 원문은 다음과 같다. 九年, 武王上祭于畢. 東觀兵, 至于盟津. …… 居二年, 聞紂昏亂暴虐滋甚, …… 乃遵文王, 遂率戎車三百乘, 虎賁三千人, 甲士四萬五千人, 以東伐紂. 十一年十二月戊午, 師畢渡盟津, 諸侯咸會, 曰:'孳孳無怠!' 武王乃作「太誓」, 告于衆庶. …… 二月甲子昧爽, 武王朝至于商郊牧野, 乃誓.

246 무왕이 …… 3000인이었다:『맹자』「盡心下」에 나온다.

247 『설문해자』에는 …… 싸웠다: 許愼의 『說文解字』에서는 '坶' 자를 다음과 같이 설명하였다. 朝歌南七十里地.「周書」:"武王與紂戰于坶野." 從土, 母聲.

248 『자림(字林)』: 三國時代 晉의 呂忱이 편찬한 字書이다.

예(禮)를 행하고 그 정사(政事)를 기록하였다. 「무성」을 지었다.【정현본의 제65편】

梅云："歸馬牛於華山桃林之牧地。"【疏云："《爾雅》有〈釋獸〉·〈釋畜〉。在野自生爲獸, 人家養之爲畜。歸馬放牛, 使之自生自死, 若野獸然, 故謂之'獸'。"】 ○**鏞案** 〈樂記〉之言散馬散牛, 原不合理。王者用兵, 其戎馬輜牛, 皆丘甸所出, 戰罷, 還屬丘甸, 各歸其家而已。牧地不馴之馬·不服之牛, 無以猝用於軍旅, 則原初所用, 必皆旣馴旣服之物也。旣馴旣服, 則必皆有主餵之人。今雖克殷而罷兵, 以旣馴旣服之畜, 放諸山林之牧地, 使之自生自死, 同於野獸【孔疏云】,爲天下棄物, 得非暴殄天物乎? 馬牛爲物, 用於軍旅, 而餘無所用, 聖王尙不當如此, 以備不虞。況服牛乘馬, 豈亶軍旅之事哉? 誠若如此, 與始皇之銷兵鑄人, 將無同矣。玆是秦·漢俗儒之筆,【謂〈樂記〉】 僞者用解此〈序〉, 因撰僞經, 以爲〈樂記〉之源, 其跡昭昭然矣。然野曰獸, 家曰畜, 誠如孔疏之言。設如當時眞有散馬牛之事, 孔子撰〈序〉, 必不云'歸獸'。沖遠疑註之有誤, 畢竟飾詞以掩疵, 可嗟也。余謂, '歸獸'者, 餽獸也, 蒐狩之禮也。【歸音餽】 左太沖〈魏都賦〉云："武人歸獸而去戰。" 本用此〈書序〉之文, 而六臣註此, 以'歸獸'爲止獵, 不至指馬牛而爲獸也。〈周本紀〉宜考。

〔**歸獸**〕 매색이 말했다. "소와 말을 화산(華山) 도림(桃林)의 목지(牧地)로 돌려보낸 것이다."【소에 "『이아』에 「석수(釋獸)」와 「석축(釋畜)」이 있다. 들에서 스스로 살아가는 짐승이 수(獸)이고, 인가에서 기르는 짐승이 축(畜)이다. 말을 돌려보내고 소를 방목하여 들짐승처럼 스스로 살다가 죽게 하였다. 그래서 '수(獸)'라고 한 것이다."라고 하였다.[249]】

○**용안** 『예기』「악기」의 '산마(散馬)'와 '산우(散牛)'에 대한 말[250]은

원래 이치에 맞지 않는다. 왕자(王者)가 전쟁을 할 때에 동원하는 융마(戎馬)와 짐수레를 끄는 소는 모두 구전[丘甸 : 민간]에서 차출하는 것으로, 전쟁이 끝나면 구전으로 돌려주어 각각 그 집으로 돌려보낼 뿐이다. 목지(牧地)의 길들이지 않은 말과 멍에를 씌우지 않은 소는 군대에서 갑자기 쓸 수 없으니, 애초에 쓰는 것은 반드시 모두 이미 길들이고 멍에를 씌운 동물이다. 이미 길들이고 이미 멍에를 씌웠다면 반드시 모두 먹여 기른 주인이 있는 것이다. 지금 비록 은을 이기고 전쟁을 그쳤다고 하더라도, 이미 길들이고 멍에를 씌운 가축들을 산림의 목지에 방목하여 들짐승처럼 스스로 살다가 죽게 하여【공영달의 소(疏)이다.】 천하에 버려진 동물로 만든다면, 하늘이 내린 동물을 포학하게 죽이는 것이 아니겠는가? 말과 소라는 동물이 군대에서만 쓰이고 더는 쓸데가 없다고 하더라도, 성왕(聖王)은 오히려 이와 같이 하지 않고 예기치 못한 어려움에 대비할 것이다. 하물며 멍에를 씌운 소와 타는 말이 어찌 오로지 군대에서만 쓰이겠는가? 진실로 이와 같다면 시황제(始皇帝)가 병기를 녹여 사람 모양의 동상(銅像)을 만든 것과 같지 않겠는가? 이것은 진(秦)·한(漢) 시대 속유(俗儒)의 글인데,【『예기』「악기」를 말한다.】 위작한 자가 그것을 이용하여 이 「서」를 풀이하고, 인(因)하여 위경(僞經)을 찬술하여 「악기」의 근원이 되게 한 것이다. 그 자취가

---

249 『소』에 …… 하였다 : 『상서정의』 소의 본문은 다음과 같다. 『爾雅』有「釋獸」·「釋畜」, 畜·獸形相類也. 在野自生爲獸, 人家養之爲畜. 歸馬放牛, 不復乘用, 使之自生自死, 若野獸然, 故謂之'獸'. 獸以野澤爲家, 故言'歸'也.

250 『예기』 …… 대한 말 : 해당 원문은 다음과 같다. "且女獨未聞「牧野」之語乎? 武王克殷反商, …… 馬散之華山之陽而弗復乘, 牛散之桃林之野而弗復服. 車甲釁而藏之府庫而弗復用."

매우 분명하다. 그러나 들짐승을 수(獸)라고 하고 집짐승을 축(畜)이라고 하는 것은 진실로 공영달의 소의 말과 같으니, 설사 당시에 진짜로 말과 소를 풀어준 일이 있었다고 하더라도 공자가 「서」를 지으면서 필시 '귀수(歸獸)'라고는 하지 않았을 것이다. 그런데 충원[沖遠 : 공영달]이 주에 오류가 있다고 의심하고 결국 말을 꾸며 허물을 덮었으니 애석하다고 하겠다.

나는 '궤수(歸獸)'는 '궤수(餽獸)'의 뜻으로 수수(蒐狩)의 예(禮)[251]를 의미한다고 생각한다.【'歸'의 음은 饋(궤)이다】 좌태충[左太沖 : 좌사(左思)][252]의 「위도부(魏都賦)」에 "무인(武人)이 궤수하고 전쟁을 그만 두었다."라고 하였는데 본래 이 「서서」의 문장을 사용한 것이다. 이에 대한 육신(六臣)의 주에서 '궤수'를 사냥을 멈춘 것으로 보았으며, 말과 소를 가리켜 수(獸)라고 하지는 않았다. 『사기』 「주본기」를 마땅히 참고해야 한다.

考證 〈周本紀〉:【'告天革命, 封祿父, 釋箕子, 表商容, 散財發粟'之下】"乃罷兵西歸, 行狩, 記政事, 作〈武成〉。"【此下, 〈分殷之器物〉】 ○**鏞案** 〈序〉有'歸

---

251 수수(蒐狩)의 예(禮) : 봄 사냥을 蒐라고 하고, 겨울 사냥을 狩라고 한다. 합하여 사냥의 통칭이다. 『춘추곡량전』 소공 8년 조에 "因蒐狩以習用武事, 禮之大者也."라고 하였다.

252 좌태충[左太沖 : 좌사(左思)] : 250(?)~305. 西晉시대 齊國 臨淄 사람으로, 이름이 思이고 太沖은 字이다. 여동생이 궁중에 女官으로 들어갔기 때문에 도읍 洛陽으로 나와 10년 동안 구상하여 「三都賦」를 지었다. 이것이 당시 문단의 영수였던 張華에게 절찬을 받아 일약 유명해졌다. 낙양의 지식인들이 이것을 다투어 필사하였기 때문에 "낙양의 종이 값을 올린다.[洛陽紙貴]"라는 말이 생겼을 정도였다. 저서에 『左太沖集』이 있다. 『文選』 권6에 다음과 같이 나온다. 喪亂既弭而能宴, 武人歸獸而去戰, 蕭斧戢柯以柙刃.

獸'之句者, 以罷兵西歸之路, 又行蒐狩之禮, 此古振旅之恒禮也。行狩之末, 必有歸獸之節。【讀作餽】 而〈武成〉本經, 亦載是事, 故〈序〉提之, 非卽散馬牛之事也。'識其政事'者, 封武庚祿父, 釋箕子, 表商容, 封比干墓, 散財發粟諸事, 獨無散馬牛一語。【〈本紀〉교1)無此言】

교1) 紀 : 신조선사본에는 '記'로 되어 있으나 篇名이므로 바로잡는다.

고증 『사기』「주본기」에,【'하늘에 혁명(革命)을 고하고, 녹보(祿父)[253]를 봉하고, 기자(箕子)를 석방하고, 상용(商容)을 표창하고, 재물과 곡식을 준' 내용 다음에】 "이에 전쟁을 그치고 서쪽으로 돌아가면서, 수(狩)를 행하고 정사를 기록하였다. 「무성」을 지었다."라고 하였다.【이 아래의 내용은 「분은기지물(分殷器之物)」에 해당한다.】[254]

○용안 「서」에 '궤수'의 구(句)가 있는 것은 전쟁을 그치고 서쪽으로 귀환하는 길에 또 수수(蒐狩)의 예를 행한 것으로, 이것은 옛날 진려(振旅)[255]의 항례(恒禮)이다. 수수의 예를 행할 때 마지막에는

---

253 녹보(祿父) : 紂의 아들인 武庚의 字이다.

254 『사기』「주본기」에 …… 해당한다 : 해당 부분 『사기』 원문은 다음과 같다. 於是武王再拜稽首, 曰 : "膺更大命, 革殷, 受天明命." 武王又再拜稽首, 乃出. 封商紂子祿父殷之餘民. 武王爲殷初定未集, 乃使其弟管叔鮮・蔡叔度相祿父治殷. 已而命召公釋箕子之囚. 命畢公釋百姓之囚, 表商容之閭. 命南宮括散鹿臺之財, 發鉅橋之粟, 以振貧弱萌隸. 命南宮括・史佚展九鼎保玉. 命閎夭封比干之墓. 命宗祝享祠于軍. 乃罷兵西歸. 行狩, 記政事, 作武成. 封諸侯, 班賜宗彝, 作「分殷之器物」.

255 진려(振旅) : 군대가 개선할 때 행하는 禮이다. 『시경』「小雅・采芑」의 "伐鼓淵淵, 振旅闐闐"에 대한 毛亨의 傳에 "入曰振旅, 復長幼也."라고 하였는데, 공영달의 疏에 "出則幼賤在前, 貴勇力也. 入則尊老在前, 復常法也."라고 하였다.

반드시 짐승을 돌려보내는 절차가 있다.【궤(饋)로 읽는다.】 그래서 「무성」의 경문에도 또한 이 일을 기록하였다. 그러므로 「서」에서 이를 거론한 것이지 곧 말과 소를 풀어준 일을 말하는 것은 아니다. '정사를 기록하였다'는 것은 무경(武庚) 녹보(祿父)를 봉하고, 기자(箕子)를 석방하고, 상용(商容)을 표창하고, 비간(比干)의 묘를 만들고, 백성들에게 재물과 곡식을 나누어 준 여러 일들로서, 유독 말과 소를 풀어주었다는 내용은 없다.【『사기』 「주본기」에 이 말이 없다.】

번역 : 문석윤

00. 상서서 - 067. 홍범

武王勝殷, 殺受立武庚, 以箕子歸。作〈洪範〉。【鄭第六十六】

무왕이 은나라를 이긴 다음 수[受 : 주(紂)]를 죽이고 무경을 세우며 기자를 데리고 돌아왔다. 「홍범」을 지었다.【정현본의 제66편】

梅云 : "不放而殺, 紂自焚也。"【疏云 : "〈殷本紀〉, 紂衣其寶玉衣, 赴火而死, 武王遂斬紂頭, 懸之太白旗。"】 ○鄭云 : "武庚字祿父。"

〔殺受立武庚〕 매색이 말했다. "추방하였다[放]고 하지 않고 죽였다[殺]고 한 것은, 주(紂)가 스스로 불에 타서 죽었기 때문이다."【소에 "『사기』 「은본기」에 '주(紂)는 보옥으로 장식한 옷을 입고 불에 뛰어들어 죽었다. 무왕이 드디어 주(紂)의 목을 베어 태백기(太白旗)에 걸었다.'라고 하였다."라고 하였다.】 ○정현이 말했다. "무경은 자가 녹보(祿父)이다."

考證 〈周本紀〉: "武王已克殷, 後二年, 問箕子殷所以亡。箕子不忍言殷惡, 以存亡國宜告。武王亦醜, 故問以天道。" ○《漢書·律曆志》云: "武王克殷, 以箕子歸。作〈洪範〉。" ○〈宋世家〉云: "武王訪問箕子, 乃封箕子於朝鮮。"

고증 『사기』「주본기」에 "무왕이 은나라를 이기고 나서 2년 후에 기자에게 은이 멸망한 이유를 물었다. 기자는 차마 은의 악(惡)을 말하지 못하여 망한 나라를 보존해 주는 것이 마땅하다는 것을 고하였다. 무왕도 부끄러운 질문이라고 생각하여 천도를 물었다."[256] 라고 하였다.
○『한서』「율력지」에 "무왕이 은을 이기고, 기자를 데리고 돌아왔다. 「홍범」을 지었다."라고 하였다.
○『사기』「송세가」에 "무왕이 기자를 찾아가 묻고는 기자를 조선(朝鮮)에 봉하였다."[257]라고 하였다.

考異 《書大傳》云: "武王釋箕子之囚, 箕子不忍周之釋, 走之朝鮮。武王聞之, 因以朝鮮封之。箕子旣受周之封, 不得無臣禮, 故於十三[교1]祀來朝。武王因其朝而問洪範。"【孔疏云: "朝鮮去周, 路將萬里。聞其所在, 然後封之, 受封乃朝, 必歷年矣, 不得仍在十三祀也。"】 ○班固曰: "玄菟·樂浪, 本箕子所封。昔殷道衰, 箕子去之朝鮮, 教其民以禮義田蠶織作, 爲民設

256 기자는 차마 …… 물었다: 해당 구절에 대해 "箕子殷人, 不忍言殷惡, 以周國之所宜言告武王, 爲洪範九類, 武王以類問天道."라고 한 『사기정의』의 풀이를 참고하여 번역하였다.

257 기자를 조선(朝鮮)에 봉하였다: 『사기』에는 이 앞에 「홍범」의 경문을 기록하였다.

禁八條。" ○《後漢書》云: "昔箕子遭衰殷之運, 避地朝鮮, 施八條之約。" ○鄭玄《書大傳》注云: "誅我君而釋己, 嫌苟免也。"【謂箕子於釋囚之日, 走之朝鮮】 ○**鏞案**《書大傳》以下諸說, 與右序及〈宋世家〉·〈律曆志〉不合。竊嘗思之,《書大傳》之義, 未可非也。箕子自走朝鮮, 則是孔子居夷之意, 魯仲連蹈海之志, 武王因而封之, 可也。紂以暴虐, 囚之爲奴, 乃武王釋之使出, 可也。以箕子歸, 於理未安, 俘之如虜, 則非釋囚之本意,【以箕子歸, 其文法, 如俘獲然】尊之如師, 則非體諒之庸禮。誅其君, 亡其國, 乃於凱還之路, 要與偕行, 爲我師傅, 教我以天道乎? 箕子靦然被牽而去曰: "我將傳道於彼王。" 後車之載, 有未能辭焉乎? 彼殷之故家巨室, 父老遺民, 目送其行, 謂箕子何如人哉? 人情天理, 古今不殊。武王此行, 寧俘而去, 必不可以禮而同載也。文王愛[교2]命九年·十一年·十三年之說, 原是漢儒迂僻之邪論。而〈洪範〉之十有三祀, 必欲引重以爲援。故《史記》·〈書序〉, 皆謂之'以箕子歸', 不可以古籍而敦信也。旦[교3]紂旣自焚, 業已爲天下除殘賊。武王何苦身詣紂死處, 奮劍疾視, 斬其旣死之頭, 懸之太白旗, 以爲快哉? 項羽之所不施於秦嬰, 劉聰之所不忍於晉愍, 而武王爲之乎? 玆皆野人相傳之鄙說, 而孔安國·司馬遷輩, 載之經史, 以惑萬世, 皆不足信也。此序首言'武王殺受', 決非孔子之筆。上句旣然, 下句之'以箕子歸', 又何足憑矣? 伏生當時, 自有百篇之序,【上甲三】其序意不然, 故謂箕子自朝鮮來朝, 乃陳洪範也。〈周本紀〉固已云: "武王旣克殷二年, 問箕子以天道。"【文見上】必有所據。【孔疏, 以路遠爲說, 非矣】

교1) 案三 : 『상서대전』에는 '二'로 되어 있다.
교2) 愛 : 문맥상 '受'가 옳은 듯하다.
교3) 案旦 : 문맥으로 보아 '但'이 옳은 듯하다.

고이 『상서대전』에는 "武王釋箕子之囚, 箕子不忍周之釋, 走之朝鮮. 武王聞之, 因以朝鮮封之. 箕子既受周之封, 不得無臣禮, 故於十三祀來朝. 武王因其朝而問洪範.[무왕이 갇혀 있는 기자를 풀어 주었는데, 기자는 차마 주나라에 의해 풀려날 수 없어 달아나 조선으로 갔다. 무왕이 이를 듣고 그대로 조선을 그에게 봉해주었다. 기자는 주나라의 봉을 받고 나자 신하의 예를 올리지 않을 수 없으므로 13년에 와서 조회하였다. 무왕은 그가 조회한 기회에 홍범에 대해 물었다.]"로 되어 있다.【공영달의 소에 "조선은 주에서 거리가 만 리나 떨어져 있다. 그곳에 있다는 것을 들은 다음에 봉해주고, 봉을 받고서 조회하였다면 반드시 여러 해가 걸렸을 텐데, 그대로 13년째일 수는 없다."라고 하였다.】

○반고(班固)는 "玄菟·樂浪, 本箕子所封. 昔殷道衰, 箕子去之朝鮮, 教其民以禮義田蠶織作, 爲民設禁八條.[현도와 낙랑은 본래 기자가 봉해진 곳이다. 옛날 은의 국운이 쇠하였을 때 기자는 조선으로 가서 백성들에게 예와 의, 농사와 누에치기, 베 짜는 법을 가르치고, 백성들을 위해 여덟 조목의 금법을 설치하였다.]"라고 하였다.

○『후한서』에는 "昔箕子遭衰殷之運, 避地朝鮮, 施八條之約[옛날 기자가 은나라의 국운이 쇠하였을 때 조선으로 피신하여 여덟 조목의 약법(約法)을 시행하였다.]"로 되어 있다.

○정현은 『상서대전』의 주에서 "우리 임금을 죽이고 나를 풀어주었으니 구차하게 〈죽음을〉 면한 혐의가 있다."라고 하였다.[258]【기자가 감옥에서 풀려난 날에 조선으로 달아났다는 말이다.】

○용안 『상서대전』 이하의 설들은 위의 「서」 및 『사기』 「송세가」, 『한서』 「율력지」의 내용과 맞지 않다. 나는 일찍이 『상서대전』의

258 반고(班固)는 …… 하였다 : 이 내용 전체가 『자치통감전편』 권6에 나온다.

뜻이 잘못이라고 할 것은 아니라고 생각하였다. 기자가 스스로 조선으로 달아난 것은 공자가 구이(九夷)에 살고 싶어 한 것과 같은 뜻이요, 노중련(魯仲連)[259]이 동해에 뛰어들어 죽겠다고 한 것과 같은 뜻[260]이므로, 무왕이 이로 인해 기자를 봉해주었다고 하는 것은 가능한 일이다. 주(紂)가 포학하여 기자를 가두고 노(奴)로 만들었는데, 무왕이 석방하여 나오게 하였다는 것도 있을 수 있는 일이다.

그러나 '기자를 데리고 돌아왔다.'라는 것은 이치에 맞지 않다. 포로처럼 사로잡았다면 죄수를 석방한 본뜻이 아니고,【'이기자귀(以箕子歸)'는 마치 포로로 잡은 것 같은 문법이다.】 스승처럼 존중하였다면 〈그 마음을〉 헤아려주는 상례(常禮)가 아니다. 그의 임금을 죽이고 나라를 멸망시켰는데, 개선하는 길에 함께 가서 나의 사부(師傅)가 되어 나에게 천도를 가르치도록 요구하겠는가? 기자는 뻔뻔하게도 끌려가면서 '나는 장차 저 왕에게 도(道)를 전하겠다.'라고 하며, 후거(後車)에 타는 것[261]을 사양하지 않을 수 있겠는가? 저 은나라의 고가(故家) 거실(巨室)과 부로(父老) 유민(遺民)들은 그가 가는

259 노중련(魯仲連) : 戰國시대 齊나라의 高士이다. 魯仲連이 趙나라에 가 있을 때 秦나라 군대가 조나라 서울인 邯鄲을 포위하였는데, 이때 魏나라가 장군 新垣衍을 보내 진나라 임금을 황제로 섬기면 포위를 풀어주겠다고 하였다. 이에 노중련이 "진나라가 방자하게 황제를 칭한다면 나는 동해에 빠져 죽겠다."라고 하자, 진나라 장군이 이 말을 듣고 군사를 후퇴시켰다고 한다. 『사기』에 열전이 실려 있다.

260 기자가 …… 뜻 : 『논어』「子罕」의 "子欲居九夷"에 대해 『논어집주』에서 주자는 「公冶長」의 '乘桴浮海', 즉 천하에 賢君이 없음을 슬퍼한 뜻과 같다고 풀이하였다. 공자와 노중련의 뜻은 모두 無道한 세상을 피하겠다는 것으로, 기자가 조선으로 간 것 역시 같은 뜻이라는 의미이다.

261 후거(後車)에 타는 것 : 후거는 시종신이 타는 부거(副車)로, 여기에 탔다는 것은 그의 신하가 되었다는 뜻이다.

것을 눈으로 전송하며 기자를 어떠한 사람이라고 생각하였겠는가? 인정과 천리는 예와 지금이 다르지 않다. 무왕은 이 행차에서 〈기자를〉 차라리 포로로 잡아갈지언정 필시 예우하여 함께 탈 수는 없었을 것이다. 문왕이 천명(天命)을 받은 지 9년, 11년, 13년이 되었다는 설은 원래 한나라 학자들의 우활하고 편벽된 사론(邪論)인데, 「홍범」의 '십유삼사(十有三祀)'는 반드시 무거운 것을 인용하여 증거로 삼으려고 한 것이다. 이 때문에 『사기』와 「서서」에서 모두 '기자를 데리고 돌아왔다.[以箕子歸]'라고 하였으니, 고적(古籍)이라고 해서 깊이 믿을 수는 없다.

다만 주(紂)가 이미 스스로 불타 죽었으니, 이미 천하를 위하여 포악한 자를 제거한 셈이다. 그런데 무왕이 무엇 때문에 애써 주(紂)가 죽은 곳으로 직접 가서 검을 빼어 노려보면서 이미 죽은 사람의 머리를 베어 태백기에 걸고서야 통쾌하게 여겼겠는가? 항우(項羽)도 진영(秦嬰)[262]에게 시행하지 않은 일이고, 유총(劉聰)[263]도 서진(西晉)의 민제(愍帝)에게 차마 하지 않은 일인데, 무왕이 이런 일을 하였겠는가? 이는 모두 야인(野人)들이 전한 지속한 말인데, 공안국과 사마천의 무리가 경사(經史)에 수록하여 만세(萬世)를 현혹시킨 것이니, 모두 믿을 것이 못 된다.

이 편 「서」의 첫머리 '무왕살수(武王殺受)'는 결코 공자의 글이 아니다. 상구(上句)가 이미 그러한데 하구(下句) '이기자귀(以箕子歸)'를 또 어떻게 믿을 수 있겠는가? 복생 당시에 본래 100편에 대

262 진영(秦嬰) : 秦나라의 마지막 황제이다. 秦의 2세 황제 胡亥가 趙高에게 살해당한 뒤 즉위하여 3세 황제가 되었으나 곧바로 項羽에게 살해되었다.

263 유총(劉聰) : 5胡 16國 시대의 漢나라 3대 황제인 昭武帝의 이름이다. 316년에 愍帝를 長安에서 사로잡아 西晉을 완전히 멸망시켰다.

한 「서」가 있었는데,【『매씨서평』 상갑(上甲) 3에서 다루었다.】 그 「서」의 뜻이 그렇지 않았으므로 '기자가 조선으로부터 와서 조회하고 홍범을 진술하였다.'라고 한 것이다. 『사기』 「주본기」에서도 이미 "무왕이 은을 이기고 나서 2년 후 기자에게 천도를 물었다."【내용은 앞에 나왔다.】라고 하였으니, 반드시 근거한 바가 있을 것이다.【공영달의 소에서 길이 멀다고 한 주장은 잘못이다.】

考訂 劉歆云 : "虙羲氏繼天而王, 受〈河圖〉, 則而畫之, 八卦, 是也。禹治洪水, 賜〈雒書〉, 法而陳之, 洪範, 是也。" ○班固云교1) : "聖人行其道而寶其眞。降及于殷, 箕子在父師位而典之。周旣克殷, 以箕子歸, 武王親虛己而問焉。"【〈五行志〉】 **○鏞案** 〈河圖〉·〈洛書〉, 分配於卦象·洪範, 始於劉歆, 竝詳〈洪範〉本篇, 今略之。

교1) 案班固云 : 『한서』에는 없다.

고정 유흠이 말했다. "복희씨(虙羲氏)가 하늘을 계승하여 왕 노릇할 때 「하도(河圖)」를 받고는 이를 본받아 획을 그렸으니, 팔괘(八卦)가 그것이다. 우(禹)가 홍수를 다스릴 때 〈하늘에서〉 「낙서(雒書)」를 내려주므로 이를 본받아 다스렸으니, 홍범이 이것이다."
○반고가 말했다. "성인은 그 도를 행하고 그 진리를 보배로 여긴다. 시대가 내려와 은나라에 이르러서는 기자가 부사(父師)의 지위에 있으면서 그것을 전범으로 삼았다. 주나라가 은을 이긴 뒤 기자를 데리고 돌아와, 무왕이 친히 자신을 비우고 그에 대해 물었다."
【『한서』 「오행지」에 보인다.】

○**용안** 「하도」와 「낙서(洛書)」를 괘상(卦象)과 홍범에 분배한 것은 유흠에게서 시작되었다. 모두 「홍범」 본편(本篇)에서 상세하게 밝혔으므로 여기서는 생략한다.

00. 상서서 - 068. 분기

武王旣勝殷, 邦諸侯, 班宗彝。作〈分器〉。【第鄭[교1]六十七】

교1) 案第鄭 : '鄭第'로 되어야 한다.

무왕이 은을 이기고 나서 제후들을 봉하고 종이(宗彝)를 나누어주었다. 「분기」를 지었다.【정현본의 제67편】

鄭云 : "宗彝, 宗廟樽也。【《周禮·司尊彝》鄭注云 : "彝亦尊也。鬱鬯曰彝。彝, 法也。"】作〈分器〉, 著王之命及受物。"【見《史》注】○疏云 : "古字, 邦·封同。"【〈康誥〉疏】

〔邦諸侯班宗彝. 作分器〕 정현이 말했다. "종이(宗彝)는 종묘에서 사용하는 준[樽 : 술통]이다.【『주례』「춘관·사준이(司尊彝)」의 정현 주에 "이(彝) 또한 준(尊)이다. 울창주(鬱鬯酒)를 담는 술통을 이(彝)라고 한다. 이(彝)는 법(法)의 뜻이다."라고 하였다.】「분기」를 지은 것은 왕의 명령과 물건을 받았음을 드러내기 위해서이다."【『사기』「주본기」의 『집해』에 보인다.】○소에서 "고자(古字)는 방(邦)과 봉(封)이 같다."라고 하였다.【「강고」의 소에 나온다.】

考異 〈周本紀〉: "封諸侯, 班賜宗彝, 作分殷之器物."【直接〈武成〉之次】

○**鏞案** 宗彝, 非殷之廟器也。司尊彝所掌, 彝罍·圭瓚之屬, 所以共王之頒賜者也。天子於諸侯, 本有賜圭瓚·錫彝卣之例, 故有司掌之。今既天位西移, 則凡天子所以頒賜之物, 理當移來, 非如雜覇之國, 伐人國而獲勝, 則其寶玉·彝器, 悉被俘獲, 又以分之於功臣也。湯之〈典寶〉, 亦其圭瑞之屬, 以待班賜者, 必當隨天位之所在而遷之焉, 非貪其寶玉也。讀〈典寶〉·〈分器〉之序者, 宜知如此意, 勿以爲俘獲一例也。

고이 『사기』「주본기」에는 "封諸侯, 班賜宗彝, 作分殷之器物."로 되어 있다.【「무성」 다음에 바로 이어져 있다.】

○**용안** 종이(宗彝)는 은나라의 종묘에서 사용하던 그릇이 아니다. 사준이(司尊彝)가 담당하는 것은 이뢰(彝罍)와 규찬(圭瓚)[264] 등으로 왕이 반사(頒賜)하는 물품을 공급하는 일이다. 천자는 제후에게 본래 규찬을 내리고, 이(彝)와 유(卣)[265]를 하사하는 규례가 있기 때문에 유사(有司)가 이를 관장하는 것이다. 지금 이미 천위(天位)가 서쪽으로 옮겨갔으므로 천자가 반사하는 물건은 이치상 당연히 옮겨오는 것이고, 잡패(雜覇)의 나라가 다른 나라를 정벌하여 승리하면 그 나라의 보옥과 이기(彝器)를 모두 차지하고 또 공신에게 나누어주는 것과는 같지 않다. 탕의 「전보」 편에서도 규서(圭瑞)

264 이뢰(彝罍)와 규찬(圭瓚): 모두 제사 때 사용하는 술그릇이다. 『주례』「春官·司尊彝」에, 祼할 때에는 彝를 쓰고 朝踐할 때에는 尊을 쓰는데, 그 모두에 신하들이 술을 따르는 罍가 있다고 하였다. 또 같은 부분의 정현 주에 祼을 "以圭瓚酌鬱鬯, 始獻尸也."라고 하였다.

265 이(彝)와 유(卣): 모두 술그릇이다. 『이아』「釋器」에 "彝·卣·罍, 器也."라고 하였는데, 곽박의 주에 "皆盛酒, 尊·彝, 其摠名."이라고 하였다.

등의 보옥(寶玉)을 상사(賞賜)를 받을 자들에게 나누어주었는데, 그것은 반드시 천위가 있는 곳을 따라 옮겨가야 하기 때문이었지 그 보옥을 탐낸 것이 아니다. 「전보」와 「분기」의 「서」를 읽는 사람은 의당 이런 뜻을 알아야 하며, 전리품〈을 나누는 것과〉 같은 사례로 보아서는 안 된다.

考證 《左傳》, 祝鮀之言曰: "昔武王克商, 成王定之, 分魯公以大路・大旂・夏后氏之璜・封父之繁弱, 分康叔以大路・少帛・綪茷[교1)]・旃旌・大呂, 分唐叔以大路・密須之鼓・闕鞏・姑[교2)]洗。"【定四年】 楚靈王云: "昔我先王熊繹與呂伋・王孫牟・燮父・禽父, 竝事康王, 四國皆有分, 我獨無。"[교3)]【昭十二】 ○**鏞案** 此又庸器之分, 與宗器不同。

교1) 茷: 신조선사본에는 '茂'로 되어 있으나 『春秋左氏傳』에 따라 바로잡는다.

교2) 案姑: 『춘추좌씨전』에는 '沽'로 되어 있다.

교3) 案無: 『춘추좌씨전』에는 뒤에 '有'가 더 있다.

고증 『춘추좌씨전』 축타(祝鮀)의 말에, "예전에 무왕이 상(商)을 이기고 성왕이 천하를 안정시켰습니다. 그런 다음 노공(魯公)에게 대로[大路: 천자의 수레], 대기[大旂: 교룡기(交龍旂)], 하후씨(夏后氏)의 황[璜: 아름다운 옥], 봉보(封父)의 번약[繁弱: 큰 활]을 나누어주고, 강숙(康叔)에게는 대로, 소백[少帛: 잡백(雜帛)], 천패[綪茷: 붉은 기], 전정[旃旌: 깃발], 대려[大呂: 종]를 나누어주고, 당숙(唐叔)에게는 대로, 밀수(密須)의 북, 궐공[闕鞏: 갑옷], 고선[沽洗: 종]을 나누어주었습니다."라고 하였다.【정공 4년】 초(楚)나라 영왕(靈王)이 "예전에 우리 선왕인 웅역[熊繹 : 초나라의 시봉군(始封君)]이 여급[呂伋 : 제태공(齊太公)의 아들 정공(丁公)], 왕손모[王孫牟 : 위강숙(衛康叔)의 아들 태백(泰伯)], 섭보[燮父 : 진당숙(晉唐叔)의 아들], 금보[禽父 : 주공의 아들 백금(伯禽)]와 함께 강왕(康王)을 섬겼는데, 네 나라에는 모두 나누어준 것이 있었지만 우리만 없었습니다."라고 하였다.【소공 12년】

○**용안** 이것도 용기(庸器)를 나누어준 것으로 종묘의 그릇[宗器]과는 다르다.

00. 상서서 - 069. 려오

西旅獻獒。太保作〈旅獒〉。【鄭第六十八】

서려(西旅)가 오(獒)를 바쳤다. 태보가 「려오」를 지었다.【정현본의 제68편】

馬云 : "獒, 作豪, 酋豪也。" ○鄭云 : "獒讀曰豪。西戎無君名, 强大有政[교1]爲酋豪。國人遣其酋豪來獻, 見於周。"【孔疏云 : "鄭不見古文, 妄爲此說。"】 ○閻云 :【潛丘《疏證》】 "《漢書 · 趙充國傳》,[교2] 孟康曰, '豪, 帥長也。' 〈傳〉中先零豪名封煎, 罕開豪名靡當兒, 又有大豪 · 中豪 · 下豪之別, 乃知羌戎稱豪, 迄漢猶然。" ○**鏞案** 〈曲禮〉云'效犬者左牽', 則獻犬有其禮也。〈書序〉旣云'獻獒', 則以獒爲犬, 自應合理, 不可以梅而斥之也。鄭旣云'西戎無君, 强大者爲酋豪', 則酋豪之上, 更無主國之人。其獻豪者, 何人耶? 將云'小民來獻'耶? 小民以其豪充方物, 而其爲豪者, 甘爲

小民所貢而來, 兩不合理。梅訓爲犬, 大勝於古訓, 但討其撰《書》之罪, 可矣。何得再立鄭義?

교1) 案政 : 『상서정의』에는 뒤에 '者'가 더 있다.
교2) 案傳 : 『상서고문소증』에는 뒤에 '注'가 더 있다.

〔西旅獻獒〕 마융이 말했다. "오(獒)는 호(豪)로 쓰니, 추호(酋豪)이다." ○정현이 말했다. "오(獒)는 호(豪)로 읽는다. 서융(西戎)에는 임금의 이름이 없고, 강대하여 정사를 담당하는 사람을 추호(酋豪)라고 한다. 나라 사람들이 그 추호를 파견하여 주나라에 와서 바치고 알현하게 한 것이다."【공영달의 소에, "정현은 고문을 보지 않았기 때문에 함부로 이런 소리를 하였다."라고 하였다.】 ○염약거가 말했다.【잠구[潛丘 : 염약거]의 『고문상서소증』에 보인다.】 "『한서』 「조충국전(趙充國傳)」의 주에서 맹강(孟康)이 '호(豪)는 수장(帥長)이다.'라고 하였다. 「조충국전」에 나오는 선령(先零)의 호(豪)는 이름이 봉전(封煎)이고, 한(罕)과 견(開)의 호(豪)는 이름이 미당아(靡當兒)이며, 또한 대호(大豪) · 중호(中豪) · 하호(下豪)의 구별이 있었다. 여기에서 한나라 때까지도 강융(羌戎)을 호(豪)라고 불렀음을 알 수 있다."

○용안 『예기』 「곡례」에 '개를 바치는 자는 왼손으로 끈다.'라고 하였으니, 개를 바칠 때에는 그에 해당하는 예(禮)가 있는 것이다. 「서서」에서 이미 '오(獒)를 바친다.'라고 하였으니, 오(獒)가 개라는 것은 저절로 이치에 부합하며, 매색의 말이라고 배척할 수는 없다. 정현이 이미 '서융에는 임금이 없고 강대한 자를 추호로 삼는다.'라고 하였으니, 추호의 위에는 다시 나라를 주재하는 사람이 없을

터인데 그 호(豪)를 바친 사람이 누구란 말인가? 장차 소민들이 와서 바쳤다고 하겠는가? 소민은 그 호(豪)를 방물(方物)에 충당하고, 그 호가 된 사람은 기꺼이 소민들이 바치는 대상이 되어 온다는 것은 둘 다 이치에 맞지 않는다. 매색이 개라고 해석한 것이 고훈보다 훨씬 낫다. 단지 매색이 위서를 편찬한 죄를 성토하는 것은 옳지만, 어찌 정현의 뜻을 다시 주장할 수 있겠는가?"

梅云: "西戎遠國, 貢大犬."【《爾雅·釋畜》: "犬高四尺曰獒."】 ○毛奇齡云: "《汲冢周書·王會解》, 渠搜以鼩犬, 匈奴[교1)]以狡犬, 則外國原有貢犬之事." ○**鏞案** 中國亦有獒, 故晉靈公, 嗾獒躇階, 欲害趙宣。【見《左傳》】《爾雅》有獒名, 西旅貢犬, 明矣。〈穆天子傳〉云'鶤韓之人獻良犬七千',【又云: "勞用守犬."】《漢書·西域傳》, 贊云'巨象·猛犬, 食于外囿', 則漢代亦有西戎之貢犬也。但因此僞造聖言, 則非矣。

교1) 案奴: 『고문상서원사』에는 '戎'으로 되어 있다.

〔西旅獻獒〕 매색이 말했다. "서융(西戎)은 먼 나라로, 큰 개를 공물로 바쳤다.【『이아』「석축(釋畜)」에 "키가 4척인 개를 오(獒)라고 한다."[266]라고 하였다.】 ○모기령이 말했다. "『급총주서(汲冢周書)』「왕회해(王會解)」에 '거수(渠搜)는 표견(鼩犬)을 바치고, 흉융(匈戎)은 교견(狡犬)을 바친다.'라고 하였으니, 외국은 원래 개를 공물로 바치는 일이 있었다."[267]

266 키가 …… 한다: 『爾雅』「釋畜」의 "狗四尺爲獒"에 대한 곽박의 주에 "『尚書』孔氏傳曰: '犬高四尺曰獒' 卽此義."라고 하였다.

○**용안** 중국에도 오(獒)가 있었다. 그러므로 진(晉) 영공(靈公)이 오(獒)를 시켜 계단을 건너뛰어 조선(趙宣)을 죽이려고 한 것[268]이다.【『춘추좌씨전』에 보인다.】『이아』에도 오(獒)의 이름이 있으니 서려(西旅)가 개를 바친 것은 분명하다. 「목천자전(穆天子傳)」에서 '전한(鶤韓)의 사람들이 훈련이 잘된 개 7000마리를 바쳤다.'라고 하였고,【또한 '일할 때에 지키는 개를 썼다.'라고 하였다.】『한서』「서역전(西域傳)」의 찬(贊)에서 '큰 코끼리와 사나운 개를 외유(外囿)에서 기른다.'라고 하였으니, 한나라 때에도 서융(西戎)에서 개를 바친 일이 있었던 것이다. 다만 이 일로 인해 성인의 말씀을 위조한 것은 잘못이다.

00. 상서서 - **070. 려소명**

巢伯來朝。芮伯作〈旅巢命〉。【鄭第六十九】

소백(巢伯)이 와서 조회하였다. 예백(芮伯)이 「려소명」을 지었다.【정현본의 제69편】

---

267 모기령이 …… 있었다 : 『古文尙書寃詞』 권6에 나온다.

268 진(晉) 영공(靈公)이 …… 것 : 趙宣은 춘추시대 晉나라의 대부로, 이름은 盾이고, 宣은 시호이다. 趙宣子라고도 한다. 해당 내용은 『춘추좌씨전』 선공 2년에 나온다. 진나라 영공이 임금답지 못하여 잔인한 짓을 하므로 조선이 諫하였으나 듣지 않고 오히려 조선을 죽이려고 자객을 보냈다. 그러나 실패하자 영공은 술자리를 마련하고 그 자리에서 자신이 키우는 猛犬 獒를 풀어 조선을 물게 하였으나 조선의 측근이 개를 쳐 죽였다고 한다.

鄭云：“巢, 南方諸侯, 世一見者, 以武王卽位來朝。”【〈小雅·蓼蕭〉疏】 梅云：“殷之諸侯。武王克商, 慕義來朝。” ○梅云：“芮伯, 周同姓, 圻內之國, 爲卿大夫,【疏云：“《世本》云‘芮伯, 姬姓’, 杜預云‘馮翊芮鄕’, 是也。”】 陳威德, 以命巢。”【訓旅爲陳】 **○鏞案** 〈旅獒〉·〈旅巢〉, 或云：“皆當讀之如賓旅之旅, 彼云‘西旅’, 而不言國名者, 荒遠益甚, 不受中國之爵命, 未有國名, 但知爲西土之賓旅也。巢伯雖受爵命, 不在歲聘之列, 待之以賓旅, 故亦稱旅巢。” 理或然也。梅本, 於彼訓旅爲國名, 於此訓旅爲陳,【陳威德之義, 不得包含於一旅字】 恐不然也。‘旅巢命’三字, 不成文理。○《周禮·大行人》云：“九州之外, 謂之蕃國, 世一見。” 此鄭所據也。然巢有二。《春秋》云：“楚人圍巢。” 此近南之巢也。《楚辭》云：“至南巢而一息。” 此遠南之巢也。【詳見前교1)〈仲虺之誥〉】 今此巢伯, 當是遠巢之君與。

교1) 案前：문맥으로 보아 뒤에 ‘編’이 더 있어야 할 듯하다.

〔巢伯來朝〕 정현이 말했다. “소(巢)는 남방의 제후로서 1년에 한 번 알현하는 자인데, 무왕이 즉위하였기 때문에 와서 조회한 것이다.”【『시경』「소아·요소(蓼蕭)」의 소에 나온다.】 매색이 말했다. “〈소백은〉 은(殷)의 제후이다. 무왕이 상(商)을 이기자 의(義)를 사모하여 와서 조회한 것이다.”[269]

〔芮伯作旅巢命〕○매색이 말했다. “예백(芮伯)은 주나라의 동성(同姓)이며 기내(圻內)의 나라로서 경대부이다.【소에 “『세본(世本)』에서는 ‘예백은 희성(姬姓)이다.’라고 하였다. 두예(杜預)가 ‘풍익(馮翊)의 예향(芮鄕)이

269 은(殷)의 …… 것이다：매색의 주 전문은 다음과 같다. 殷之諸侯, 伯爵也. 南方遠國, 武王克商, 慕義來朝.

다.'라고 한 것이 이곳이다."[270]라고 하였다.】〈「려소명」은〉 위엄과 덕을 베풀어 소(巢)에게 명령하였다는 뜻이다."【려(旅)를 진[陳 : 베풀다]의 뜻으로 풀이하였다.】

○**용안** 「려오」와 「려소」에 대해 어떤 사람은 "모두 빈려(賓旅)의 려(旅)와 같은 뜻으로 읽어야 한다. 「려오」에서 서려(西旅)라고 하고 나라 이름을 말하지 않은 것은 매우 멀리 떨어져 있어 중국의 작명(爵命)을 받지 않았기 때문에 나라 이름이 없어서이니, 다만 서토(西土)의 빈려(賓旅)임을 알 수 있을 뿐이다. 소백(巢伯)은 비록 작명을 받았지만 해마다 조빙(朝聘)하는 반열에 있지 않아서 빈려로 대우하였기 때문에 또한 려소(旅巢)라고 부른 것이다."라고 하였다. 이 말은 이치가 그럴 것 같기도 하다. 매색본은 「려오」에서는 '려(旅)'를 국명이라고 풀이하고, 「려소명」에서는 '려'를 진[陳 : 베풀다]의 뜻이라고 풀이하였는데,【위엄과 덕을 베푼다는 뜻을 려(旅) 한 글자에 포함할 수는 없다.】 그렇지 않은 것 같다. '려소명(旅巢命)'이란 세 글자로는 문리(文理)가 성립되지 않는다.

○『주례』「대행인(大行人)」에 "구주(九州)의 밖을 번국(蕃國)이라고 하는데 1년에 한 번 알현한다."라고 하였다. 이것이 정현이 근거로 삼은 것이다. 그러나 소(巢)는 두 곳에 있었다. 『춘추』에서 "초(楚)나라 사람들이 소(巢)를 포위하였다."라고 한 것은 근남(近南)의 소(巢)이고, 『초사(楚辭)』에서 "남소(南巢)에 이르러 한 번 쉬었다."라고 한 것은 원남(遠南)의 소(巢)이다.【전편(前編)의 「중훼지고」[271]

270 『세본(世本)』에서는 …… 이곳이다 : 『상서정의』 소의 전문은 다음과 같다. 『世本』云 : "芮伯, 姬姓, 是周同姓也." 杜預云 : "芮, 馮翊臨晉縣芮鄉", 是也.
271 전편(前編)의 「중훼지고」 : 『매씨서평』 권2 「梅氏書平6」 '중훼지고'에서 巢

에 자세히 나온다.】 지금 이 부분의 소백은 응당 멀리 있는 소(巢)의 임금일 것이다.

考證 《竹書紀年》云 : "周武王十三年, 巢伯來朝。"

고증 『죽서기년(竹書紀年)』에 "주 무왕 13년에 소백이 와서 조회하였다."라고 하였다.

00. 상서서 - **071. 금등**

武王有疾。周公作〈金縢〉。【鄭第七十 ○〈周書〉第十。案。此序疑有闕文】

무왕이 병에 걸렸다. 주공이 「금등」을 지었다.【정현본의 제70편 ○「주서(周書)」의 제10편. 안. 이 편의 「서」에는 궐문(闕文)이 있는 것 같다.】

鄭云 : "縢, 束也。凡藏秘書, 藏之於匱, 必以金緘其表。"

〔金縢〕 정현이 말했다. "등(縢)은 속[束 : 묶다]의 뜻이다. 무릇 비밀문서[秘書]를 보관할 때에는 궤(匱)에 보관하는데 반드시 금(金)으로 그 겉을 봉한다."

考異 馬融本 : "武王有疾不豫。"【多'不豫'二字】

고이 마융본에는 "武王有疾不豫"로 되어 있다.【'不豫' 두 글자가 더 있다.】

의 위치를 자세히 변정하였다.

考證 〈周本紀〉: "克殷後二年, 武王病, 天下未集, 群公懼, 穆卜。周公乃祓齋, 自爲質, 欲代武王, 武王有瘳, 後而崩。"【無'周公作〈金縢〉'語】○〈魯世家〉:【卜吉發書之下】"周公藏其策金縢匱中, 戒[교1]守者勿敢言, 明日武王有瘳。"

교1) 案戒: 『사기』에는 '誡'로 되어 있다.

고증 『사기』「주본기」에 "은(殷)을 이기고 2년 후에 무왕이 병이 들었다. 천하가 안정되지 못하므로 여러 공들이 두려워하여 점을 쳤다. 주공이 재계하고 자신이 제물이 되어 삼왕(三王)에게 고하고, 자신을 무왕 대신 죽게 하고 무왕의 병을 낫게 해달라고 청하자[272] 무왕이 나았다. 후에 무왕이 사망하였다."【'주공작금등(周公作金縢)'이란 말은 없다.】라고 하였다.
○『사기』「노세가」에【'복길발서(卜吉發書)'[273]의 다음에】"주공은 그 책(策)을 금등의 궤 안에 보관하고 지키는 자에게 감히 말하지 말라고 경계하였다. 이튿날 무왕이 나았다."라고 하였다.

考訂 金云: "《周禮 · 占人》註, 鄭康成謂, '卜筮, 史必書其命龜之事及兆於冊藏焉。' 是則金縢之匱, 周家藏卜書之常器, 世謂周公始爲此匱,

272 주공이 …… 청하자: '自爲質'에 대해 '周公祓齋, 自以贄幣告三王, 請代武王, 武王病乃瘳也.'라고 한 『사기정의』의 풀이를 참고하여 번역하였다.

273 복길발서(卜吉發書): 『사기』의 내용을 요약한 것이다. 해당 부분의 전문은 다음과 같다. 周公已令史策告太王 · 王季 · 文王, 欲代武王發, 於是乃卽三王而卜. 卜人皆曰吉, 發書視之, 信吉. 周公喜, 開籥, 乃見書遇吉. 周公入賀武王曰: "王其無害. 旦新受命三王, 維長終是圖. 茲道能念予一人.

以爲異日自驗之地, 陋矣。" ○**辨曰** 〈金縢〉一篇, 可疑者甚多。不唯藏匱爲卜人之常典而已。序曰'武王有疾。周公作〈金縢〉'而已。流言居東之事, 作詩貽王之事, 風雷感應之事, 序中絶無影響, 得非經文有追演乎? 經曰: "公歸, 乃納冊于金縢之匱中,【公先歸, 而卜人等納之】 王翼日乃瘳。" 自此以上, 是〈金縢〉篇原本, 伏壁 · 孔壁之所同。自'武王旣喪, 管叔流言'以下, 後人追演之筆, 必係古文家所爲, 而亦非孔安國之所知也。何以知其然也? 序語但云'武王有疾。周公作〈金縢〉'。若唯上一半【'翼日乃瘳'已上】爲經文, 則經與序合, 其宜然者一也。〈周本紀〉所載只此上半,【'翼乃瘳'已上】 而'武王旣喪'以下, 了無所錄。若孔安國眞本, 具此下半, 史遷何得刪之?《漢書 · 儒林傳》稱'司馬遷從安國問《書》, 故遷《史》載〈金縢〉諸篇, 多古文說'。【上乙二】 以今觀之, 安在其多古文說也? 此下一半, 必係後人之所增, 確是孔本之所無, 其宜然者二也。至撰〈魯世家〉, '翼瘳'之下, 有'流言' · '弗避'等數節, 乃於誅管蔡 · 封微子 · 餽禾 · 嘉禾之後, 忽以〈鴟鴞〉詩貽王, 〈召誥〉 · 〈洛誥〉'還政成王'之後, 又忽有'藏冊' · '發書'之事, 稱其爲成王禱疾。【《史》云: "成王少時病, 周公自揃其爪, 沈之河, 以祝於神曰'王少未有識, 奸神命者乃旦也'。亦藏其策於府, 成王病有瘳。及成王用事, 人或譖周公, 周公奔楚。成王發府見禱교1)書, 乃泣, 反周公。"】 又於〈無逸〉 · 〈周官〉之下, 周公旣卒之後, 因不遵遺命, 葬於畢塋, 始有風雷偃禾之變, 始開金縢, 略與今經교2)之下數節相似。此雖事實顚倒, 若係古文之說, 猶可云'經之脫簡', 而葬畢之故, 致玆風雷, 原係伏生《書大傳》之說,【〈魯世家〉 · 《書大傳》, 竝當詳見於本篇本章】 不是史遷採得於安國之《書》者也。夫孔安國《古文尙書》, 史遷見其全部。若〈金縢〉'翼瘳'之下, 有下一半如今鄭 · 梅之本, 則其撰〈魯世家〉, 胡不依孔本以載之, 必取《書大傳》以附之乎? 旣於古文家無此說, 而說則新奇, 故聊《書》以傳疑

耳。將云伏經之所有耶?《書大傳》所載, 皆經文之所無, 而得於傳聞者, 如白魚・赤烏・黃鍾・佩玉之類, 豈皆經文乎? 〈金縢〉之下一半, 兩家眞本之所皆無昭昭然, 其宜然者三也。〈鴟鴞〉之詩, 本以哀管・蔡也。'旣取我子, 毋毁我室'者, 指武庚而惡之曰'汝乃鴟號之性, 旣殺我二叔, 毋毁我國家'也。以此詩貽成王, 但當惻然致哀於二叔而已。由此而未敢誚公, 別無確據, 其不合理一也。風雷拔木, 恐懼修省之政, 不一而足。何必金縢之匱, 是啓是視乎? 若知周公別有秘藏之書, 則方其疑公誚公之時, 成王蚤已啓視。若周公循例付之於卜人, 卜人循例藏之於匱中, 雖風霆震天, 何必此匱此書, 急求而啓之乎? 其不合理二也。大木所偃, 盡起而築之, 何說也? 將云築木乎? 風偃之木, 千人竝力, 始可起立, 餘禾盡傷矣。將云築禾乎? 旣殘旣爛之苗, 何得一一築之? 雖築之, 何以活矣?【註家訓築爲拾, 又令人悶塞】 其不合理三也。玆是齊東野人說。伏生偶以載之於《大傳》, 今文家遂有增演其經者, 古文家恐以此見貶, 又爲之增衍其經, 而稍變其事實, 以相詆斥, 此漢代俗儒之恒習也。竝在司馬遷撰《史》之後, 伏・孔眞本所皆無者也。豈敢曰然? 姑識所疑。○劉向校書之日, 兩家眞本, 彼此有無, 簿領具存。〈酒誥〉脫簡一, 〈召誥〉脫簡一, 記之唯謹。【上甲八】 若〈金縢〉之下一半, 此有彼無, 則劉向何不言之? 若云兩家皆有, 則〈周本紀〉何無影響, 〈魯世家〉何在葬後? 兩本之所皆無昭昭然矣。

교1) 案禱 : 『사기』에는 앞에 '周公'이 더 있다.
교2) 案輕 : '經'의 오기인 듯하다.

고정 김이상이 말했다. "『주례』「점인(占人)」의 주에서 정강성[鄭康成 : 정현]은 '점을 치면 사(史)는 반드시 거북점을 치게 된 사건과

점괘를 책에 기록하여 보관한다.'라고 하였다. 그렇다면 금등(金縢)의 궤는 주나라 왕실에서 복서(卜書)를 보관할 때 사용하는 보통의 기물이다. 세상에서는 주공이 처음으로 이 궤를 만들어 훗날 스스로를 증거할 자료로 삼았다고 하는데, 비루한 소견이다."

○**변왈** 「금등」 편에는 의심스러운 점이 매우 많으니, 궤에 보관하는 것이 복인(卜人)이 늘 행하는 법이라는 점뿐만이 아니다. 「서」에서는 '무왕이 병에 걸렸다. 주공이 「금등」을 지었다.'라고 하였을 뿐이다. 유언(流言)이 돌아 동쪽에서 지낸 일, 시를 지어 왕에게 준 일, 바람과 우레가 감응한 일[274] 등은 「서」에 전혀 흔적이 없으니, 경문에 추가로 부연한 것이 아니겠는가?

경문에 "주공이 돌아와서 책(冊)을 금등의 궤 속에 넣었다.【주공은 먼저 돌아왔고 복인(卜人)들이 이를 넣은 것이다.】 왕이 이튿날 나았다." 라고 하였다. 여기까지는 「금등」 편의 원본으로 복벽본(伏壁本)과 공벽본(孔壁本)이 동일하다. '무왕이 사망한 후에 관숙이 유언을 퍼뜨렸다.'[275]라는 내용 이하는 후세 사람들이 추가로 부연한 글인데, 이는 필시 고문가(古文家)들이 한 일로서 또한 공안국(孔安國)이 알 바가 아니었을 것이다. 어떻게 그런 줄을 아는가? 「서」에서는 '무왕이 병에 걸렸다. 주공이 「금등」을 지었다.'라고만 하였으니, 만일 앞부분만【'이튿날 나았다(翼日乃瘳)'의 앞쪽】 경문이라면 경문과 「서」가

274 유언(流言)이 …… 일 : 『상서고훈』 「금등」 10장(매색본 12장) 이하의 내용이다. 다산은 "「金縢」之上一半, 是『史記』錄「金縢」也. 「金縢」之下一半, 是「金縢」攟『史記』也. 細看針線之路, 瞭然明矣."라고 하여, 위작한 자가 『사기』의 내용을 「금등」의 경문에 끼워 넣은 것이라고 하였다.

275 무왕이 …… 퍼뜨렸다 : 「금등」의 해당 부분 원문은 "武王既喪, 管叔及其群弟, 乃流言於國"이다.

일치한다. 이것이 그렇게 되어야 합리적인 첫 번째 부분이다.

「주본기」에 기록된 것은 다만 이 앞의 반쪽일 뿐이고【'이튿날 나았다[翼乃瘳]'의 앞쪽】, '무왕이 사망한 후[武王旣喪]' 이하는 전혀 기록이 없다. 만일 공안국의 진본(眞本)에 이 뒷부분까지 있었다면 사마천이 어떻게 그것을 산삭(刪削)할 수 있었겠는가? 『한서』 「유림전」에서 '사마천은 공안국에게 『상서』를 물었다. 이 때문에 사마천의 『사기』에 수록된 「금등」 등의 편에는 고문(古文)의 설이 많다.'[276]【『매씨서평』 상을(上乙) 2에서 다루었다.】라고 하였는데, 지금 볼 때 어디에 많은 고문의 설이 있는가? 이 뒷부분은 반드시 후대 사람이 추가한 것으로 확실히 공안국본에는 없는 것이다. 이것이 그렇게 되어야 합리적인 두 번째 부분이다.

「노세가」를 편찬할 때에 '이튿날 나았다[翼瘳]'라는 구절 뒤에 '유언(流言)'과 '불피(弗辟)' 등의 몇 구절[277]을 넣고, 관숙과 채숙을 주벌하고 미자를 봉하며, 「궤화」와 「가화」의 일을 기록한 다음에 갑자기 「치효(鴟鴞)」 시를 왕에게 주었다는 내용[278]을 넣고, 「소고」·

276 사마천의 …… 많다 : 『한서』 「유림전」 해당 부분의 전문은 다음과 같다. 孔氏有『古文尚書』, 孔安國以今文字讀之, 因以起其家逸書, 得十餘篇, 蓋『尚書』茲多於是矣. …… 司馬遷亦從安國問, 故遷書載「堯典」·「禹貢」·「洪範」·「微子」·「金縢」諸篇, 多古文說.

277 이튿날 …… 구절 : 『사기』 「魯世家」에 주공이 武王을 위해 기도한 내용 다음에 "周公藏其策金縢匱中, 誡守者勿敢言. 明日, 武王有瘳."란 내용이 나오고, 바로 이어서 "其後武王既崩, 成王少, 在强葆之中. …… 管叔及其群弟流言於國曰 : '周公將不利於成王.' 周公乃告太公望·召公奭曰 : '我之所以弗辟而攝行政者 ……"라는 내용이 나온다.

278 관숙과 …… 내용 : 『사기』 「魯世家」에 "遂誅管叔. 殺武庚, 放蔡叔. 收殷餘民, 以封康叔於衛, 封微子於宋 …… 唐叔得禾, 異母同穎, 獻之成王, 成王命唐叔以餽周公於東土, 作「餽禾」. 周公既受命禾, 嘉天子命, 作「嘉禾」." 다음에 "東土以

「낙고」와 관련한 내용과 '정사를 성왕에게 돌려주었다.[還政成王]' 라는 내용[279] 다음에 또 갑자기 '책을 보관한[藏冊]' 일과 '글을 꺼낸[發書]' 일을 넣고는 성왕을 위해 병이 낫기를 기도한 것이라고 칭하였다.[280]【『사기』에 다음과 같이 되어 있다. "성왕이 어렸을 때 병이 나자, 주공이 스스로 손톱을 잘라 하수(河水)에 담그고 신에게 축원하기를 '왕이 어려서 식견이 없습니다. 신(神)의 명(命)을 범한 사람은 바로 단(旦)입니다.'라고 하고, 그 책(策)을 부(府)에 보관하였다. 성왕의 병이 나았다. 성왕이 정사를 돌보게 되자 주공을 참소하는 사람이 있어, 주공이 초(楚)로 달아났다. 성왕이 부(府)를 열어 주공이 기도한 글을 보고는 울면서 주공을 돌아오게 하였다."】 또한 「무일」과 「주관(周官)」의 다음에 '주공이 사망한 후에 유명(遺命)을 따르지 않고 필(畢)의 무덤에 장사를 지냈기 때문에 바람이 불고 우레가 치며 벼가 넘어지는 변괴가 있었다. 비로소 금등을 열었다.'[281]라고 하였는데, 이는 대략 지금 경문의 하반부 몇 구절과 비슷하다. 이는 비록 사실이 전도(顚倒)되었지만,[282] 고문(古文)의 설과 관계된

集, 周公歸報成王, 乃爲詩貽王, 命之曰「鴟鴞」. 王亦未敢訓周公."이라는 내용이 이어져 있다.

279 「소고」…… 내용 : 『사기』「노세가」에, 『상서』「소고」의 내용에 해당하는 "王朝步自周, 至豐, 使太保召公先之雒相土."와 「낙고」에 해당하는 "周公往營成周雒邑, 卜居焉, 曰吉, 遂國之."라는 내용 다음에 바로 이어서 "成王長, 能聽政. 於是周公乃還政於成王."이라고 하였다.

280 책을 …… 칭하였다 : 이어지는 소주가 『사기』「노세가」의 해당 내용이다.

281 주공이 …… 열었다 : 『사기』의 해당 부분 전문은 다음과 같다. 周公在豐, 病, 將沒, 曰 : "必葬我成周, 以明吾不敢離成王." 周公旣卒, 成王亦讓, 葬周公於畢, 從文王, 以明予小子不敢臣周公也. 周公卒後, 秋未穫, 暴風雷雨, 禾盡偃, 大木盡拔. 周國大恐. 成王與大夫朝服以開金縢書.

282 사실이 전도(顚倒)되었지만 : 지금의 『상서』「금등」에는 武王이 사망한 후에 우레가 치고 바람이 부는 이변이 있었다고 되어 있는데, 『사기』「노세가」에는 周公이 사망한 후에 폭풍이 부는 등의 변괴가 있었다고 되어 순서가 바뀌어 있다.

것이라면 그래도 경(經)의 탈간(脫簡)이라고 할 수 있다.

그러나 필(畢)에 장사를 지냈기 때문에 바람이 불고 우레가 치는 변괴를 불렀다는 것은 원래 복생(伏生) 『상서대전』의 설이며,【「노세가」와 『상서대전』은 모두 본편(本篇)의 본장(本章)을 상세히 보아야 한다.】 사마천이 공안국의 『상서』에서 채록한 것은 아니다. 공안국의 『고문상서』를 사마천은 전부 보았다. 「금등」의 '이튿날 나았다.[翼瘳]' 다음에 지금의 정현본이나 매색본과 같은 하반부의 내용이 있었다면, 「노세가」를 편찬할 때 어째서 공안국본대로 싣지 않고 굳이 『상서대전』을 취하여 붙였겠는가? 이미 고문가(古文家)에게는 이 설이 없었지만 말이 새롭고 특별하였기 때문에 이를 기록하여 의심을 전한 것뿐이다. 이것을 가지고 복생의 경에 있던 것이라고 하겠는가? 『상서대전』에 기록된 것은 모두 경문에 없는 내용이며 전해 들은 말에서 얻은 것이다. 예컨대 백어(白魚)·적오(赤烏)·황종(黃鍾)·패옥(佩玉)[283]과 같은 것들이 어찌 모두 경문이겠는가? 「금등」의 하반부는 양가(兩家)의 진본(眞本)에는 모두 없었던 것임이 분명하다. 이것이 그렇게 되어야 합리적인 세 번째 부분이다.

「치효」 시는 본래 관숙과 채숙을 애도한 시이다. '이미 내 새끼를 먹었으니 내 집까지 허물지 마라.[旣取我子 毋毁我室]'라는 것은 무경(武庚)을 가리켜 미워하면서 '네가 올빼미 같은 성질을 가지고 이미 우리의 이숙[二叔 : 관숙과 채숙]을 죽였으니 우리 국가까지 허

283 백어(白魚) …… 패옥(佩玉) : 모두 『상서대전』에 나오는 내용이다. 『상서대전』 권2 「泰誓傳」에 "太子發升舟中流, 白魚入於王舟."라고 하고 또 "有火自上復於下, 至於王屋, 流爲烏, 其色赤, 其聲魄"이라고 하였으며, 권3 「多士傳」에 "天子將出, 撞黃鍾之聲."이라고 하고 또 "古者, 后夫人將侍君 …… 鷄初鳴, 太師奏鷄鳴於陛, 夫人鳴佩玉於房中, 告去也"라고 하였다.

물지는 말라.'라고 한 것이다. 이 시를 성왕에게 준 것은 다만 슬퍼하며 이숙을 애도한 것일 뿐이고, 이로 인해 감히 주공을 책망하지 못하였다는 것은 달리 확실한 근거가 없다. 이것이 첫 번째 불합리한 부분이다.

바람이 불고 우레가 치며 나무가 뽑히면 공구수성(恐懼修省)하기 위한 정사는 한두 가지가 아닌데, 어째서 반드시 금등의 궤를 열어 보아야 하는가? 만일 주공이 은밀히 보관해 둔 글이 따로 있다는 것을 알았다면, 주공을 의심하고 책망하던 때에 성왕이 일찍이 열어보았을 것이다. 만약 주공이 관례에 따라 복인(卜人)에게 그것을 맡겼고 복인은 관례에 따라 그것을 궤 안에 보관하였다면, 비록 바람이 불고 번개가 내리치더라도 어찌 반드시 이 궤의 이 글을 급히 찾아서 열었겠는가? 이것이 두 번째 불합리한 부분이다.

'쓰러진 큰 나무를 모두 일으켜 세우고 다졌다.[大木所偃盡起而築之[284]]'는 것은 무슨 말인가? 나무를 세워서 다진 것이라고 하겠는가? 바람에 넘어진 나무는 천 사람이 힘을 합해야 비로소 일으켜 세울 수가 있지만, 그렇더라도 나머지 벼는 모두 손상을 입는다. 벼를 세워서 다진 것이라고 하겠는가? 이미 손상되고 문드러진 싹을 어떻게 일일이 세워서 다질 수 있으며, 비록 세웠다 한들 어떻게 살아나겠는가?【주석가들이 축(築)을 습[拾 : 줍다]의 뜻이라고 풀이한 것[285] 또한 사람을 답답하게 한다.】 이것이 세 번째 불합리한 부분이다.

---

284 大木所偃盡起而築之 : '盡起而築之'에 대해 매색은 "木有偃拔, 起而立之, 築有其根.", 정현은 "禾爲木所偃者, 起其木, 拾其下禾, 乃無所失亡也."라고 풀이하였고, 채침은 주석하지 않았다. 이에 대해 다산은 『상서고훈』 「금등」에서 두 설이 모두 이치에 맞지 않는 말이라고 비판하였다.

285 축(築)을 …… 것 : 정현과 왕숙 등의 설이다. 『尙書正義』에 "鄭・王皆云, '築,

이는 제(齊)나라 동쪽 야인(野人)들의 설인데, 복생이 우연히 그것을 『상서대전』에 수록하였고, 금문가들이 드디어 경문에 그것을 가필하고 부연한 것이다. 고문가들은 이것 때문에 폄하될까 두려워서 다시 그것을 경문에 가필하고 부연하면서, 그 사실도 조금 변화시켜 서로 비난하고 배척한 것이다. 이것은 한대 속유(俗儒)들이 늘 하는 습관으로, 모두 사마천이 『사기』를 편찬한 이후의 일이고, 복생과 공안국의 진본에는 모두 없었던 내용이다. 어찌 감히 옳다고 하겠는가? 우선 의심스러운 점을 기록해 둔다.

○유향(劉向)이 교서(校書)할 때에 양가(兩家)의 진본에서 상호간에 있고 없는 것을 기록하여 모두 남겨두었으니, 「주고」에 탈간(脫簡) 하나, 「소고」에 탈간 하나라고 하여 신중하게 기록하였다.【『매씨서평』 상갑(上甲) 8에서 다루었다.】 만약 「금등」의 하반부 내용이 한쪽에는 있고 다른 쪽에는 없었다면 유향이 어째서 그 사실을 말하지 않았겠는가? 만약 양가에 모두 있었다고 한다면 「주본기」에는 어째서 아무 흔적이 없고 「노세가」에는 어째서 주공을 장사한 후에 일어난 일로 되어 있는가? 양본(兩本)에 모두 없었던 것이 분명하다.

번역 : 김문식 · 김성재

00. 상서서 - 072. 대고

武王崩, 三監及淮夷叛, 周公相成王, 將黜殷。作〈大誥〉。

【鄭第七十一 ○〈周書〉第十一 ○陸氏《釋文》: "誥或作𢍏"】

拾也. 禾爲大木所偃者, 起其木, 拾下禾, 無所亡失.'"이라고 한 훈고가 나온다.

무왕이 사망하자 삼감(三監)과 회이(淮夷)가 반란을 일으켰다. 주공이 성왕을 도와 장차 은(殷)을 내치려고 하였다. 「대고」를 지었다. 【정현본의 제71편 ○「주서(周書)」의 제11편 ○육덕명의 『경전석문』에 "'誥'가 혹 '㑒(고)'로 된 데도 있다."라고 하였다.】

鄭云: "三監, 管·蔡·霍。【梅云: "三監, 管·蔡·商。"】 黜, 貶退也。"【梅云: "黜, 絶也。"】 ○梅云: "淮夷, 徐·奄之屬, 皆叛周。相, 謂攝政。" ○**鏞案** 監有二等, 一以國君爲監, 一以監制者爲監。【卽三監】《周禮·天官》: "太宰, 施典于邦國, 建[교1)]其牧, 立其監。" 鄭註謂'公·侯·伯·子·男各監其[교2)]國'。【引〈梓材〉之'王啓監'】〈梓材〉云: "王啓監, 厥亂爲民。" 鄭以康叔爲連屬之監,【〈酒誥〉疏】 是也。【應劭《風俗通》亦云: "衛康叔爲連屬之監, 後以爲氏。"】 此以國君爲監者也。〈王制〉曰: "天子使其大夫爲三監, 監於方伯之國, 國三人。"【自王朝出, 監察之】〈燕禮〉注云'牧有三監', 是也。【九牧之中, 王所都之州, 不立牧伯, 故八牧之監, 共二十四人】 此以監官爲監者也。此序之解, 鄭玄主〈王制〉之義, 故三監不數武庚, 爲不可自封而自監也。其額有缺, 故辛苦取霍叔以塡之也。梅本主《周禮》之註, 故三監竝數武庚, 似知霍叔之有冤也。然余以爲'三監者, 管·蔡兩人而已'。三監者官名, 建官之初, 本以三人之故, 名曰三監。旣名三監之後, 不必三人也。【三公, 本三人也, 而官不必備, 或缺】 漢壺關三老董公 未必是三人。堯之四岳, 未必是四人。秦之五大夫趙嬰, 未必是五人。奚獨妹邦之三監, 必求三人?【已見前編】 伏生猶知此義, 其作《書大傳》, 始言'管·蔡二人監殷', 終云'祿父與三監叛', 彼本以二人爲三監, 可知也。僞者本據鄭玄之說, 其作〈蔡仲之命〉, 囚霍叔于夷裔之地, 今於此序之解, 又令霍叔還以武庚塡代, 天下無自封而自監者, 武王旣封武庚於殷土, 又令武庚自監而

自制之, 有是理乎? 若云監民, 管・蔡又何監也? ○監牧之義, 因可講也。《周禮》之'立其監', 〈梓材〉之'王啓監', 皆是〈王制〉之'三監', 何以知之? 古者諸侯之國, 星羅棋布, 彌滿域中, 自黃帝以來, 世守封疆, 非有大罪, 天王亦未嘗廢置, 非天官太宰所能建立者, 唯八牧・三監, 有改有更耳。九州旣分, 唯王都所在,【如冀州】 不建牧伯, 其餘八州, 各建一牧, 〈王制〉所云八伯也。【堯・舜之時, 王都所在, 亦置州牧, 故舜曰'咨十有二牧'】 雖亦以諸侯爲之, 旣以時更代, 則太宰之臣, 佐王黜陟, 斯謂之建其牧也。諸侯各於其國, 作威作福, 使得恣肆橫行, 而人莫敢矯其非, 則邦國以亂, 而民受其害。乃自王朝差遣大夫之臣, 使之監制, 而太宰之臣詔王派差, 斯謂之立其監也。〈梓材〉之'王啓監', 亦此三監。**按** 〈酒誥〉之戒康叔, 亟稱太史友・內史友, 而戒其剛制。所謂太史友・內史友, 旣是王朝重臣, 而爲康叔賓友者, 則此非三監而何? 〈酒誥〉・〈梓材〉, 本是連續之文。'王啓監, 厥亂爲民'者, 周公言王朝所以遣監之意, 爲亂此民也。下云'監罔攸辟'者, 言'汝能引恬, 雖監汝者, 無所施法'也。下云'監, 唯曰欲至于萬年唯王'者, 言'監汝者亦將曰, 汝受命于王國, 與王國同休無疆'也。不必云'公・侯・伯・子・男', 又名曰監。監也者, 三監也。○〈王制〉唯方伯之國有三監, 而周制餘國若有事情, 亦置三監。故武庚非方伯之國, 而當時亦置三監, 蓋殷頑未格, 姦宄可慮故也。

교1) 案建 : 『주례』에는 앞에 '而'가 더 있다.
교2) 案其 : 『주례』에는 '一'로 되어 있다.

〔三監及 …… 將黜殷〕 정현이 말했다. "삼감(三監)은 관숙(管叔)・채숙(蔡叔)・곽숙(霍叔)이다.【매색이 말했다. "삼감은 관숙・채숙・상[商 :

무경(武庚)]이다."】 '출(黜)'은 폄퇴[貶退 : 내치다]의 뜻이다."【매색이 말했다. "'출(黜)'은 절[絶 : 끊다]의 뜻이다."】 ○매색이 말했다. "'회이(淮夷)'는 서(徐)·엄(奄)의 무리로, 모두 주나라를 배반하였다. '상(相)'은 섭정을 뜻한다."

○**용안** 감(監)에는 두 부류가 있다. 하나는 국군(國君)을 감이라고 하는 경우이고, 하나는 감독하는 자를 감이라고 하는 경우이다.【바로 삼감(三監)이 그 경우이다.】『주례』「천관(天官)」에, "태재(太宰)는 나라에 상전(常典)을 시행하여 그 목(牧)을 세우고 그 감(監)을 세운다."라고 하였는데, 정현의 주에 "공(公)·후(侯)·백(伯)·자(子)·남(男)이 각각 하나의 나라를 감독한다."라고 하였다.【「재재(梓材)」의 '왕계감[王啓監 : 왕이 감을 처음 설치하다]'을 인용하였다.】「재재」에서 "왕이 감(監)을 처음 설치한 것은 그 다스림이 백성을 위한 것이다."[286] 라고 하였다. 정현은 강숙을 연(連)과 속(屬)의 감이라고 하였는데,[287]【「주고」의 소에 보인다.】 그 경우이다.【응소(應劭)의 『풍속통의(風俗通義)』에서도 "위(衛) 강숙이 연과 속의 감이 되었다. 뒤에 〈감(監)을〉 성씨로 삼았다."라고 하였다.】 이들 사례가 국군을 감이라고 하는 경우이다. 『예기』「왕제(王制)」에 "천자가 대부를 삼감으로 임명하여 방백의 나라를 감독하게 하는데 나라마다 세 사람을 둔다."라고 하였다.【왕의 조정에서 파견되어 감독하고 살핀다.】『의례』「연례(燕禮)」의 주에

286 왕이 …… 것이다 : 『상서고훈』「제재」에서 다산은 "王之所以置三監於侯邦者, 厥治亦本爲民, 毋使與邦君協比."라고 하였다. 곧 백성을 위한 것이라는 말은 감이 방군(邦君)과 협잡하지 못하게 하였다는 말이다.

287 강숙을 …… 하였는데 : 강숙이 여러 나라를 함께 감독하는 監이 되었다는 뜻이다. 連과 連은 행정 단위로, 『예기』「王制」에 "五國爲屬, 十國爲連."이라고 하였다.

"목(牧)에 삼감이 있다."라고 하였는데, 그 경우이다.【9목 가운데 왕이 도읍한 주에는 목백(牧伯)을 세우지 않는다. 그러므로 8목의 감은 전부 24명이 된다.】 이들 사례가 감관을 감이라고 하는 경우이다.

이 「서」의 해석에서 정현은 『예기』「왕제」의 뜻을 주요한 근거로 삼았다. 따라서 삼감에 무경(武庚)을 포함시키지 않았으니, 자신이 봉해진 곳을 자신이 감독할 수는 없기 때문이다. 그러나 그 수가 부족하였기 때문에 고심 끝에 곽숙(霍叔)을 취하여 채웠다. 매색은 본래 『주례』의 주를 주요한 근거로 삼았기 때문에 무경을 함께 포함시켰던 것이니, 곽숙에게 억울함이 있다는 것을 알았던 듯하다. 그러나 내 생각으로 삼감은 관숙과 채숙 두 사람일 뿐이었을 것이다. 삼감이란 관직의 이름으로, 관직을 처음 설치하였을 때에 본시 세 사람이었기 때문에 삼감이라고 불렀던 것이다. 그러나 삼감이라고 명칭을 성한 뒤에는 굳이 세 사람일 필요가 없다.【삼공(三公)은 본래 세 사람이지만, 관직에 반드시 인원을 전부 갖추지 않고 간혹 충원이 되지 않을 수도 있다.】

한(漢)나라의 호관삼로(壺關三老)나 삼로동공(三老董公)이 반드시 세 사람이 아니요,[288] 요(堯)의 사악(四岳)이 반드시 네 사람인 것은 아니며, 진(秦)의 오대부(五大夫) 조영(趙嬰)[289]이 반드시 다섯 사람인 것도 아니다. 어째서 유독 매방(妹邦)[290]의 삼감만 반드시

288 호관삼로(壺關三老)나 …… 아니요 : 『한서』 권3 「武五子傳」에는 "壺關三老茂上書曰"이란 내용이 있고, 권1 「高帝紀」에는 "新城三老董公遮說漢王曰"이란 내용이 나오는데, 여기 나오는 '삼로'는 관직명일 뿐이고 세 사람인 것은 아니다.

289 오대부(五大夫) 조영(趙嬰) : 『사기』 「秦始皇本紀」에 나오는 구절이다. 五大夫는 爵位의 명칭으로 20등급 가운데 제7등급에 속한다.

290 매방(妹邦) : 康叔이 봉해진 곳으로, 衛나라를 말한다. 『상서』 「酒誥」 "明大

세 사람이어야 한단 말인가?【이미 전편[291]에 나왔다.】 복생도 이러한 뜻을 알아서 『상서대전』을 지을 때, 처음에는 '관숙과 채숙 두 사람이 은을 감독하였다.'라고 하였다가 끝에는 '녹보(祿父)가 삼감과 함께 반란을 일으켰다.'라고 하였으니, 복생이 본래 두 사람을 삼감이라고 여겼음을 알 수 있다. 위찬한 자는 본래 정현의 설에 근거하여 「채중지명」을 지을 때에는 곽숙을 먼 변경에 가두어놓은 것으로 여겼다가 이제 이 「서」에 대한 해석에서는 또 곽숙을 돌려놓고 무경(武庚)을 대신 채웠다. 세상에 자신이 봉해진 곳에서 자신을 감독하는 경우는 없다. 무왕이 무경을 은(殷)의 땅에 봉하여놓고, 또 무경에게 자신을 감독하고 스스로 제지하라고 시켰다고 한다면 말이 되겠는가? 만일 백성을 감독하는 것이라고 한다면, 관숙과 채숙이 또 어떻게 백성을 감독하겠는가?

○이를 통해 감(監)과 목(牧)의 뜻을 설명할 수 있다. 『주례』의 '입기감(立其監)'이나 「재재」의 '왕계감(王啓監)'은 모두 『예기』 「왕제」에서 말하는 삼감이다. 어떻게 그것을 알 수 있는가? 옛날에 제후의 나라가 별처럼 펼쳐져 있고 바둑판처럼 배치되어 역내(域內)를 가득 채웠는데, 황제(黃帝) 이래로 이들은 대대로 봉토를 지키며 중대한 죄가 있지 않은 한 천왕[天王 : 천자]도 폐한 적이 없으니, 천관(天官) 태재(太宰)가 세울 수 있는 바가 아니었다. 오직 팔목(八牧)과 삼감만 바뀌고 교체되는 경우가 있을 뿐이었다. 구주(九州)를 나눈 뒤에는 왕도(王都)가 있는 곳【기주(冀州) 같은 곳이다.】만은

命于妹邦" 구에 대한 매색(공안국)의 주에 "妹, 地名, 紂所都."라고 하였고, 마융은 "妹邦, 卽牧養之地."라고 하였다.

291 전편 : 『매씨서평』 권3 「梅氏書平8」 '蔡仲之命'에서 三監이 굳이 세 사람일 필요가 없다는 것과 霍叔은 삼감이 아니라는 것을 자세히 논하였다.

목백(牧伯)을 세우지 않고, 그 나머지 8주에는 각각 한 명의 목을 세웠으니, 「왕제」에서 말하는 팔백(八伯)이다.【요와 순의 때에는 왕도가 있는 곳에도 주목(州牧)을 세웠다. 그러므로 순이 '자십유이목(咨十有二牧)'이라고 한 것이다.】 비록 제후를 목으로 삼았더라도 때에 따라 교체할 경우에는 태재가 왕을 보좌하여 출척(黜陟)하였으므로 그것을 '건기목(建其牧)'이라고 한 것이다. 제후가 각기 자신의 나라에서 벌을 주고 복을 주며 멋대로 전횡하여도 그 잘못을 바로잡는 사람이 아무도 없게 하면 나라가 어지러워지고 백성들이 그 피해를 입을 것이다. 이에 천자의 조정에서 대부를 파견하여 감독하게 하는데, 태재가 천자의 조칙으로 파견할 사람을 차출하였으니, 이것을 일러 '건기감(建其監)'이라고 한 것이다. 「재재」의 '왕계감(王啓監)' 역시 이 삼감이다.

안 「주고」에서 강숙을 경계할 때 태사우(太史友)·내사우(內史友)라고 칭하면서 굳게 술을 끊을 것을 경계하였다. 이른바 태사우와 내사우는 천자 조정의 중신(重臣)이요, 강숙의 보배로운 동료이니, 이들이 삼감이 아니고 무엇이겠는가? 「주고」와 「재재」는 본래 연속된 글이다. 〈「재재」에서〉 '왕이 감을 처음 설치한 것은 백성을 다스리기 위해서이다.'라고 한 것은 천자의 조정에서 감을 파견한 뜻이 이 백성을 잘 다스리기 위함임을 주공이 말한 것이다. 그 아래에 '감망유벽(監罔攸辟)'이라고 한 것은 '네가 백성을 편안하게 이끈다면 비록 너를 감독하는 자도 형벌을 시행할 곳이 없을 것'이라는 말이다. 그 아래에 '감, 유왈욕지우만년유왕(監, 唯曰欲至于萬年唯王)'은 너를 감독하는 이도 장차 '네가 천자의 나라에서 명을 받았으니 천자의 나라와 함께 영구히 편안할 것이다.'라고 말하게 될 것이라는 뜻이다. 굳이 공후백자남이라고 하고, 또 명칭을 감이라고 할 필요는 없다. 감(監)이란 삼감(三監)이다.

○『예기』「왕제」의 제도는 방백의 나라에만 삼감을 두지만 주나라 제도에서는 나머지 나라에도 사정이 생기면 또한 삼감을 설치하였다. 그러므로 무경이 봉해진 곳은 방백의 나라가 아니었음에도 당시에 또한 삼감을 설치하였던 것이니, 대개 은(殷)의 완악함이 아직 감화되지 않았으므로 안팎에서 문제를 일으킬 것이 염려스러웠기 때문이다.

考訂 〈衛世家〉云: "武王克殷, 封紂子武庚爲諸侯, 奉其先祀, 爲武庚未集, 恐有賊[교1]心, 乃令其弟管叔·蔡叔傅相之." ○《漢書·地理志》云: "周旣滅殷, 分其畿內爲三國, 邶·鄘·衛,[교2] 是也。邶以封紂子武庚, 鄘[교3]管叔尹之, 衛蔡叔尹之, 以監殷民, 謂之三監。"【孔疏云: "先儒多同此說, 唯鄭玄以三監爲管·蔡·霍."】 ○鄭玄《詩譜》云:【邶·鄘·衛】"庶殷頑民, 被紂化日久, 乃[교4]三分其地, 置三監, 使管叔·蔡叔·霍叔尹而教之." ○**鏞案** 鄭玄〈詩譜〉, 其源出於《漢書》。但知武庚不可自侯而自監之, 又謂三監闕一不可, 故執霍叔以塡其缺。然管·蔡於此亦無封邑, 不獨霍叔無分地也。據〈周本紀〉, 武成·分器之下, 卽敍分封之事。尙父封齊, 周公封魯, 召公封燕, 叔鮮封於管, 叔度封於蔡, 業已受封, 又何以鄘·衛分之乎? 管·蔡監殷, 略似漢代諸侯王傅相, 自天朝派遣, 是賓旅之官, 曷嘗有分地乎? 〈衛世家〉宜從。

교1) 賊: 신조선사본에는 '側'으로 되어 있으나『사기』「衛世家」에 따라 바로잡는다.

교2) 案 邶·鄘·衛: 『한서』에는 '詩風邶庸衛國'으로 되어 있다.

교3) 案鄘 : 『한서』에는 '庸'으로 되어 있다.

교4) 案乃 : 「詩譜」에는 앞에 '未可以建諸侯'가 더 있다.

고정 『사기』 「위세가(衛世家)」에 "무왕이 은을 이기고 주(紂)의 아들 무경을 봉하여 제후로 삼고 그 조상의 제사를 받들게 하였다. 그러나 무경이 화합하지 못하므로 역심(逆心)을 가질 것을 염려하여 아우 관숙과 채숙을 시켜 무경을 가르치고 돕게 하였다."[292]라고 하였다.

○『한서』 「지리지(地理志)」에 "주가 은을 멸망시키고 그 기내(畿內)를 세 나라로 분할하였다. 패(邶)와 용(鄘)과 위(衛)가 이들이다. 패에는 주(紂)의 아들 무경을 봉하고, 용은 관숙이, 위는 채숙이 다스리면서 은의 백성을 감독하게 하였다. 그들을 삼감이라고 불렀다."라고 하였다.【공영달의 소에, "선유(先儒)들은 대다수가 이 설에 찬동하는데, 오직 정현만이 삼감을 관숙·채숙·곽숙이라고 여겼다."라고 하였다.】

○정현은 「시보(詩譜)」에서【「패용위보(邶鄘衛譜)」이다.】 "은의 완악한 백성들이 주(紂)의 정치에 영향을 받은 기간이 길어 〈제후를 세울 수 없었기〉 때문에 그 지역을 셋으로 분할하여 삼감을 설지하고, 관숙과 채숙 그리고 곽숙에게 다스리며 교화하게 시켰다."라고 하였다.

○**용안** 정현의 「시보」는 그 연원이 『한서』에서 나왔다. 단지 무경

292 무왕이 …… 하였다 : 『사기』 「衛世家」의 일부 내용이 생략되었다. 원문은 다음과 같다. 武王已克殷紂, 復以殷餘民封紂子武庚祿父, 比諸侯, 以奉其先祀勿絶. 爲武庚未集, 恐其有賊心, 武王乃令其弟管叔·蔡叔傅相武庚祿父, 以和其民.

이 자신이 제후이면서 스스로 감독할 수는 없음을 알았고, 또 삼감은 한 사람이라도 빠져서는 안 된다고 생각하였기 때문에 곽숙을 가지고 그 결원을 채운 것이다. 그러나 관숙과 채숙도 이때 봉해진 읍이 없었으니 곽숙만 분봉받은 땅이 없었던 것은 아니다. 『사기』「주본기」에 의거하면, 무공(武功)이 이루어지고 기물을 나누어주는 부분 아래에 곧바로 분봉(分封)의 일을 서술하고 있다. 상보(尙父)는 제(齊)에, 주공(周公)은 노(魯)에, 소공(召公)은 연(燕)에, 숙선(叔鮮)은 관(管)에, 숙도(叔度)는 채(蔡)에 봉해졌다. 이미 분봉을 받았는데, 또 어찌 용(鄘)과 위(衛)를 나누어 다스리게 한다는 것인가? 관숙과 채숙이 은을 감독한 것은 대략 한(漢)나라 때에 제후왕의 부상(傅相)이 천자의 조정에서 파견되는 것과 유사하다. 이들은 타지에 임시로 가서 머무르는 관원인데, 어찌 땅을 분봉해준 일이 있었겠는가? 『사기』「위세가」의 서술을 따라야 한다.

考證 〈魯世家〉: "管·蔡·武庚等, 率[교1)]淮夷而反。周公乃奉成王命, 興師東伐。作〈大誥〉。" ○〈周本紀〉: "周公攝行政當國, 管叔·蔡叔群弟疑周公, 與武庚作亂畔周。周公奉成王命, 伐誅武庚·管叔, 放蔡叔。以微子開代殷後, 國於宋。收[교2)]殷餘民, 以封武王少弟封爲衛康叔。【節】初, 管·蔡畔周, 周公討之, 三年而畢定。故初作〈大誥〉, 次作〈微子之命〉, 次〈歸禾〉, 次〈嘉禾〉, 次〈康誥〉·〈酒誥〉·〈梓材〉。其事在周公之篇。"【謂〈魯世家〉】 ○**鏞案** 《史記》諸篇, 都無霍叔之說。

교1) 案率: 『사기』에는 앞에 '果'가 더 있다.
교2) 案收: 『사기』에는 앞에 '頗'가 더 있다.

고증 『사기』「노세가」에 "관숙과 채숙 그리고 무경 등이 회이(淮夷)를 이끌고 반란을 일으켰다. 주공이 이에 성왕의 명을 받들어 군사를 일으켜 동쪽을 정벌하였다. 「대고」를 지었다."라고 하였다. ○『사기』「주본기」에 "주공이 정사를 섭행(攝行)하여 나라를 다스리니, 관숙과 채숙 등 여러 아우가 주공을 의심하고 무경과 더불어 난을 일으켜 주나라에 반기를 들었다. 주공이 성왕의 명을 받들어 무경과 관숙을 토벌하여 주살(誅殺)하고, 채숙을 내쳤다. 미자(微子) 계(啓)에게 은의 뒤를 잇게 하고 송(宋)에 나라를 세우게 하였다. 은의 남은 백성들을 거두어 무왕의 동생 봉(封)에게 분봉하여 위강숙(衛康叔)이 되게 하였다.【중략】 처음에 관숙과 채숙이 주나라에 반기를 들자, 주공이 토벌하여 3년 만에 모두 평정하였다. 따라서 처음에 「대고」를 짓고, 그 다음에 「미자지명」을, 그 다음에 「귀화」를, 그 다음에 「가화」를, 그 다음에 「강고」·「주고」·「재재」를 지었다. 그 일은 주공에 관한 편【「노세가」를 가리킨다.】에 나온다."라고 하였다.

○용안 『사기』의 여러 편에 곽숙이 삼감이라는 설은 전혀 없다.

考訂 蔡云:"周公避位居東, 後成王悟, 迎周公歸。三叔懼, 遂與武庚叛, 成王命周公東征。" **○鏞案** '居東'卽'東征', 無二事也。周公無避位退居之日。竝詳〈金縢〉篇。

고정 채침이 말했다. "주공이 자리를 피하여 동쪽에 머물렀는데, 뒤에 성왕이 깨닫고 주공을 맞이하여 돌아왔다. 삼숙(三叔)이 두려워하여 드디어 무경과 반란을 일으키자 성왕이 주공에게 명하여 동쪽을 정벌하게 하였다."

○**용안** '동쪽에 머물렀다.'라는 것은 곧 '동쪽을 토벌하였다.'라는 것으로 두 가지 일이 아니다. 주공은 자리를 피하여 물러나 있었던 적이 없다. 모두 『상서』 「금등」에 자세하다.

00. 상서서 - 073. 미자지명

成王旣黜殷命, 殺武庚, 命微子啓代殷後。作〈微子之命〉。

【鄭第七十二 ○《史記》啓作開。避景帝諱】

성왕이 은의 작위를 끊고, 무경을 주살하고, 미자(微子) 계(啓)에게 은의 뒤를 잇도록 명하였다. 「미자지명」을 지었다.【정현본의 제72편 ○『사기』에는 '啓'가 '開'로 되어 있다. 경제(景帝)의 이름을 피한 것이다.】

鄭云: "黜殷命, 謂殺武庚也。微, 采地名。微子啓, 紂同母庶兄也。【此本《呂覽》之說】 武王投之於宋, 因命之封爲宋公, 代殷後承湯祀。"【〈周頌 · 有客〉疏】 ○梅云: "啓知紂必亡而奔周, 命爲宋公。"【疏云: "武王旣克紂, 微子乃歸之, 非去紂而[교1]奔周也。"】 ○**鏞案** 鄭康成投宋之說, 蓋本〈樂記〉, 而〈樂記〉所言, 不知何說。【〈樂記〉云: "武王克殷, 旣下車, 投殷之後於宋。"】 若《左傳》 · 〈宋世家〉微子出降之說, 亦不合理。至於梅註所言, 是誣仁賢而背聖言, 非細失也。伊尹旅人也, 五就湯五就桀, 無所不可。而微子王室至親, 義無他適, 知紂之必亡, 先已奔周, 於義可然乎? 於史於經, 了無一證, 白誣之如是乎? 孔子曰'微子去之', 明殷未亡而先去也。卽〈微

子〉篇中微子·箕子講磨時義, 已有發出往遯荒野之語, 其入深山或入海島, 今不可考, 豈有奔周之理乎? 孔疏於此, 亦不得不違之。

교1) 案而: 『상서정의』에는 '卽'으로 되어 있다.

〔黜殷命 …… 代殷後〕 정현이 말했다. "'출은명(黜殷命)'은 무경을 주살한 것을 말한다. '미(微)'는 채지(采地)의 명칭이다. 미자(微子) 계(啓)는 주(紂)의 동복(同腹) 서형(庶兄)이다.【이 설은 『여씨춘추(呂氏春秋)』의 설에 근거한 것이다.】 무왕이 미자를 송(宋) 땅에 이주시키고 이어 명을 내려 송공(宋公)으로 봉하고 은의 뒤를 이어 탕의 제사를 받들게 하였다."【『시경』「주송(周頌)·유객(有客)」의 소에 보인다.】 ○매색이 말했다. "계(啓)는 주(紂)가 반드시 망하리라는 것을 알고서 주나라로 달아났는데, 명하여 송공(宋公)으로 삼았다."【소에서 "무왕이 은을 이기자 미자가 그제야 귀부(歸附)한 것이지, 주(紂)를 버리고 곧바로 주(周)나라로 달아난 것이 아니다."라고 하였다.】

○용안 송(宋)에 이주시켰다는 정강성[鄭康成: 정현]의 설은 대개 『예기』「악기(樂記)」에 근거한 것이지만, 「악기」의 언급은 무슨 말인지 알 수 없다.【『예기』「악기」에 "무왕이 은을 이기고 천자의 지위에 오른 다음 은의 후예들을 송에 이주시켰다."라고 하였다.】 『춘추좌씨전』과 『사기』「송세가」의 미자가 투항하였다는 설 또한 불합리하다. 매색의 주에서 언급한 것으로 말하면, 이것은 인자(仁者)와 현자(賢者)를 무함하고 성인의 말에 등을 돌리는 것으로 사소한 잘못이 아니다. 이윤(伊尹)은 나그네와 같은 사람[旅人]이라, 다섯 번 탕에게 나아가고 다섯 번 걸에게 나아가도 안 될 것이 없다. 그러나 미자는

왕실의 지친(至親)으로서 의리상 다른 곳으로 갈 수 없는데, 주(紂)가 반드시 망할 것을 알고 먼저 주(周)나라로 달아났다니 의리상 그럴 수 있겠는가? 사서(史書)와 경전에 증거가 전혀 없는데 그처럼 새하얗게 무함하는가? 공자가 '미자는 떠났다.'라고 한 것은 은이 망하기 전에 먼저 떠났음을 밝힌 것이다. 『상서』「미자」에 미자와 기자가 시대에 대처하는 의리를 논한 부분에 이미 〈주(紂)왕이 광포한 정치를 하므로〉 떠나가 황야로 가서 숨겠다는 말이 있다. 그가 깊은 산으로 들어갔는지 또는 바다의 섬으로 들어갔는지는 지금 상고할 수 없지만, 어찌 주나라로 달아날 이치가 있겠는가? 공영달의 소에서도 이 점에 대해서는 거리를 두지 않을 수가 없었을 것이다.

考辨 《左傳》:【僖六年】"許僖公面縛銜璧, 輿櫬。楚子問諸逢伯。對曰, '昔武王克殷, 微子啓如是, 武王親釋其縛, 受其璧而祓之, 焚其櫬而命之, 使復其所。'" ○〈宋世家〉云: "武[교1)]王[교2)]克殷, 微子啓[교3)]乃持其祭器, 造於軍門, 肉袒面縛, 左牽羊右把茅, 膝行而前以告, 武王乃釋微子, 復其位如故。"【疏云: "縛手於後, 故口銜其璧。又安得左牽羊右把茅也?" ○後人云'微子原有四手', 俳語也。】 ○金云: "武王業已伐商, 無復拘, 廢昏立明, 何不卽以處微子, 而首以處武庚也? 武王不亦失人乎? 故謂面縛銜璧, 必武庚也。若微子則遯于荒野, 一時武王釋箕子之囚, 封比干之墓, 百爾恩禮, 擧行悉徧, 而未及微子, 以微子遯野, 未之獲也。迨武庚再叛, 卒於就戮, 始求微子, 以代殷後, 微子於此義始不可辭爾。前日奔周之說, 毋乃躁謬?"【謂梅註】 ○**鏞案** 微子面縛之說, 甚不合理。雖在遯荒之中, 聞變赴難, 於義似可, 而旣不能倡義却敵, 以存王室, 乃於國破君亡

之後, 爲此有醜之擧, 以丐當死之命, 爲公者乎, 爲私者乎? 微子非領軍守城之將臣, 非統衆主國之君牧, 何爲乞降於軍門乎? '我罔爲臣僕', 義理素講, '助祭以賓', 恪典, 禮本然,【虞夏之奉祀者, 皆賓而弗臣】 何爲而作此態耶? 藉使微子狂而爲是, 武王亦當有殊異之禮, 顧當復其所而止, 不與箕子・比干同其表揚乎? 仁山之論, 翕然中理。蓋於武庚旣誅之後, 求諸遯荒之中, 而封之以宋也。

교1) 案武 : 『사기』에는 앞에 '周'가 더 있다.
교2) 案王 : 『사기』에는 뒤에 '伐紂'가 더 있다.
교3) 案啓 : 『사기』에는 없다.

고변 『춘추좌씨전』【희공 6년】에 "허(許)나라의 희공(僖公)은 포박을 하고 벽옥을 입에 물었으며, 〈사(士)들은〉 관을 싣고 뒤따랐다. 초자(楚子)가 봉백(逢伯)에게 이유를 묻자, '옛날에 무왕이 은을 이겼을 때 미자 계가 이와 같이 하였는데, 무왕이 직접 그 포박을 풀어주고 벽옥을 받아 불제(祓除)의 의식을 행한 다음 그 관을 태우고 명하여 본래의 자리로 돌아가게 하였습니다.'라고 대답하였다."라고 하였다.
○『사기』「송세가」에 "주나라 무왕이 은을 이기자 미자 계가 그 제기(祭器)를 가지고 군영의 문에 나아가, 어깨를 드러내고 포박한 채로 왼손으로는 양을 끌고 오른손으로는 띠[茅]를 쥐고 무릎걸음으로 나아가서 고하였다. 무왕이 이에 미자를 풀어주고 그 지위를 예전과 같이 회복시켜주었다."라고 하였다.【『상서정의』의 소에 "손을 뒤로 묶었기 때문에 그 벽옥을 입에 문 것이다. 그런데 또 어떻게 왼손으로 양을 끌고 오른손으로 띠를 쥘 수 있겠는가?"라고 하였다. ○후대 사람이 '미

자는 원래 네 개의 손이 있었다.'[293]라고 한 것은 우스갯말이다.】

○김이상이 말했다. "무왕이 이미 상(商)을 정벌하고 더 이상 구애될 것 없는 상태에서 혼매한 자를 폐하고 밝은 자를 세우는 터인데, 어째서 곧바로 미자를 세우지 않고 먼저 무경을 세웠는가? 무왕 또한 인사를 그르친 것이 아닌가? 그러므로 '포박을 하고 벽옥을 입에 물었다.'라는 것은 반드시 무경일 것이다. 미자는 황야로 숨었다. 한꺼번에 무왕이 갇혀 있던 기자(箕子)를 풀어주고 비간(比干)의 묘를 봉해주며 온갖 은혜를 베푸는 예를 두루 시행하면서도 미자에게 미치지 않은 것은 미자가 황야로 숨어서 아직 찾아내지 못하였기 때문이다. 무경이 다시 반란을 일으켜 마침내 죽게 되자 비로소 미자를 찾아내어 은의 뒤를 잇게 하였다. 미자가 그 상황에서 의리상 비로소 사양할 수 없었던 것이다. 이전에 주(周)나라로 달아났다는 설은 성급한 오류가 아니겠는가?"【매색의 주를 가리킨다.】

○**용안** 미자가 포박하였다는 설은 매우 불합리하다. 비록 황야에 숨어 있던 중이라도 변고를 듣고 국난(國難)에 달려가는 것은 의리상 가능하다. 그러나 이미 대의를 주창하고 적을 물리쳐서 왕실을 보전하지 못하였는데, 이제 나라가 무너지고 임금이 죽은 뒤에 이처럼 뻔뻔스런 행동을 하여 죽어야 할 목숨을 구걸하는 것이 공의(公義)를 위한 것인가? 사의(私意)를 위한 것인가? 미자는 군사를 거느리고 성을 지키던 장수도 아니요, 백성을 통솔하며 나라를 주

293 미자는 …… 있었다 : 明의 楊愼이 撰한『丹鉛餘錄』「總錄」권13에 다음과 같은 내용이 보인다.『史記』「宋世家」, '武王克商, 微子肉袒面縛, 左牽洋, 右把茅', 亡弟恒讀史至此, 謂予曰 : "微子有四手, 兄知之乎?"

관하던 임금도 아닌데, 어째서 군영의 문에서 투항하기를 청하겠는가? '나는 신하가 되지 않겠다.'라고 한 것은 평소에 강구해왔던 의리이고, '제사에 빈(賓)으로서 도운 것'은 전례를 정성스럽게 행하는 것으로, 예가 본래 그러하다.【우(虞)와 하(夏)의 제사를 받든 이들은 모두 빈이었고 신하가 아니었다.】 무엇 때문에 그러한 추태를 부렸겠는가? 설사 미자가 실성해서 그런 추태를 부렸다고 하더라도 무왕은 또한 남다른 예우를 해야 마땅한데, 고작 자기 자리로 돌아가게 하는 데 그치고, 기자・비간과 동등하게 표창하지 않아야 하였단 말인가? 인산[仁山 : 김이상]의 논의가 충분히 의리에 합당하다. 대개 무경이 주살된 뒤에 황야에서 미자를 찾아내어 송공(宋公)으로 봉하였을 것이다.

考異 〈周本紀〉: "周公奉成王命, 誅[교1]武庚・管叔, 放蔡叔, 以微子開代殷後, 國於宋。作〈微子之命〉。"

교1) 案誅 : 『사기』에는 앞에 '伐'이 더 있다.

고이 『사기』「주본기」에는 "周公奉成王命, 伐誅武庚・管叔, 放蔡叔, 以微子開[294]代殷後, 國於宋. 作「微子之命」.[주공이 성왕의 명을 받들어 무경과 관숙을 토벌하여 죽이고, 채숙을 내쫓고, 미자 계에게 은의 뒤를 계승하여 송(宋)에 나라를 세우게 하였다. 「미자지명」을 지었다.]"으로 되어 있다.

번역 : 이봉규

---

294 開 : 漢 景帝 劉啓의 이름을 피하여 '啓'를 '開'로 표기한 것이다.

唐叔得禾, 異畝同穎, 獻諸天子, 王命唐叔, 歸周公于東。作〈歸禾〉。【鄭第七十三。○〈魯世家〉, 歸作餽】

당숙(唐叔)이 좋은 벼를 얻었는데, 다른 이랑에서 자라난 싹이 합쳐져서 하나의 이삭이 되었으므로 그것을 천자에게 바쳤다. 왕이 당숙에게 명하여 동쪽에 있는 주공에게 선물하도록 하였다. 「귀화」를 지었다.【정현본의 제73편 ○『사기』「노세가」에는 '歸'가 '餽'로 되어 있다.】

梅云: "唐叔, 成王母弟。【案。唐叔卽叔虞, 晉之始封君】禾各生一壟而合爲一穗, 拔而貢之。【異畝同穎, 天下和同之象】周公東征未還, 故命唐叔以禾歸周公。"

〔唐叔 …… 于東〕 매색이 말했다. "당숙(唐叔)은 성왕의 동모제(同母弟)이다.【안. 당숙은 숙우(叔虞)로, 진(晉)나라의 시봉군(始封君)이다.】 벼가 각각 다른 이랑에서 났으나 합쳐져서 하나의 이삭이 되자 그것을 뽑아서 바쳤다.【다른 이랑에서 난 벼가 하나의 이삭이 되는 것은 천하가 화동(和同)할 상(象)이다.】 주공이 동쪽을 정벌하러 가서 아직 돌아오지 않았기 때문에 당숙에게 명하여 벼를 주공에게 선물하도록 한 것이다."

考證 〈魯世家〉: "唐叔得禾, 異母同穎, 獻之成王。王[교1]命唐叔, 以餽周公於東土。作〈餽禾〉。"【〈周本紀〉云: "晉唐叔得嘉穀, 獻之成王, 以歸于[교2]兵所。"】 ○《書大傳》云: "成王之時, 有三苗貫桑葉而生, 同爲一穗, 其大

盈車, 長幾充箱, 民得而上[교3]諸成王。"

교1) 案王 : 『사기』에는 앞에 '成'이 더 있다.
교2) 案于 : 『사기』에는 뒤에 '周公'이 더 있다.
교3) 案上 : 『尙書埤傳』에는 '獻'으로 되어 있다.

고증 『사기』「노세가」에 "당숙이 벼를 얻었는데 다른 뿌리[異母]에서 난 것이 하나의 이삭이 되었으므로 그것을 성왕에게 바쳤다. 성왕이 당숙에게 명하여 동쪽 지방에 있는 주공에게 선물하게 하였다. 「궤화(餽禾)」를 지었다."라고 하였다.【「주본기」에는, "진(晉)나라 당숙이 좋은 곡식을 얻어 성왕에게 바쳤는데, 그것을 군영에 있는 주공에게 선물하였다."라고 하였다.】

○『상서대전』에 "성왕 때에 세 개의 벼 싹이 뽕나무 잎을 뚫고 자라나서 합쳐져 하나의 이삭이 되었다. 그 낱알의 크기가 수레에 찰 만하였는데, 자라나서 그 알곡이 상자에 찰 만하게 되자 백성들이 그것을 얻어 성왕에게 바쳤다."[295]라고 하였다.

考辨 《史記》: "唐有亂, 周公誅滅唐, 遂封叔虞。"【注云 : "成王滅唐, 遷之於杜。" 又詳《左傳》子產之言】 又云 : "成王與叔虞戲, 削桐葉爲圭曰, '以此封若。'【史佚成之】 遂封叔虞於唐。" ○**鏞案** 唐叔受封, 明在幼年, 故[교1]奉命歸禾, 在周公東征之年,【舊史皆云 : "成王三年, 封唐叔。"】 而武庚誅滅之後,

295 『상서대전』에 …… 바쳤다 : 『尙書埤傳』 卷末에 인용되어 있다. 『상서대전』의 원문은 여기 인용문과는 글자의 異同이 있다. 원문은 다음과 같다. 成王時, 有苗異莖而生, 同爲一穗, 其大盈車, 長幾充箱, 人有上之者, 王召周公而問之 …….

大路・密須之鼓・闕鞏・姑洗之分, 唐叔與焉。【祝[교2)]鮀[교3)]云】 乃金仁山《綱目》, 以唐叔受封, 係之於成王九年。當時太不信〈書序〉, 有此錯誤。

교1) 案故 : 문맥으로 보아 衍字인 듯하다.
교2) 祝 : 신조선사본에는 '祀'로 되어 있으나 人名이므로 바로잡는다.
교3) 案駝 : 『춘추좌씨전』에는 '佗'로 되어 있다.

고변 『사기』에, "당(唐)에 난이 일어나자 주공이 당을 주멸(誅滅)하고 드디어 숙우를 봉하였다."라고 하였다.【『사기』「진세가(晉世家)」의 『정의』에, '성왕이 당을 멸하여 두(杜)로 옮겼다.'[296]라고 하였다. 또 『춘추좌씨전』 자산의 말에 상세하다.[297]】 또 "성왕이 숙우와 놀면서 오동나무 잎을 깎아 규(圭)를 만들어서는 '이것으로 너를 봉한다.'라고 하였다.【사일(史佚)이 그 말을 이루어 주었다.[298]】 드디어 숙우를 당에 봉하였다."[299]라고 하였다.

296 성왕이 …… 옮겼다 : 『사기』「晉世家」의 『正義』에 "唐人作亂, 成王滅之而封太叔, 更遷唐人子孫于杜."라고 한 내용이 나온다.

297 『춘추좌씨전』 …… 상세하다 : 관련 내용은 『춘추좌씨전』 소공 1년 12월에 나온다. 晉의 임금이 병이 나서 점을 치니 '實沈'과 '臺駘'의 귀신이 붙은 것이란 점괘가 나왔으나 그 내용을 아는 사람이 아무도 없었다. 마침 문병을 온 鄭나라 子産에게 그 내용을 묻자 자산이 그에 답하면서 주공이 唐을 멸하고 叔虞를 봉한 일에 대해 자세히 언급하였다. 관련 원문은 다음과 같다. 子産曰, "昔高辛氏有二子, 伯曰閼伯, 季曰實沈, …… 其季世曰唐叔虞. 當武王邑姜方震大叔, 夢帝謂己, '余命而子曰虞, 將與之唐, 屬諸參, 而蕃育其子孫.' 及生, 有文在其手曰虞, 遂以命之. 及成王滅唐, 而封大叔焉,"

298 사일(史佚)이 …… 주었다 : 史佚은 周 武王의 太史였다. 성왕이 숙우에게 한 말은 단지 장난에 불과하였으나 史佚이 그 말을 실천하도록 성왕에게 충고하였다는 말이다. 『사기』「晉世家」에 '以此封若' 다음에 "史佚因請擇日立叔虞. 成王曰 : '吾與之戲耳.' 史佚曰 : '天子無戲言. 言則史書之, 禮成之, 樂歌之.' 於是遂封叔虞於唐."이라는 내용이 나온다.

○**용안** 당숙이 봉을 받은 것은 분명히 어릴 때였고, 명을 받고 벼를 선물한 것은 주공이 동쪽을 정벌하던 해였다.【옛 사서(史書)에서는 모두 '성왕 3년에 당숙을 봉하였다.'라고 하였다.】 무경이 주멸된 후 대로(大路), 밀수(密須)의 북, 궐공(闕鞏)의 갑옷, 고선(姑洗) 등의 기물을 나누어 줄 때에는 당숙도 참여하였다.【축타(祝鮀)[300]의 말이다.】[301] 그런데 김인산[金仁山 : 김이상(金履祥)]의 『자치통감강목전편』에는 당숙이 봉을 받은 것을 성왕 9년에 붙여놓았다. 당시에 「서서」를 매우 불신하여 이런 착오가 있었을 것이다.

00. 상서서 - **075. 가화**

周公旣得命禾, 旅天子之命。作〈嘉禾〉。【鄭第七十四】

주공이 왕명으로 내린 벼를 받고 나서 천자의 명을 진술하였다. 「가화」를 지었다. 【정현본의 제74편】

梅云 : "遂陳歸禾之命。作書告天下。"【案。旅者, 臚陳也】

---

299 숙우를 당에 봉하였다 : 『사기』 「晉世家」에 나오는데, 일부 내용을 생략하고 인용하였다. 생략된 내용은 위의 각주 298) 참조.

300 축타(祝鮀) : 춘추 시대 衛나라 大祝인 子魚를 말한다. '鮀'는 자어의 이름으로, 『춘추좌씨전』에는 '佗'로 되어 있다.

301 무경이 …… 말이다 : 『춘추좌씨전』 定公 4년 3월조에 나오는 내용이다. 召陵에서 회합하면서 제후들의 位次를 정할 때 蔡나라가 衛나라보다 앞이어야 한다는 주장에 대해 위나라의 大祝인 子魚가 그렇지 않다고 설명하는 말 중에 이 내용이 나온다. 원문은 다음과 같다. …… 分唐叔以大路・密須之鼓・闕鞏・沽洗, 懷姓九宗, 職官五正. ……

〔旅天子之命. 作嘉禾〕 매색이 말했다. "〈려천자지명(旅天子之命)은〉 드디어 벼를 선물하라는 명을 진술하였다는 뜻이다. 〈작가화(作嘉禾)는〉 글을 지어 천하에 고한 것이다."[302]【안. '려(旅)'란 려진[臚陳 : 진술하다]의 뜻이다.】

考證 〈魯世家〉: "周公旣受命禾, 嘉天子命, 作〈嘉禾〉."【〈周本紀〉云: "周公受禾東土, 魯天子之命." ○案。旅・魯通, 故禾, 旅生曰穭】 **○鏞案** 《後漢・光武紀》云: "嘉[교1)]穀旅生。" 旅者, 穭也。

교1) 案嘉 : 『후한서』「光武帝紀 上」에는 '野'로 되어 있다.

고증 『사기』「노세가」에 "주공이 왕명으로 내린 벼를 받고 나서 천자의 명을 아름답게 여겨 「가화」를 지었다."라고 하였다.【「주본기」에는 "주공이 동쪽 땅에서 벼를 받고 천자의 명을 진술하였다."라고 하였다. ○안. '려(旅)'와 '노(魯)'는 통용된다. 그러므로 벼가 씨를 뿌리지 않았는데도 저절로 나는 것을 '려(穭)'라고 한다.】

○용안 『후한서』「광무제기」에 "야생의 곡식이 저절로 자랐다."라고 하였는데, '려(旅)'란 '려[穭 : 저절로 난 벼]'의 뜻이다.[303]

考證 《書[교1)]大傳》序有〈嘉禾〉・〈掩誥〉。【王應麟《考異》】 **○鏞案** 伏氏百篇之內, 或有〈掩誥〉。【掩似當作奄】

---

302 드디어 …… 것이다 : 『상서정의』에 '旅天子之命'을 '遂陳歸禾之命'이라고 풀이하였고, '作嘉禾'를 '周公作書, 以善禾名篇, 告天下.'라고 풀이하였다.

303 『후한서』 …… 뜻이다 : 『후한서』「광무제기」 "野穀旅生"의 주에 "旅, 寄也. 不因播種而生, 故曰旅. 今字書作'穭', 音呂, 古字通."이라고 하였다.

교1) 案書 : 왕응린의 『困學紀聞』에는 이 글자가 없다.

고증 『상서대전』의 「서」에 「가화」와 「엄고(揜誥)」가 있다.[304]【왕응린의 『고이(考異)』에 나온다.[305]】

○**용안** 복생(伏生)의 100편 안에 어쩌면 「엄고」가 있었을 것이다.【'揜'은 '奄'이 되어야 할 듯하다.】

考辨 《漢書》【〈王莽傳〉】引《書》逸〈嘉禾〉篇曰 : "周公奉鬯, 立于阼階, 延登贊曰, '假王莅政, 勤和天下。'" ○閻云 : "此必王莽時僞作。莽欲居攝, 故有周公假王之說。"

고변 『한서』【「왕망전」】에서 『상서』의 산실된 「가화」 편을 인용하여, "주공이 울창주를 받들고 조계(阼階)[306]에 서니, 연등(延登)이 '가왕(假王)이 정사를 맡아 천하를 화평하게 하는 데 힘쓴다.'고 찬하였다."라고 하였다.

○염약거가 말했다. "이는 필시 왕망 때에 만든 위작일 것이다. 왕망이 섭정하고자 하였기 때문에 '주공은 가왕'이라는 설이 있었던 것이다."[307]

---

304 『상서대전』의 …… 있다 : 『상서대전』 권3 「嘉禾傳」의 소주에 "大傳篇目, 有「九共」·「帝告」·「嘉禾」·「揜誥」之類."란 내용이 나온다.

305 왕응린의 『고이(考異)』에 나온다 : 여기에 인용된 내용은 왕응린의 『困學紀聞』 권2에 나온다.

306 조계(阼階) : 동쪽 계단으로, 관혼상제 등의 예식에서 사당이나 단에 오를 때 주인은 동쪽 계단으로 올라간다.

307 이는 …… 것이다 : 『상서고문소증』 권1에 나오는데, 일부 내용을 생략하고 인용하였다. 전문은 다음과 같다. 此必王莽時所僞作. 何也? 漢人尙災異, 故張

成王旣伐管叔·蔡叔, 以殷餘民封康叔。作〈康誥〉·〈酒誥〉·〈梓材〉。【鄭第七十五·六·七】

성왕이 관숙(管叔)과 채숙(蔡叔)을 정벌한 뒤 남아 있는 은(殷)의 백성들을 강숙(康叔)에게 봉해주었다. 「강고」·「주고」·「재재」를 지었다.【정현본의 제75편, 제76편, 제77편】

鄭云: "唯言伐管叔·蔡叔, 不言霍叔者, 蓋赦之也。"【〈詩譜〉。見〈邶風〉疏】 ○梅云: "滅三監, 以三監之民國康叔。"【疏云: "古字邦·封同, 故此亦云'邦康叔'。若〈分器〉序云'邦諸侯'也。"】 ○鄭云: "康, 謚也。"【〈世家〉云: "生康伯故也。"】 王云: "康, 國名, 在千里之畿內。旣滅管·蔡, 更封爲衛侯。"【〈詩譜〉。〈邶風〉疏】 梅云: "康, 圻內國名。"【疏云: "馬融亦云國名。"】 ○鄭云: "初封於衛, 至子孫而幷邶·鄘也。" ○**鏞案** 霍叔非三監, 已見前。【康, 國名】

〔成王 …… 康誥〕 정현이 말했다. "관숙(管叔)과 채숙(蔡叔)을 정벌하였다고만 말하고 곽숙(霍叔)을 말하지 않은 것은 대개 그를 용서하였기 때문일 것이다."【「시보(詩譜)」이다. 『모시주소(毛詩注疏)』「패풍(邶風)」의 소[308]에 보인다.】 ○매색이 말했다. "삼감(三監)을 멸하고, 삼감의 백성들을 강숙에게 봉해준 것이다."【공영달의 소에, "고자(古字)에 방(邦)과 봉(封)을 같이 썼으므로 여기에서도 '방강숙(邦康叔)'이라고 한 것이

霸書有'伊尹死大霧三日'之說. 莽欲居攝, 故群臣奏有周公爲假王之說.

308 「패풍(邶風)」의 소: 「邶鄘衛譜」의 소를 말한다. 『毛詩注疏』 해당 부분의 원문은 "「書叙」唯言'伐管叔蔡叔', 不言霍叔者, 鄭云, '盖赦之也.'"이다.

다. 「분기」의 「서」에 '방제후(邦諸侯)'라고 한 것과 같은 경우이다."[309]라고 하였다.】 ○정현이 말했다. "강(康)은 시호이다."【「세가」에 '강백(康伯)을 낳았다.'라고 하였기 때문이다.[310]】 왕숙이 말했다. "강은 나라 이름으로 기내(圻內) 천리에 있었다. 관숙과 채숙을 멸하고 나서 다시 봉하여 위후(衛侯)로 삼은 것이다."【「시보」이다. 『모시주소』 「패풍」의 소에 보인다.】 매색이 말했다. "강은 기내에 있는 나라 이름이다."【공영달의 소에, "마융도 '나라 이름'이라고 하였다."라고 하였다.】 ○정현이 말했다. "처음에 위에 봉하였는데, 사손 대에 이르러 패(邶)와 용(鄘)을 겸병하였다."

○용안 곽숙은 삼감이 아니다. 이미 앞에서 나왔다.[311]【'강'은 나라 이름이다.】

考證 〈衛世家〉: "周公[교1]以成王命, 興師伐殷, 殺武庚祿父·管叔, 放蔡叔, 以殷[교2]餘民, 封康叔爲衛君。【節】 周公告以紂所以亡者, 以淫於

309 고자(古字)에 …… 경우이다 : 공영달의 소의 내용은 「서」 원문의 '封康叔'을 매색 주에서 '國康叔'이라고 한 데 대한 부연 설명인데, 내용이 생략되어 의미가 모호해졌다. 공영달의 소의 원문은 다음과 같다. 古字, 邦·封同, 故漢有上邦·下邦縣, 邦字如封字. 此亦云'邦康叔', 若「分器序」云'邦諸侯', 故云'國康叔'.

310 「세가」에 …… 때문이다 : 『상서정의』 소에 "鄭玄以康爲謚號, 以『史記』「世家」云'生康伯'故也."라고 한 내용이 나온다. 그런데 『사기』에는 '生康伯'이란 말이 없고, 「衛世家」에 "康叔卒, 子康伯代立."이라고 한 내용이 나온다.

311 곽숙은 …… 나왔다 : 이에 대해서는 『상서고훈』 「大誥」의 「序」에서 다루었다. 茶山은 三監을 관직명으로 보고 반드시 세 사람일 필요는 없으며, 이 당시의 삼감은 관숙과 채숙 두 사람뿐이고 곽숙은 삼감이 아니었다고 주장하였다.

酒, 酒之失, 婦人是用, 故紂之亂, 自此始。爲梓材, 示君子可法則。故謂之〈康誥〉·〈酒誥〉·〈梓材〉以命之。" ○**鏞案** 康叔之封, 成王時也。

校1) 案公: 『사기』에는 뒤에 '旦'이 더 있다.
校2) 案殷: 『사기』에는 앞에 '武庚'이 더 있다.

고증 『사기』「위세가」에 "주공이 성왕의 명으로 군사를 일으켜 은을 정벌하여 무경(武庚) 녹보(祿父)와 관숙을 죽이고 채숙을 추방한 다음, 〈무경이 다스리던〉 은나라의 남은 백성을 강숙에게 봉하여 위군(衛君)으로 삼았다.【중략】 주공은 〈강숙에게〉 주(紂)가 망한 원인이 술에 탐닉하였기 때문이라고 일러주었다. 즉 술에 빠져 부인의 말만 들었으므로 주(紂)의 혼란이 이로부터 시작되었다는 것이다. 그리고 장인(匠人)이 재목을 다루는 것이 군자가 법칙으로 삼을 만한 법칙을 보여준다고 여겼다.[312] 그래서 「강고」·「주고」·「재재」로 명명하였다."라고 하였다.

○**용안** 강숙을 봉한 것은 성왕 때이다.

考證 《左傳》, 祝鮀[校1)]告萇弘曰: "昔武王克商, 成王定之, 周公相王室, 以尹天下。分康叔以殷民七族, 命以〈康誥〉而封於殷虛。"【定四年】 ○**鏞案** 康叔之封, 成王時也。

校1) 案鮀: 『춘추좌씨전』에는 '佗'로 되어 있다.

---

312 장인(匠人)이 …… 여겼다: 이 부분은 '爲梓材'에 대해 "若梓人爲材, 君子觀爲法則也. 梓, 匠人也."라고 한 『사기정의』의 풀이에 따라 번역하였다.

고증 『춘추좌씨전』에, 축타(祝佗)가 장홍(萇弘)에게 고하기를, "옛날 무왕이 상(商)을 평정하였고, 성왕이 나라를 안정시켰으며, 주공이 왕실을 도와 천하를 다스렸습니다. 강숙에게 은나라 백성 칠족(七族)을 나누어주고 「강고」로 명하여 은나라의 옛터에 봉하였습니다."라고 하였다.【정공 4년】

○**용안** 강숙을 봉한 것은 성왕 때이다.

考辨 蔡云："武王誥命爲衛侯。"【蔡以爲武王時封之者, 其義多端, 宜詳看】

○**辨曰** 此說本起於吳才老【棫】·胡五峯【宏】, 而朱子亦不以爲不然。【朱子曰："〈小序〉之言, 不足深信。"】 今詳九峰之言, 專據〈周本紀〉'毛叔鄭奉明水, 衛叔[교1]封布兹席'[교2]一段, 謂康叔之封, 在武王之時。然〈周本紀〉此節, 亟稱武土, 將武王此時 已諡爲武王乎? 〈魯世家〉曰："周公奉成王命, 誅管叔殺武庚, 收殷餘民, 以封康叔於衛。" 〈衛世家〉曰："周公以成王命, 殺武庚·管叔, 以殷餘民封康叔爲衛君。" 同一史遷之筆, 奚獨〈周本紀〉是據乎? 然且〈周本紀〉 篇, 亦未嘗卒覽耳, 不過數策之後, 卽曰'周公奉成王命誅武庚·管叔, 收殷餘民, 以封少[교3]弟封爲衛康叔', 斯獨非〈周本紀〉乎? 若云一家之言, 不可專信, 則《春秋傳》祝鮀之言曰："武王克商, 成王定之。周公相王室, 以尹天下。分魯公以大路·大旂·夏后之璜·封父之繁弱·殷民六族。因商奄之民, 命以〈伯禽〉而封於少皥之虛。【〈伯禽〉亦逸書篇名】 分康叔以大路·少帛·綪茷·旃旌·殷民七族, 命以〈康誥〉而封於殷虛。"【定四年】 祝鮀, 衛人, 其國之故, 不容誤認。不唯是也。衛成公欲祀夏后相,【帝丘本夏虗[교4]】 甯武子曰："不可以間成王·周公命祀。"【僖卅一】 甯亦衛人, 亦以封衛爲成王·周公之命。今豈可盡掃諸文, 追定古事乎? 且武王克商, 仍以其地授之

武庚, 厥命管・蔡, 使之監制, 更有何地揷此康叔? 不揆本末, 但執〈周本紀〉追號之文, 遂定四十八字爲〈洛誥〉脫簡,【'維[교5]三月哉生魄'之章】 遂定〈書序〉爲非孔子所作, 遂定〈康誥〉・〈酒誥〉・〈梓材〉等篇, 當在〈金縢〉之前而可乎?【蔡又引《汲冢周書・克殷》篇, 亦與〈周本紀〉同, 不足辨】

교1) 案叔 : 『사기』에는 앞에 '康'이 더 있다.
교2) 案席 : 『사기』에는 없다.
교3) 案少 : 『사기』에는 앞에 '武王'이 더 있다.
교4) 虘 : 문맥상 '墟'가 옳은 듯하다.
교5) 案維 : 『상서』 「康誥」에는 '惟'로 되어 있다.

고변 채침이 말했다. "무왕이 고명(誥命)을 내려 위후(衛侯)로 삼았다."【채침은 '무왕 때 봉한 것'이라고 하였으나, 그 뜻이 여러 가지이므로 자세히 살펴보아야 한다.】

○변왈 이 설은 본래 오재로(吳才老)【오역(吳棫)】와 호오봉(胡五峯)【호굉(胡宏)】에게서 시작되었는데, 주자도 그렇지 않다고 하지 않았다.【주자는 "「소서」의 말은 깊이 믿을 수 없다."라고 하였다.】[313] 지금 구봉[九峰 : 채침]의 말을 자세히 살펴보면, 전적으로 『사기』 「주본기」의 "모숙(毛叔) 정(鄭)이 명수(明水)를 받들고, 위 강숙(衛康叔) 봉(封)이 자리를 깔았다."라고 한 한 구절에 근거하여 강숙을 봉한 것은 무왕 때라고 한 것이다. 그러나 「주본기」의 이 구절에서 여러 번

313 이 설은 …… 없다 : 朱熹의 『大學或問』 傳10章에 "孔氏「小序」, 以「康誥」爲成王周公之書, 子以武王言之. 何也? 曰, 此五峰胡氏之說也, 蓋嘗因而考之. 其曰, 朕弟・寡兄云者, 皆爲武王之自言, 乃得事理之實, 而其他證亦多. 「小序」之言, 不足深信, 於此可見."이라는 말이 나온다.

무왕을 칭하였는데, 무왕이 이때 이미 무왕이라는 시호를 썼단 말인가? 「노세가」에는 "주공이 성왕의 명을 받들어 관숙을 주벌하고 무경을 죽이고 은의 남은 백성을 수습하여 강숙을 위에 봉하였다." 라고 하였고, 「위세가」에는 "주공이 성왕의 명으로 무경과 관숙을 죽이고 은의 남은 백성을 강숙에게 봉하여 위군(衛君)으로 삼았다."라고 하였다. 똑같이 사마천의 글인데 어째서 유독 「주본기」만을 근거로 삼았는가? 게다가 또 「주본기」 한 편 역시도 일찍이 끝까지 읽지 않은 모양이다. 불과 몇 쪽 뒤에는 '주공이 성왕의 명을 받들어 무경과 관숙을 죽이고, 은의 남은 백성을 수습하여 무왕의 막내 동생 봉에게 봉해주어 위강숙으로 삼았다.'라고 하였다. 이것은 유독 「주본기」가 아니란 말인가?

만약 일가(一家)의 말만 오로지 믿을 수는 없다고 한다면 〈다른 사례를 들 수 있다.〉 『춘추좌씨전』에 나오는 축타의 말에 "무왕이 상(商)을 평정하고 성왕이 나라를 안정시켰다. 주공이 왕실을 도와서 천하를 다스렸다. 노공(魯公)에게 대로(大路)·대기(大旂)·하후(夏后)의 황(璜)·봉보(封父)의 번약(繁弱)·은의 백성 육족(六族)을 나누어주었다. 이어 상엄(商奄)의 백성을 주고 「백금」으로【「백금」도 산실된 『상서』의 편명이다.】 명하여 소호(小皞)의 옛터에 봉하였다. 강숙에게 대로·소백(少帛)·천패(綪茷)·전정(旃旌)·은의 백성 칠족(七族)을 나누어주고, 「강고」로 명하여 은나라의 옛터에 봉하였다."【정공 4년】라고 하였다. 축타는 위나라 사람이니 자기 나라의 고사를 잘못 알았을 리가 없다. 이뿐만이 아니다. 위 성공(衛成公)이 하후(夏侯) 상(相)에게 제사하려고 하자[314]【제구(帝丘)는 본래 하나라의

314 위 성공(衛成公)이 …… 하자 : 相은 夏侯 啓의 후손으로 帝丘에 거주하였다.

옛터이다.】 영무자(甯武子)가 "성왕과 주공이 명한 제사를 어길 수 없습니다."【희공 31년】라고 하였다. 영무자도 위나라 사람인데 역시 위를 봉한 것은 성왕과 주공이 명한 일이라고 하였다.

그런데 지금 어찌 이 여러 글들을 모두 무시하고 고사(古事)를 추급하여 정하겠는가? 또 무왕이 상을 평정하고 이어서 그 땅을 무경에게 주고 관숙과 채숙에게 명하여 감독하게 하였는데, 다시 무슨 땅이 있어서 여기에 강숙을 끼워 넣을 수 있었겠는가? 본말을 헤아리지 않고 단지 「주본기」에서 시호를 추증한 글만을 고집하여 48자[315]를 「낙고」의 탈간이라고 여기고,【'유삼월재생백(惟三月哉生魄)' 장】 드디어 「서서」를 공자가 지은 것이 아니라고까지 정하며, 「강고」·「주고」·「재재」 등의 편이 「금등」의 앞에 있어야 한다고 정해서야 되겠는가?[316]【채침은 또 『급총주서(汲冢周書)』 「극은(克殷)」 편을 인용하고 '이 또한 「주본기」와 같다.'라고 하였는데, 변증할 가치도 없다.】

考辨 《逸周書》: "惟十有三祀, 王在管, 管叔·蔡叔自作殷之監。" 又曰: "武王旣勝殷, 庶邦不服者, 分師俘之, 侯來命伐靡集于陳。辛巳至, 告

당시 衛나라가 狄의 침범을 받아 帝丘로 천도하려고 하였는데, 성공의 꿈에 衛 康叔이 나타나 "相이 나의 제사를 빼앗아 먹는다."라고 하였다. 그래서 성공이 상에게 제사를 지내려고 하였다.

315 48자 : 「강고」 편의 첫머리 "惟三月哉生魄, 周公初基, 作新大邑于東國洛, 四方民大和會, 侯甸男邦采衛百工播民和, 見士于周, 周公咸勤, 乃洪大誥治."의 48자를 말하는데, 『서집전』에서는 "此「洛誥」之文, 當在周公拜手稽首之上."이라고 한 蘇氏의 주장을 인용하였다.

316 48자를 …… 되겠는가 : 『서집전』 「강고」 편의 채침 「서」에 『汲冢周書』와 『사기』를 근거로 "康叔, 在武王時, 非幼亦明矣. 特序『書』者, 不知「康誥」篇首四十八字爲「洛誥」脫簡, 遂因誤爲成王之書. 是知「書序」果非孔子所作也. 「康誥」, 「酒誥」, 「梓材」, 篇次當在「金縢」之前."이라고 하였다.

以馘俘。甲申百弇以虎賁誓命伐衛，告以馘俘。【節】乙巳陳本・新荒至，告擒霍侯。" ○金云："按《逸周書》，武王之封諸弟，蓋以次受封也。先管叔・蔡叔使監殷，其後殷畿內諸侯不服者，分師俘之。甲申百弇俘衛而後，以衛封康叔，乙巳擒霍侯而後，以霍封叔處。凡封于殷墟者，皆監殷者也。其後獨管・蔡・霍三人叛，故止曰'三監叛'，其實康叔亦監也。故《史記》曰，'康叔爵命之時，未至成人，後扞祿父之亂。'《漢書》亦曰，'周公善康叔不從管・蔡之亂'，宜以〈康誥〉之書，附于監殷之下。" ○**鏞案** 《逸周書》本非信史。然且《逸周書》不言其隨俘而隨封之。何必今日受俘而明日分封耶？且云'封于殷墟者，皆監殷者'，是何言也？管・蔡所封，皆非殷墟，又何以首命監殷也？據《史》註，鄭州管城縣，卽古管叔所封，豫州上蔡縣，卽古蔡叔所封。此非殷墟，何以監殷？三監之官，本是三窠。【〈王制〉云："國三人。"】官不必備，或止兩人。霍叔本非三監，康叔又增一監乎？武王之時，康叔雖已受封，正封于康邑，【古訓康亦國名】封衛何據矣？後封于衛，仍稱衛康叔，猶召公初封于召，後封于燕，仍稱燕召公也。雖未及封衛，東征之役，可以扞亂。雖未及封衛，群弟之中，不與流言，則《史記》・《漢書》可以稱賢，皆不足爲武王時封衛之證也。

고변 『일주서』에 "13년에 왕이 관(管)에 있었는데, 관숙과 채숙이 스스로 은의 감이 되었다."[317]라고 하였고, 또 "무왕이 은을 이긴 뒤에 복종하지 않는 나라들에는 군사를 나누어 보내 사로잡아 오게 하였다. 후래(侯來)가 명을 받들어 미(靡)를 정벌하고 진(陳)에서 모였다. 신사일에 와서 전쟁에서 죽인 적의 숫자와 포로의 숫자를 고하였다. 갑신일에 백엄(百弇)이 용사를 거느리고 서약한 뒤에 명

317 13년에 …… 되었다 : 『逸周書』 권4 「大匡解第三十七」에 나온다.

을 받들어 위를 정벌하고 죽인 적의 숫자와 포로의 숫자를 고하였다.【중략】 을사일에 진본(陳本)과 신황(新荒)이 와서 곽후(霍侯)를 사로잡았다고 고하였다."[318]라고 하였다.

○김인산[金仁山 : 김이상]이 말했다. "『일주서』를 살펴보면, 무왕이 여러 아우들을 봉할 때에 대개 차례대로 봉한 듯하다. 먼저 관숙·채숙에게 은을 감독하게 하고, 그 후에 은나라 기내의 제후들 중에 불복하는 자들을 군사를 나누어 보내 잡아오게 하였다. 갑신일에 백엄이 위를 사로잡아 온 후에 위를 강숙에게 봉해주었고, 을사일에 곽후를 사로잡아 온 뒤에 곽을 아우인 처(處)에게 봉해주었다. 은나라의 옛터에 봉한 사람들은 모두 은을 감독하던 이들이었는데, 그 후 유독 관숙·채숙·곽숙 세 사람이 반란을 일으켰으므로 단지 '삼감이 모반하였다.'라고만 한 것이다. 그러나 실제로는 강숙도 감이었다. 그러므로 『사기』에, '강숙이 작명(爵命)을 받을 때에는 아직 성인이 되지 않았는데 뒤에 녹보(祿父)의 난을 막았다.'라고 하였고, 『한서』에서도, '주공은 강숙이 관숙과 채숙의 난에 참여하지 않은 것을 좋게 여겼다.'라고 하였으니, 「강고」의 글은 마땅히 은을 감시하였다는 사실 뒤에 붙여야 할 것이다."[319]

○**용안** 『일주서』는 본래 믿을 만한 역사 기록이 아니다. 그러나 『일주서』에서도 반란자를 사로잡는 대로 그 땅에 봉하였다고는 말

318 무왕이 …… 고하였다 : 『逸周書』 권4 「世俘解第四十」에 나온다. 黃懷信이 지은 『逸周書彙校集注』에 따르면 侯來, 百弇, 陳本, 新荒은 모두 장수의 이름이라고 한다.

319 『일주서』를 …… 것이다 : 이 내용 전체가 『자치통감전편』 권6의 소주에 나오는데, 『逸周書』 원문 및 여기 인용문과는 약간의 내용 출입과 글자 異同이 있다. 여기서는 다산의 인용문대로 번역하였다.

하지 않았다. 어찌 반드시 오늘 포로를 받고 다음 날 나누어 봉하였겠는가? 또 '은나라의 옛터에 봉한 사람은 모두 은을 감독하던 사람들'이라고 하였는데, 이것은 무슨 말인가? 관숙과 채숙을 봉한 곳은 모두 은나라의 옛터가 아닌데, 또 어떻게 먼저 은을 감독하라고 명하였다는 것인가? 『사기』의 주에 의하면, 정주(鄭州) 관성현(管城縣)은 옛날 관숙을 봉하였던 곳이고, 예주(豫州) 상채현(上蔡縣)은 옛날 채숙을 봉하였던 곳이다.[320] 이는 은나라의 옛터가 아닌데 어떻게 은을 감독하였겠는가?

삼감의 관직은 본래 세 개의 벼슬자리이다.【『예기』「왕제」에 '나라마다 3인이다.'라고 하였다.】 그러나 관직에 반드시 인원을 다 채울 필요는 없고, 경우에 따라 두 사람에 그치기도 한다. 곽숙은 본래 삼감이 아니었는데, 강숙을 넣어서 또 한 사람의 감을 늘린 것인가? 무왕 때에 강숙이 이미 봉을 받았다고 하더라도 강읍(康邑)에 봉지를 받은 것인데,【고훈(古訓)을 보면 '강' 또한 나라 이름이다.】 위에 봉하였다는 것은 무엇에 근거한 것인가? 뒤에 위에 봉하고 그대로 위강숙(衛康叔)이라고 한 것은 소공(召公)을 처음에 소(召)에 봉하였다가 뒤에 연(燕)에 봉하고는 그대로 연소공(燕召公)이라고 한 것과 같다. 비록 미처 위에 봉해지지 않았지만 동쪽을 정벌하는 전쟁에서 난을 막을 수는 있었을 것이고, 비록 미처 위에 봉해지지 않았지만 여러 동생들 중에서 유언(流言)에 관련되지 않은 사람이니 『사기』와 『한서』에서 어질다고 칭할 수 있었겠지만, 모두 무왕 때에 위에

---

320 정주(鄭州) …… 곳이다 : 『사기』「周本紀」에 "封弟叔鮮於管, 弟叔度於蔡."라고 하였는데, 그 부분의 『正義』에 "括地志云, '鄭州管城縣外城, 古管國城也, 周武王弟叔鮮所封.' 括地志云, '豫州北七十里上蔡縣, 古蔡國, 武王封弟叔度於蔡是也. 縣東十里有蔡岡, 因名也.'"라고 하였다.

봉하였다는 증거가 되기에는 부족하다.

考辨 《逸周書》: "王子祿父北奔,【敗而犇】 管叔・霍叔縊, 乃囚蔡叔于郭淩。[교1)] 凡所征熊盈族十有七國, 俘殷獻民遷于九里,[교2)] 俾康叔宇于殷, 俾中旄父宇于東。"【注云: "霍叔縊, 必傳聞之誤。康叔宇于殷, 蓋益封而徙居之。"】 ○金云: "康叔受封, 在武王之世, 至是伐管・蔡, 以其民益封康叔。〈書序〉蓋誤以此事加之〈康誥〉之上。" ○**鏞案** 《逸周書》者, 梅氏之聲援, 霍叔之充爲三監, 蔡叔之囚于郭淩,[교3)] 皆同聲相應之僞言, 不足取重。然且《逸周書》, 亦以封衛在誅武庚之後, 仁山何據而定〈書序〉之誤也? 管・蔡皆客官, 殷土一片, 殷民一戶, 本無管・蔡之所轄。仁山謂伐管・蔡以封康叔, 是終以三監爲三邦之君牧也, 豈不誤哉?

교1) 淩: 신조선사본에는 '隣'으로 되어 있으나 『逸周書』에 따라 바로잡는다. 案『자치통감전편』과 『상서』 「蔡仲之命」에는 모두 '隣'으로 되어 있다.
교2) 案里: 『일주서』와 『자치통감전편』에 '畢'로 되어 있다.
교3) 淩: 신조선사본에는 '鄰'으로 되어 있으나 『逸周書』에 따라 바로잡는다. 案'鄰'이 옳다. 위의 교감주 1) 참조.

고변 『일주서』에, "왕자 녹보(祿父)는 북쪽으로 달아나고【패하여 달아난 것이다.】 관숙과 곽숙은 목을 매어 죽었다. 이에 채숙을 곽린(郭隣)[321]에 가두었다. 무릇 웅영(熊盈)을 정벌하여 멸한 것이 17개국이었다. 사로잡은 은나라의 헌민(獻民)을 구필(九畢)[322]로 옮기고,

321 곽린(郭隣): 지명이다. 『서집전』 채침의 주에 "郭隣, 孔氏曰, '中國之外地名.' 蘇氏曰, '郭, 虢也. 『周禮』「六遂」, 五家爲隣."이라고 하였다.
322 구필(九畢): 지명이다. 『일주서』의 주에 "成周之地, 近王化也."라고 하였다.

강숙을 은에 살게 하고, 중모보(中旄父)를 동쪽에 살게 하였다."라고 하였다.【주에 "곽숙이 목을 매어 죽었다는 것은 필시 전하는 말의 오류일 것이다. 강숙을 은에 살게 하였다는 것은 대개 그에게 봉지를 더해주고 옮겨 살게 한 것이다."[323]라고 하였다.】

○김이상이 말했다. "강숙이 봉을 받은 것은 무왕 때인데, 이때에 와서 관숙과 채숙을 정벌하고, 그 뒤에 그 백성을 강숙에게 더 봉해준 것이다. 그런데 「서서」는 대개 이 일을 잘못 알고 「강고」의 앞에 둔 것이다."[324]

○용안 『일주서』라는 것은 매색에게 성원이 되어주었던 책이다. 곽숙을 채워서 삼감을 만든 것과 채숙을 곽린(郭隣)에 가두었다는 것도 모두 같은 종류의 꾸며낸 말이니, 중요하게 생각할 가치가 없다. 그러나 또 『일주서』에도 위(衛)에 봉한 것은 무경을 주벌한 뒤라고 하였는데, 인산은 무슨 근거로 「서서」가 잘못되었다고 단정한 것인가? 관숙과 채숙은 모두 객관(客官)[325]이었으니, 은나라의 땅 한 조각, 은나라의 백성 한 집도 본래 관숙과 채숙이 관할하였던 적이 없다. 그런데 인산은 '관숙과 채숙을 정벌하고 강숙을

323 곽숙이 …… 것이다 : 『자치통감전편』 권7의 履祥按 부분에 나오는 내용이다. 아래의 각주 324) 참조.

324 『일주서』에 …… 것이다 : 이 부분 전체가 『자치통감전편』 권7에 나온다. 『일주서』의 내용은 "致辟管叔于商, 囚蔡叔于郭隣, 降郭叔于庶人" 부분의 소주에 나오고, 金云 이하는 그 아래의 履祥按 부분에 나오는데, 『일주서』 원문 및 여기 인용문과는 약간의 글자 출입이 있다. 여기서는 다산의 인용문대로만 번역하였다.

325 객관(客官) : 다른 관아의 벼슬아치나 다른 나라의 관원을 일컫는 말인데, 당시 관숙과 채숙은 주 왕실의 사람으로서 은을 감독하도록 보내졌기 때문에 이렇게 말한 듯하다.

봉하였다.'라고 하여, 마침내 삼감을 세 나라의 군목(君牧)으로 여겼으니, 어찌 잘못된 것이 아닌가?

〈酒誥〉·〈梓材〉

考異 《書大傳》引"〈酒誥〉曰：'王曰封, 唯曰若圭璧。'"【今本無此句】 ○**鏞案** 劉向校《書》之時, 原稱〈酒誥〉脫簡一,【上甲八】 則古文所無之句, 伏生引之, 無足疑者。

고이 『상서대전』에는 "「酒誥」曰：'王曰封, 唯曰若圭璧.'"이라고 인용되어 있다.【지금의 판본에는 이 구절이 없다.】

○**용안** 유향이 『상서』를 교정할 때에 원래 「주고」에 죽간 하나가 탈락되어 있었다고 하였다.【『매씨서평』의 상갑(上甲) 8에서 다루었다.】 그렇다면 〈이 구절은 유향이 교정하던 당시의〉 고문에는 없던 구절이지만 복생이 〈원래의 경을〉 인용한 것임은 의심할 것이 없다.

考訂 揚子《法言》云："昔之說《書》者, 〈序〉以百, 而〈酒誥〉之篇俄空焉, 今亡。" ○**案** 此不知何說。【揚雄之時, 〈酒誥〉未嘗亡】

고정 양자(揚子)의 『법언(法言)』에, "옛날에 『상서』를 풀이한 사람들은 「서」를 100편이라고 하였는데, 갑자기 「주고」〈의 「서」〉가 빠지더니 지금은 없어졌다."[326]라고 하였다.

○**안** 이것은 무슨 말인지 모르겠다.【양웅(揚雄) 때에는 「주고」가 없어지지 않았다.】

326 옛날에 …… 없어졌다 : 『法言』 권4 「問神篇」에 나온다.

考異 《書大傳》: "周公命伯禽以〈梓材〉。"【又云: "橋木高而仰, 父道也。梓木晉而俯, 子道也。"】 金云: "〈梓材〉之書, 本出伏生今文, 而伏生《大傳》以爲'周[교1]公命伯禽之書', 孔安國乃以爲'成王命康叔之書'。故王介甫【首疑之】·吳才老·朱子·蔡仲默皆疑之。吳才老斷, 自'王其效邦君'以下, 非康叔之誥, 似〈洛誥〉之文。【遂以〈康誥〉首章爲〈洛誥〉之敍, 乃以〈梓材〉全篇爲宅洛之誥】 然則篇首'王曰封', 何也? 曰'此非〈梓材〉之本文'。以[교2]伏生之傳知之也。夫〈梓材〉之書, 爲周公道王德意, 以誥諸侯之書。故伏生誤以爲'周公命伯禽之書', 則篇首當有'周公曰'之語, 無'王曰封'之語矣。"【其說甚長, 今略之】 ○**鏞案** 旣見〈書序〉, 而不信〈梓材〉爲康叔之誥, 又見《書大傳》, 而不信〈梓材〉爲伯禽之誥。乃於千載之下, 割裂經典, 唯憑己見, 其義何以立矣? 但〈梓材〉下半爲周公道王德義, 以誥諸侯之辭則明矣。【吳才老·金仁山看得極是】 旣見到此, 亦可以悟而不悟矣。周公攝行天子事, 凡有誥命, 上戴'王曰', 以明成王之在位, 下陳己辭, 以告自己之心志。此攝政時定例也,【如今之儀注】〈康誥〉曰: "王若曰, '孟侯, 朕其弟小子封。'" 此例也。〈梓材〉首稱'王曰封', 而下云'今王唯曰先王,【節】肆王唯德用', 亦此例也。首稱'王曰'者, 明成王在位也, 下稱'王德'者, 周公道王德意, 以誥康叔也。此例不明, 故伏生疑之, 欲以爲伯禽之誥。此例不明, 故金仁山疑之, 欲以爲〈洛誥〉之文。此例旣明, 則仍以爲康叔之誥, 有何不可哉? 劉向校《書》之日, 今古文相差舛者, 記之唯詳,【上甲八】 而〈梓材〉無所擧論, 則《書大傳》所言, 是伏生起疑之說, 非伏壁之本眞係伯禽也。

교1) 案周: 『자치통감전편』에는 없다.
교2) 案以: 『자치통감전편』에는 앞에 '何以知之'가 더 있다.

고이 『상서대전』에는 "周公命伯禽以「梓材」"로 되어 있다.【또 말하였다. "교목은 높아서 우러러보니 아비의 도이고, 가래나무는 눌려서 굽어보니 아들의 도이다."[327]】

김이상이 말했다. "「재재」의 글은 본래 복생의 『금문상서』에서 나왔는데, 복생의 『상서대전』에서는 '주공이 백금에게 명한 글'이라고 하였다. 그런데 공안국이 '성왕이 강숙에게 명한 글'이라고 하였으므로, 왕개보[王介甫 : 왕안석. 개보는 자]【제일 먼저 이 설을 의심하였다.】·오재로[吳才老 : 오역(吳棫)]·주자·채중묵[蔡仲默 : 채침. 중묵은 자]이 모두 이를 의심하였다. 오재로는 〈「재재」의〉 '왕기효방군(王其效邦君)' 다음의 내용은 강숙에게 준 고가 아니고 「낙고」의 글인 듯하다고 단정하였다.【드디어 「강고」의 첫 장을 「낙고」의 「서」로 삼고는 「재재」 편 전부를 낙읍(洛邑)에 살게 하면서 준 고로 만들었다.】 그렇다면 〈「재재」〉 편 첫머리의 '왕왈봉(王曰封)'은 무엇인가? 이는 「재재」의 본문이 아니니, 복생의 『상서대전』을 통해 알려지게 되었기 때문이다. 「재재」의 글은 주공이 왕의 덕을 말하며 제후에게 고한 글이다. 그래서 복생이 오인하여 주공이 백금에게 명한 글이라고 한 것인데, 그렇다면 편의 첫머리에 '주공왈(周公曰)'이라는 말이 있어야 하고, '왕왈봉'이라는 말은 없어야 한다."[328]【그 설이 몹시 길어서 여기서는 생략한다.】

---

327 교목은 …… 도이다 : 『상서대전』 권3 「金縢傳」에 "伯禽與康叔朝於成王, 見于周公, 三見而三笞. …… 見商子而問焉. 商子曰, '南山之陽有木焉, 名曰橋.' 二者往視之, 見橋實高, 高然而上. 反以告商子. 商子曰, '橋者, 父道也. 南山之陰有木焉, 名曰梓.' 二者復往觀焉, 見梓實晉, 晉而循. 反以告商子. 商子曰, '梓子, 子道也'."라는 내용이 나온다.

328 김이상이 …… 한다 : 『자치통감전편』 권8에 나오는 내용을 발췌하여 인용한 것이다.

○**용안** 이미 「서서」를 보고도 「재재」가 강숙에게 준 고(誥)임을 믿지 않고, 또 『상서대전』을 보고서도 「재재」가 백금에게 준 고(誥)임을 믿지 않았다. 이에 오랜 시일이 지난 뒤에 경전을 찢어서 오직 자기의 생각에 맞추려고만 하니, 그 의미가 어떻게 확립되겠는가? 다만 「재재」의 하반부가 주공이 왕의 덕의(德義)를 말하여 제후에게 고한 말이 되는 것은 분명하다.【오재로와 김인산의 견해가 지극히 옳다.】 이미 본 것이 여기에 이르렀으면 또한 깨달을 만도 한데 깨닫지 못하였다. 주공이 천자의 일을 섭행(攝行)하면서 무릇 고명(誥命)이 있을 때에는 앞에 '왕왈(王曰)'을 써서 성왕(成王)이 제위(帝位)에 있음을 밝히고, 아래에 자기의 말을 진술하여 자기의 뜻을 고하였다. 이것이 섭정할 때의 정례(定例)로서,【지금의 의주(儀注)[329]와 같다.】 「강고」에 '왕약왈, 맹후, 짐기제소자봉(王若曰, 孟侯, 朕其弟小子封)'이라고 한 것이 이런 예이다. 그리고 「재재」에서는 첫머리에 '왕왈봉(王曰封)'이라고 하고 뒤에서 '금왕유왈선왕(今王唯曰先王)【중략】 사왕유덕용(肆王唯德用)'이라고 한 것이 또한 이런 예이다. 처음에 '왕왈'이라고 한 것은 성왕이 제위(帝位)에 있음을 밝힌 것이요, 뒤에서 '왕덕(王德)'이라고 한 것은 주공이 왕덕의 의미를 말하여 강숙에게 고한 것이다. 그런데 이 예(例)를 분명히 알지 못하였으므로 복생은 의심하여 백금에게 고한 것으로 만들고자 하였다. 또 이 예를 분명히 알지 못하였으므로 김인산은 의심하여 「낙고」의 글로 만들고자 하였다. 이 예를 분명하게 알게 되었으니

---

329 지금의 의주(儀注) : 다산이 살던 시대의 攝政 儀注를 말하는 듯하다. 純祖 즉위 후 貞純王后가 垂簾聽政을 하였는데, 당시의 垂簾節目에 순조의 하교는 '敎曰'이라고 하고 정순왕후의 하교는 '大王大妃殿傳曰'이라고 하여 구분하도록 하였다.

그대로 강숙에게 고한 것이라고 보아도 안 될 것이 무엇이겠는가? 유향(劉向)이 『상서』를 교정할 때에 고문과 금문이 어긋나는 부분에 대해서는 상세하게 기록하였는데,【『매씨서평』의 상갑(上甲) 8에서 다루었다.】「재재」에 대해서는 거론한 바가 없다. 그러니 『상서대전』에서 말한 것은 복생이 의심하여 제기한 주장이요, 복벽에서 나온 본에 정말로 백금의 일로 되어 있었던 것은 아니다.

번역 : 김성재

00. 상서서 - 079. 소고

成王在豐, 欲宅洛邑, 使召公先相宅。作〈召誥〉。【鄭第七十八】

성왕이 풍(豐)에 있으면서 낙읍(洛邑)에 도읍하려고 소공을 시켜 먼저 터를 살펴보게 하였다. 「소고」를 지었다.【정현본의 제78편】

鄭云 : "欲擇土中建王國, 使召公在前視所居者, 王與周公將自後往也。"【《詩・王城譜》疏】 ○梅云 : "武王克商, 遷九鼎於洛邑, 欲以爲都, 故成王居焉。"

〔欲宅洛邑, 使召公先相宅〕 정현이 말했다. "국토의 중앙을 택해서 국도를 건설하고자 소공에게 먼저 가서 도읍할 곳을 살펴보게 하고, 왕과 주공은 그 후에 가려고 한 것이다."【『시경』「왕성보(王城譜)」의 소에 보인다.】 ○매색이 말했다. "무왕이 상(商)을 이기고 구정(九鼎)을 낙읍(洛邑)에 옮겨 도읍을 삼고자 하였다. 그러므로 성왕이 그곳에 도읍한 것이다."

考證 〈周本紀〉: "成王在豐, 使召公復營洛邑, 如武王之意。周公復卜申視, 卒營築, 居九鼎焉, 曰'此天下之中, 四方入貢道里均', 作〈召誥〉·〈洛誥〉。" ○**論曰** 武王·周公之必欲宅洛, 非僅爲四方道里均平, 抑豐·鎬之地, 迫近戎·狄, 西北甸·衛, 薄如蟬翼, 卽邦畿千里, 猶未疆理, 何況侯服·甸服安所施設? 幽王之禍, 朝暮可待, 此所以旣得天下, 其大計在洛也。洛陽山川平衍, 險阻無恃, 故後世短之。若於成周之時, 得設九畿之制, 則侯·甸·男·采, 層層包裹, 雖夷狄侵侮, 寇賊竝興, 禍止邊鄙, 不犯心腹, 必不如後世郡縣之制, 零碎委靡, 一敗塗地, 宅洛者萬年之長策也。【一殼雖破, 一殼猶堅, 首尾相救, 腹背相持, 如常山蛇勢】惜乎! 周·召旣沒, 周道遂衰, 營洛之事, 草創未成, 荏苒優柔。仍遭犬戎之禍, 狼狽奔逃, 遂失千里之制, 不亡如亡, 委靡自盡如彼耳。據《周禮》, 大司徒, 以土圭之法, 測求地中, 乃建王國, 制其畿方千里而封樹之。此與大司馬國畿千里同, 是洛邑之制, 則營洛之初, 其有千里之制, 可知也。然周·召當時, 竟無千里, 故鄭玄〈王城譜〉云'周之東都, 畿內方六百里'。方六百里, 則小於齊矣, 何以王矣?《漢書·地理志》謂: "洛邑·宗周, 短長相覆,【〈志〉云: "東西長而南北短。"】通共千里。" 韋昭亦云: "二封之地, 通共千里。" 臣瓚謂: "西周方八百里, 東周方六百里, 八八六十四, 六六三十六, 合之爲方百里者百也。" 旣失八百, 餘者六百, 何以王矣? 當時若以豐·鎬之地, 分封諸子, 直於洛邑, 疆理千里, 如《周禮》之所區畫, 則赫赫宗周, 豈一褒姒所能威哉? 周公·召公非不知矣, 其所以不能然者, 殷頑未服, 周澤未深, 遽舍根本之地, 全就旅寓之鄕, 終有所不敢, 亦其勢然也。康王以降, 王澤旣洽, 人心旣固, 考周公已定之制, 成寧考未卒之業, 此其時也, 不此之爲, 以至幽王。余謂亡宗周者, 非幽王也, 康王·昭王之等, 有不能辭其咎者矣。【《知遠錄》】

고증 『사기』 「주본기」에 "성왕은 풍(豐)에 있으면서 소공을 시켜 무왕의 의도대로 다시 낙읍을 건설하게 하려고 하였다. 주공이 다시 점을 치고 자세히 살핀 후 마침내 도읍을 완성하고서 구정(九鼎)을 그곳에 두고는, '이곳은 천하의 중심이니 사방에서 공물을 바치러 올 때에 거리가 균등하다.'라고 말하였다. 「소고」와 「낙고」를 지었다."라고 하였다.

○**논왈** 무왕과 주공이 반드시 낙읍에 도읍하고자 한 것은 단지 사방에서 거리가 균등해서일 뿐 아니라, 또한 풍읍(豐邑)과 호경(鎬京)이 융(戎)·적(狄)과 매우 가까워서 서북쪽 전복(甸服)·위복(衛服)의 지역이 매우 협소하였기 때문일 것이다. 곧 방기천리(邦畿千里)도 그 강역(疆域)을 정리하지 못하였는데, 하물며 후복(侯服)과 전복(甸服)을 어떻게 설치할 수 있었겠는가? 유왕(幽王)의 화(禍)[330]가 닥칠 것은 시간문제인 형편이었다. 이것이 천하를 얻은 다음에 그 큰 계책을 낙읍(洛邑) 건설에 둔 이유이다.

낙수의 북쪽은 산천이 평탄하여 기댈 만한 험한 지형이 없다. 그러므로 후세에 그것을 단점으로 여겼다. 만약 성주(成周) 때에 구기(九畿)의 제도를 만들었다면 후복(侯服)·전복(甸服)·남복(男服)·채복(采服) 등이 겹겹이 둘러싸고 있어서, 비록 이적(夷狄)이 침입하고 구적(寇賊)이 아울러 일어나더라도 전화(戰禍)는 변방에서 그치고 나라의 심장부까지 침범하지는 못할 것이니, 필시 후세

330 유왕(幽王)의 화(禍): 여기서는 외적의 침입에 대응하기 어렵다는 의미로 쓴 듯하다. 周 幽王은 애첩 褒姒를 총애하고 향락에 빠져 충신을 내치고 국정을 제대로 살피지 않다가 西夷인 犬戎의 침입을 받았다. 이로 인해 西周가 망하고 유왕 자신은 驪山에서 살해당하였다.

의 군현제도가 힘없이 부서지고 시든 듯 쓰러져 한 번의 패배로 완전히 무너지는 것과는 같지 않았을 것이다. 그런 점에서 낙읍에 도읍한 것은 만 년을 이어갈 훌륭한 계책이었다.【한 방어선이 비록 무너지더라도 다음 방어선은 여전히 견고하니 머리와 꼬리가 서로 도와주고 전방과 후방이 서로 의지가 되는 것이 상산(常山)의 뱀[331]의 형세와 같은 것이다.】 애석하다! 주공과 소공이 죽은 다음에 주(周)의 국운이 쇠미해져 낙읍을 경영하는 일을 시작만 하고 이루지 못한 채, 우유부단하게 시간만 끌다가 마침내 견융(犬戎)의 화(禍)를 만나 낭패를 보고 달아났다. 그리하여 드디어 천리의 제도를 잃고 망하지 않아도 망한 것과 같이 됨으로써 떨치지 못하고 저와 같이 스스로 나라의 운명을 다하게 된 것이다.

『주례』에 의거하면, 대사도는 '토규(土圭)'[332]의 법으로 국토의 중앙을 측량해 구하여 국도를 건설하고, 그 기내 사방 천리를 마련하여 그곳에 흙을 쌓고 나무를 심는다. 이는 「대사마」의 국기천리(國畿千里)의 제도와 같은 것으로 이것이 낙읍의 제도이니, 낙읍을 경영하던 초기에 그 천리의 제도가 있었다는 것을 알 수 있다. 그러나 주공과 소공 당시에는 끝내 천리를 확보하지 못하였으므로 정현이 「왕성보」에서 '주나라의 동도(東都)는 기내(畿內)가 사방 육백 리이다.'라고 한 것이다. 사방 육백 리라면 제(齊)나라보다 작은데 어떻게 왕 노릇을 하겠는가?

---

331 상산(常山)의 뱀 : 고대 전설상의 뱀으로 머리와 꼬리가 서로를 구제할 수 있었다고 하는데, 이 때문에 이후로는 首尾를 서로 돌아볼 수 있는 陣勢를 비유하게 되었다. 제갈량의 八陣圖가 이러한 형세였다고 한다.

332 토규(土圭) : 고대의 측량 기구이다. 토규로 해 그림자를 측정하여 四時를 바르게 하고, 토지를 측량하였다고 한다.

『한서』「지리지」에 "낙읍과 종주[宗周 : 호경(鎬京)]는 짧은 쪽과 긴 쪽을 평균하면【「지리지」에 "동서가 길고 남북이 짧다."라고 하였다.】 통틀어 천리가 된다."라고 하였다. 이에 대해 위소도 "〈동서와 남북〉 양 방향에 봉해준 지역이 통틀어 천리이다."라고 하였고, 신찬(臣瓚)은 "서주는 사방이 팔백 리이고, 동주는 사방이 육백 리이다. 팔팔은 육십사이고 육육은 삼십육이니, 합하여 말하면 사방 백리 되는 지역이 백 군데이다."라고 하였다.[333] 그런데 이미 팔백 리를 잃어버렸으니 남은 것은 육백 리인데, 어떻게 왕 노릇을 하겠는가? 당시에 만약 풍읍과 호경의 땅을 제자(諸子)에게 분봉(分封)하고 낙읍을 직접 다스려 『주례』의 구획과 같이 천리를 강역으로 정리하였다면, 혁혁한 종주가 어찌 일개 계집 포사 때문에 멸망할 수 있었겠는가?

주공과 소공이 몰랐던 것이 아니다. 그렇게 할 수 없었던 이유는 은나라의 완민(頑民)이 아직 완전히 복종하지 않고 주나라의 은택이 아직 깊지 않은데, 갑자기 근본이 되는 땅을 버리고 낯선 고장으로 모두 옮겨 가는 것은 끝내 감히 할 수 없는 일이었기 때문이니, 또한 그 형세가 그러하였던 것이다. 그러나 강왕(康王) 이후에는 조정의 은택이 흡족하고 인심이 굳건해졌으니, 주공이 이미 정해놓은 제도를 상고하여 영고(寧考)가 미처 완수하지 못한 공업(功業)을 완성할 때가 이때인데, 그렇게 하지 않아서 유왕(幽王)에 이

333 『한서』…… 하였다 : 『毛詩正義』「王城譜」에 나오는데, 일부 내용이 생략되었다. 원문은 다음과 같다. 『漢書』「地理志」云 : "初洛邑與宗周通封畿, 東西長南北短, 短長相覆千里." 韋昭云 : "通在二封之地, 共千里也." 臣瓚按, 西周方八百里, 八八六十四, 爲方百里者六十四, 東周方六百里, 六六三十六, 爲方百里者三十六, 二都方百里者百, 方千里也.

른 것이다. 나는 종주를 망하게 한 것은 유왕이 아니라 강왕과 소왕(昭王) 등이 그 책임을 면할 수 없는 점이 있다고 생각한다.【『상서지원록』】

00. 상서서 - 080. 낙고

召公旣相宅, 周公往營成周, 使來告卜。作〈洛誥〉。【鄭第七十九】

소공이 터를 살핀 뒤 주공이 가서 성주의 위치를 정하고 사신을 보내 점친 결과를 고하게 하였다. 「낙고」를 지었다.【정현본의 제79편】

鄭云: "居攝七年, 天下太平, 而此邑成, 乃名曰成周。"【《公羊傳》宣十六年疏】 ○孔疏云: "召公相洛邑, 亦相成周, 周公營成周, 亦營洛邑, 各擧其一, 互以相明。" ○**鏞案** 新邑有二。一曰王城。王城者, 郟鄏也, 及周之末, 謂之西周。【昭廿二年, 王子猛入于王成, 自號曰西周】《漢·志》謂之河南, 卽武王遷鼎, 召公營宅, 平王東遷之地也。【〈召誥〉序所云'洛邑'】 二曰下都。下都者, 成周也, 及周之末, 謂之東周。【考王封其弟于河南, 號東周公, 其後東周之內, 又分東西】《漢·志》謂之洛陽, 卽周公營邑, 以遷殷頑之地也。【〈洛誥〉序所云成周】〈洛誥〉初卜瀍水西者, 王城也。次卜瀍水東者, 下都也。其相距十有八里,【史漸云】 恐人混之不分, 故孔疏明其爲互文也。【通謂之洛邑, 其成周則別稱, 亦非互文】

〔召公旣相宅, 周公往營成周〕 정현이 말했다. "섭정한 지 7년 만에 천하가 태평하여 이 도읍을 건설하고, 이에 '성주(成周)'라고 이름 붙였다."【『춘추공양전』 선공 16년의 소에 보인다.】 ○공영달의 소에 "소공

이 낙읍을 살폈다는 것 또한 성주를 살핀 것이고, 주공이 성주의 위치를 정하였다는 것 또한 낙읍의 위치를 정한 것이다. 각기 한 가지씩을 거론하여 호문으로 서로 밝힌 것이다."라고 하였다.

○**용안** 신읍(新邑)은 둘이 있다. 하나는 왕성(王城)이다. 왕성은 겹욕(郟鄏)으로, 주나라 말기에 이르러 '서주(西周)'라고 하였고,【소공 22년에 왕자 맹(猛)이 왕성으로 들어와 스스로 '서주'라고 불렀다.[334]】『한서』「지리지」에서는 '하남(河南)'이라고 하였다. 곧 무왕이 구정을 옮긴 곳이고, 소공이 도읍을 건설한 곳이며, 평왕(平王)이 동천(東遷)한 곳이다.【「소고」의 「서」에서 말한 '낙읍(洛邑)'이다.】 다른 하나는 하도(下都)이다. 하도는 성주(成周)로, 주나라 말기에 이르러 '동주(東周)'라고 하였고,【고왕(考王)이 자기 아우를 하남에 봉하고 '동주공'이라고 하였다. 그 후에 동주의 안을 또 동서로 나누었다.】『한서』「지리지」에서는 '낙양(洛陽)'이라고 하였다. 곧 주공이 위치를 정한 도읍이고, 은의 완민을 옮긴 곳이다.【「낙고」의 「서」에서 말한 '성주'이다.】「낙고」에서 처음에 전수(瀍水)의 서쪽을 점쳤다고 한 것이 왕성이고, 다음으로 전수의 동쪽을 점쳤다고 한 것이 하도(下都)이다. 두 지역의 거리가 18리밖에 되지 않아서【사점(史漸)의 말[335]이다.】 사람들이 혼돈하여 분간하지 못할까 염려되므로 공영달의 소에서 그것이 호문임을 밝힌 것이다.【통칭하여 낙읍이라고 한다. 성주는 별칭이며 호문도 아니다.】

334 소공 …… 불렀다 : 『춘추공양전』 선공 16년의 소에 보인다. 전문은 다음과 같다. 至昭二十二年夏, 景王崩, 敬王卽位, 王子猛與之爭立, 入于王城, 自號西周, 是故天下之人因號, 成周爲東周矣.

335 사점(史漸)의 말 : 元나라 陳師凱가 撰한 『書蔡傳旁通』 권5 「洛誥」에 "史氏漸曰, …… 二城相距十有八里."라고 한 내용이 나온다.

考證 《書大傳·洛誥傳》曰："天下諸侯入[교1)]來, 進受命於周,[교2)] 退見文·武之戶[교3)]者, 千七百七十三諸侯。"【注云："八州, 州立二百二十國, 畿內九十三國。" ○《周禮·大司徒》疏】 **○案** 經文不知何節與此傳相須也。

교1) 案入 : 『상서대전』에는 '悉'로 되어 있다.
교2) 案周 : 『상서대전』에는 뒤에 '公'이 더 있다.
교3) 案戶 : 『상서대전』에는 '尸'로 되어 있다.

고증 『상서대전』의 「낙고전(洛誥傳)」에 "천하의 제후들이 모두 들어왔다. 나아가 주공에게 명을 받고, 물러나 문왕과 무왕의 시[尸: 신주패(神主牌)]를 뵌 자가 1773명의 제후였다."라고 하였다.【주에서 "8주에는 주마다 220국을 세우고 기내(畿內)에는 93국을 두었다."라고 하였다. ○『주례』「대사도」의 소에 보인다.】[336]

○안 경문의 어느 구절이 이 전(傳)과 서로 대응이 된다는 것인지 모르겠다.

00. 상서서 - 081. 다사

成周旣成, 遷殷頑民, 周公以王命誥。作〈多士〉。【鄭第八十】

336 『상서대전』의 …… 보인다 : 원문의 소주 注云 : "八州, 州立二百二十國, 畿內九十三國."은 『상서대전』의 鄭玄 주인데, 『주례』「대사도」의 '凡造都鄙' 절의 소에서 『상서대전』 원문과 정현의 주까지를 모두 인용하였고, 다산은 이 내용을 『주례주소』에서 재인용하였다. 『상서대전』 원문과 『주례주소』 인용문 사이에는 약간의 글자 출입이 있는데(교감기 참고), 여기서는 『상서대전』 원문에 따라 번역하였다.

성주가 건설되자 은의 완민들을 옮기고, 주공이 왕명으로 고하였다. 「다사」를 지었다.【정현본의 제80편】

梅云 : "【成周】, 洛陽下都。" ○鄭云 : "【頑民】 此皆士也, 周謂之頑民。民, 無知之稱。"【《詩·王城譜》疏】 ○**鏞案** 〈多士〉一篇, 〈周本紀〉以爲牖殷頑, 〈魯世家〉以爲刺王淫。蓋經文歷擧夏·商嗣王之淫泆, 以明天命興廢之無常, 曉喩頑民。要以孚格其不服之心, 與刺譏者不同。

【成周】 매색이 말했다. "낙수 북쪽의 하도(下都)이다."
【頑民】○정현이 말했다. "이들은 모두 사(士)인데, 주나라에서 그들을 '완민'이라고 불렀다. 민(民)은 무지하다는 호칭이다.【『시경』「왕성보(王城譜)」의 소에 보인다.】

○**용안** 「다사」 1편을, 『사기』「주본기」에서는 은의 완민을 깨우쳐 주는 내용으로 보았고, 「노세가」에서는 왕의 음란을 풍자하는 내용으로 보았다. 대개 경문에서는 하나라와 상나라 사왕(嗣王)들의 음일(淫佚)을 역력히 들추어내어 천명의 흥폐(興廢)가 무상(無常)함을 밝히고 완민들을 효유(曉喩)하였으니, 요컨대 그 복종하지 않는 마음을 감동시켜 신뢰하도록 한 것이지 풍자하고 기롱한 것과는 다르다.

考證 〈周本紀〉: "成王旣遷殷遺民, 周公以王命誥。作〈多士〉·〈無佚〉。"【〈魯世家〉之文見〈無逸〉】

고증 『사기』「주본기」에 "성왕이 은나라의 유민들을 옮긴 뒤 주공이 왕명으로 훈계하였다. 「다사」와 「무일」을 지었다."라고 하였다.

【「노세가」의 글은 「무일」에 보인다.】

考訂 《漢書·地理志》及賈逵《左傳》注皆云: “遷邶·鄘之民於成周, 分衛民爲三國。”【孔疏云: “三國俱是從叛, 何以獨遷邶·鄘? 邶·鄘在殷畿, 三分有二, 其民衆矣, 非一邑能容。”】 ○**鏞案** 祝鮀之言可攷也。

고정 『한서』「지리지」와 가규의 『춘추좌씨전』 주에는 모두 “패(邶)와 용(鄘)의 백성을 성주로 옮기고, 위(衛)의 백성을 나누어 삼국(三國)으로 만들었다.”라고 하였다.【공영달의 소에 “삼국이 모두 이를 좇아 반란을 일으켰는데 무엇 때문에 유독 패와 용만 옮겼는가? 패와 용은 은나라의 기내에 있었는데, 지역이 전체의 3분의 2나 되고 그 백성도 많아 1개 읍에 수용할 수 있는 정도가 아니었기 때문이다.”라고 하였다.】[337]

○**용안** 축타(祝鮀)의 말이 참고할 만하다.

考證 《書大傳》云 :【〈多士傳〉】 “百里之國二十里之郊, 七十里之國九里之郊, 五十里之國三里之郊。”【〈王制〉注】 ○又云 :【〈多士傳〉】 “天子堂廣九雉, 三分其廣, 以二爲內, 五分其內, 以一爲高, 東房西房北堂皆三雉。”【〈明堂位〉疏】 ○又云 :【〈多士傳〉】 “古者后夫人將侍君, 前息燭後舉燭, 至於[교1)]房中, 釋朝服襲燕服, 然後入御於君。雞鳴,[교2)] 太史[교3)]奏雞鳴於階下, 然後[교4)]夫人鳴佩玉於房中告去。”【《周禮·內司服》及〈召南·小星〉疏】

337 『한서』…… 하였다 : 전체가 『상서정의』의 소에 나온다. 원문은 다음과 같다. 僖二十四年『左傳』文引之以解釋‘頑民之意’. 經云 : “移爾遐逖比, 事臣我宗多遜.” 是言徙近王都教誨之也. 『漢書』「地理志」及賈逵注『左傳』皆以爲‘遷邶·鄘之民於成周, 分衛民爲三國.’ 計三國俱是從叛, 何以獨遷邶·鄘? 邶·鄘在殷畿, 三分有二, 其民衆矣, 非一邑能容.

○**案** 此皆經文之衍義。

교1) 案於 : 『상서대전』에는 없다.
교2) 案鳴 : 『상서대전』에는 앞에 '初'가 더 있다.
교3) 案史 : 『상서대전』, 『주례주소』, 『모시정의』에 모두 '師'로 되어 있다.
교4) 案階下然後 : 『상서대전』에는 '陛'로만 되어 있다.

고증 『상서대전』에【「다사전(多士傳)」[338]이다.】 "100리의 나라에는 20리의 교(郊)가 있고, 70리의 나라에는 9리의 교가 있고, 50리의 나라에는 3리의 교가 있다."[339]라고 하였다.【『예기』 「왕제」의 주에 보인다.】 ○『상서대전』에【「다사전」이다.】 또 "천자의 당(堂)은 너비가 아홉 치(雉)인데, 그 너비를 3등분하여 그 둘을 내실로 삼고, 그 내실을 5등분하여 그 하나를 높이로 한다. 동방(東房)과 서방(西房), 북당(北堂)은 모두 세 치(雉)이다."라고 하였다.【『예기』 「명당위」의 소에 보인다.】 ○『상서대전』에【「다사전」이다.】 또 "옛날에 후부인들이 임금을 모실 때에, 앞에는 촛불을 끄고 뒤에는 촛불을 밝히고 〈기다리다가 임금이〉 방안에 이르러서 조복(朝服)을 벗고 연복(燕服)을 입으면 들어가서 임금을 모셨다. 첫닭이 울면 태사(太師)가 계단 아래에서 닭이 울었다고 아뢴다. 그러면 부인은 방안에서 패옥을 울려 물러갈 것

338 「다사전(多士傳)」: 인용 내용은 『상서대전』 「무일전(無逸傳)」에 나오는데, 『예기정의』 「왕제」의 소에서 인용하면서 『상서전』이라고만 하고 편명은 밝히지 않았다. 이어지는 두 인용이 모두 「다사전」의 내용이기 때문에 다산이 재인용하면서 편명을 오인한 듯하다.

339 100리의 …… 있다 : 『상서대전』의 내용을 발췌하여 인용한 것이다. 전문은 다음과 같다. 古者, 百里之國, 三十里之遂, 二十里之郊, 九里之城, 三里之宮, 七十里之國, 二十里之遂, 九里之郊, 五里之城, 一里之宮, 五十里之國, 九里之遂, 三里之郊, 一里之城. 以城爲宮.

을 고하였다."[340]라고 하였다.【『주례』「내사복(內司服)」의 소와 『시경』「소남(召南)·소성(小星)」의 소에 보인다.】

○안 이것은 모두 경문의 뜻을 부연하여 설명한 것이다.

考訂 蔡云："周公黜殷之後, 殷民卽遷于洛, 則〈召誥〉攻位之庶殷, 其已遷之民。不然, 受都【今衛州】洛邑相去四百餘里, 安得舍近而役遠? 〈書序〉以爲'成周旣成, 遷殷頑民'者, 謬矣。吾固以爲非孔子所作。"【引吳氏說】 **○鏞案** 殷頑之遷, 不必一時頓遷。雖以經文考之, 周公'來自奄, 卽移爾遐逖'。然其下繼之曰'朕作大邑于茲洛', 然後乃言曰'今爾惟時, 宅爾邑', 豈非先成邑而後遷民乎? 何謂〈書序〉非孔子所作? **○辨曰** 洛邑有二, 一是王城, 一是下都。【已見前】 成周者, 下都也。武庚旣誅, 殷民卽遷。故〈召誥〉云："厥命殷庶, 庶殷丕作。" 旣云庶殷, 則其徒寔繁。然皆廬旅寄寓, 姑接王城, 王城旣治, 又治下都, 下都旣成, 乃以室遷。故序之曰："成周旣成, 遷殷頑民。" 〈書序〉其有誤乎? 〈書序〉非如〈詩序〉, 旣出於伏壁,【上甲三】 又出於孔壁, 兩相比勘, 傳授有統。《史記》·《漢書》, 竝皆尊信而無異辭, 何得遽謂之僞文? 特梅氏濁亂之後, 破裂移扞, 多失其眞耳。庶殷者, 小民也, 卑官也。成邑而乃遷者, 大家也, 貴族也。大家·貴族, 亦未必盡遷洛邑。陶·施·繁·錡·樊·饑·終葵, 其頑未甚, 故仍留妹邦, 以封康叔。條氏·徐氏·蕭氏·索氏·長勺氏·尾勺氏, 帥其宗族, 將其類醜, 從于伯禽, 使爲魯民。【定四年】 以

340 옛날에 …… 고하였다 : 『주례주소』에 인용된 내용은 『상서대전』 원문과 약간 다르다. 『주례주소』의 해당 원문은 다음과 같다. 『尙書』「多士傳」云 : "古者, 后夫人侍於君, 前息燭後擧燭, 至於房中釋朝服, 然後入御於君. …… 太師雞鳴于簷下, 然後后夫人鳴珮玉于房中, 告燕服入御."

其餘民, 遷于成周, 此其最頑者也。故其遷亦最後, 於理然也。何謂〈書序〉有誤?

고정 채침이 말했다. "주공이 은나라를 축출한 뒤에 은나라 백성을 곧장 낙읍으로 옮겼으니, 「소고」의 터를 닦은[攻位] 서은(庶殷)[341]은 그 전에 옮긴 백성들일 것이다. 그렇지 않다면 수[受 : 주(紂)의 이름]의 도읍【지금의 위주(衛州)이다.】과 낙읍은 거리가 400여리나 되는데, 어찌 가까운 곳의 〈우민(友民)을〉 버려두고 먼 곳의 〈수민(讐民)을〉 부렸겠는가? 「서서」에서 '성주가 건설되고 나서 은나라의 완민을 옮겼다.'라고 한 것은 잘못이다. 나는 진실로 「서서」는 공자가 지은 것이 아니라고 생각한다."【오역(吳棫)의 설을 인용하였다.】[342]

○**용안** 은의 완민을 옮길 때 반드시 한꺼번에 갑자기 옮기지는 않았을 것이다. 경문을 살펴보더라도 주공이 '엄에서 와서 곧 너희들을 먼 이적의 땅으로 옮겼다.'[343]라고 하였다. 그런데 그 다음에 이

341 「소고」의 …… 서은(庶殷) : 「소고」에 "太保乃以庶殷, 攻位于洛汭."라는 내용이 나온다.

342 채침이 …… 인용하였다 : 『서집전』「다사」의 채침 서에 나온다. 吳棫의 설을 소개하고 나서 그에 대한 자신의 견해를 밝힌 내용인데, 일부 내용을 생략하고 인용하였다. 전문은 다음과 같다. 愚謂, 武王已有都洛之志. 故周公黜殷之後, 以殷民反覆難制, 卽遷于洛. 至是建成周, 造廬舍, 定疆埸, 乃告命與之更始焉爾, 此多士之所以作也. 由是而推, 則「召誥」攻位之庶殷, 其已遷洛之民歟. 不然則受都, 今衛州也, 洛邑, 今西京也, 相去四百餘里, 召公安得捨近之友民而役遠之讐民哉? 「書序」以爲'成周旣成, 遷殷頑民'者, 謬矣, 吾固以爲非孔子所作也.

343 엄에서 …… 옮겼다 : 「다사」의 "昔朕, 來自奄, 予大降爾四國民命, 我乃明致天罰, 移爾遐逖."을 발췌하여 인용한 것이다. '移爾遐逖'에 대해 채침은 "移爾遠居于洛"이라고 하였으나 『상서고훈』에서는 "移爾于魯邦遐逖之地"라고 풀이하였다. 여기서는 『상서고훈』의 풀이에 따라 번역하였다.

어서 말하기를 '내가 이곳 낙읍에 큰 도읍을 만들었다.'라고 하였고, 그런 다음에 '이제 너희는 이를 생각하여 너희의 도읍에 거주하라.'[344]라고 하였으니, 어찌 먼저 도읍을 만들고 나서 백성을 옮긴 것이 아니겠는가? 어찌하여 「서서」를 공자가 지은 것이 아니라고 하겠는가?

○**변왈** 낙읍은 둘이 있으니 하나는 왕성(王城)이고, 하나는 하도(下都)이다.【이미 앞에 나왔다.】 성주는 하도이다. 무경을 죽이고 나서 은나라 백성들을 곧장 이곳으로 옮겼다. 그러므로 「소고」에서 "이에 은서[殷庶 : 은나라의 백성들]에게 명하니 서은[庶殷 : 은나라의 백성들]이 모두 달려가 일하였다."라고 한 것이다. 이미 '서은'이라고 하였으니, 그 무리가 매우 많았던 것이다. 그러나 모두 여막에 우거하며 왕성에 임시로 붙어살았는데, 왕성이 조성된 후에 또 하도를 건설하고, 하도가 건설된 뒤에 집을 주어 옮긴 것이다. 그러므로 그것을 「서」에서 "성주가 완성된 다음에 은의 완민들을 옮겼다."라고 한 것이다. 「서서」에 어찌 오류가 있겠는가? 「서서」는 「시서(詩序)」와 같지 않아 복벽에서 나온 후에【『매씨서평』 상갑(上甲) 3에 나온다.】 또 공벽에서 나왔으므로 둘을 서로 비교 교감하여 전수(傳授)하는 통서(統緖)가 있었다. 『사기』와 『한서』가 모두 높이고 신뢰하여 다른 말이 없는데 어찌 갑자기 위작한 글이라고 할 수 있는가? 다만 매색이 혼탁하게 어지럽힌 뒤에는 찢기고 어그러져 그 진면목을 많이 잃었을 뿐이다.

344 이제 …… 거주하라 : 『상서정의』와 채침의 『서집전』에서는 모두 '今爾惟時宅爾邑'을 한 구로 붙여서 읽었는데, 다산은 다르게 斷句하여 '時'와 '宅' 사이에 【句】라는 소주를 붙여놓았다.

'서은'이란 소민과 낮은 관리들이고, 도읍이 완성되고서 옮겨진 사람들은 대가(大家)와 귀족들이다. 그러나 대가와 귀족들도 반드시 모두 낙읍으로 옮기지는 못하였다. 도씨(陶氏), 시씨(施氏), 번씨(繁氏), 기씨(錡氏), 번씨(樊氏), 기씨(饑氏), 종규씨(終葵氏) 등은 그 완악함이 심하지 않았으므로 그대로 매방(妹邦)에 머물게 하고 강숙을 봉하였다. 조씨(條氏), 서씨(徐氏), 소씨(蕭氏), 삭씨(索氏), 장작씨(長勺氏), 미작씨(尾勺氏) 등은 자기 종족을 거느리고 자기 무리를 이끌어 백금을 따라서 노(魯)나라의 백성이 되게 하였다.[345]【『춘추좌씨전』 정공 4년】 그 나머지 은나라 백성들을 성주로 옮겼는데 이들이 가장 완악한 자들이다. 그러므로 그 옮김도 가장 늦었으니 이치상 그러하였던 것이다. 어찌하여 「서서」에 오류가 있다고 하는가?

00. 상서서 - 082. 무일

周公作〈無逸〉。【鄭第八十一 ○伏本, 作〈毋逸〉 ○《史》, 作〈無佚〉。《書大傳》, 作〈毋逸〉】

주공이 「무일」을 지었다.【정현본의 제81편 ○복생본에는 '毋逸'로 되어 있다. ○『사기』에는 '無佚', 『상서대전』에는 '毋逸'로 되어 있다.】

---

345 도씨(陶氏) …… 하였다 : 『춘추좌씨전』 정공 4년에 "分康叔 ……, 殷民七族, 陶氏・施氏・繁氏・錡氏・樊氏・饑氏・終葵氏 ……" "分魯公 ……, 殷民六族, 條氏・徐氏・蕭氏・索氏・長勺氏・尾勺氏, 使帥其宗氏, 輯其分族, 將其類醜 ……"라고 한 내용이 나온다.

梅云 : "成王卽政, 恐其逸豫, 故以所戒名篇。" ○**鏞案** 序無起語者, 蒙上〈多士〉之序也, 如伊尹作〈咸有一德〉, 咎單作〈明居〉, 蒙上〈湯誥〉之序, 故亦無起語也。據〈周本紀〉·〈魯世家〉, 〈多士〉·〈無逸〉, 本皆同序。史遷親見〈書序〉, 不容有誤。然則'周公'二子,[교1] 明是梅氏所加。馬·鄭以前, 序不分冠, 作〈多士〉作〈無逸〉, 唯以一周公蒙之。梅氏分冠之時, '作無逸'三字, 無以爲序, 故乃加'周公'二字。〈周官〉·〈立政〉亦然。破碎如此, 疑非孔子所作, 不亦宜乎?

교1) 子 : 문맥상 '字'가 옳은 듯하다.

〔周公作無逸〕 매색이 말했다. "성왕이 친정(親政)하게 되었을 때 안일해질까 염려되었으므로 훈계한 것으로 편에 이름을 붙였다."

○**용안** 「서」에 서두의 말이 없는 것은 위 「다사」의 서를 그대로 썼기 때문이다. '이윤이 「함유일덕」을 지었다.[伊尹作「咸有一德」]' '고단이 「명거」를 지었다.[咎單作「明居」]'가 「탕고」의 서를 그대로 썼기 때문에 역시 서두의 말이 없는 것과 같은 경우이다. 『사기』 「주본기」와 「노세가」에 의거해 보면 「다사」와 「무일」은 본래 「서」가 하나였다. 사마천은 「서서」를 직접 봤으니 오류가 있을 수 없다. 그렇다면 '주공(周公)'이란 두 글자는 매색이 추가한 것이 명백하다. 마융과 정현 이전에는 「서」를 각 편의 첫머리에 나누어 싣지 않았기 때문에 '작다사(作多士)'와 '작무일(作無逸)'에 대해 오직 한 번만 주공을 앞에다 썼다. 그런데 매색이 나누어서 각 편의 첫머리에 나누어 실으면서 '작무일' 세 글자로는 「서」를 만들 수가 없으므로 '주공' 두 글자를 추가한 것이다. 「주관」과 「입정」의 경우도 그

러하다.[346] 이렇게 파쇄(破碎)하였으니 공자가 지은 것이 아니라고 의심하는 것 또한 당연하지 않은가?

考證 〈魯世家〉: "周公奔楚[교1)]歸, 恐成王壯, 治有所淫佚, 作[교2)]〈多士〉, 作〈毋逸〉." ○**鏞按** 〈周本紀〉疑是孔氏古文之說, 〈魯世家〉疑是伏氏今文之說。【彼作〈無佚〉, 此作〈毋逸〉】 二篇同序, 兩家之攸同, 而序語似不相合, 甚可疑也。若以〈周本紀〉爲〈多士〉之序, 〈魯世家〉爲〈無逸〉之序, 則翕然中理, 兩篇原不可同序也。或者兩家之本, 各失其一序, 各爲之同序。而史遷亦竝存之, 欲以魯·周二史, 彼此互備也, 留侯[교3)]知者。

교1) 案奔楚 : 『사기』에는 없다.
교2) 案作 : 『사기』에는 앞에 '乃'가 더 있다.
교3) 案侯 : '候'의 오기로 보인다.

고증 『사기』 「노세가」에 "주공이 초나라로 달아났다가[347] 돌아와서, 성왕이 장성하여 정치를 함에 방탕한 바가 있을까 염려하였다. 이에 「다사」를 짓고, 「무일」을 지었다."라고 하였다.

346 「주관」과 …… 그러하다 : 『사기』 「노세가」에 "成王在豐, 天下已安, 周之官政未次序, 於是周公作「周官」, 官別其宜, 作「立政」, 以便百姓, 百姓說."으로 되어 있어, '作「立政」' 앞에는 '周公'이란 말이 없는데, 현재의 「입정」 序에는 '周公作「立政」'으로 되어 있다.

347 초나라로 달아났다가 : 『사기』 「노세가」에는 이 내용이 없지만, 성왕이 用事하게 되었을 때 주공을 참소하는 사람들이 나오자 주공이 초나라로 달아났는데, 뒤에 성왕이 자신이 아플 때 주공이 기도한 글을 보고는 주공을 돌아오게 하였다는 내용 바로 다음에 이 「서」의 내용이 이어져 있으므로 그 내용을 의식하여 奔楚를 넣은 듯하다.

○**용안** 「주본기」는 아마도 공안국의 『고문상서』 설일 것이고, 「노세가」는 아마도 복생의 『금문상서』 설일 것이다.【「주본기」에는 '無佚'로 되어 있고, 「노세가」에는 '毋逸'로 되어 있다.[348]】 두 편의 서(序)가 하나인 것은 두 학파가 동일하지만, 「서」의 말이 서로 부합하지 않는 듯하니 매우 의심스럽다. 만약 「주본기」를 「다사」의 서로 삼고, 「노세가」를 「무일」의 서로 삼는다면 이치에 꼭 맞는다. 두 편은 원래 「서」를 같이 할 수 없다. 어쩌면 두 학파의 본이 각각 한 편의 서를 잃어버려 각기 그 때문에 「서」를 같이 쓰게 되었고, 사마천 또한 모두 보존하여 노나라와 주나라의 두 역사를 통해 피차가 서로 보완이 되게 하려고 하였을 듯도 하다. 남겨두어 알 만한 사람을 기다린다.

번역 : 함영대

00. 상서서 - 083. 군석

召公爲保, 周公爲師, 相成王爲左右。召公不說, 周公作〈君奭〉。【鄭第八十二】

소공은 보(保)가 되고 주공은 사(師)가 되어 성왕을 도와 좌(左)와 우(左)가 되었다. 소공이 기뻐하지 않으므로 주공이 「군석」을 지었

348 「주본기」에는 …… 있다 : 『사기』 「주본기」에는 "成王既遷殷遺民, 周公以王命告. 作「多士」·「無佚」."이라고 하여, 「노세가」와는 다른 내용의 「서」가 실려 있다. 특히 '무일'의 글자를 다르게 썼는데, 『상서대전』에도 「노세가」와 같이 '毋逸'로 되어 있으므로 「노세가」의 내용을 복생의 『금문상서』의 설이라고 추정한 것이다.

다.【정현본의 제82편】

馬云："保氏·師氏, 皆大夫官。"【〈地官〉："師氏中大夫一人, 保氏下大夫一人。"】馬云："分陝爲二伯, 東爲左, 西爲右。"【見《正義》】[교1) "召公以周公既攝政致太平, 功配文·武, 不宜復列在臣位, 故不悅, 以爲周公苟貪寵也。"【見《史》注】○鄭說·王說同。【見《正義》】○鄭云："奭, 召公名也。"【梅云："尊之曰君。"】○孔疏云："《左傳》, 富辰之言【僖卄四】文王之[교2)子十六國, 無名'奭'者, 則召公必非文王之子。〈燕世家〉云：'召公奭, 與周同姓姬氏。'"【譙周云："周之支族。" 皇甫謐云："文王之子, 幷原豐爲十六國。" ○召公不在中】

교1) 義: 신조선사본에는 '議'로 되어 있으나 書名이므로 바로잡는다.
교2) 案之 : 『상서정의』에는 없다.

〔召公爲保, 周公爲師〕 마융이 말했다. "보씨(保氏)와 사씨(師氏)는 모두 대부의 관직이다."【『주례』「지관(地官)」에 "사씨는 중대부(中大夫) 1인(人)이며, 〈……〉 보씨는 하대부(下大夫) 1인이다."라고 하였다.】
〔相成王爲左右〕 마융이 말했다. "섬(陝) 땅을 나누어 두 백(伯)으로 삼은 것이다. 동쪽이 좌가 되며, 서쪽이 우가 된다."【『상서정의』에 보인다.】
〔召公不說〕 〈마융이 말했다.〉 "소공은, 주공이 이미 섭정(攝政)을 하여 태평(太平)을 이루어 공(功)이 문왕과 무왕에 짝하였는데, 다시 신하의 반열에 있는 것은 마땅하지 않다고 생각하였으므로 기뻐하지 않았으니, 주공이 구차하게 총애를 탐한다고 여긴 것이다."【『사기』「연세가」의 『집해』에 보인다.】 ○정현의 설과 왕숙의 설도 마찬가지이다.【『상서정의』에 보인다.[349]】

〔君奭〕 ○정현이 말했다. "석(奭)은 소공의 이름이다."【매색이 말했다. "그를 높여서 군(君)이라고 한 것이다."】 ○공영달의 소에 "『춘추좌씨전』【희공 24년】에 부신(富辰)이 문왕의 아들들이 봉해진 16국(國)에 대해 말하였는데 석이라는 이름은 없었으니,[350] 소공은 필시 문왕의 아들이 아니었을 것이다. 『사기』「연세가」에 '소공 석은 주(周)와 동성(同姓)인 희씨(姬氏)이다.'라고 하였다."라고 하였다.【초주(譙周)는 "주(周)의 지족(支族)이다."라고 하였고, 황보밀은 "문왕의 아들은 원풍(原豐)을 아울러 16국이다."라고 하였다. ○소공은 그 중에 있지 않다.[351]】

考辨 鄭玄《周禮》注云：【〈地官〉'師氏'注】"師, 教人以道者之稱也。保, 安也, 以道安人者也。〈書序〉曰, '周公爲師, 召公爲保, 相成王爲左右.' 聖賢兼此官也。"【賈疏云："《鄭志》, 趙商問, '案成王〈周官〉"立太師・太傅・太保, 玆唯三公", 三公之號, 自有師・保之名。成王〈周官〉, 是周公攝政三年事, 此《周禮》, 是周公攝政六年時, 則三公自名師・保, 起之在前, 何也?' 鄭答曰, '周公左, 召公右, 兼師・保, 初時然矣。'"】 ○孔穎達云："鄭玄不見〈周官〉之篇,【謂梅書】 言此

---

349 『상서정의』에 보인다：『尙書正義』 疏에 "故鄭・王皆云：'周公旣攝王政, 不宜復列於臣職, 故不說.'"이라고 하였다.

350 『춘추좌씨전』…… 없었으니：『춘추좌씨전』 희공 24년조, 富辰이 간언한 말 중에 "昔周公弔二叔之不咸, 故封建親戚以蕃屛周. 管・蔡・郕・霍・魯・衛・毛・聃・郜・雍・曹・滕・畢・原・酆・郇, 文之昭也. 邘・晉・應・韓, 武之穆也. 凡・蔣・邢・茅・胙・祭, 周公胤也."란 내용이 나온다.

351 초주(譙周)는 …… 않다：앞의 내용에 이어 여기까지 모두 孔穎達의 『尙書正義』 소이다. 다만 원문에는 다음과 같이 되어 있다. "譙周曰：'周之支族.' 譙周考校古史, 不能知其所出. 皇甫謐云, '原公名豐, 是其一也, 是爲文王之子一十六國.' 然文王之子本無定數, 并原豐爲一, 當召公於中以爲十六, 謬矣." 공영달에 따르면 皇甫謐이 原과 豐을 아울러 한 사람으로 본 것은 召公을 그 가운데 넣어 16국의 수를 맞추려고 한 의도를 가진 것으로서, 잘못된 설이라는 말이다.

師・保, 爲《周禮》師氏・保氏大夫之職。言賢聖兼此官, 亦謬。” ○**鏞案** 馬・鄭此解, 雖若謬義, 不可忽也。鄭雖不見梅氏之〈周官〉, 亦讀〈召誥〉, 亦讀〈顧命〉, 當知召公爲太保, 旣知有太保, 當知有太師。亦讀《大戴禮》・賈誼《新書》, 當知太師・太保爲三公。亦讀〈燕世家〉, 當知召公於成王時爲三公。亦讀《周禮》, 當知三公位列三槐, 職兼三老。【卽六鄕之老】 迺云: ‘上公之尊, 兼治中大夫・下太[교1)]夫之職.’ 師弟相傳, 瞀不覺悟,【此本賈逵之義, 見前編】 一何耄荒至此? ○**辨曰** 〈地官〉‘師氏’・‘保氏’者, 敎國子之職也。《周禮》, 大司徒以鄕三物敎萬民, 故〈司徒〉謂之敎官。舜命契爲司徒, 敎以五敎, 原是石典。周公已平殷亂, 已營洛師, 作〈多士〉以牖民頑, 作〈無逸〉以勉王德。今唯敎國子以敦倫義, 斯爲致太平之本。若唯大統是集, 都邑是奠, 遂無興敎化一節, 其於漢・唐雜覇之得天下, 奚擇焉? 杜林・賈逵以來, 釋此〈書序〉, 必以師・保爲〈地官〉敎人之師氏・保氏, 亦以左右爲周・召分治之陝左・陝右, 以爲周公致太平之本, 故馬・鄭・王三家所論如一。今人眠慣耳熟, 但知太師・太保侍王左右, 不聞師氏・保氏分治左右, 故愕然大駭, 指爲耄荒。今詳經文曰‘往來玆迪彝敎’, 曰‘蔑德降于國人’, 曰‘命汝作汝民極’, 終之曰‘往敬用治’,【結語非使之輔成王德】 皆是敎迪萬民之意, 古訓豈可輕掃之乎? ○**按** 所謂《鄭志》其趙商問答, 是齊・梁以後, 梅書行世之時, 僞撰之物。鄭玄何曾夢見〈周官〉?

교1) 太: 문맥상 ‘大’가 옳은 듯하다.

고변 정현의 『주례』 주【「지관(地官)」 〈「사도(司徒)」 서관(序官)의〉 ‘사씨(師氏)’와 ‘보씨(保氏)’에 대한 주이다.】에는 “사(師)는 도(道)로써 사람을 가르치는 이의 칭호이다. 보(保)는 편안하게 한다는 뜻으로, 도로써 사람을 편안하게 하는 자이다. 「서서」에 '주공은 사가 되고 소공은 보가 되어, 성왕을 도와서 좌와 우가 되었다.'라고 하였으니, 성현(聖賢)이 이들 관직을 겸직한 것이다."라고 하였다.【가공언의 소에는, "『정지(鄭志)』에 조상(趙商)이 묻기를 '성왕(成王)의 「주관(周官)」을 살펴보니, 「태사(太師)와 태부(太傅)와 태보(太保)를 세우니 이들이 삼공(三公)이다.」라고 하였습니다. 그렇다면 삼공이라는 호칭은 그 자체 내에 사(師)와 보(保)라는 명칭을 가지고 있는 것입니다. 성왕의 「주관」은 주공 섭정 3년의 일이고, 이 『주례』는 주공 섭정 6년의 일입니다. 그렇다면 삼공이 자체로 사(師)·보(保)라는 이름을 가지게 된 것이 앞서 일어난 것은 어째서입니까?'라고 하였다. 정현이 답하기를 '주공이 좌가 되고 소공이 우가 되어 사와 보를 겸한 것은 〈성왕이 즉위하던〉 처음에 그러하였다.'라고 하였다."라고 되어 있다.】

○공영달이 말했다. "정현은 「주관」 편【매색본 『상서』를 말한다.】을 보지 못하였기 때문에, 여기의 사와 보를 『주례』에 나오는 사씨나 보씨와 같은 대부의 관직이라고 말한 것이다. 성현이 이들 관직을 겸직하였다고 말한 것 또한 오류이다."

○**용안** 마융과 정현의 이런 해석은 비록 잘못된 해석인 것 같지만 무시할 수는 없다. 정현이 비록 매색의 「주관」은 읽지 못하였다고 하더라도 또한 「소고」는 읽었을 것이고 또 「고명」도 읽었을 것이니, 마땅히 소공이 태보(太保)임을 알았을 것이다. 이미 태보가 있음을 알았다면 마땅히 태사(太師)가 있음도 알았을 것이다. 또한 『대대례기(大戴禮記)』와 가의(賈誼)의 『신서(新書)』를 읽었을 것이니 마땅히 태사와 태보가 삼공임을 알았을 것이며, 또한 『사기』 「연세가」를 읽었을 것이니 마땅히 소공이 성왕 때에 삼공이 되었음을 알았을 것이다. 또한 『주례』를 읽었을 것이니 마땅히 삼공은,

지위는 삼괴(三槐)의 반열이고, 직책은 삼로(三老)【곧 육향(六鄕)의 노(老)이다.】를 겸한다는 것도 알았을 것이다. 그런데도 이제 '상공(上公)의 존귀함으로 중대부와 하대부의 관직을 겸하여 수행하였다.'라고 말하고 있다. 스승과 제자가 서로 전하면서 완고하여 깨닫지 못하고 【이는 본래 가규(賈逵)의 뜻으로 전편(前編)에 나왔다.】 한결같이 어찌 이렇게까지 망령되단 말인가?[352]

○**변왈** 『주례』「지관」의 사씨와 보씨는 국자(國子)를 가르치는 직책이다. 『주례』의 대사도(大司徒)는 향삼물(鄕三物)로 만민(萬民)을 가르치므로 「사도(司徒)」에서 그것을 교관(敎官)이라고 하였다. 순이 설(契)을 사도로 삼고 오교(五敎)를 가르치도록 명한 것은 원래 바꿀 수 없는 전칙(典則)이다. 주공은 은의 변란을 평정하고 낙사(洛師)를 경영한 다음, 「다사」를 지어 백성의 완악함을 회유(誨諭)하고 「무일」을 지어 왕의 덕을 면려하였다. 지금은 오직 국자(國子)를 가르쳐 인륜의 뜻을 돈독하게 함으로써 태평을 이루는 근본을 마련해야 한다. 만약 대통(大統)을 모으고 도읍(都邑)을 정하였는데 드디어 교화를 일으키는 한 의절(儀節)이 없다면, 그것은 한(漢)·당(唐)의 잡스러운 패자(覇者)들이 천하를 얻고서 한 일과 무엇이 다르겠는가? 두림(杜林)과 가규 이래 이 「서서」를 주석하면서 반드시 사(師)와 보(保)를 「지관」에 나오는 사람을 가르치는 사씨와 보씨로 보고, 또한 '좌우'를 주공과 소공이 섬 땅의 좌와 우를 나누어 다스린 것이라고 하고는, 그것을 주공이 태평을 이룬 근본이라고 여겼다. 그러므로 마융과 정현과 왕숙, 세 사람의 논지가 똑같은

352 마융과 …… 말인가 : 다산의 취지는 아래 辨曰에서 변증하고 있는 것처럼 이들의 설을 완전히 배격하고자 하는 데 있지 않다.

것이다. 오늘날 사람들은 익숙하게 보고 들어서 태사와 태보가 왕의 좌우에서 모시는 것만 알고 사씨와 보씨가 좌우를 나누어 다스린 것은 듣지 못하였으므로, 경악하며 크게 놀라 망령되다고 지목한다. 지금 〈「군석」의〉 경문을 자세히 살펴보면 "〈이 다섯 신하가〉 왕래하여 떳떳한 가르침을 인도〈하지 못하였다면〉"이라고 하고, "〈문왕 또한〉 덕(德)을 국인(國人)에게 내릴 수 없었을 것이다."라고 하고, "너에게 명하니 너는 민극(民極)이 되어라."라고 말하였으며, 말을 맺으면서는 "앞으로 공경한 자세로 나라를 다스리라."라고 하였으니,【이 결어(結語)는 성왕(成王)의 덕을 보좌하도록 한 것이 아니다.】 모두 만민을 가르쳐 인도한다는 뜻이다. 고훈(古訓)을 어찌 가벼이 없앨 수 있겠는가?

○안 『정지』의 조상(趙商) 문답이라는 것은 제(齊)·양(梁) 이후 매색의 『상서』가 세상에 유행할 때 위찬(僞撰)된 것이다. 정현이 어찌 일찍이 「주관」을 꿈에서라도 보았겠는가?

考證 《大戴禮》【〈保傳〉교1)篇】 云: "昔者, 成王幼在襁褓之中, 召公爲太保, 周公爲太傅, 太公爲太師, 此三公之職也。"【賈誼《新書》同】 ○**案** 此童孩之所皆知, 馬·鄭非不知也。

교1) 案傳: 『大戴禮記』에는 '傅'로 되어 있다.

고증 『대대례기』【「보부(保傅)」 편】에서 "옛날 성왕이 어려서 강보 속에 있을 때 소공은 태보(太保)가 되고, 주공은 태부(太傅)가 되며, 태공은 태사(太師)가 되었으니, 이것이 삼공의 직(職)이다."라고 하

였다.【가의(賈誼)의 『신서(新書)』의 내용도 같다.】

○**안** 이는 어린아이라도 모두 아는 바이니, 마융과 정현이 모르지 않았을 것이다.

考證 〈燕世家〉: "其在成王時, 召公爲三公。自陜以西, 召公主之, 自陜以東, 周公主之。成王旣幼, 周公攝政, 當國踐阼,[교1)] 召公疑之, 作〈君奭〉。" ○《列子》引楊[교2)]朱之言曰: "武王終, 成王幼,[교3)] 周公攝天子之政, 召公不悅, 四國流言。居東三年,[교4)] 僅免其身。"【案。此尤是胡叫嚷】○孔疏云: "周公留在臣職, 當時人皆怪之。" ○蔡云: "唐孔氏・葛氏, 皆爲〈序〉文所誤。召公自以盛滿, 欲避權位, 退老厥邑, 周公留之。"【本東坡之言】○**鏞案** 召公自以盛滿, 欲避權位, 非召公不說乎? 〈序〉但云不悅而已, 於是史遷解之曰: "周公踐阼, 故召公不悅。" 馬融解之曰: "周公貪寵, 故召公不悅。" 蔡氏解之曰: "自以盛滿, 故召公不悅。" 其所以不悅雖殊, 其畢竟爲召公不悅則等耳。何以咎〈序〉也? 咎在解者, 〈序〉何咎也? 蔡氏無故疑〈序〉, 其所瑕疵皆如此。○篇末結之曰'往敬用治', 此周公令召公勉治厥職也。以此觀之, 毋論何事, 召公不肯, 而周公勉治也。左右師保之職, 召公不肯, 而周公勉治也。【若但留輔成王而已, 則召公又何敢不肯? 左右敷敎之義, 恐不可輕斥】

교1) 案阼 : 『사기』「燕世家」에는 '祚'로 되어 있다.
교2) 楊 : 신조선사본에는 '揚'으로 되어 있으나 人名이므로 바로잡는다.
교3) 案武王終, 成王幼 : 『列子』에는 '武王旣終, 成王幼弱'으로 되어 있다.
교4) 案年 : 『列子』에는 뒤에 '誅兄放弟'가 더 있다.

고증 『사기』「연세가」에 "성왕 때에 소공은 삼공이 되었다. 섬 땅

서쪽은 소공이 주관하였고, 섬 땅 동쪽은 주공이 주관하였다. 성왕이 어렸기 때문에 주공이 섭정을 하여 나라를 맡아 주인 노릇을 하였다. 소공이 의심하니 〈주공이〉 「군석」을 지었다."라고 하였다.

○『열자(列子)』에서는 양주(楊朱)의 말을 인용하여 "무왕이 죽고 성왕이 어려서 주공이 천자의 정사를 대행하자, 소공은 기뻐하지 않았고 4국(國)에서는 유언비어가 돌았다. 동쪽에서 3년을 거처하여 간신히 목숨을 구할[免身] 수 있었다."라고 하였다.【안. 이것은 더욱 엉터리 말이다.】

○공영달의 소에 "주공이 신하의 직위에 머물러 있으니 당시 사람들이 모두 괴이하게 여겼다."라고 하였다.[353]

○채침이 말했다. "당(唐)나라의 공영달과 갈씨(葛氏)는 모두 「서」의 문장에 의해 오도되었다. 소공이 스스로 성만[盛滿 : 분에 넘치다]하다고 여겨 권력의 자리를 피하여 궐읍(厥邑)으로 물러나고자 하니 주공이 소공을 만류한 것이다."【본래 동파[東坡 : 소식]의 말이다.】[354]

---

353 공영달의 …… 하였다 : 『상서정의』에 다음과 같은 내용이 있다. "成王卽政之初, 召公爲保, 周公爲師, 輔相成王, 爲左右大臣. 召公以周公嘗攝王之政, 今復在臣位, 其意不說, 周公陳巳意以告召公, 史敘其事, 作「君奭」之篇也. …… 然則召公大賢, 豈不知周公留意, 而不說者, 以周公留在臣職, 當時人皆怪之, 故欲開道周公之言, 以解世人之惑. '召公疑之, 作「君奭」.', 非不知也." 즉, 공영달에 의하면, 이 일이 일어난 것은 周公의 섭정이 끝나고 成王이 親政하기 시작한 처음의 일이며, 소공이 기뻐하지 않은 것은 주공이 남아서 성왕을 보필하려고 한 뜻을 몰라서 그런 것이 아니라 사람들이 주공의 뜻을 오해할 것을 염려하여 주공에게 해명할 기회를 주기 위해 그렇게 한 것일 뿐이라는 것이다.

354 채침이 …… 말이다 : 『서집전』의 내용을 축약하여 인용하였다. 해당 원문은 다음과 같다. 按此篇之作, 『史記』謂'召公疑周公當國', 唐孔氏謂'召公以周公嘗攝王政, 今復在臣位', 葛氏謂'召公未免常人之情, 以爵位先後介意, 故周公作是篇以諭之.' 陋哉斯言. 要皆爲「序」文所誤, 獨蘇氏謂'召公之意, 欲周公告老而

○용안 소공이 스스로 분에 넘친다고 여겨 권력의 자리를 피하고자 하였다면, 〈그것 또한〉 소공이 기뻐하지 않은 것이 아니겠는가? 「서」에서는 다만 '기뻐하지 않았다.'라고만 하였는데, 이에 대해 사마천은 "주공이 주인 노릇을 하였기에 기뻐하지 않은 것이다."라고 해석하였고, 마융은 "주공이 총애를 탐한다고 여겼으므로 소공이 기뻐하지 않았다."라고 해석하였으며, 채침은 "소공 자신이 성만(盛滿)하다고 생각하여 〈권력의 자리에 나아가기를〉 기뻐하지 않은 것이다."라고 해석하였다. 그 기뻐하지 않은 이유는 비록 다르게 해석하였지만 결국 소공이 기뻐하지 않았다고 본 것은 마찬가지이다. 어째서 「서」를 허물하는 것인가? 허물은 해석에 있는 것이지 「서」에 무슨 허물이 있겠는가? 채침은 아무 이유 없이 「서」를 의심하였다. 그 흠을 잡는 바가 모두 이와 같다.

○편말에 '가서 공경히 다스리라.'라고 끝맺었는데, 이는 주공이 소공에게 그 직책을 수행하도록 면려한 것이다. 이로써 본다면, 사정이 무엇이었든 소공이 내키지 않아 하자 주공이 그 직책을 수행하도록 면려한 것이다. 좌우(左右) 사보(師保)의 직책을 수행하기를 소공이 내키지 않아 하자 주공이 그 직책을 수행하도록 면려한 것이다.【만약 머물러 성왕을 보좌하는 일일 뿐이라면 소공이 또 무엇 때문에 감히 내켜 하지 않았겠는가? 좌와 우에서 가르침을 편다는 풀이를 가볍게 배척해서는 안 될 듯하다.】

考辨 金云:"〈君奭〉之書, 當在成王初年, 明證有七。"【稱'寧王'一也。不言

歸', 爲近之. 然詳本篇旨意, 迺召公, 自以盛滿難居, 欲避權位, 退老厥邑, 周公反復告諭以留之爾, 熟復而詳味之, 其義固可見也.

'傳說'二也。曰'沖子', 曰'罔不能厥初', 皆幼年也】 ○**鏞案** 〈燕世家〉以爲周公攝政時事, 原是大謬, 不可述也。所謂七證, 皆未必然。經云'罔不能厥初, 唯其終', 謂'我二人, 協心共貞, 可謂能善於厥初。今若有始而無終, 何以爲德?', 正是復政後, 多年之所言, 今反以此爲初年之證可乎? 但見'初'字, 不見'終'字, 徑立其義可乎?【胡氏・金氏之史, 係之於成王元年】

고변 김이상이 말했다. "「군석」의 글은 당연히 성왕 초년(初年)의 일이니, 명확한 증거 일곱 가지가 있다."【'영왕(寧王)'을 칭한 것이 하나이며, '부열(傅說)'을 말하지 않은 것이 둘이다. '충자(沖子)'라고 하고 '처음에 잘하지 못한 일이 없었다.'라고 한 것들이 모두 유년(幼年)의 일이라는 증거이다.】[355]

○**용안** 『사기』「연세가」에서 주공이 섭정하던 때의 일로 여긴 것은 원래 큰 오류이므로 따를 수 없다. 이른바 일곱 가지 증거라고 하는 것도 모두 반드시 그러한 것은 아니다. 경에서 "처음에 잘하지 못한 일이 없었으니, 그 끝을 생각하여야 한다."라고 한 것은, '우리 두 사람이 합심하여 함께 일을 바르게 주선하였으니, 그 처음을 잘하였다고 할 수 있다. 지금 만약 시작은 잘하였는데 마무리를 못한다면 어찌 덕이 되겠는가?'라는 말이니, 바로 성왕에게 정사를 돌려주고 나서 여러 해가 지난 뒤의 말이다. 그런데 지금 오히려 이것을 초년의 일이라는 증거로 삼는다면 되겠는가? '처음[初]'이라는 말만 보고 '끝[終]'이라는 말은 보지 않고서 성급하게 그런 주장을 해서야 되겠는가?【호씨(胡氏)와 김이상이 찬한 사서(史書)에서는 이를 성왕 원년에 연결시켰다.[356]】

355 김이상이 …… 증거이다 : 『資治通鑑前編』 권7에 관련 내용이 나온다.
356 호씨(胡氏)와 …… 연결시켰다 : 『자치통감전편』 권7 해당 부분의 끝에 "故

成王東伐淮夷, 遂踐奄。作〈成王政〉。【鄭第八十三 ○馬本, 政作正 ○梅氏本, 〈蔡仲之命〉 升在此序之上, 以承〈君奭〉】

성왕이 동쪽으로 회이(淮夷)를 정벌하고 이어서 엄(奄)을 멸하였다. 「성왕정」을 지었다.【정현본의 제83편 ○마융본에는 '政'이 '正'으로 되어 있다.[357] ○매색본에서는 「채중지명」을 이 「서」의 앞에 올려두어 「군석」을 이었다.[358]】

鄭云: "奄國在淮夷之北。"【梅云: "成王卽政, 淮夷·奄國又叛, 王親征之, 遂滅奄而徙之。"】 ○馬云: "踐, 藉也。"【《書大傳》同】 鄭云: "踐讀爲翦。" 翦, 滅也。

〔遂踐奄〕 정현이 말했다. "엄(奄)나라는 회이(淮夷)의 북쪽에 있었다."[359]【매색이 말했다. "성왕이 친정(親政)하게 되자 회이와 엄나라가 또 반란을 일으켰다. 왕은 친히 그들을 정벌하여 드디어 엄을 멸하고 그 백성들을

今從胡氏, 係於元年之下."라고 하였다. 胡氏는 胡宏을 가리키는 듯하다. 호굉의 『皇王大紀』 권14 「三王紀」의 「成王」에 "元年, 召公爲太保, 周公爲太師, 畢公爲太傅."라고 하였다.

357 마융본에는 …… 있다: 『상서정의』 注에 "政如字, 馬本作征, 云正."이라고 하였다.

358 매색본에서는 …… 이었다: 「蔡仲之命」은 정현본으로는 제96편에 해당하는데, 매색본 곧 다산이 공안국본으로 생각하는 공영달본(『尙書正義』)에서는 「君奭」 다음에 「蔡仲之命」을 싣고, 그 끝 부분에 「成王政」과 「將蒲姑」의 「서」를 실어 두었다.

359 정현이 …… 있다: 『상서정의』의 소에는 "鄭云: '奄蓋在淮夷之地'"로 되어 있는데, 北京大整理本에 阮校: "齊召南云「周本紀」注引'鄭云奄國在淮夷之北', 疑此疏'地'字訛."라는 교감기가 있다.

옮겼다."】 ○마융이 말했다. "천(踐)은 자[藉: 밟다, 능욕하다]의 뜻이다."【『상서대전』의 내용도 같다.】[360] 정현이 말했다. "'踐'은 剪(전)으로 읽는다." 전(剪)은 멸[滅: 멸망시키다]의 뜻이다.[361]

考訂 鄭云: "此伐淮夷與踐奄, 是攝政三年伐管・蔡時事。其編篇於此未聞。" ○孔疏云: "〈費誓〉'王伐淮夷, 魯伐徐戎', 明是成王卽政之年, 復重叛也。〈多方〉之篇, 責殷臣云'要囚之至於再至於三', 若唯攝政三年一叛, 安得至於三乎? 知是又叛也。" ○**鏞案** 〈周本紀〉序次甚明, 鄭說誤矣。但編次之在此, 直云'其義未聞', 而謹守管篇[교1]篇, 不敢擅自移動, 如〈蔡仲之命〉, 孔疏奚取焉?

교1) 案篇: 衍文으로 추정된다.

고정 정현이 말했다. "이 편에서 말하는 회이를 정벌한 것과 엄을 멸한 것은 섭정 3년에 관숙(管叔)과 채숙(蔡淑)을 정벌할 때의 일이다. 이 편을 여기에 편성한 것에 대해서는 듣지 못하였다."[362] ○공영달의 소에 "「비서」 편의 '왕이 회이를 정벌하고, 노(魯)나라가 서융(徐戎)을 정벌한 것'은 성왕이 친정(親政)하게 된 해에 다시 반란을 일으켰기 때문임이 분명하다. 「다방」 편에서 은(殷)나라 신

360 마융이 …… 같다: 『尙書正義』 注의 원문은 다음과 같다. 踐, 似淺反, 馬同, 『大傳』云: "藉也."

361 전(剪)은 멸[滅: 멸망시키다]의 뜻이다: 이 부분은 『상서정의』 소에서 孔穎達이 鄭玄의 설을 간접 인용하고 부연한 말인데, 다산은 정현의 설을 직접 인용으로 고쳐서 인용하였다.

362 정현이 …… 못하였다: 이 부분은 『상서정의』 소에서 孔穎達이 鄭玄의 말을 간접 인용한 것인데, 다산은 직접 인용으로 고쳐서 인용하였다.

하를 책망하여 '심리하여 수감하되 재심(再審)에 이르고 삼심(三審)에 이르렀다.'라고 하였으니, 만약 섭정 3년에 한 번 반란을 일으켰을 뿐이라면 어찌 삼심까지 이를 수 있겠는가? 다시 반란을 일으켰음을 알 수 있다."라고 하였다.[363]

○**용안** 「주본기」에 기록된 차례가 매우 분명하니[364] 정현의 설은 오류이다. 그러나 편차가 여기에 있는 데 대해서는 '그 〈취지를〉 듣지 못하였다.'라고만 하고 이전의 편집 형태를 고수하고, 「채중지명」처럼 감히 마음대로 옮기지 않았다. 공영달의 소를 어찌 취하겠는가?

考證 〈周本紀〉: 【〈多士〉·〈無佚〉之下】 "召公爲保, 周公爲師, 東伐淮夷殘奄, 遷其君薄姑。" ○**案** 此可知伐管·蔡後多年之後, 淮·奄又叛也。【'召公爲保, 周公爲師'八字, 是〈君奭〉之〈序〉。在此間者, 爛脫未全故也】

고증 「주본기」에【'「다사」와 「무일」〈을 지었다〉'의 아래】 "소공은 보(保)가 되고 주공은 사(師)가 되었다. 동쪽으로 회이를 정벌하여 엄을 멸하고, 그 군주를 박고(薄姑)로 옮겼다."[365]라고 하였다.

---

363 공영달의 …… 하였다 : 이 부분은 『상서정의』 소의 내용을 축약하여 인용한 것이다. 원문은 다음과 같다. 「費誓」之篇言'淮夷之叛', 則是重叛明矣. 「多方」之篇責殷臣云'我惟時其戰, 要囚之, 至於再, 至於三'. 若武王伐紂之後, 惟攝政三年之一叛, 正可至於再爾, 安得至於三乎? 故知是成王卽政又叛也.

364 「주본기」에 …… 분명하니 : 『사기』 「주본기」에는 「多士」, 「無佚」이 지어진 사실을 기록한 다음에 「君奭」의 「서」 앞부분을 싣고, 그 다음에 「成王政」과 「將蒲姑」의 「서」를 실었다.

365 그 군주를 …… 옮겼다 : 아래 「將蒲姑」의 「서」에서 인용한 『상서대전』에서는 '薄姑'를 엄나라 임금의 이름이라고 하였는데, 여기서는 "馬融曰 : 齊地"

○안 여기에서 관숙과 채숙을 정벌하고 여러 해가 지난 뒤 회(淮)와 엄(奄)이 또 반란을 일으켰음을 알 수 있다.【'소공위보, 주공위사(召公爲保, 周公爲師)'라는 여덟 글자는 「군석」의 「서」인데, 여기에 끼어 있는 것은 난탈(爛脫)하여 온전하지 않기 때문이다.】

考證 《孟子》曰: "周公相武王, 誅紂伐奄, 三年討其君。"【趙岐云: "武王伐紂, 至于孟津還歸, 二年復伐, 前後三年也。"】

고증 『맹자』에 "주공이 무왕을 도와 주(紂)를 주벌(誅伐)하고 엄나라를 정벌한 지 3년 만에 그 군주를 토벌하였다."라고 하였다.[366]【조기(趙岐)가 말했다. "무왕이 주를 정벌하려고 맹진(孟津)까지 갔다가 돌아오고, 2년 뒤에 다시 정벌하였으니, 전후의 기간이 3년이었다."】

00. 상서서 - 085. 장포고

成王旣踐奄, 將遷其君於蒲姑,【馬本, 作薄姑】**周公告召公。作〈將蒲姑〉。**【鄭第八十四 ○〈周本紀〉見右】

성왕이 엄(奄)을 멸하고 나서 그 군주를 포고(蒲姑)【마융본에는 '薄姑'로 되어 있다.】로 옮기려고 하자 주공이 소공에게 고하였다. 「장포고」를 지었다.【정현본의 제84편 ○『사기』「주본기」에 보인다. 앞에 나왔다.】

라고 한 『사기정의』와 "括地志云: 薄姑故城, 在青州博昌縣東北六十里"라고 한 『사기색은』에 따라 지명으로 보고 번역하였다.

366 『맹자』에 …… 하였다: 『맹자』「滕文公下」에 나온다.

鄭曰："奄蓋在淮夷之地。" ○馬云："薄姑, 齊地名。"교1)【見《史》注】 梅云："近中國, 教化之。"

교1) 案 名 : 『史記索隱』에는 없다.

〔成王旣遷奄〕 정현이 말했다. "엄(奄)은 회이(淮夷) 지역에 있었을 것이다."
〔將遷其君於蒲姑〕○마융이 말했다. "박고(薄姑)는 제(齊)나라의 지명이다."【『사기』「주본기」의 『색은』에 보인다.】 매색이 말했다. "국중(國中)에 가까이 두어 그들을 교화하고자 한 것이다."

考證 《左傳》,【昭九年】 王曰："武교1)王克商, 蒲姑·商奄, 吾東土也。"【杜云："博昌縣北有蒲姑城。"】 又晏子曰："古人居此地者, 有蒲姑氏。"【昭二十】 ○闞駰《漢書》註云："周成王時, 薄姑與四國作亂, 周公滅之, 以封太公。"【闞駰, 元魏人, 一食三升】 ○服虔云："蒲姑·商奄, 濱東海者也。"【《左傳》注】

교1) 武 : 『춘추좌씨전』에는 앞에 '及'이 더 있다.

고증 『춘추좌씨전』【소공 9년】에 "왕이 이르기를, '무왕이 상(商)을 이기자 포고와 상엄이 우리의 동쪽 영토가 되었다.'라고 하였다."라고 되어 있다.【두예(杜預)가 말했다. "박창현(博昌縣)의 북쪽에 포고성(蒲姑城)이 있다."】 또 안자(晏子)는 "옛 사람 중 이 땅에 거처한 자로 포고씨(蒲姑氏)가 있었다."라고 하였다.[367]【소공 20년】

---

367 안자(晏子)는 …… 하였다 : 이 부분은 『상서정의』에 인용된 것을 그대로

○감인(闞駰)의 『한서』 주에 "주나라 성왕 때 박고와 4국(國)이 함께 난을 일으키자, 주공이 그들을 멸하고 태공(太公)을 봉하였다." 라고 하였다.[368]【감인은 원위(元魏)[369] 사람으로, 한 끼에 석 되를 먹었다.】 ○복건(服虔)이 말했다. "포고(蒲姑)와 상엄(商奄)은 동해 바닷가에 있다."【『춘추좌씨전』 주에 보인다.】

考異 《書大傳》云："武王殺紂, 立武庚, 繼公子祿父。使管叔・蔡叔監祿父。【案。伏生以武庚・祿父爲兩人】 武王死, 成王幼, 管・蔡疑周公而流言, 奄君薄姑謂祿父曰, '武王旣死矣, 成王尙幼矣, 周公見疑矣。此百世一時也, 請擧事。' 然後+祿父及三監叛, 奄君導之。祿父遂與三監叛。"【注云："或疑蒲姑齊地, 非奄君名。"】 ○**鏞案** 〈周本紀〉亦似以蒲姑爲奄君名,【見上條】《書大傳》又如此, 或奄君旣遷之後, 遂以名其地也。

고이 『상서대전』에 "武王殺紂, 立武庚, 繼公子祿父. 使管叔・蔡叔監祿父.【안. 복생은 무경과 녹보를 두 사람으로 보았다.】 武王死, 成王幼, 管・蔡疑周公而流言, 奄君薄姑謂祿父曰, '武王旣死矣, 成王尙幼矣, 周公見疑矣. 此百世一時也, 請擧事.' 然後祿父及三監叛. 奄君導之, 祿父遂與

옮긴 것으로, 『춘추좌씨전』 召公 20년 조에는 나오지 않는다. 다만 같은 취지의 내용이 다음과 같이 있다. 晏子對曰："古而無死, 則古之樂也, 君何得焉? 昔爽鳩氏始居此地, 季萴因之, 有逢伯陵因之, 蒲姑氏因之, 而後大公因之. 古者無死, 爽鳩氏之樂, 非君所願也."

368 감인(闞駰)의 …… 하였다：『漢書』 注 중에는 관련 내용이 확인되지 않는다. 다만 『한서』 「地理志」에 다음과 같은 내용이 나온다. 周成王時, 薄姑氏與四國共作亂, 成王滅之, 以封師尙父, 是爲太公.

369 원위(元魏)：北魏이다. 魏의 孝文帝가 洛陽으로 천도하고 본래의 姓인 拓跋을 元으로 바꾼 데서 유래한다.

三監叛[무왕이 주를 죽이고 나서 무경을 세워 공자 녹보를 잇게 하고, 관숙과 채숙으로 하여금 녹보를 감독하게 하였다. 무왕이 죽고 성왕이 어리므로, 관숙과 채숙이 주공을 의심하여 근거 없는 말을 유포하자, 엄나라 군주 박고가 녹보에게 이르기를 '무왕은 이미 죽었고 성왕은 아직 어리며 주공은 의심을 받고 있습니다. 이는 백세에 한 번 있는 기회입니다. 거사하십시오.'라고 하였다. 그런 뒤에 녹보와 삼감이 반란을 일으켰으니, 엄나라 군주가 〈그들의 반란을〉 유도한 것이다. 녹보가 드디어 삼감과 함께 반란을 일으켰다.]"라고 하였다.[370]【주에 "어떤 이는, 포고는 제(齊)나라 땅이며, 엄나라 군주의 이름은 아니라고 의심하였다."라고 하였다.[371]】

○**용안** 『사기』「주본기」에서도 포고를 엄나라 군주의 이름으로 여기는 듯하였고【앞 조문에서 나왔다.】, 『상서대전』 또한 이와 같으니, 혹 엄나라 군주가 옮겨진 후에 드디어 그 이름으로 그 땅을 명명한 것일 수도 있다.[372]

번역 : 문석윤

---

370 『상서대전』에 …… 하였다 : 이것은 『毛詩正義』 권2 孔穎達의 소에 인용된 내용을 재인용한 것으로 보인다. 그에 따르면 『書傳』曰 : "武王殺紂, 立武庚, 繼公子祿父. 使管叔蔡叔監祿父, 祿父及三監叛."이라고 하였고, 또 『書傳』曰 : "使管叔蔡叔監祿父. 武王死, 成王幼, 管・蔡疑周公而流言. 奄君蒲姑謂祿父曰 : '武王旣死矣, 成王尙幼矣, 周公見疑矣. 此百世之時也, 請擧事.'然後祿父及三監叛." 奄君導之, 祿父遂與三監叛, 則三監亦導之矣.라고 하였다. 관련 내용이 『상서대전』 권2 「牧誓傳」과 『상서대전』 권3 「金縢傳」에 보인다.

371 주에 …… 하였다 : 이것 역시 『모시정의』 권5의 공영달의 疏 중 다음 내용에 근거하여 재인용한 것으로 보인다. 薄姑者, 是諸侯之號, 其人居齊地, 因號其所居之地爲薄姑氏. 後與四國作亂, 謂管・蔡・商・奄, 則奄外更有薄姑, 非奄君之名. 而『尙書傳』云 : "奄君薄姑", 故注云 : "或疑爲薄姑齊地, 非奄君名也."

372 『상서대전』 …… 있다 : 위의 주 368) 참조.

成王歸自奄, 在宗周, 誥庶邦。作〈多方〉。【鄭第八十五】

성왕이 엄(奄)에서 돌아와 종주(宗周)에 있으면서 여러 나라에 고하였다. 「다방」을 지었다.【정현본의 제85편】

梅云:“還至鎬京。” ○**鏞案** 淮·奄之數叛, 不是海隅小醜萑蒲之警也。自洛以東, 庶邦群牧, 皆與殷頑大族, 同心合謀, 思復殷命。其必淮·奄數反者, 將以滅魯, 以讎周公, 魯滅而殷可復也。故自奄而歸, 必誥庶邦。

〔成王歸自奄〕 매색이 말했다. “돌아와 호경(鎬京)에 이른 것이다.”

○**용안** 회(淮)와 엄(奄)이 여러 차례 반란(叛亂)을 일으킨 것은 외지고 먼 지방에 있는 하찮은 도적의 무리가 일으킨 경보(警報)가 아니다. 낙읍 동쪽에 있는 여러 나라의 군목(群牧)이 모두 은나라의 완악한 대족(大族)과 한마음으로 모의하여 은나라를 복구하려고 생각한 것이다. 회와 엄이 여러 차례 반란을 일으킨 것은 장차 노(魯)나라를 멸망시켜서 주공(周公)에게 복수하며, 노나라가 멸망하면 은나라가 복구될 수 있다고 생각해서이다. 따라서 엄에서 돌아와 여러 나라에 고한 것이다.

考證 〈周本紀〉:“成王自奄歸, 在宗周。作〈多方〉。”

고증 『사기』「주본기」에 “성왕이 엄에서 돌아와 종주(宗周)에 있었다. 「다방」을 지었다.”라고 하였다.

成王旣黜殷命, 滅淮夷, 還歸在豐。作〈周官〉。【鄭第八十六 ○梅氏本, 〈多方〉之下○[교1]承以〈立政〉, 而〈周官〉退在其下。○《史》云 : "周公作〈周官〉。" ○《正義》云 : "鄭本〈周官〉在〈立政〉前, 第八十六。"】

교1) ○: 내용상 앞 문장과 연결되므로 생략되어야 옳은 듯하다.

성왕이 은나라를 멸망시킨 다음 회이를 멸하고 돌아와 풍(豐)에 있었다. 「주관」을 지었다.【정현본의 제86편 ○매색본에는 「다방」 다음에 「입정」으로 이어지고, 「주관」은 밀려서 그 다음에 있다. ○『사기』〈「노세가」〉에는 '周公作「周官」'으로 되어 있다. ○『상서정의』에 "정현본에 는 「주관」이 「입정」의 앞에 있어, 제86편이 된다."[373]라고 하였다.】

鄭云 : "黜殷命, 謂誅武庚。"【〈國風·邶譜〉疏】 梅云 : "黜殷, 在周公東征時, 滅淮夷, 在成王卽政後。"【事相因, 故連言之】

〔黜殷命, 滅淮夷〕 정현이 말했다. "'출은명(黜殷命)'은 무경(武庚)을 주살한 것을 말한다."【『시경』「국풍(國風)」「패용위보(邶鄘衛譜)」의 소이다.】 매색이 말했다. "은나라를 멸망시킨 것은 주공이 동쪽을 정벌할 때 있었던 일이고, 회이를 멸한 것은 성왕이 친정(親政)하게 된 뒤에 있었던 일이다."【일이 서로 얽혀 있으므로 연속하여 말한 것이다.】

373 정현본에는 …… 된다 : 『상서정의』 권1 「요전」의 소에 보인다. 해당 원문은 다음과 같다. 孔以「周官」在「立政」後, 第八十八. 鄭以爲在「立政」前, 第八十六.

考證 〈魯[교1)]世家〉: "成王在豐, 天下已安, 周之官政未次序。於是周公作〈周官〉, 官別其宜, 作〈立政〉。"【〈周本紀〉云: "旣絀殷命, 襲淮夷, 歸在豐, 作〈周官〉, 興正禮樂度制。"】 ○**鏞案** 〈魯世家〉, 〈周官〉·〈立政〉, 本是同序之篇, 又皆周公所作。梅本不知何故抽取〈立政〉篇, 升之爲上卷, 落下〈周官〉篇, 別之爲下卷。其意蓋以所撰〈周官〉, 與〈立政〉所論說, 全不相當, 故寧別之爲各部, 不相附屬耳。變亂一至是哉.

교1) 魯: 신조선사본에는 '魚'로 되어 있으나 篇名이므로 바로잡는다.

고증 『사기』 「노세가」에, "성왕이 풍에 있을 때 천하는 이미 안정되었으나, 주나라의 관직과 행정이 아직 정비되지 않았다. 이에 주공이 「주관」을 짓고, 관직마다 마땅히 행해야 할 바를 구분하여 「입정」을 지었다."라고 하였다.【「주본기」에는 "은나라를 멸망시키고 회이를 습격하고 돌아와 풍에 있으면서 「주관」을 지어 예악(禮樂)과 제도를 일으키고 바로잡았다."라고 하였다.】

○**용안** 「노세가」를 보면 「주관」과 「입정」은 본래 「서」를 같이 쓰는 편(篇)이고, 또한 모두 주공이 지은 것이다. 그런데 매색본에서는 무엇 때문에 「입정」 편을 뽑아 올려서 상권으로 만들고, 「주관」 편을 뽑아 내려서 분리하여 하권으로 만들었는지 알 수가 없다. 그 의도는 아마도 「주관」을 편찬한 것이 「입정」에서 논설한 것과는 전혀 상응하지 않으므로 차라리 각 부로 구분하여 서로 부속되지 않게 하려는 데에 있었던 듯하다. 바꾸어 어지럽게 한 것이 이 지경에 이르렀다.

周公作〈立政〉。【鄭第八十七 ○梅本, 〈立政〉在上, 〈周官〉在下 ○'周公'二字, 是僞者所增】

주공이 「입정」을 지었다.【정현본의 제87편 ○매색본에는 「입정」이 앞에 있고 「주관」이 뒤에 있다. ○'周公' 두 글자는 위작한 자가 추가한 것이다.】

梅云 : "周公既致政,교1) 恐其怠忽, 故以君臣立政爲戒。"【呂云 : "〈無逸〉·〈立政〉, 相爲經緯。"】 **○鏞案** 序無起語者, 蒙上〈周官〉之序, 如〈魯世家〉之文也。今既移之在上, 猶無起語, 何以爲序? 哀哉! 其必移之而在上者, 所撰〈周官〉, 純襲《周禮》, 而〈立政〉所擧常伯·常任·準人·綴衣·虎賁之等, 無一相合, 不可日官別其宜。故分而二之, 以掩其跡, 巧矣哉! **○辨曰** 〈立政〉者, 〈周官〉之訓義也。據〈魯世家〉, 周公既作〈周官〉, 隨作〈立政〉, 以別其宜, 則伏·孔眞本二篇, 必然同序, 抑亦〈周官〉在上, 〈立政〉在後。乃僞者剽竊《周禮》, 以作僞篇, 既又觀之, 以此〈立政〉, 訓彼〈周官〉, 則燕說郢話, 鉏鋙不合。於是拽之扞之, 唯意所欲, 官制職掌, 都無影響。但云'周公戒其怠忽', 隱然上附於〈無逸〉之篇, 使與〈無逸〉雙行耦立, 而遠別於〈周官〉之篇, 毋得相聯, 盜之巧者也。果有呂氏之倫, 墮其術中, 曰 : "〈無逸〉·〈立政〉爲經緯。"

교1) 案政 : 『상서정의』에는 뒤에 '成王'이 더 있다.

〔立政〕 매색이 말했다. "주공이 성왕에게 정사를 돌려주고 나서 태만하고 소홀할 것을 염려하였다. 그래서 임금과 신하가 정사를 잘

돌보아야 한다고 경계한 것이다."【여조겸(呂祖謙)이 말했다. "「무일」과 「입정」은 서로 경위(經緯)가 된다."[374]】

○**용안** 「서」에 서두의 말이 없는 것은 「노세가」의 글[375]과 같이 위에 있는 「주관」의 「서」를 그대로 썼기 때문이다. 그런데 지금은 그것을 이미 앞으로 옮겼는데도 여전히 서두의 말이 없으니 어떻게 「서」가 되겠는가? 애석하다. 굳이 옮겨서 앞에 둔 것은, 「주관」은 순전히 『주례』를 답습하여 지었지만 「입정」에서 거론한 상백(常伯)·상임(常任)·준인(準人)·철의(綴衣)·호분(虎賁) 등과는 서로 맞는 점이 전혀 없으니 관직별로 그 마땅히 행해야 할 바를 구별하였다고 할 수가 없기 때문이다. 그래서 나누어 둘로 만들어 그 자취를 감추었으니, 교묘하다.

○**변왈** 「입정」은 「주관」의 의미를 풀이한 것이다. 「노세가」에 따르면 주공은 「주관」을 지은 다음 이어서 「입정」을 지어 그 마땅히 행해야 할 일들을 구별하였다. 복생본과 공안국본의 진본(眞本)에는 두 편이 반드시 「서」를 같이 썼을 것이고, 또한 「주관」이 앞에 있고 「입정」이 뒤에 있었을 것이다. 그런데 위작한 자가 『주례』를 표절하여 1편을 위작한 다음 다시 살펴보니 이 「입정」을 가지고 저 「주관」을 풀이하면 전혀 다른 내용이 되어 어긋나고 서로 맞지 않았다. 이에 마음대로 끌어오고 꽂아 넣어 관제와 직장(職掌)은

374 여조겸(呂祖謙)이 …… 된다 : 『尙書埤傳』 권13에 인용되어 있다. 원문은 다음과 같다. 呂祖謙曰 : "「無逸」·「立政」二篇, 相爲經緯, 以「無逸」之心, 明「立政」之體, 君道備矣."

375 「노세가」의 글 : 바로 앞에 나온 「주관」 편 「서」의 考證 부분에서 인용한 내용을 말한다.

아무런 흔적도 없게 만들었다. 그러고는 다만 '주공이 그 태만하고 소홀할 것을 경계하였다.'라고 하여, 슬그머니 올려서 「무일」 편에 붙여 「무일」과 나란히 짝이 되게 하고, 「주관」 편과는 멀리 떨어져 서로 연관될 수 없게 만들었으니, 교묘한 도둑질이다. 마침내 여조겸 같은 무리가 그 술수에 떨어져 '「무일」과 「입정」은 서로 경위가 된다.'라고 한 것이다.

00. 상서서 - 089. 회숙신지명

成王旣伐東夷, 肅愼來賀。王俾榮伯作〈賄肅愼之命〉。【鄭第八十八 ○馬本, 肅作息, 俾作辨】

성왕이 동이(東夷)를 정벌하고 나자 숙신(肅愼)이 와서 하례하였다. 왕이 영백(榮伯)을 시켜 「회숙신지명」을 짓게 하였다.【정현본의 제88편 ○마융본에는 '肅'이 '息'으로, '俾'가 '辨'으로 되어 있다.】

馬云: "息愼, 北夷也。" ○鄭云: "息愼, 或謂之肅愼, 東北夷。"【〈舜本紀〉注】 ○馬云: "榮伯, 周同姓, 畿內諸侯, 爲卿大夫。"【見《史》注 ○梅注同。又云: "榮, 國名。"】 ○梅云: "海東諸夷駒麗・扶餘・馯貊之屬, 武王克商, 皆通道焉。成王卽政而叛, 王伐而服之, 故肅愼氏來賀。"【又云: "王使榮伯爲命書, 以幣賄賜肅愼。"】 ○疏云: "〈晉語〉云'周・召・畢・榮', 未知此榮伯是彼榮公, 或其子孫也。" ○**鏞案** 肅愼者, 今寧古塔之東南, 豆滿河之北, 是其地也。漢曰挹婁, 陳・隋曰靺鞨, 唐曰渤海, 宋曰女眞, 明曰野人。擇周成王時, 箕子方都平壤, 所伐東夷, 必係遼・瀋之間, 北夫餘・句麗・貊之屬。【孔疏以馯爲韓, 韓在朝鮮之南, 非成王所伐】 然句麗立國, 在漢元帝之時, 非孔安國所得聞, 此又僞跡之彰彰者。【昔我先大王策問內閣月課之臣, 其問十三經《尙書》之訟曰 : "駒麗立國, 在於漢元帝之後, 而安國之註, 預擧其號何歟?" 正是此序之註。余於對策, 亦以爲僞案】

〔成王 …… 之命〕 마융이 말했다. "식신(息愼)은 북이(北夷)이다." ○정현이 말했다. "식신(息愼)은 숙신(肅愼)이라고도 하는데, 동북이(東北夷)이다."【『사기』 「순본기」의 『집해』에 보인다.】 ○마융이 말했다. "영백(榮伯)은 주(周)와 동성(同姓)이며, 기내의 제후로서 경대부이다."【『사기』 「주본기」의 『집해』에 보인다. ○매색의 주도 같다. 〈매색의 주에〉 또 "영(榮)은 나라 이름이다."라고 하였다.】 ○매색이 말했다. "구려(駒麗)・부여(扶餘)・간맥(馯貊) 등 해동의 여러 이(夷)는 무왕이 상(商)을 이겼을 때 모두 길이 통하였는데, 성왕이 친정(親政)하게 되자 배반하므로 왕이 정벌하여 복속시켰나. 그래서 숙신씨(肅愼氏)가 와서 하례한 것이다."【또 말했다. "왕이 영백에게 명서(命書)를 짓게 하고 숙신에게 폐백과 예물을 내렸다."】 ○소에, "『국어』 「진어(晉語)」에 '주(周)・소(召)・필(畢)・영(榮)'이라고 하였는데, 여기 영백(榮伯)이 〈「진어」에서 말하는〉 영공(榮公)인지 혹은 그 자손인지는 모르겠다."[376]라고 하였다.

○용안 숙신은 지금의 영고탑(寧古塔) 동남쪽, 두만강 북쪽이 그 지역이다. 한나라에서는 읍루(挹婁)라고 하고, 진(陳)나라와 수(隋)

376 『국어』 …… 모르겠다 : 원문의 일부가 생략되어 뜻이 잘 통하지 않게 되었다. 『상서정의』 소의 전문은 다음과 같다. 「晉語」云 : "文王諏於蔡原, 訪於辛尹, 重之以周・召・畢・榮." 於文王之時, 名次畢公之下, 則是大臣也. 未知此時榮伯是彼榮公以否, 或是其子孫也.

나라에서는 말갈(靺鞨)이라고 하고, 당나라에서는 발해(渤海)라고 하고, 송나라에서는 여진(女眞)이라고 하고, 명나라에서는 야인(野人)이라고 하였다. 주나라 성왕 때 기자가 평양에 도읍을 정했을 때의 상황을 선택해서 논한다면 정벌한 동이(東夷)는 필시 요(遼)와 심(瀋) 사이의 북부여(北夫餘)·구려(句麗)·맥(貊) 등에 해당할 것이다.【공영달의 소에서 '간(馯)'을 '한(韓)'이라고 하였는데,[377] 한(韓)은 조선의 남쪽에 있어서 성왕(成王)이 정벌할 수 있는 곳이 아니다.】 그렇지만 구려(句麗)가 나라를 세운 것은 한(漢)나라 원제(元帝) 때의 일이므로 공안국(孔安國)이 들을 수 있는 바가 아니었다. 이 또한 위조한 흔적이 분명히 드러나는 부분이다.【예전에 우리 선대왕[정조]께서 내각[內閣 : 규장각]의 월과문신[月課文臣 : 초계문신(抄啓文臣)]에게 내린 책문(策問)에서 십삼경(十三經) 중 『상서』의 시비에 대해, "고구려의 건국은 한나라 원제(元帝) 이후에 있었는데, 공안국의 주에 미리 그 국호를 거론한 것은 어째서인가?"라고 물으셨는데, 바로 이 「서」의 주석에 대해 물으신 것이다. 나는 그 대책(對策)에서도 위안(僞案)이라고 대답하였다.[378]】"

377 '간(馯)'을 '한(韓)'이라고 하였는데 : 『상서정의』 중 '武王旣伐東夷' 부분의 소에, "『周禮』「職方氏」, 四夷之名, '八蠻·九貉', 鄭玄云'北方曰貉', 又云'東北夷也'. 『漢書』有'高駒麗·扶餘·韓', 無此馯, 馯卽彼韓也."라고 한 내용이 나온다.

378 예전에 …… 대답하였다 : 정조의 책문은 『弘齋全書』 권50 「策問3」에 실려 있고, 여유당전서 『詩文集』 권8 「文集·十三經策」에는 정조의 책문과 함께 다산의 대답도 실려 있는데, 『홍재전서』에는 '在於漢元帝之後'가 '在於漢宣帝之後'로 되어 있다. 또 여유당전서에 실린 다산의 대답은 '句驪'라는 지명은 고구려 건국 이전부터 있었고 한 무제 이전에도 이 지명이 있었으므로 고구려 건국 시기가 고문이 僞作이라는 確證은 되지 못한다고 하여, 여기 내용과는 조금 다르게 되어 있다. 다산 대답의 원문은 다음과 같다. 安國之豫擧駒驪者 …… 後儒以爲'駒驪主朱蒙, 以漢元帝建昭二年始建國號. 安國承詔作『書傳』, 尙未相通, 況武王之時乎?' 臣以爲此妄也. 我東國號, 本因地名, 則朱蒙建國, 雖在元帝之時, 駒驪地名, 當在安國之前, 曷爲豫擧乎? 按『通攷』云, '漢武

考證 〈魯語〉, 仲尼曰 : "昔武王克商, 通道于九夷・百蠻, 肅愼氏貢楛矢・石砮。" ○《左傳》【昭九年】, 王曰 : "武王克商, 肅愼・燕・亳, 吾北土也。"

고증 『국어』 「노어(魯語)」에 다음과 같은 기록이 있다. 중니(仲尼)가 말하기를, "예전에 무왕이 상(商)을 이기자 구이(九夷)・백만(百蠻)과 길이 통하였다. 숙신씨는 싸리나무로 만든 화살[楛矢]과 돌로 만든 화살촉[石砮]을 공물로 바쳤다."라고 하였다.[379]
○『춘추좌씨전』에【소공 9년】 "왕이 이르기를, '무왕이 상을 이김으로써 숙신(肅愼)・연(燕)・박(亳)이 우리의 북쪽 영토가 되었다.'라고 하였다."라고 하였다.

00. 상서서 - 090. 박고

周公在豐, 將沒欲葬成周。公薨, 成王葬于畢, 告周公。作〈亳姑〉。【鄭第八十九 ○梅本, 亳姑讀之如薄姑】

주공이 풍(豐)에서 죽음을 앞두고 성주(成周)에 묻히고 싶어 하였다. 주공이 죽자 성왕은 그를 필(畢)에 장사하고 주공에게 고하였다. 「박고」를 지었다.【정현본의 제89편 ○매색본에 "'亳姑'는 薄姑(박고)와

帝滅朝鮮, 以高句驪爲縣.' 卽『漢書』亦稱玄菟・樂浪, 武帝時置之. 故『地理志』玄菟郡屬縣, 明有句驪. 句驪之名, 實在武帝之前, 不可以此爲古文虛僞之確證也.

379 중니(仲尼)가 …… 하였다 : 『국어』 「魯語」에 다음과 같은 내용이 나온다. 仲尼曰 : "隼之來也遠矣! 此肅愼氏之矢也. 昔武王克商, 通道于九夷・百蠻, 使各以其方賄來貢, 使無忘職業. 於是肅愼氏貢楛矢・石砮, 其長尺有咫."

같이 읽는다."라고 하였다.】

梅云：“周公徙奄君於亳姑，因告柩以葬畢之義，【使近文・武之墓】 斥及奄君已定亳姑。”【言功成】 ○**案** 亳姑之義，未聞。

〔告周公．作亳姑〕 매색이 말했다. “주공이 엄나라의 임금을 박고(亳姑)로 옮겼다. 그 때문에 성왕이 주공의 관에다 필에 장사지내는 이유를 고하고【문왕과 무왕의 묘에 가까이 있게 한 것이다.】 아울러 엄나라의 임금을 박고에 안정시켰다는 사실까지 고한 것이다.”[380]【공(功)이 이루어졌음을 말한 것이다.】

○**안** 박고의 뜻에 대해서는 듣지 못하였다.

考證 〈魯世家〉：“周公在豐病將沒曰，‘必葬我成周，以明吾不敢離成王。’ 周公旣卒，成王亦讓，葬周公於畢，從文王，以明‘予小子不敢臣周公’也。”【亦言亳姑之說】

고증 『사기』「노세가」에 “주공이 풍에서 병이 났는데 죽음을 앞두고, ‘나를 반드시 성주에 장사하여 내가 감히 성왕을 떠나지 않을 것임을 밝혀 달라.’라고 하였다. 주공이 죽고 나서 성왕 또한 겸양하는 뜻에서 주공을 필(畢)에 장사하여 문왕(文王)을 따르게 하고

380 아울러 …… 것이다：원문의 ‘斥及’이 上海古籍出版社에서 나온 『상서정의』에는 ‘竝及’으로 되어 있고, 북경대학출판사에서 나온 『상서정의』 표점본에는 ‘幷及’으로 되어 있고 “‘幷’，原作‘斥’．阮校：‘古本，岳本，宋板，『纂傳』，斥作幷.’ 按，依文意，作‘幷’爲宜，據改.”라는 교감주가 있다. 이에 근거하여 ‘斥’을 ‘幷’으로 보고 번역하였다.

‘나 소자는 감히 주공을 신하로 생각하지 않았음’을 밝혔다.”라고 하였다.【또한 박고(亳姑)에 〈장사한〉 설을 말한 것이다.】

00. 상서서 - 091. 군진

周公旣沒, 命君陳分正東郊成周。作〈君陳〉。【鄭第九十】

주공이 죽고 나서 군진(君陳)에게 명하여 동교(東郊)인 성주를 나누어 다스리게 하였다. 「군진」을 지었다.【정현본의 제90편】

鄭云 : “君陳, 蓋周公之子, 伯禽弟也。【〈坊記〉注】 天子之國, 五十里爲近郊。【一云 : “周之近郊五十里。”】 今河南・洛陽, 相去則然。”【〈聘禮〉疏及〈魯頌〉疏】 ○孔疏云 : “周公遷殷頑民於下都,[교1] 觀自監之, 周公旣沒, 命君陳代之。” ○**鏞案** 周・召二公, 其太子侯于魯・燕, 其次子留輔天子, 爲畿內諸侯, 周公閱・召伯虎, 皆其後也。故鄭疑君陳爲周公之子。【王氏但據僞經, 謂非周公之子, 未必然】 **又按** 周公末年, 無居洛監殷之事, 〈魯世家〉所記甚明。【沒於豐】 周公末年, 成王在洛, 周公在豐, 遂沒於豐。孔乃云‘周公沒而君陳代之’, 非矣。序云‘周公旣沒, 分正東郊’者, 周公逝矣, 民心易潰, 別遣重臣, 分治成周,【卽東郊】 使之威鎭撫綏之也。【蔡氏・吳氏謂‘周公留洛, 七年而薨’, 亦誤】

교1) 案下都 : 『상서정의』에는 ‘成周’로 되어 있다.

〔命君陳分正東郊成周〕 정현이 말했다. “군진(君陳)은 주공의 아들로

백금(伯禽)의 아우일 것이다.【『예기』「방기(坊記)」의 주이다.】 천자의 나라는 50리(里)가 근교(近郊)가 되는데,【일설에는 "주나라의 근교가 오십리이다."라고 하였다.[381]】 지금 하남(河南)과 낙양(洛陽)의 거리를 보면 그러하다."【『의례』「빙례(聘禮)」의 소 및 『시경』「노송(魯頌)」의 소에 나온다.】 ○공영달의 소에 "주공이 은나라의 완악한 백성을 하도[下都 : 성주(成周)]로 옮기고 스스로 그들을 감독하였는데, 주공이 죽자 군진에게 명하여 대신하도록 하였다."라고 하였다.

○용안 주공과 소공(召公) 두 공〈의 아들들〉은, 태자는 노(魯)나라와 연(燕)나라의 후(侯)가 되었고, 차자(次子)는 남아서 천자를 도우며 기내의 제후가 되었다. 주공 열(閱)과 소백(召伯) 호(虎)[382]가 모두 그 후손들이다. 그러므로 정현은 군진이 주공의 아들이라고 의심한 것이다.【왕씨는 위경(僞經)에만 근거하여 주공의 아들이 아니라고 하였지만 반드시 그렇지는 않다.】

우안 주공이 말년에 낙읍에 거처한 사실도 은을 감독한 일도 없으니, 「노세가」에 기록한 바가 매우 명확하다.【풍(豐)에서 죽었다.】 주공 말년에 성왕은 낙읍에 있고 주공은 풍에 있었으며, 드디어 풍에서 죽었다. 공영달이 '주공이 죽자 군진이 대신하였다.'라고 한 것은 잘못이다. 「서」에 '주공이 죽은 다음 동교를 나누어 다스리게 하였다.'라고 한 것은, 주공이 죽어 민심이 무너지기 쉬우므로 따로 중신을 보내

---

381 일설에는 …… 하였다 : 『의례』「聘禮」의 소에 "『尙書』「君陳序」云 : '命君陳分正東郊成周'. 鄭注, 周之近郊, 五十里."라는 내용이 나온다.

382 주공 열(閱)과 소백(召伯) 호(虎) : 주공 열은 주나라 頃王이 죽은 뒤 王孫蘇와 政爭을 벌인 인물이고, 소백 호는 시호가 穆으로 周 厲王·宣王 시기에 周公(이름 未詳)과 함께 共和政을 편 인물이다.

성주를 나누어 다스리되【〈성주가〉 곧 동교(東郊)이다.】 위엄으로 진압하고 어루만져 편안하게 하도록 한 것이다.【채침과 오역(吳棫)은 "주공이 낙읍에 머물다가 7년 만에 죽었다."[383]라고 하였는데, 또한 잘못이다.】

00. 상서서 - 092. 고명

成王將崩, 命召公·畢公率諸侯相康王。作〈顧命〉。【鄭第九十一】

성왕이 임종할 때 소공(召公)과 필공(畢公)에게 제후들을 이끌고 강왕을 도우라고 명하였다. 「고명」을 지었다.【정현본의 제91편】

馬云: "成王將崩, 顧命康王, 命召公·畢公率諸侯輔相之。" ○鄭云: "廻首曰顧, 顧是將去之意。"【《說文》云: "顧, 還視也。"】 又云: "臨終出命, 故謂之顧。"【見《史》注】

〔成王 …… 康王〕 마융이 말했다. "성왕이 임종할 때 강왕(康王)에게 고명(顧命)을 하고, 소공(召公)과 필공(畢公)에게 제후들을 이끌고 강왕을 도우라고 명한 것이다." ○정현이 말했다. "머리를 돌리는 것을 '고(顧)'라고 하니, '고'는 장차 떠날 것이라는 뜻이다.【『설문해자』에 "고(顧)는 환시[還視: 돌아보다]의 뜻이다."라고 하였다.】 또 말했다.

383 주공이 …… 죽었다: 「낙고」의 "惟周公誕保文武受命, 惟七年" 구에 대해 채침의 『서집전』에서 "周公自留洛之後, 凡七年而薨也."라고 한 吳棫의 설을 인용하여 풀이하였다.

"죽음을 앞두고 명령을 낸 것이므로 '고'라고 한 것이다."【『사기』「주본기」의 『집해』에 보인다.】

考證 〈周本紀〉: "成王將崩, 懼太子釗之不任, 乃命召公・畢公率諸侯以相太子而立之。成王旣崩, 二公率諸侯, 以太子釗見於先王廟中,[교1] 申告文[교2]王・武王[교3]王業之不易, 務在節儉, 毋多欲, 以篤信臨之。作〈顧命〉。"

교1) 中 : 『史記』「周本紀」에는 빠져 있다.
교2) 案文 : 『사기』에는 앞에 '以'가 더 있다.
교3) 案王 : 『사기』에는 뒤에 '之所以爲'가 더 있다.

고증 『사기』「주본기」에, "성왕이 임종을 앞두고 태자 교(釗)가 임무를 감당하지 못할 것을 걱정하여, 소공과 필공에게 제후들을 이끌고 가서 태자를 도와 왕위를 확립하게 할 것을 명하였다. 성왕이 죽자 소공과 필공은 제후들을 이끌고 가서 태자 교가 선왕의 사당에 배알하게 하고 문왕과 무왕이 왕업을 이루기 쉽지 않았음을 거듭 고하며, 검약에 힘쓰고 많은 욕심을 부리지 말며 독실한 믿음으로 임하도록 하였다. 「고명」을 지었다."라고 하였다.

00. 상서서 - 093. 강왕지고

康王旣尸天子,【馬本, 此句上更有'成王崩'三字】 **遂誥諸侯。作〈康王之誥〉。**【鄭第九十二 ○伏氏本, 與上〈顧命〉連爲一篇, 不別爲二 ○馬・鄭・王本,

此篇自'王若曰'已下, 始爲〈康王之誥〉】

강왕이 천자의 자리에 오르고 나서【마융본에는 이 구 앞에 '성왕붕(成王崩)' 세 글자가 더 있다.】 드디어 제후들에게 고하였다. 「강왕지고」를 지었다.【정현본의 제92편 ○복생본에서는 앞의 「고명」에 연결하여 한 편으로 만들고 두 편으로 나누지 않았다. ○마융본, 정현본, 왕숙본에서는 이 편의 '왕약왈(王若曰)' 다음부터를 비로소 「강왕지고(康王之誥)」로 만들었다.】

馬云 : "與〈顧命〉差異敍, 歐陽・大小夏侯, 同爲〈顧命〉。" ○梅云 : "尸, 主也。"【主, 天子之正號】

〔康王 …… 康王之誥〕 마융이 말했다. "「고명」과는 「서」가 약간 다르지만 구양생(歐陽生)과 대하후씨[大夏侯氏 : 하후승(夏侯勝)]・소하후씨[小夏侯氏 : 하후건(夏侯建)]는 똑같이 「고명」이라고 보았다."[384] ○매색이 말했다. "시(尸)는 주[主 : 군주]의 뜻이다."【주는 천자의 정호[正號 : 정식 호칭]이다.】

考異 疏云 : "伏生以此篇合於〈顧命〉, 共爲一篇。【後人知其不可, 分而爲二】 馬・鄭・王本, 此篇自'高祖寡命'已上, 內於〈顧命〉之篇, '王若曰'已下, 始爲〈康王之誥〉。諸侯告王, 王報[교1)]諸侯, 而使告・報異篇, 失其義也。" **○鏞案** 分割之從某至某, 孰是孰非, 姑舍是。伏本旣止一篇, 則此篇之

384 마융이 …… 보았다 : 「강왕지고」의 "王若曰庶邦侯甸男衛"에 대한 『상서정의』의 매색 주(공안국의 傳)에 "馬本從此以下爲「康王之誥」. 又云 : '與顧命差異敍, 歐陽・大小夏侯, 同爲「顧命」.'"이라는 내용이 나온다. 다산은 마융본 등을 취하여 『상서고훈』의 「강왕지고」 편을 "王若曰 ……"에서 시작하였다.

序, 伏所無也。伏亦百篇, 則此篇之缺, 定有本額, 亦自有序矣。彼序旣存, 此序何出? 〈書序〉雖本孔子所作, 伏變爲孔, 鄭變爲梅, 其沿革破補, 誠有不可問者矣。

교1) 案報 : 『상서정의』에는 뒤에 '誥'가 더 있다.

고이 소에서, "복생(伏生)은 이 편을 「고명」에 합쳐서 함께 한 편으로 만들었는데,【후세 사람들이 그래서는 안 된다는 것을 알고 나누어 두 편으로 만들었다.】 마융본, 정현본, 왕숙본에서는 이 편의 '고조과명(高祖寡命)' 앞쪽은 「고명」에 넣고 '왕약왈(王若曰)' 다음부터 비로소 「강왕지고」를 시작하였다. 제후가 왕에게 고(告)하고 왕이 제후에게 답하여 고한[報誥] 것인데 고(告)와 보(報)를 다른 편이 되게 하였으니, 그 뜻을 잃은 것이다.[伏生以此篇合於「顧命」, 共爲一篇.【後人知其不可分而爲二】 馬·鄭·王本, 此篇自'高祖寡命'已上, 內於「顧命」之篇, '王若曰'已下, 始爲「康王之誥」. 諸侯告王, 王報誥諸侯, 而使告·報異篇, 失其義也]"라고 하였다.

○용안 어디서 어디까지 분할해야 하는지, 누가 옳고 누가 그른지는 일단 놔두자. 복생본은 이미 한 편에 그쳤으니 이 편의 「서」는 복생본에 없던 것이다. 그러나 복생본 또한 100편이었으니 빠진 이 편 대신에 정해진 본래의 편목이 있었을 것이고, 또한 당연히 그에 해당하는 「서」가 있었을 것이다. 복생본에 「서」가 이미 있었다면 이 「서」는 어디에서 나온 것인가? 「서서」는 비록 본래 공자가 지은 것이지만 복생의 판본이 변하여 공안국본이 되고, 정현의 판본이 변하여 매색본이 되었으니, 그 변천하여 쪼개지고 보합되는

과정에 대해서는 참으로 따져볼 수 없게 되었다.

考證 〈周本紀〉: "康王卽位, 徧告諸侯, 宣告以文·武之業以申之。作〈康誥〉。" ○**案** 《史》序每與本序大同, 而此序又絶不相似。

고증 『사기』「주본기」에 "강왕의 즉위를 제후들에게 두루 고하고, 문왕과 무왕의 위업을 선포하고 거듭 다짐하였다.「강고」를 지었다."라고 하였다.

○**안** 『사기』에 실려 있는 「서」는 매양 『상서』의 「서」와 대동소이하지만, 이 「서」는 전혀 비슷하지 않다.

00. 상서서 - 094. 필명

康王命作冊,【句】 **畢,**【《史》云'畢公'】 **分居里成周郊。作〈畢命〉。**【鄭第九十三】

강왕이 책명(冊命)을 지어【단구】 필공에게【『사기』에는 '畢公'으로 되어 있다.】 명하여 백성들이 사는 마을을 분별하고 주(周)의 동교(東郊)를 이루게 하였다. 「필명」을 지었다.【정현본의 제93편】

梅云: "分別民之居里, 異其善惡, 成[교1)]東周郊境。"【梅以'作冊畢'句】 ○**鏞案** 此序, 疑有脫字。不但'公'一字而已, 郊上宜有'東'字。自撰經曰'旌別淑慝', 自注序曰'異其善惡', 亦何難之有? '作冊畢'爲句, 又何以讀矣?

교1) 案成 : 『상서정의』에는 뒤에 '定'이 더 있다.

〔康王 …… 周郊〕 매색이 말했다. "백성이 사는 마을을 분별하여 선한 자와 악한 자가 〈사는 곳을〉 다르게 해서 동주의 〈동쪽〉 교(郊) 지역을 안정시키게 한 것이다."【매색은 '作冊畢'에서 단구하였다.】

○용안 이 「서」에는 탈자(脫字)가 있는 듯하다. '공(公)' 한 글자뿐 아니라 '교(郊)' 앞에 '동(東)' 자가 있어야 한다. 경문을 지으면서 '선과 악을 드러내어 구별하고'[385]라고 하였고, 「서」에 주를 내면서 '선한 자와 악한 자가 〈사는 곳을〉 다르게 해서'라고 하였으니, 또 무엇이 어려웠겠는가? '작책필(作冊畢)'을 하나의 구로 만든다면 또 어떻게 읽겠는가?"

考證 〈周本紀〉: "康王命作策畢公分居里, 成周郊, 作〈畢命〉。"

고증 『사기』「주본기」에 "강왕이 책명(策命)을 지어, 필공에게 백성들이 사는 마을을 구분하여 동주의 교(郊) 지역을 안정시키도록 명한 것이다. 「필명」을 지었다."라고 하였다.

00. 상서서 - 095. 군아

穆王命君牙爲周大司徒。作〈君牙〉。【鄭第九十四 ○疏云: "君牙或作君雅。"】

385 선과 …… 구별하고 : 매색본 『상서』의 「畢命」 7장에 나온다.

목왕이 군아(君牙)를 주나라의 대사도(大司徒)로 삼는다고 명하였다. 「군아」를 지었다.【정현본의 제94편 ○소에 "'君牙'는 '君雅'로도 쓴다."라고 하였다.】

鄭注《禮記》云: "雅, 〈書序〉作牙, 假借字也。君雅, 周穆王司徒, 作《尙書》篇名。"【〈緇衣〉注】 ○**案** 《史記》無〈君牙〉之說。

〔君牙〕 정현의 『예기』 주에, "'아(雅)'가 「서서」에는 '아(牙)'로 되어 있는데, 가차자이다. 군아(君雅)는 주나라 목왕(穆王) 때의 사도(司徒)인데 『상서』의 편명으로 삼은 것이다."【「치의(緇衣)」의 주[386]에 보인다.】라고 하였다.

○**용안** 『사기』에는 「군아」에 대한 설이 없다.

00. 상서서 - 096. 경명

穆王命伯冏爲周太僕正。作〈冏命〉。【鄭第九十五。《史記》作'臩命'】

목왕이 명하여 백경(伯冏)을 주나라의 태복정(太僕正)으로 삼았다. 「경명」을 지었다.【정현본의 제95편. 『사기』에는 '臩命'으로 되어 있다.】

梅云: "太僕長,【疏云: "正, 長也。"】 大[교1]御中大夫。"【疏云: "大馭下, 有戎

386 「치의(緇衣)」의 주: 『예기』 「치의」의 「君雅」曰: "夏日暑雨, 小民惟曰怨, 資冬祁寒, 小民亦惟曰怨."에 대한 주이다.

僕·齊僕·道僕·田僕, 大馭最爲長。"】 ○**鏞案** 《史》註錄應劭之說, 亦與梅註同,【應劭云: "太僕, 周穆王所置。蓋太馭衆僕之中長[교2]大夫也。"】 蓋自東京以來, 相傳如此。鄭註《周 禮》, 亦以太馭爲馭之最尊。鄭旣以太馭爲最尊, 則其註〈冏命〉之序, 亦必與梅同。此義大謬, 已詳于前編, 今不再述。

교1) 㮎大: 『상서정의』에는 '太'로 되어 있다. 소주에 있는 '大馭'의 '大'도 마찬가지이다.

교2) 㮎中長: 『사기집해』에는 '長中'으로 되어 있다.

〔**太僕正**〕 매색이 말했다. "태복장(太僕長)은【소에서 "정(正)은 장[長: 우두머리]의 뜻이다."라고 하였다.】 태어(太御)로 중대부(中大夫)이다."【소에서 "태어 아래에 융복(戎僕)·제복(齊僕)·도복(道僕)·전복(田僕)이 있는데, 태어가 가장 높다."라고 하였다.】

○**용안** 『사기』「주본기」의 『집해』에 기록된 응소(應劭)의 설 또한 매색의 주와 같으니【응소가 말했다. "태복은 주나라 목왕이 설치한 관직이다. 아마 태어(太馭)는 여러 복(僕)의 우두머리로 중대부일 것이다."】 동경[東京: 후한(後漢)] 이래로 이렇게 전해졌을 것이다. 정현의 『주례』 주에서도 '태어(太馭)는 어(馭) 중에 가장 높은 직위'라고 하였다. 정현은 이미 태어를 가장 높은 직위라고 하였으니, 「경명」의 「서」에 대한 주석 또한 필시 매색의 주와 같았을 것이다. 이 풀이가 크게 잘못되었음은 이미 전편(前編)[387]에서 상세하게 다루었으므로 여기서는 다시 기술하지 않는다.

---

387 전편(前編): 『매씨서평』 권3 「梅氏書平9·冏命」「序」曰: "穆王命伯冏爲周太僕正, 作「冏命」." 條에서 太僕正에 대한 매색 등의 주가 오류임을 밝혔다.

考證 〈周本紀〉: "穆王閔文·武之道缺, 乃命伯臩, 申誡太僕國之政。作〈臩命〉。復寧。" ○**案** 〈周本紀〉此段, 似有缺脫。然太僕若是太馭之類, 何足云文·武道缺以此救之? 其職任之重且要, 非比太馭矣.【竝詳于前編】

고증 『사기』「주본기」에, "목왕은 문왕과 무왕의 도가 무너지는 것을 걱정하였다. 이에 백경(伯臩)을 태복(太僕)에 임명하고 국정을 살피도록 거듭 훈계하였다. 「경명」을 지었다. 그러자 천하가 다시 안정되었다."라고 하였다.

○**안** 「주본기」의 이 단락에는 결락이 있는 듯하다. 그렇지만 태복(太僕)이 만약 태어(太馭)의 부류라면 어찌 '문왕과 무왕의 도가 무너지는데 이로써 구제한다.'라고 할 수 있겠는가? 그 직임의 무겁고 긴요함이 태어에 비할 바가 아니다.【모두 『매씨서평』에서 상세하게 다루었다.】

번역 : 송지원 · 김성재

00. 상서서 - 097. 채중지명

蔡叔旣沒, 王命蔡仲, 踐諸侯位。作〈蔡仲之命〉。【鄭第九十六 ○梅氏本, 〈序〉在〈君奭〉之下。蓋自此超越十三篇而升之】

채숙(蔡叔)이 죽은 뒤 왕이 채중(蔡仲)에게 명하여 제후의 자리에 오르게 하였다. 「채중지명」을 지었다.【정현본의 제96편 ○매색본에는 이 「서」가 「군석」 다음에 있다. 여기에서 13편 앞으로 올린 것이다.】

梅云 : "父卒命子, 罪不相及。"【疏云 : "蔡叔身尙不死, 明其罪輕。"】

〔王命蔡仲, 踐諸侯位〕 매색이 말했다. "아비가 사망하자 아들을 임명하였으니, 죄가 서로 미치지 않은 것이다."【소에서 "채숙(蔡叔)이 아직 죽지 않았으니, 그의 죄가 가벼웠음이 분명하다."라고 하였다.】

考證 〈管蔡世家〉云 : "蔡叔度旣遷而死, 其子胡改行率德, 周公聞之, 以爲魯卿士, 魯國治。於是言於成王, 復封於蔡, 以奉蔡叔之祀。" ○《左傳》,【定四年】 祝鮀曰 : "周公[교1]殺管叔而蔡蔡叔, 其子蔡仲, 改行帥德, 周公擧之, 以爲己卿士, 見諸王而命之以蔡。" ○**鏞案** 〈蔡仲之命〉, 宜係成王·周公之世, 誤編在此。而馬·鄭諸人, 謹守管鑰, 不敢擅自移動, 典經者當如是也。

교1) 案周公 : 『춘추좌씨전』에는 '王於是乎'로 되어 있다.

고증 『사기』「관채세가(管蔡世家)」에, "채숙(蔡叔) 도(度)는 유배 가서 죽었고, 그의 아들 호(胡)가 행실을 고쳐 덕을 따랐다. 주공이 이를 듣고 노(魯)의 경사(卿士)로 삼으니 노나라가 잘 다스려졌다. 이에 성왕에게 말하여 다시 채(蔡)에 봉(封)하여 채숙의 제사를 받들게 하였다."[388]라고 하였다.

○『춘추좌씨전』【정공 4년】 축타(祝鮀)의 말에, "이에 왕이 관숙을 죽이고 채숙을 추방하였는데, 채숙의 아들인 채중이 행실을 고쳐

388 채숙(蔡叔) 도(度)는 …… 하였다 : 『사기』「管蔡世家」의 전문은 다음과 같다. 蔡叔度旣遷而死. 其子曰胡, 胡乃改行, 率德馴善. 周公聞之, 而擧胡以爲魯卿士, 魯國治. 於是周公言於成王, 復封胡於蔡, 以奉蔡叔之祀, 是爲蔡仲.

덕을 따르므로 주공이 그를 등용하여 자신의 경사(卿士)로 삼고, 왕을 뵙게 하니 〈왕이〉 명하여 채후(蔡侯)로 삼았습니다."[389]라고 하였다.

○**용안** 「채중지명」은 의당 성왕과 주공 시대에 해당되는 내용인데 잘못 편집되어 여기에 있게 되었다. 그런데 마융과 정현 등은 삼가 굳게 지키고 감히 제멋대로 옮기지 않았으니, 경(經)을 다루는 자는 마땅히 이렇게 해야 한다.

00. 상서서 - 098. 비서

魯侯伯禽宅曲阜, 徐夷幷興, 東郊不開。作〈費誓〉。【鄭第九十七。梅氏本, 降而下之九十九, 在〈秦誓〉之上 ○馬本, 開作闢】

노후(魯侯) 백금(伯禽)이 곡부(曲阜)에 자리를 정하자 서이(徐夷)가 함께 일어나 동교(東郊)가 열리지 않았다. 「비서」를 지었다.【정현본의 제97편. 매색본에는 99편으로 내려서 「진서」의 앞에 두었다. ○마융본에는 '開'가 '闢'으로 되어 있다. 】

鄭注《禮記》云 : "伯禽[교1]封於魯, 徐[교2]戎作難, 喪卒哭而征之, 急王事也。征之, 作〈費誓〉。"【〈曾子問〉之注】

---

389 이에 …… 삼았습니다 : 『춘추좌씨전』 정공 4년의 해당 부분 전문은 다음과 같다. 王於是乎, 殺管叔而蔡蔡叔, 以車七乘・徒七十人. 其子蔡仲改行帥德, 周公擧之, 以爲己卿士, 見諸王而命之以蔡.

교1) 案禽 : 『예기정의』에는 뒤에 '周公子'가 더 있다.
교2) 案徐 : 『예기정의』에는 앞에 '有'가 더 있다.

〔魯侯伯禽宅曲阜, 徐夷幷興〕 정현이 『예기』 주에서 "백금(伯禽)이 노(魯)에 봉해지자 서융(徐戎)이 난을 일으켰다. 〈백금이〉 상중에 졸곡(卒哭)을 하고 정벌한 것은 왕사(王事)를 급하게 여겨서이다. 정벌을 하고 「비서」를 지었다."라고 하였다.【「증자문(曾子問)」의 주에 보인다.】

考異 '費誓', 伏本作'鮮誓',【《書大傳》】《說文》作'粊誓'。【許愼云 : "今本作費。" 薛本同。】《史記》作'肹誓',【〈魯世家〉】《史》註作'獮誓', 作'顯誓',【徐廣云】 裵註作'柴誓'。 ○顔師古《匡[교1)]謬正俗》,【東郊不開】 作'東郊不闢'。【古之闢字也。 馬本作闢】

교1) 匡 : 신조선사본에는 '刋'으로 되어 있으나 書名이므로 바로잡는다. 案宋에서는 태조 趙匡胤의 이름을 諱하여 '刋'으로 썼다.

고이 '費誓'가 복생본에는 '鮮誓'로 되어 있고【『상서대전』에 나온다.】, 『설문해자』에는 '粊誓'로 되어 있으며【허신이 말했다. "지금의 판본에는 '費'로 되어 있다." 설계선본도 같다.】, 『사기』에는 '肹誓'로 되어 있고【「노세가」에 보인다.】, 『사기』의 주에는 '獮誓'로 되어 있고 '顯誓'로도 되어 있으며【서광(徐廣)의 주이다.】, 배인(裵駰)의 주에는 '柴誓'로 되어 있다.[390]

390 『사기』에는 …… 있다 : 「노세가」에 "於是伯禽率師伐之於肹, 作「肹誓」"라고 하였는데, 그 부분의 『집해』에 "徐廣曰 : '肹, 一作鮮, 一作獮.' 駰按 : 『尙書』

○안사고(顔師古)의 『광류정속(匡謬正俗)』에는【'東郊不開'가】 '東郊不闢'[391]으로 되어 있다.【〈闢은〉 '闢'의 고자이다. 마융본에는 '闢'으로 되어 있다.】

考證 〈魯世家〉: "伯禽卽位之後, 有管・蔡等反也。淮夷・徐戎, 亦竝興反。伯禽率師伐之於肸。作〈肸誓〉。"

고증 『사기』「노세가」에, "백금이 즉위한 후에 관숙과 채숙 등의 반란이 있었다. 회이(淮夷)와 서융(徐戎)도 함께 반란을 일으켰다. 백금이 군내를 거느리고 이들을 힐(肸)에서 정벌하였다. 「힐서(肸誓)」를 지었다."라고 하였다.

考訂 梅云: "諸侯之事, 而連帝王。孔子序《書》, 以魯有治戎征討之備, 秦有悔過自誓之戒, 足爲世法, 故錄以備王事, 猶《詩》錄商・魯之頌。" ○**鏞案** 此其所以降置〈秦誓〉之上也。〈邶〉・〈鄘〉・〈衛〉・〈鄭〉, 在〈王風〉之上, 何必〈費誓〉不能在〈呂刑〉之上? 變亂經籍, 妄爲排比之論, 罪也。

고정 매색이 말했다. "제후의 일인데 제왕(帝王)에게 연결시킨 것이다. 공자가 『상서』의 「서」를 지으면서, 노(魯)나라에 전쟁이나 정벌을 위한 대비책이 있었고 진(秦)나라에 허물을 뉘우치고 스스로 맹서하는 계칙(戒飭)이 있는 것은 세상의 법도가 되기에 충분하다고 여겼다. 그래서 이를 기록하여 왕사(王事)에 갖추어놓았으니, 『시경』에 상(商)나라와 노(魯)나라의 송(頌)을 실은 것과 같은 뜻이다."

作粊. 孔安國曰: 魯東郊之地名也."라고 하였다.

391 東郊不闢: 『匡謬正俗』 권2에 나온다. 원문은 "闢, 「費誓序」云: 魯侯伯禽, 宅曲阜, 徐夷並興, 東郊不闢."이다.

○**용안** 이것이 〈매색이 「비서」를〉 내려서 「진서(秦誓)」의 앞에 배치한 이유이다. 하지만 〈『시경』에는〉 「패풍(邶風)」·「용풍(鄘風)」·「위풍(衛風)」·「정풍(鄭風)」이 「왕풍(王風)」의 앞에 있는데, 어째서 「비서」는 반드시 「여형(呂刑)」의 앞에 있을 수 없다는 말인가? 경적(經籍)을 변란(變亂)시켜 함부로 배열하는 논의를 하였으니, 죄이다.

00. 상서서 - 099. 여형

呂命, 穆王訓夏贖刑。作〈呂刑〉。【鄭第九十八 ○梅本第九十七】

여후(呂侯)를 명하여 〈사구(司寇)로 삼고〉 목왕이 하(夏)나라의 속형(贖刑)을 가르쳤다. 「여형」을 지었다.【정현본의 제98편 ○매색본의 제97편】

鄭云："呂侯受王命, 入爲三公。【疏云："鄭意[교1)]當以三公領司寇。"】《書[교2)]說》云, '周穆王以呂侯爲相。'"【《書說》卽書緯】 ○梅云："呂侯見, 命爲天子司寇。【釋'呂命'二字】 呂侯以穆王命, 作書, 訓暢夏禹贖刑之法。" ○**鏞案** 若如〈周紀〉之文, 則'呂命'者, 猶呂告也。

교1) 案意 : 『상서정의』에는 '言'으로 되어 있다.
교2) 案書 : 『상서정의』에는 앞에 '引'이 더 있다.

【呂命】 정현이 말했다. "여후(呂侯)가 왕명을 받고 들어와 삼공(三公)이 된 것이다."【소에서 "정현의 말은 삼공이 사구(司寇)를 거느린다는

뜻이다."라고 하였다.】『서설(書說)』에서는 "주(周) 목왕(穆王)이 여후를 정승으로 삼았다."라고 하였다.【『서설』은 『상서』의 위서(緯書)이다.[392]】 ○매색이 말했다. "여후가 알현하자 명하여 천자의 사구로 삼은 것이다."

〔穆王訓夏贖刑〕〈매색이 말했다.〉"여후가 목왕의 명으로 글을 지어 하우(夏禹)의 속형(贖刑)하는 법을 해설하고 공포한 것이다."

○용안 『사기』「주본기」의 내용대로면 '여명(呂命)'은 '여고(呂告)'와 같다.

考證 〈周本紀〉: "諸侯有不睦者, 甫侯言於穆[교1)]王, 作修刑辟, 命曰〈甫刑〉。"《孝經》, 〈表記〉·〈緇衣〉, 竝作〈甫刑〉。

교1) 案穆: 『사기』에는 없다.

고증 『사기』「주본기」에 "제후 중에 화목하지 못한 사람이 있으므로 보후(甫侯)가 목왕(穆王)에게 말하고 형벌을 성비하였다. 「보형(甫刑)」이라고 명명하였다."라고 하였다.

『효경(孝經)』과 『예기』「표기(表記)」·「치의(緇衣)」[393]에는 모두 '보형(甫刑)'으로 되어 있다.[394]

---

392 『서설』은 『상서』의 위서(緯書)이다: 『상서정의』에 "『書說』, 謂書緯, 「刑德放」之篇有此言也."라고 하였다.

393 『효경(孝經)』과 …… 「치의(緇衣)」: 『효경』「天子章」에 "「甫刑」云, 一人有慶……"이란 말이 나오고, 『예기』「표기(表記)」에 "「甫刑」曰: 敬忌而罔有擇……"이란 말이 나오며, 또 「치의」에는 "「甫刑」曰: 德威惟威 ……"란 말이 나온다.

平王錫晉文侯秬鬯·圭瓚。作〈文侯之命〉。【鄭第九十九】

평왕이 진(晉) 문후(文侯)에게 거창(秬鬯)과 규찬(圭瓚)을 내려주었다. 「문후지명」을 지었다.【정현본의 제99편】

馬本, 王錫作王賜。【無'平'字】 ○王肅云: "幽王旣滅, 平王東遷, 晉文侯·鄭武公夾輔王室, 爲大國功重, 故平王命爲侯·伯。"【疏云: "太子宜臼奔申, 晉文侯·鄭武公迎立之, 是爲平王。"】

〔平王錫〕 마융본에는 '王錫'이 '王賜'로 되어 있다.【'平' 자가 없다.】[395]
〔文侯之命〕○왕숙이 말했다. "유왕(幽王)이 죽은 뒤 평왕이 동쪽으로 천도(遷都)할 때 진 문후(晉文侯)와 정 무공(鄭武公)이 왕실을 보좌하여 천자의 나라를 위해 큰 공을 세웠다. 이 때문에 평왕이 명하여 그들을 후(侯)와 백(伯)으로 삼았다."【소에 "태자 의구(宜臼)가 신(申)으로 달아났는데 진 문후와 정 무공이 그를 맞아들여 왕으로 세웠다. 이 사람이 평왕이다."[396]라고 하였다.】

---

394 『효경(孝經)』과 …… 있다 : 이 부분은 위의 인용문에 대한 다산의 案說인 듯한데, 표지가 빠져 있으므로 확언하기 어렵다.

395 마융본에는 …… 없다 : 『상서고훈』에서는 다른 내용은 없이 글자의 異同만을 살핀 경우, 따로 考異 항목에서 다루거나 경문의 말미 혹은 해당 고훈의 뒤에 小注로 제시하는 것이 일반적인데, 고훈 부분에 들어 있는 것은 특이한 사례로서 古訓보다는 考異의 성격을 띠는 서술이라고 하겠다. 따라서 번역도 고이의 번역 원칙을 따랐다.

396 태자 …… 평왕이다 : 『상서정의』 소의 일부 내용을 생략하고 인용하였다. 전문은 다음과 같다. 宜臼奔申, 申侯與犬戎旣殺幽王, 晉文侯與鄭武公迎宜臼立之. 是爲平王.

考誤 〈晉世家〉: "晉文公作王宮于踐土, 獻楚俘於周天子, 命晉侯爲伯。作〈晉文侯命〉。"【王若曰父義[교1)]和云云】 ○司馬貞云: "〈文侯之命〉, 是平王命文侯仇之語。襄王・文公, 代數懸隔, 太史公疎謬。"【平王至襄王七代, 仇至重耳十一代】

교1) 義: 신조선사본에는 '羲'로 되어 있으나『尙書』「文侯之命」에 따라 바로잡는다. 案『사기』「晉世家」에도 '羲'로 되어 있다.

고오『사기』「진세가(晉世家)」에, "진 문공이 천토(踐土)에 왕궁을 짓고 초(楚)나라의 포로를 주(周) 천자에게 바쳤다. 진후(晉侯)를 명하여 백(伯)으로 삼았다. 「진문후명(晉文侯命)」을 지었다."라고 하였다.【왕이 말했다. "부(父) 의화(義和)여, ……"】 ○사마정(司馬貞)이 말했다. "「문후지명」은 평왕이 문후(文侯) 구(仇)에게 명한 말이다. 양왕(襄王)과 문공(文公)은 대수(代數)가 현격하게 머니, 태사공[太史公 : 사마천]의 오류이다."【평왕(平王)에서 양왕(襄王)까지는 7대[397]이고, 구(仇)에서 중이(重耳)까지는 11대이다.】[398]

397 평왕(平王)에서 양왕(襄王)까지는 7대 : 周 平王에서 襄王까지 王代로는 5대이지만 중간에 즉위하지 못한 사람이 있어 世系는 平王 宜臼-洩父(요절)-桓王 林-克-莊王 佗-釐王 胡齊-惠王 閬-襄王 鄭으로 7대이다.

398『사기』…… 11대이다 : 「문후지명」은 公・侯・伯・子・南의 5등 제후 중 세 번째 등급인 伯爵이던 晉나라를, 平王이 東遷을 도운 공을 인정하여 두 번 째인 侯爵으로 승격하면서 내린 命으로, 晉 文侯(이름 仇) 때의 일이다. 그런데『사기』「진세가」에는 周 襄王 시기 제후들의 霸者가 된 晉 文公(이름 重耳) 때의 일로 되어 있으므로『史記索隱』의 기록을 근거로 그것이 오류임을 밝히고자 한 것이 다산의 의도인 듯하다. 그런데『사기』를 인용하면서 晉 文公으로 언급한 부분을 생략하였기 때문에 논점이 모호해졌다.『사기』「晉世家」와『색은』의 해당 내용은 다음과 같다. 「진세가」: 五月丁

秦穆公伐鄭, 晉襄公帥師敗諸崤。還歸, 作〈秦誓〉。【鄭第一百】

진 목공(秦穆公)이 정(鄭)을 공격하자, 진 양공(晉襄公)이 군대를 거느리고 그들을 효(崤)에서 패배시켰다. 〈목공이〉 돌아와 「진서」를 지었다.【정현본의 제100편】

鄭云 : "秦穆公伐鄭, 爲晉所敗於殽, 還誓其群臣, 故作此篇。"【〈大學〉引'〈秦誓〉曰'注】 ○杜預云 : "殽, 在弘農澠池縣西。"【秦伐鄭事, 在僖三十三年】 ○梅云 : "晉舍三帥還歸,【疏云 : "嫌穆公身還, 故辨之。"】 穆公悔過作誓。" ○**鏞案** 還歸之義, 當與〈周官〉序意同。

〔秦穆公 …… 秦誓〕 정현이 말했다. "진 목공(秦穆公)이 정(鄭)나라를 공격하였으나 효(殽)에서 진(晉)에게 패배하고는, 돌아가 신하들에게 맹서하였다. 그래서 이 편을 지은 것이다."【『예기』「대학」의 '진서

未, 獻楚俘於周 …… 天子使王子虎命晉侯爲伯 …… 周作「晉文侯命」: '王若曰, 父義和, 丕顯文・武 ……' 於是晉文公稱伯. 『색은』: 『尙書』「文侯之命」, 是平王命晉文侯仇之語, 今此文乃襄王命文公重耳之事, 代數懸隔, 勳策全乖. 太史公雖復彌縫左氏, 而系家頗亦時有疏謬. …… 計平王至襄王爲七代, 仇至重耳爲十一代而十三侯.

399 101.진서 : 다산은, 「서서」 100편은 모두 공자가 지었지만 매색의 변조를 거쳤으므로 원안이 아니라고 보면서도, 남아 있는 경문이 매색본밖에 없으므로 매색본을 따르지 않을 수 없다고 하였다. 다산은, 매색이 「棄稷」을 없애고 「고요모」를 나누어 「고요모」와 「익직」의 두 편으로 만들고 「익직」의 「서」도 위조하였다고 보았다. 여기 『상서고훈』의 「서례」에서는 매색본에 따라 「익직」의 「서」를 두면서, 한편으로 없어진 「기직」의 「서」도 따로 항목을 세워서 논하였으므로 「진서」가 101번째가 되었다.

왈(秦誓曰)' 다음의 인용 부분에 대한 주에 보인다.】 ○두예(杜預)가 말했다. "효(殽)는 홍농군(弘農郡) 민지현(澠池縣)의 서쪽에 있다."【진(秦)나라가 정(鄭)나라를 공격한 일은 희공(僖公) 33년에 있었다.】[400] ○매색이 말했다. "진(晉)이 세 장수를 풀어 돌아가게 하자【소에서 "목공(穆公) 자신이 석방되어 돌아간 것으로 오해할까 꺼려하였기 때문에 구분한 것이다."라고 하였다.】, 목공(穆公)이 잘못을 뉘우치고 서(誓)를 지은 것이다."

○용안 환귀(還歸)는 「주관」의 「서」와 같은 뜻으로 해석하여야 한다.[401]

考證 〈秦本紀〉, 穆公將伐鄭。"【三十三年】 東更晉地, 晉襄公遮秦兵於殽, 大破秦軍。【三十六年】 復伐晉, 大破晉人, 以報殽之役。於是繆公乃自茅津渡河, 封殽中尸, 爲發喪, 哭之三日, 乃誓於軍。"

고증 『사기』「진본기(秦本紀)」에 목공(穆公)이 정나라를 치려고 하였던 일에 대해 다음과 같이 기록되어 있다. "【〈목공〉 33년에】 동쪽으로 진군(進軍)하여 진(晉)의 국경을 지나갔다. 진 양공(晉襄公)이 진(秦)의 병사를 효(殽)에서 차단하고 진(秦)의 군대를 크게 깨트렸

400 두예(杜預)가 …… 있었다 : 두예의 주는, 秦 穆公이 鄭나라를 공격하려고 하자 蹇叔이 말렸으나 목공이 듣지 않고 군사를 출동시킬 때 건숙의 아들도 함께 가게 되었는데, 건숙이 아들을 보내면서 "晉人禦師必於殽"라고 한 부분의 주로, 『춘추좌씨전』 僖公 32년에 나오고, 秦나라가 鄭을 공격하려고 하였다가 晉에 패한 내용은 희공 33년에 나온다.

401 환귀(還歸)는 …… 한다 : 「周官」 편의 序에 "成王旣黜, 殷命滅淮夷, 還歸在豊"이라고 하였는데, 이 부분의 '還歸'는 성왕 자신이 돌아왔다는 의미이다. 다산은 '還歸'를 晉나라가 세 장수를 돌려보낸 것이라고 풀이한 매색의 설을 부정하고, 穆公 자신이 돌아온 것으로 풀이한 것이다.

다.[402] 【36년에】 다시 진(晉)을 쳐서 진(晉)나라 군대를 크게 깨트려서 효의 전쟁에 보복하였다. 그러고서 목공[繆公 : 목공(穆公)]은 모진(茅津)에서 하수(河水)를 건너가 효에서 죽은 이들을 매장하고 발상(發喪)하며 3일 동안 곡(哭)을 하였다. 그러고 나서 군대에 맹서하였다.[403]"

考訂 陳云 : "〈商書〉終於〈西伯戡黎〉, 〈周書〉終於〈秦誓〉, 其旨一也。" 【董云 : "夫子之微意。"】 ○**訂曰** 此謂夫子前知也。然秦二世而亡, 夫子意其與宗周比隆, 豈足爲前知? 夫子苟以秦謂當繼周而興, 其作《春秋》, 又何以夷狄之, 轍環天下, 而跡未嘗涉秦, 又何也? 〈夏書〉終於〈胤征〉, 而胤侯不能代夏。〈周雅〉卒於〈召旻〉, 而燕不能代周, 何于是無夫子之微意耶? 〈秦誓〉之見錄也, 貴其能悔也。安排逆探, 非聖人之攸務也。

고정 진빈(陳賓)이 말했다. "「상서(商書)」는 「서백감려」에서 끝나고, 「주서(周書)」는 「진서(秦誓)」에서 끝나는데, 그 뜻은 한가지이다."【동정(董鼎)이 말했다. "부자(夫子)의 은미한 뜻이 담겨 있다."】[404]

---

402 동쪽으로 …… 깨트렸다 : 『사기』「秦本紀」에 "三十三年春, 秦兵遂東, 更晉地. …… 當是時, 晉文公喪尚未葬. 太子襄公怒曰, '秦侮我孤, 因喪破我滑.' 遂墨衰絰, 發兵遮秦兵於殽, 擊之, 大破秦軍."이라고 하였다.

403 다시 …… 맹서하였다 : 『사기』「秦本紀」에, "三十六年, 繆公復益厚孟明等, 使將兵伐晉, 渡河焚船, 大敗晉人, 取王官及鄗, 以報殽之役. 晉人皆城守不敢出. 於是繆公乃自茅津渡河, 封殽中屍, 爲發喪, 哭之三日. 乃誓於軍."라고 하였다.

404 진빈(陳賓)이 …… 있다 : 元의 董鼎이 撰한 『書傳輯錄纂注』 권6의 소주에 다음과 같이 관련 내용이 나온다. 陳氏賓曰 : "夫子存二誓於魯, 以著伯禽之是, 於秦以著穆公之非. …… 夫子於『書』以「秦誓」終, 以見周室之不復振也. 「夏書」終於「胤征」, 「商書」終於「西伯戡黎」而「周書」終於「秦誓」, 其旨一也."

○**정왈** 이는 부자가 미리 알았다고 여긴 것이다. 그렇지만 진(秦)은 2세(世) 만에 멸망하였는데, 부자가 진(秦)이 종주(宗周)에 비길 만큼 융성할 것이라고 생각하였다면 어찌 미리 알았다고 할 수 있겠는가? 부자가 만일 진(秦)이 응당 주(周)를 계승하여 일어날 것이라고 여겼다면, 『춘추』를 지을 때에는 어째서 진(秦)을 이적으로 보았으며, 천하를 두루 다니면서도 발길이 진(秦)나라에 닿은 적이 없는 것은 또 어째서이겠는가? 「하서(夏書)」는 「윤정」에서 끝났지만 윤후(胤侯)는 하(夏)를 대신할 수 없고, 『시경』「주아[周雅 : 대아(大雅)]」는 「소민(召旻)」에서 끝나지만 연(燕)나라는 주(周)를 대신할 수 없으니, 어째서 여기에는 부자의 은미한 뜻이 없는 것인가?[405] 「진서(秦誓)」가 기록된 것은 능히 뉘우친 것을 귀하게 여겨서이다. 안배하고 미리 탐지하는 것은 성인(聖人)이 힘쓰는 바가 아니다.

번역 : 김문식 · 김성재

405 「소민(召旻)」에서 …… 것인가 : 『毛詩注疏』의 「序」에 따르면 「소민」은 周幽王이 주나라의 법도를 파괴하였음을 풍자한 시로, 천하에 召公 같은 신하가 없음을 안타까워한 내용이다. 공자가 『詩』·『書』의 순서를 배열할 때 一國이 쇠하고 다른 一國이 일어날 것을 예측하여 대신 일어날 나라의 일을 각 편의 마지막에 배열한 것이라면, 『시경』「대아」의 마지막에 「소민」 시를 배치한 것 역시 召公의 후예인 燕나라가 쇠퇴한 周나라를 대신하여 천하를 차지하리라고 예측한 것이어야 하는데, 실제로는 그렇지 않다는 사실을 근거로 공자에게는 그런 의도가 없었다고 반박한 것이다.

부록

부록 1

『상서』의 傳本

1. 복생본(伏生本)

秦의 박사였던 伏勝이 秦始皇의 焚書를 피해 벽 속에 감추었다가 前漢 文帝[재위 B.C.202~157] 때 꺼냈는데 일부만 남아 있었다. 이를 복생이 당시 통행하던 書體인 隸書로 옮겨 쓰고 합하여 28편으로 만들었으며, 뒤에 매색이 33편으로 나누었다. 오늘날의 『상서』 속에 들어 있는 『금문상서』 33편이 이것이다. 복생본 29편의 제목은 다음과 같다.

「堯傳」, 「皐陶謨」, 「禹貢」, 「甘誓」, 「湯誓」, 「盤庚」, 「高宗肜日」, 「西伯戡耆」, 「微子」, 「牧誓」, 「洪範」, 「大誥」, 「金縢」, 「康誥」, 「酒誥」, 「梓材」, 「召誥」, 「洛誥」, 「多士」, 「毋逸」, 「君奭」, 「多方」, 「立政」, 「顧命」, 「康王之誥」, 「鮮誓」, 「甫刑」, 「文侯之命」, 「秦誓」.

漢文帝가 『상서』에 능통한 사람을 찾던 중 복생의 이름을 듣고 조정에 불렀으나 당시 복생은 90세가 넘은 고령이어서 부름에 응하지 못하였다. 그래서 太常掌故인 晁錯을 복생의 집으로 보내 『상서』를 전수받게 하였다. 한편 복생은 歐陽生[이름 容]에게 『상서』를 가르치고, 구양생이 倪寬에게 그 학문을 전하였으며, 예관의 제자들이 夏侯勝과 그의 조카 夏侯建에게 전하였다. 그리하여 歐陽氏學・大夏侯學・小夏侯學 등의 금문상서 학파가 생겼다.

2. 공안국본(孔安國本)

前漢 景帝[재위 B.C.157~B.C.141] 때 魯恭王이 자신의 궁실을 확장하기 위해 공자의 옛집을 허물다가 벽 속에서 발견한 『상서』이다. 이 책은 당시에는 쓰이지 않던 옛 문자로 기록되어 있었으므로 『고문상서』라고 부르고, 이를 공안국이 해독하였으므로 공안국본이라고도 한다. 복생본에 있던 28편 외에 16편이 더 있었다. 16편의 편목은 다음과 같다.

「舜典」, 「汨作」, 「九共(九篇)」, 「大禹謨」, 「棄稷」, 「五子之歌」, 「胤征」, 「湯誥」, 「咸有一德」, 「典寶」, 「伊訓」, 「肆命」, 「原命」, 「武成」, 「旅獒」, 「冏命」.

武帝[재위 B.C.141~B.C.87] 때에 조정에 바쳤는데, 바친 사람은 공안국 자신이라는 설도 있고 집안사람이라는 설도 있다. 이 책의 원본은 궁중의 書庫에 보관하여 관리하였으므로 『中秘尚書』(일명 中秘本) 혹은 『中古文尚書』라고도 한다.

3. 매색본(枚賾本)

東晉 元帝[재위 317~312] 때 禮章內史 梅賾이 조정에 헌상한 것으로 모두 58편이다. 복생본의 금문 29편 중 「요전」을 「요전」과 「순전」의 2편으로, 「고요모」를 「고요모」와 「익직」의 2편으로, 「반경」을 상·중·하 3편으로 만들어 33편으로 재구성하고, 스스로 25편을 僞作하여 58편으로 만들고 「書序」를 한 편으로 하여 총 59편으로 구성하였다. 그러고 나서 다시 「서서」를 나누어 각 편의 앞에 붙여 마침내 58편으로 확정하였다. 58편의 本經과 「序」에 모두 공안국의 「傳」을 만들어 붙였는데, 이것이 이른바 僞『孔傳』이다. 唐나라 때 孔穎達이 조정의 명으로 五經正義를 만들 때 이 본을 저본으로 하였고, 宋의 蔡沈이 『書集傳』을 편찬할 때에도 이 본을 사용하였다. 나중에 十三經注疏에 편입되었다. 오늘날의 통행본 『상서』가 되었다.

4. 마융본(馬融本)·정현본(鄭玄本)

마융은 後漢 安帝 때 校書郎中으로 있으면서 東觀의 秘書를 교정하는 일을 맡았다. 그때 『中書古文尙書』를 보고 『尙書傳』을 지었는데, 편목을 다음과 같이 편차하였다.

虞夏書 : 「堯典」, 「舜典」, 「汨作」, 「九共」, 「大禹謨」, 「皐陶謨」, 「棄稷」, 「禹貢」, 「甘誓」, 「五子之歌」, 「胤征」.

尙書 : 「湯誓」, 「典寶」, 「湯誥」, 「咸有一德」, 「伊訓」, 「肆命」, 「原命」, 「盤庚上」, 「盤庚中」, 「盤庚下」, 「高宗肜日」, 「西伯戡黎」, 「微子」.

周書 : 「泰誓上」, 「泰誓中」, 「泰誓下」, 「牧誓」, 「武成」, 「洪範」, 「旅獒」, 「金縢」, 「大誥」, 「康誥」, 「酒誥」, 「梓材」, 「召誥」, 「洛誥」, 「多士」,

「無逸」, 「君奭」, 「多方」, 「立政」, 「顧命」, 「康王之誥」, 「冏命」, 「粊誓」, 「呂刑」, 「文侯之命」, 「秦誓」. 「書序」.

정현본은 마융의 제자인 정현이 지은 傳으로, 편목과 편차는 마융본과 동일하다.

5. 요방흥본(姚方興本)

매색이 올린 『고문상서』에는 「순전」이 없었는데, 齊明帝 建武 4년(497)에 요방흥이 「순전」을 짓고 마융과 왕숙의 주를 모아서 공안국의 전을 위조하여 大航頭에서 샀다고 하며 바쳤다. 이 주는 마융과 정현의 『고문상서』 주석과 비교하면 첫머리에 '曰若稽古帝舜, 曰重華, 協于帝. 濬哲文明, 溫恭允塞, 玄德升聞, 乃命以位'라는 28자가 더 있다. 이 중 앞의 12자는 요방흥이 위조한 것이고 뒤의 16자는 다른 사람이 위조하여 더한 것이다. 이 책은 위조한 것임이 분명하여 마침내 통행되지 않았고, 현재 전하지 않는다.

6. 설계선본[薛季宣本 : 『書古文訓』]

『宋史』 권434 「儒林列傳」에 따르면 설계선(1134~1173)은 자가 士龍이고 永嘉 사람이다. 程頤의 제자 袁溉에게서 배웠다. 『시』, 『서』, 『춘추』, 『중용』, 『대학』, 『논어』에 모두 訓義를 지어 家藏하였고, 雜著로 『浪語集』이 있다. 『상서』에 관해서는 『서고문훈』 16권이 通知堂經解에 수록되어 있고, 『낭어집』 권30에 「書古文訓序」가 수록되어 있다.

부록 2

경학가 일람

가공언 賈貢彦 : 생몰년 미상. 唐. 600년대 중반. 張士衡에게 수학하고, 永徽(650~655) 때에 太學博士. 『周禮義疏』, 『儀禮義疏』를 지었다. 모두 십삼경주소에 편입되었다.

가규 賈逵 : 30~101. 後漢. 和帝 때 侍中·領騎都尉. 자는 景伯. 賈誼의 9세손이고, 아버지는 劉歆에게 『좌전』·『국어』·『고문상서』·『毛詩』 등을 배운 賈徽이다. 고문 경학을 주로 공부하여 『좌전』을 학관에 개설할 것을 주장하였다. 『國語解詁』·『春秋左氏傳解詁』·『周易賈氏傳』·『古文尙書訓』·『尙書古文同異』·『毛詩賈氏義』를 지었다.

고염무 顧炎武 : 1613~1682. 明末淸初. 자는 忠淸·寧人, 호는 亭林. 淸이 들어선 뒤 官路에 나가지 않고 은거하며 학문에 專心하였다. 博學을 추구하여 經史·諸子百家·音韻文字·金石考古·郡邑掌故·儀禮風俗 등을 두루 연구하고, 특히 創新求實의 학문에 주력하여 청대 考證學을 열었다. 『左傳杜解補正』·『九經誤字』·『石經考』·『音學五書』·『韻補正』·『五經異同』·『金石文字記』·『日知錄』을 지었다.

공안국 孔安國 : 생몰년 미상. 前漢. 武帝 때 박사가 되고 諫議大夫·臨淮太守를 지냈다. 자는 子國. 공자의 후예이다. 伏勝(伏生)에게 『상서』를 배우고 처음으로 古文學을 주창하여 都尉朝·倪寬 등에게 전수하였다.

공영달 孔穎達 : 574~648. 唐. 자는 冲遠·仲達. 隋煬帝 때에 처음 官路에 나아가고, 당 건국 후 國子博士·國子祭主를 지냈다. 劉焯에게 배웠다. 『춘추좌씨전』·『모시』·『예기』와 鄭玄 注의 『상서』, 王弼 주의 『주역』에 밝았고 曆算에도 뛰어났다. 당 태종의 명으로 顔師古·司馬才章·王恭·王琰과 함께 五經正義를 지었다. 모두 십삼경주소에 편입되었다.

구양생 歐陽生 : 생몰년 미상. 前漢. 이름은 容, 자는 和伯. 伏生의 제자로 前漢 초기 『금문상서』 歐陽氏學을 개창하였다. 자신의 학문을 倪寬에게 전하고 예관이 구양생의 아들에게 전함으로써 구양씨가 대대로 尙書學을 전수하여 그의 종손 歐陽高 이후 8세가 모두 박사를 지냈다. 『尙書歐陽章句』와 『歐陽說義』가 있었으나 지금 전하지 않고, 청대에 편찬한 玉函山房辑佚书에 『상서구양장구』가, 漢魏遺書鈔에 『今文尙書說』이, 皇淸經解續編에 『尙書歐陽夏侯遺說考』가 수록되어 있다.

김이상 金履祥 : 1232~1303. 宋末元初. 이름을 祥·開祥이라고도 하며, 자는 吉父, 호는 次農. 원나라가 들어서자 벼슬하지 않고 仁山에 은거하였으므로 仁山先生이라고 불렸다. 『고문상서』를 後漢 儒者들의 僞作이라고 보았다. 『尙書注』·『尙書表注』·『論語孟子集注考證』·『大學章句疏義』·『中庸標注』·『資治通鑑前編』을 지었다.

도운 塗惲 : 생몰년 미상. 後漢. 자는 子眞. 賈逵에게 『고문상서』를 전하였다는 것 외에 알려진 바가 거의 없다.

두림 杜林 : ?~47. 後漢. 자는 伯山. 衛宏·徐巡 등에게 『고문상서』를 전하였고 문자학에도 조예가 깊어 『蒼詰訓纂』과 『蒼詰故』를 지었으나 전하지 않고 玉函山房辑佚书에 『蒼詰訓詁』가 남아 있다.

두예 杜預 : 222~284. 西晉. 자는 元凱. 漢末晉初의 장군으로 여러 전투에 참여한 武人이지만 경학에도 밝았다. 특히 『춘추』에 밝아 그가 저술한 『春秋左氏傳經傳集解』는 후세 통행하는 『春秋左氏傳』의 注本이 되고 십삼경주소에 편입되었다. 그 외 『春秋釋例』와 『春秋長歷』 등을 지었다.

마융 馬融 : 79~166. 後漢. 校書郎·南郡太守를 지냈다. 자는 季長. 경적에 박통하였고 鄭玄·魯植 등의 제자를 길렀다. 경서 주해에서 고문 경학의 설을 위주로 하되 금문 경학의 설을 함께 취하여 고문 경학을 발전시키고 여러 유파가 합쳐지는 길을 열었다. 三禮와 『효경』·『논어』·『시경』·『주역』·『상서』·『老子』·『淮南子』·『離騷』·『烈女傳』 등에 주를 날았으나 지금 전하지 않고 일부가 玉函山房辑佚书에 수록되어 있다. 賈逵와 鄭衆의 『춘추좌씨전』 주를 보고 장단점을 취하여 『三傳異同說』을 지었다.

매색 枚賾 : 생몰년 미상. 東晉. 豫章內史를 지냈다. 이름을 梅頣라고도 하며, 자는 仲眞. 『古文尙書傳』을 조정에 바친 것으로 유명하다. 이것이 『僞古文尙書』인데 淸初 閻若璩 등에 의해 僞書로 밝혀졌다.

모기령 毛奇齡 : 1623~1716. 明末淸初. 자는 大可·齊于, 호는 秋晴·初晴·西河. 명말에 諸生이 되었으나 명나라가 망하자 城南山에 은거하며 독서하였다. 뒤에 國學에 들어가 공부하고 博學鴻儒科에 천거되어 翰林院 檢討로서 『明史』 편찬에 참여하였다. 경전 연구에 있어 남의 설을 辨駁하기를 좋아하여 『논어』 해석에서는 朱熹의 설을, 『상서』 해석에서는 閻若璩의 설을 논박하였고, 동시대의 학자인 顧炎武·염약거·胡渭 등을 심하게 攻駁하였다. 四書三經과 『春秋』에 관한 여러 저술이 있는데, 『상서』 관련 저술로는 『古文尙書寃詞』와 『尙書廣聽錄』 등이 있다.

모장 毛萇 : 생몰년 미상. 前漢. 毛長으로도 쓴다. 毛亨의 제자로 毛詩學의 초기 전수자로 전해진다. 모형에게 『毛詩訓詁傳』을 배우고, 그것을 寬長卿에게 전하였다. 관장경은 解延年에게 전하고 해연년은 다시 徐敖에게 전하였다. 후한 平帝 때에 학관에 毛詩博士가 개설되었다.

복승 伏勝 : B.C.264~B.C.170. 前漢. 자는 子賤. 儒生이었으므로 伏生이라고 불린다. 『今文尙書』의 보존·전수자이다. 진시황이 焚書를 단행하자 『상서』를 벽 속에 숨겼다가 漢初에 꺼냈는데 수십 편이 없어지고 28편만 남았다. 그것을 당시 통행하던 書體인 隸書로 옮겨 쓴 것이 『금문상서』이다. 張生·歐陽生 등이 그에게 배웠고, 여러 번 전해져 歐陽氏·大小夏侯氏 등의 금문상서학파가 형성되었다. 지금 전하는 十三經注疏의 『尙書注疏』에 그가 전한 『금문상서』가 들어 있다. 저술로 『尙書大傳』이 있다.

서개 徐鍇 : 920~974. 南唐. 자는 鼐臣·楚金. 秘书省校书郎, 集贤殿学士,内史舍人 등을 지냈다. 文字学에 정통하여 많은 책을 저술하였다. 『说文解字系传』 40권과 『说文解字韵谱』 10권이 전한다.

설계선 薛季宣 : 1134~1173. 宋. 자는 士龍이고 永嘉 사람이다. 『시』·『서』·『춘추』·『중용』·『대학』·『논어』에 모두 訓義를 지어 家藏하였고, 雜著로 『浪語集』이 있다. 『書古文訓』 16권이 通知堂經解에 실려 있다.

양시 楊時 : 1053~1135. 北宋. 자는 中立, 호는 龜山, 시호는 文靖.

程顥·程頤에게 수학하였고, 謝良佐·游酢·呂大臨과 함께 程門四先生으로 불렸다. 그의 학문은 羅從彦·李侗을 거쳐 朱熹에게로 이어져 理學의 형성·발전에 중요한 영향을 끼쳤다. 저술로 王安石의 新學을 반박한 『三經義辨』·『二程粹言』·『龜山語錄』이 있다.

염약거 閻若璩 : 1636~1704. 清. 자는 百詩, 호는 潛邱居士. 평생 經史 연구와 교증 및 교감에 잠심하여 清初 고증학을 꽃피웠다. 胡渭 등과 함께 『大清一統志』를 찬수하였다. 『尙書古文疏證』을 지어 枚賾의 『古文尙書』와 『孔安國尙書傳』이 위작이라고 주장하였다. 『孟子生卒年月考』·『四書釋地』·『毛詩詩說』·『喪服異注』·『潛邱雜記』 등을 지었다.

오역 吳棫 : 1100~1154. 宋. 자는 才老. 音韻學과 訓詁學에 밝았으며, 처음으로 『고문상서』에 대한 의혹을 제기한 학자로 일컬어진다. 저술에 『詩補音』·『書裨傳』·『論語指掌』·『韻補』·『楚辭釋音』 등이 있다.

오징 吳澄 : 1249~1333. 元. 자는 幼清·伯清, 호는 草廬, 시호는 文正. 饒魯의 제자인 程若庸에게 배우고 程紹開를 사사하였다. 주희의 四傳弟子로 스스로 주자 이후의 道統을 계승하였다고 자부하였나. 저서로 『五經纂言』과 『儀禮逸經傳』이 있다. 특히 『오경찬언』 중 『書纂言』에서 吳棫과 주희의 설을 따라 『고문상서』 중 『孔傳』의 의심스러운 부분은 모두 僞書라고 하였다.

왕숙 王肅 : 195~256. 삼국시대 魏. 자는 子雍. 議郎·侍中·太常을 지냈다. 賈逵·馬融의 고문 경학을 존숭하였고, 『聖證論』을 지어 鄭玄의 금문설을 논박하였다. 『尙書駁義』·『毛詩義駁』·『毛詩奏事』·『毛詩問難』 등의 저서에서도 모두 정현의 설을 논박하였다. 『孔子家

語』·『馬王易義』·『周易注』·『尙書王氏注』·『毛詩王氏注』·『禮記王氏注』·『論語王氏注』·『國語章句』·『壬子正論』 등을 지었다.

▌왕응린 王應麟 : 1223～1296. 南宋. 자는 伯厚, 호는 深寧居士·厚齋. 太常寺主簿·禮部尙書 등을 지냈으나 송이 망한 뒤에는 벼슬하지 않았다. 經史·百家·천문지리·문자훈고·掌故制度 등에 모두 뛰어났다. 『詩考』와 『詩地理考』를 지었고, 『古文尙書』·『周易鄭康成注』·『尙書鄭康成注』·『玉海』·『困學紀聞』 등을 집성하였다.

▌우번 虞翻 : 164～223. 三國時代 吳. 자는 仲翔. 副春長·騎都尉 등을 지냈다. 鄭玄·荀爽과 함께 易學三家로 일컬어진다. 『노자』·『논어』·『국어』의 訓注와 『易注』를 지었으나 모두 전하지 않고, 唐 李鼎祚의 『周易集解』와 淸 黃奭의 漢學堂叢書 및 孫堂의 『漢魏二十一家易注』에 내용이 채록되어 있다.

▌위굉 衛宏 : 생몰년 미상. 後漢. 자는 敬仲. 光武帝 때 議郎을 지냈다. 謝曼卿에게 毛詩를 배우고 杜林에게 『고문상서』를 배웠다. 「毛詩序」와 『古文尙書訓旨』를 지었고, 玉函山房辑佚书에 『古文官書』·『平盡館叢書』·『漢舊儀』·『補遺』가 수록되어 있다.

▌위소 韋昭 : 204～273. 三國時代 吳. 韋曜라고도 불리며, 자는 弘嗣. 博士祭主·中書僕射를 지냈다. 『국어』를 중요하게 생각하여 『國語注』를 편찬하였다. 그 외에 『吳書』·『孝經解讚』·『辨釋名』·『毛詩答雜問』 등의 저술이 있었으나 전하지 않고 일부가 玉函山房辑佚书에 수록되어 있다.

▌유창 劉敞 : 1019～1068. 北宋. 자는 原父, 호는 公是. 右正言·集賢殿 學士를 지냈다. 『춘추』에 정밀하였고, 漢儒의 說을 비판적으로 검토하였다. 『七經小傳』·『春秋權衡』·『春秋傳』·『春秋意林』·『春秋

傳說例』 등을 지었다.

▌**육덕명 陸德明 :** 550～630. 唐. 본명은 元朗, 덕명은 자이다. 國子助教·太學博士 등을 지냈다. 漢魏와 六朝 시대 230여 家의 音切과 諸儒의 훈고를 채집하고 각 판본의 同異를 고증하여 『經傳釋文』을 지었다. 그 외 『易疏』와 『老子疏』 등의 저술이 있다.

▌**응소 應劭 :** 생몰년 미상. 後漢. 營陵令·泰山太守 등을 지냈다. 『漢書集解』·『漢朝駁議』·『律略論』·『漢官儀』·『風俗通義』 등을 지었으나 대부분 없어지고, 漢魏叢書와 四庫全書에 『풍속통의』 일부가 전한다.

▌**이옹 李顒 :** 1627～1705. 明末淸初. 자는 中孚, 호는 二曲. 孫奇逢·黃宗羲와 함께 淸初의 三大儒로 불렸다. 宋學을 숭상하여 朱熹와 陸九淵의 사상을 아울러 취하였다. 『상서』에 조예가 깊었으며, 저서로 『四書反身錄』과 『二曲集』이 있다.

▌**임지기 林之奇 :** 1112～1176. 南宋. 자는 少穎, 호는 拙齋·三山. 尙書郞·宗正丞을 지냈다. 呂祖謙의 스승으로 그의 婺學 창립에 영향을 미쳤다. 『尙書全解』·『春秋周禮講義』·『論語注』·『孟子注』·『孟子講義』 등을 지었다.

▌**전시 錢時 :** 생몰년 미상. 宋. 자는 子是, 호는 融堂. 秘閣校勘·象山書院 主講을 지냈다. 楊簡의 高弟이며 陸九淵의 再傳 제자이다. 『周易釋傳』·『尙書演義』·『學詩管見』·『四書管見』·『春秋大旨』·『兩漢筆記』 등을 지었다.

▌**정현 鄭玄 :** 127～200. 後漢. 자는 康成. 第五元에게 『춘추공양전』·『三統曆』·『九章算術』을, 張恭祖에게 『주례』·『예기』·『춘추좌씨전』·『고문상서』 등의 고문 경전과 금문 경전인 韓詩를 배웠다. 이후 盧植

과 馬融에게 고문경학을 배웠다. 漢代 고문 경학과 금문 경학의 논쟁을 종합하여 집대성한 학자로 평가되며 그의 학설은 鄭學으로 일컬어진다. 후한 초의 鄭興·鄭衆 부자와 구별하여 後鄭이라고 불린다. 郗慮·王基·崔琰 등의 제자를 길렀다. 『상서』·『모시』·『의례』·『예기』·『논어』·『효경』·『尙書大傳』·『尙書中候』·『韓象曆』에 대한 주석을 썼고, 현존 십삼경주소 중 『모시』·『주례』·『의례』·『예기』의 주가 모두 그의 것이다. 그 외 『天文七政論』·『魯禮禘祫義』·『六藝論』·『毛詩譜』·『駁許愼五經異義』·『答臨孝存周禮難』·『公羊墨守』·『穀梁廢疾』·『左氏膏肓』 등의 저술이 있고, 문인들이 『논어』를 본떠 오경에 대한 제자와의 문답을 정리한 『鄭志』가 있다.

조기 趙岐 : 108~201. 後漢. 초명은 嘉, 자는 邠卿·臺卿. 議郎·太常 등을 지냈다. 마융의 조카사위로 마융에게 『주례』를 묻기도 하였으나, 당시 학풍과 달리 『논어』와 『맹자』를 높이 평가하였다. 저서로 『孟子章句』와 『三輔決錄』이 있는데, 『맹자장구』는 십삼경주소에 편입되었다.

조열지 晁說之 : 1059~1129. 北宋. 자는 以道·伯以道, 호는 景迂·迂叟. 知成州·秘書少監 등을 지냈다. 司馬光에게 『太玄經』을 전수받고, 邵雍의 제자 楊賢寶에게 易學을 배웠다. 六經에 佛·道·法家의 설이 섞여 순정하지 않다고 보고 육경 연구에 회의적 관점의 문헌비평이 필요하다고 주장하였다. 『詩序論』·『中庸傳』·『儒言』·『晁氏客語』·『景迂生集』 등의 저술이 있다.

진대유 陳大猷 : 1198~1250. 宋. 자는 忠泰, 호는 東齋. 저서에 『상서』에 대한 여러 학파의 설을 取捨한 『尙書集傳』과 그 취사에 대한 자신의 견해를 밝힌 『或問』이 있다.

진덕수 眞德秀 : 1178~1235. 宋. 자는 景元·希元·景峰·景希, 호는 西山, 시호는 文忠. 주희의 문인 詹體仁에게 수학하고 程朱理學을 계승 발전시키는 데 힘썼다. 저술에 『大學衍義』·『四書集編』·『讀書記』·『西山先生眞文忠公集』 등이 있다.

채침 蔡沈 : 1167~1230. 南宋. 자는 仲默, 호는 九峰. 朱熹의 제자로 스승의 명을 받아 『書集傳』을 지었다. 그 밖의 저술로 『洪範皇極』과 『蔡九峰筮法』이 있다.

하후건 夏侯建 : 생몰년 미상. 前漢. 자는 長卿, 夏侯勝의 조카로 小夏侯라고 불린다. 議郎博士·太子少傅를 지냈다. 하후승과 歐陽高에게 『상서』를 배웠다. 今文尙書小夏侯學의 창시자로 B.C.51년 石渠閣會議에서 그의 尙書學을 學官에 개설하기로 결정하였다.

하후승 夏侯勝 : B.C.152~B.C.61. 前漢. 자는 長公, 조카인 夏侯建과 구별하여 大夏侯로 불린다. 博士로 光祿大夫가 되었다. 夏侯始昌에게 『상서』와 「洪範五行傳」을, 倪寬의 제자인 簡卿·歐陽氏에게 『상서』를 배웠다. 今文尙書大夏侯學의 개창자이며 『魯論語』와 『春秋穀梁傳』에도 뛰어났다. 夏侯建·黃霸·蕭望之·孔霸 등이 그의 제자이다. 황제의 명으로 『尙書說』과 『論語說』을 지었다. 『尙書大小夏侯章句』·『尙書大小夏侯解故』·『論語魯夏侯說』 등의 저술이 있었으나 지금은 전하지 않고, 玉函山房辑佚书에 『尙書大夏侯章句』가, 皇淸經解續編에 『尙書歐陽夏侯遺說考』가 수록되어 있다.

허신 許愼 : 58~147. 後漢. 자는 叔重. 太尉·南閣祭主를 지냈다. 賈逵를 사사하였고, 馬融의 추앙을 받았으며, 제자 尹珍에게 학술을 전하였다. 금문 경학과 고문 경학의 차이를 논한 『五經異義』, 중국의 가장 오래 된 문자학 서적인 『說文解字』를 지었다. 『오경이의』에 대해서는 뒤에 鄭玄의 논박을 받았고, 『설문해자』에 대해서는 段玉裁의 『說文解字注』가 전한다. 그 밖에 玉函山房辑佚书 續編에 『春秋左氏傳許氏義』와 『爾雅許氏注』가, 황청경해에 『五經異義疏證』과 『淮南鴻烈解』가 들어 있다.

황보밀 皇甫謐 : 215~282. 魏晉. 초명은 靜, 자는 士安, 호는 玄晏. 鍼灸學에 조예가 깊었다. 침구서인 『甲乙經』 외에 『玄晏春秋』·『帝王世紀』·『高士傳』·『達士傳』·『烈女傳』·『年曆』 등의 저서가 있다.

재단법인 실시학사

실학사상의 계승 발전을 위해 2010년에 설립된 공익재단법인이다. 다양한 학술 연구와 지원 사업, 출판 및 교육 사업 등을 수행하며, 실학사상의 전파와 교류를 위해 힘쓰고 있다. 1990년부터 벽사 이우성 선생이 운영하던 '실시학사'가 그 모태로, 2010년 모하 이헌조 선생의 사재 출연으로 공익재단법인으로 전환되었다.
경학 관계 저술을 강독 번역하는 '경학연구회'와 한국 한문학 고전을 강독 번역하는 '고전문학연구회'라는 두 연구회를 두고 있으며, 꾸준하게 실학 관련 공동연구 과제를 지정하여 그에 맞는 연구자들을 선정·지원함으로써 우수한 실학 연구자를 육성하고 연구 결과물을 사회에 환원하고 있다. 이번에 상재하는 '실시학사 실학번역총서'도 그의 소산이다. 앞으로 아직 세상에 제대로 드러나지 않은 실학자들의 문헌을 선별해 오늘날의 언어로 옮기며, 실학의 현재적 의미를 확인해 나갈 것이다.

홈페이지 http://silsihaksa.org

실시학사 실학번역총서 14

다산 정약용의 상서고훈 1

1판 1쇄 발행 2020년 3월 31일

기 획 : 재단법인 실시학사
지은이 : 정약용
옮긴이 : 재단법인 실시학사 경학연구회
펴낸이 : 김병환
펴낸곳 : 학자원
주 소 : 서울시 강동구 천호대로 1121
전 화 : 02) 6403-1000
팩 스 : 02) 6338-1001
E-mail : hakjaone@daum.net
등 록 : 2011년 3월 24일 제2011-14호

ISBN 979-11-6247-171-5 94810
979-11-6247-170-8 (세트)

값 26,000원